AF641614

Katja Eisenschmidt

MIT DEM WOHNMOBIL NACH THÜRINGEN

Die Anleitung für einen Erlebnisurlaub

WOMO®
DER WOHNMOBIL-VERLAG
D-36452 Kaltennordheim
OT Mittelsdorf

Die Deutsche Bibliothek – CIP-Einheitsaufnahme

Bibliografische Information der Deutschen Bibliothek

Die Deutsche Bibliothek verzeichnet diese Publikation in der Deutschen Nationalbibliografie.
Detaillierte bibliografische Daten sind im Internet über <http://dnb.ddb.de> abrufbar.

Titelbild: Noahs Segel auf dem Ellenbogen/Rhön, © Rhön GmbH
Bild in vorderer Klappe: Leuchtenburg bei Kahla, © 360 Grad Drohnenfotografie Jena und Saale-Holzland

Karten: Katja Eisenschmidt
Weitere Bildnachweise: Seite 356.

5. vollständig neu und erstmals von Katja Eisenschmidt verfasste Auflage – 2022

Druck:
Louis Hofmann Druck- und Verlagshaus GmbH und Co KG, 96242 Sonnefeld

Vertrieb:
GeoCenter GmbH, 70794 Filderstadt

Herausgeber:
WOMO-Verlag, OT Mittelsdorf, 36452 Kaltennordheim
GPS: N 50°36'38.2" E 10°07'55.6"

Fon: 0049 (0) 36946-20691
Fax: 0049 (0) 36946-20692
eMail: verlag@womo.de
Internet: www.womo.de

Autoren-E-Mail: eisenschmidt@womo.de

ISBN 978-3-86903-095-1

Jede Tour und jeder Stellplatz sind von uns meist mehrfach überprüft worden, wir können jedoch inhaltliche Fehler nie ganz ausschließen. Bitte achten Sie selbst auf Hochwasser, Brandgefahr, Steinschlag und Erdrutsch!
Verlag und Autoren übernehmen keine Verantwortung für die Legalität der veröffentlichten Stellplätze und aller anderen Angaben. Unsere Haftung ist, soweit ein Schaden nicht an Leben, Körper oder Gesundheit eingetreten ist, ausgeschlossen, es sei denn, unsere Verantwortung beruht auf Vorsatz oder grober Fahrlässigkeit.

EINLADUNG

Lassen Sie sich von mir in das *Grüne Herz Deutschlands* entführen – in meine Heimat, die eine beachtliche Vielfalt bietet und trotzdem als eine recht unentdeckte Perle in der Mitte unseres Landes schlummert.

Grün finden wir überall, sei es in der Rhön, im Thüringer Wald, zwischen Werra und Saale oder im urigen Hainich, in dem wir sogar dem Wald aufs Dach steigen werden. Grün ist auch die einstige innerdeutsche Grenze, die heute zu 763 Kilometern *Grünem Band* herangewachsen ist und vom Todesstreifen zum Lebensraum vieler seltener Tiere und Pflanzen wurde.

Neben überschwänglicher Natur finden wir in Thüringen Kultur en masse. Einst an wichtigen Handelsstraßen gelegen, entwickelten sich symbolträchtige Städte wie Eisenach, Weimar oder Erfurt. Von dort nahmen weitreichende Entwicklungen ihren Lauf und einflussreiche Dichter und Denker, wie Goethe und Schiller, prägten das Land.

Eingepackt in zwölf wohnmobilfreundliche Touren nehme ich Sie mit zu den bekanntesten Orten. Ich entführe Sie aber auch in die unberührte Natur und in idyllische Kleinode abseits der großen Tourismusmagneten. Lassen Sie sich von den quirligen Städten einfangen und anschließend die Seele in der magischen Atmosphäre der Wiesen und Wälder baumeln.

Genießen Sie mit mir Thüringen in all seinen Facetten!

Ihre Katja Eisenschmidt

Unsere persönlichen Top Ten

Noahs Segel

Den höchsten Punkt der Thüringer Rhön, der 814 m hohe Ellenbogen, schmückt seit 2017 ein Aussichtsturm und die 84 Stufen führen zu einer grandiosen Rundumsicht.

Tour 1, Seite 29

Die Region um den Hanstein

Die Burgruine Hanstein, eine Wanderung zur Teufelskanzel mit Aussichten auf die Werraschleife und zum Abschluss beste Thüringer Küche im *Klausenhof*.

Tour 2, Seite 77

Bad Langensalza

Eine noch unbekannte Perle ist die Kur- und Rosenstadt mit ihren liebevoll angelegten Themengärten und Parks. Von Rosen über Magnolien bis hin zu japanischem Flair.

Tour 3, Seite 100

mini-a-thür

In unmittelbarer Nähe zum Rennsteig gibt es den einzigen Miniaturenpark Thüringens. Fast 125 Modelle kulturhistorischer Bauwerke sind auf 18.000 qm zu bewundern.

Tour 4, Seite 116

Die Landeshauptstadt Erfurt

Alle Wege führen nach Erfurt. Die Stadt lebt von ihrer Geschichte und ihren Kulturschätzen. Trotzdem ist sie quicklebendig, modern und voller liebenswertem Charme.

Tour 5, Seite 157

WISMUT Objekt 90

Die kleine DDR war einst Uranerzproduzent, und die Hinterlassenschaften sind ein großes Unheil. Die Ausstellung widmet sich eindrücklich dem komplexen und strahlenden Thema.

Tour 7, Seite 204

Die Leuchtenburg

Die Burg glänzt mit einem modernen und interaktiven Konzept und vereint das Alte mit dem Neuen. Die Porzellanwelten auf der Burg begeistern vor allem in ihrer Vielfalt.

Tour 9, Seite 231

Aelteste Porzellanmanufaktur

In der ältesten noch produzierenden Manufaktur Thüringens erhalten wir Einblicke in die aufwändige Produktion dieses jahrhundertealten Handwerks.

Tour 9, Seite 272

Der Thüringer Wald

Das UNESCO-Biosphärenreservat ist eine einzigartige Landschaft aus Wäldern, Bergwiesen, Hochmooren und geprägt durch die höchsten Gipfel Thüringens.

Tour 11, Seite 300.

Höhensiedlung der Kelten

Die Steinsburg auf dem Kl. Gleichberg ist die bedeutendste Höhensiedlung der Kelten in Thüringen. Das Ausmaß der Siedlung sowie die Fernsichten sind beeindruckend.

Tour 12, Seite 341.

Inhaltsverzeichnis

Gebrauchsanleitung

Wenn dieses Buch Ihr erster Reiseführer der WOMO-Reihe ist, lesen Sie diese Gebrauchsanweisung bitte sorgfältig. Denn nur wenn Sie die Systematik und die Symbole des Buches verstehen, werden Sie sich von Anfang an zurechtfinden.

Finden statt Suchen – der Aufbau eines WOMO-Buches
Ihr WOMO-Buch enthält viele Informationen. Damit Sie diese unterwegs auch schnell parat haben, sind die Karten ein gutes Orientierungssystem. Die Basis zur Informationssuche ist die Übersichtskarte hinten im Umschlag. Hier suchen Sie die passende Tour und wechseln dann zur Tourenkarte, in der alle Stellplätze und die wichtigsten Sehenswürdigkeiten eingetragen sind. Suchen Sie Informationen über einen bestimmten Ort, hilft Ihnen auch das Register. Wichtige Ortsnamen sind im Text fett gedruckt und so gut zu finden.

Die Infos auf der Tourenkarte:
Die Stellplatzsymbole auf der Tourenkarte zeigen auf den ersten Blick, ob es sich um einen Parkplatz (Oval), einen offiziellen Wohnmobilstellplatz (Camper) oder einen Campingplatz (Zeltsymbol) handelt. Die zusätzlichen Symbole geben erste Hinweise auf die Ausstattung eines Platzes, die Sie ausführlicher im zugehörigen Stellplatzkasten finden. Die Kartensymbole sind auf der hinteren Umschlagklappe erklärt.

Auch die **Farbe** eines Stellplatz-Symboles hat eine Bedeutun: Blau steht für einen Badeplatz, violett für einen Picknickplatz mit fest installierten Tischen und Bänken und grün für einen Wanderparkplatz. Wanderparkplätze liegen häufig einsam und fast immer mitten in der Natur. Parkplätze, die keines dieser Merkmale haben und sich für eine Übernachtung eignen, sind gelb unterlegt. Nur Plätze, die eine **Nummer tragen,** sind von mir zur Übernachtung empfohlen. Bitte haben Sie trotzdem immer selbst einen Blick auf Verbotsschilder und, vor allem nach Regenfällen, auf den Zustand der Zufahrt und des Bodens.

Die Infos in den Stellplatzkästen:
Die Plätze im Buch sind fortlaufend nummeriert und stehen im Text in einem farbig unterlegten Stellplatzkasten. Die Bedeutung der Farben kennen Sie ja jetzt schon. In jedem Kasten finden Sie eine Kurzbeschreibung der Gegebenheiten vor Ort und Infos über die Ausstattung des Platzes mit V/E (Ver- und Entsorgung), Strom, WC, Dusche, Müllentsorgung und weiteren Besonderheiten.

Bei **Campingplätzen** und **offiziellen Stellplätzen** nenne ich immer die Öffnungszeiten. Kostenpflichtige Plätze haben zusätzlich die Kategorie *Preise*. Diese verändern sich besonders schnell und werden wahrscheinlich bei Ihrem Besuch nicht mehr stimmen. Ich nenne die Preise trotzdem, um Ihnen eine ungefähre Orientierung über die Preisklasse eines Stellplatzes und das übliche Preisniveau einer Region zu vermitteln.

Ein Markenzeichen von Thüringen sind weite Ausblicke - Wartburgblick

Ein wenig speziell ist die Angabe der **max. WOMOs**. Ich gebe bei freien Übernachtungsplätzen die Zahl der Wohnmobile an, die dieser Platz meiner Meinung nach verträgt. Es geht hier ganz ausdrücklich nicht darum, wie viele Wohnmobile auf diesen Platz passen würden, denn schließlich gibt es auch noch Einheimische und andere Touristen. Bei offiziellen Stellplätzen handelt es sich um die Anzahl der vorhandenen Stellflächen.

Freie Stellplätze sind in einem Reiseführer eine sensible Sache, denn wenn diese zu stark frequentiert werden, gibt es schnell Probleme. Alles was im Buch nicht *offizieller Stellplatz* heißt, fällt unter diese Kategorie. Wenn Sie auf *freien Plätzen* übernachten, machen Sie sich bitte bewusst, dass Sie sich auf einem öffentlichen Parkplatz befinden und verhalten sich entsprechend rücksichtsvoll. Dazu gehört, dass Sie platzsparend parken, Tisch und Stühle nur auspacken, wenn genug Raum gegeben ist und niemand gestört wird – und eben auch, dass Sie weiterfahren, wenn die maximale WOMO-Zahl erreicht ist. Freie Plätze, die mit zu vielen Wohnmobilen überlastet werden, tragen meiner Erfahrung nach innerhalb kürzester Zeit ein Verbotsschild.

Der letzte Stichpunkt in den Tourenkästen ist die **Zufahrt**. In Zeiten der GPS-Navigation halte ich diese möglichst knapp – es sei denn die Anfahrt zu einem Platz macht mit dem Navi Probleme.

Die **GPS-Daten** des Platzes sind ganz oben im Stellplatzkasten zu finden. Zur Angabe von GPS-Daten gibt es verschiedene Formate. Ich verwende Grad, Minuten und Sekunden (N 51°25'18.8" E 10°40'0.8"). Dieses Format müssen Sie vor dem Start an Ihrem Navi einstellen. Sie können die GPS-Daten unterwegs per Hand eingeben oder im **Shop des WOMO-Verlages** die Daten aller Plätze herunterladen und auf Ihrem Navi installieren.

Die einmal erstandenen GPX-Datei könnten Sie außerdem auf einem Handy oder Tablett mit Apps, wie zum Beispiel Maps.me, Locus Maps, Osmand oder auch Google Maps, in eine Offline-Karte übertragen. So haben Sie alle Stellplätze des Buches noch einmal auf einen Blick und in einer detaillierten digitalen Karte. Sie können sich auf dieser Karte zudem per GPS orten, was die Orientierung vor Ort sehr einfach macht.

Reiseführer und der Zahn der Zeit: Vor allem bei den freien Stellplätzen kommt es im Laufe der Lebensdauer einer gedruckten Auflage immer wieder zu Veränderungen. Bevor Sie sich auf die Reise begeben, lohnt deshalb ein kurzer Blick ins Forum des WOMO-Verlages (www.womo.de). Ich versorge Sie dort mit weiteren aktuellen Informationen. Sie können außerdem dabei helfen, Stellplatz-Informationen für alle Leser aktuell zu halten, indem Sie melden, wenn ein Platz nicht mehr existiert, verboten ist, sich verändert hat oder Sie etwas Neues entdeckt haben. Auch geschlossene Sehenswürdigkeiten sind eine wichtige Information. Sie können dazu das Infoblatt am Ende des Buches nutzen.

Sie erreichen mich direkt über die Mailadresse eisenschmidt@womo.de. Ich freue mich über jede Zuschrift und werde Ihnen umgehend antworten!

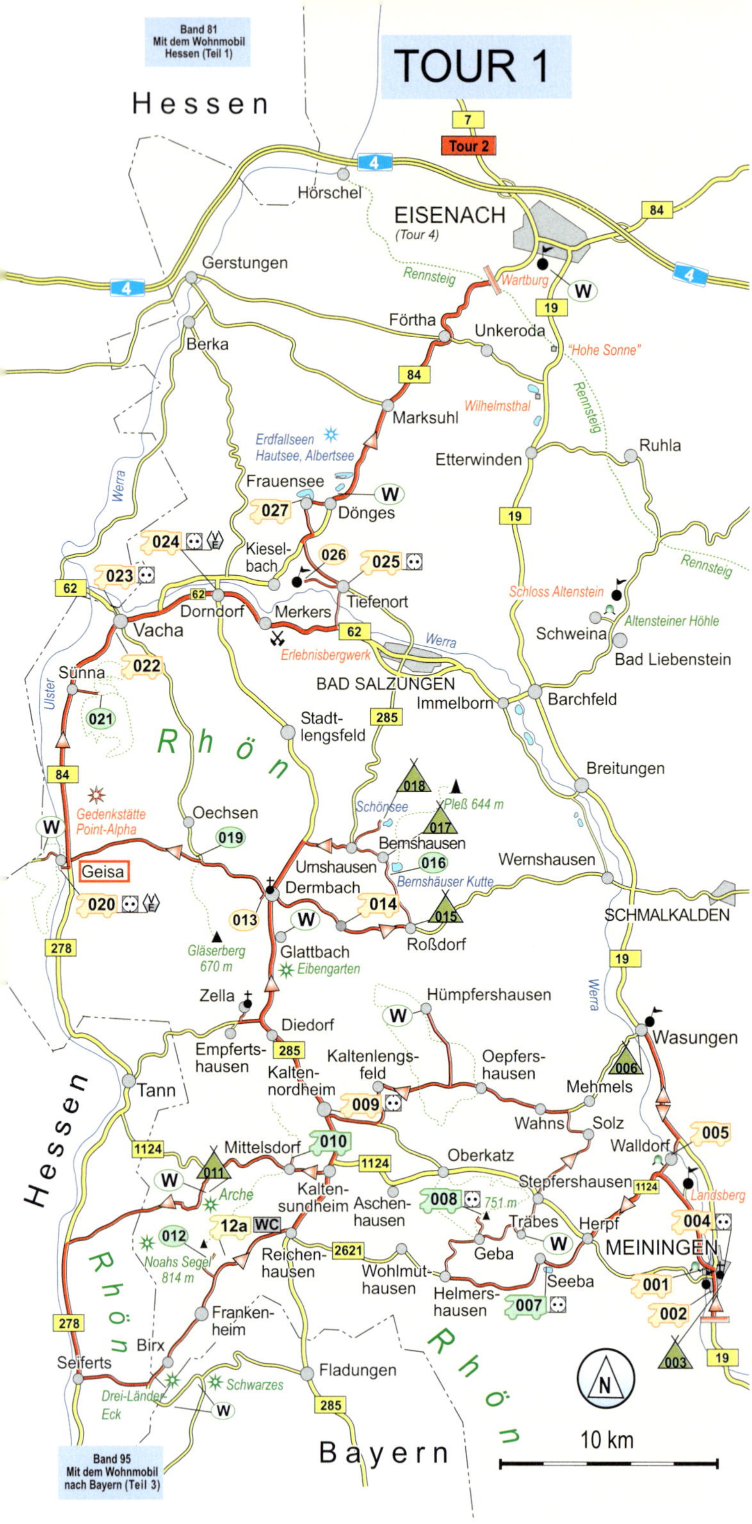

Band 81
Mit dem Wohnmobil
Hessen (Teil 1)
TOUR 1
Hessen
Tour 2
Hörschel
EISENACH
(Tour 4)
Gerstungen
Rennsteig
Wartburg
Förtha
Unkeroda
"Hohe Sonne"
Berka
Marksuhl
Wilhelmsthal
Erdfallseen
Hautsee, Albertsee
Etterwinden
Ruhla
Frauensee
027
Dönges
024
Kiesel-
bach
026
025
023
Tiefenort
Dorndorf
Merkers
Schloss Altenstein
Altensteiner Höhle
Schweina
Bad Liebenstein
Vacha
Werra
Erlebnisbergwerk
BAD SALZUNGEN
Sünna
022
Immelborn
Barchfeld
Ulster
021
Stadt-
lengsfeld
Rhön
Breitungen
Gedenkstätte
Point-Alpha
Oechsen
019
Schönsee
018
Pleß 644 m
017
Bernshausen
Wernshausen
Geisa
Urnshausen
016
Dermbach
Bernshäuser Kutte
020
013
014
015
SCHMALKALDEN
Glattbach
Roßdorf
Gläserberg
670 m
Eibengarten
Zella
Hümpfershausen
Diedorf
Wasungen
Empferts-
hausen
Kaltenlengs-
feld
Oepfers-
hausen
006
Tann
Kalten-
nordheim
009
Mehmels
Wahns
Solz
Mittelsdorf
010
005
Walldorf
011
Oberkatz
Arche
Kalten-
sundheim
Aschen-
hausen
Stepfershausen
Landsberg
008
751 m
12a
WC
Träbes
Herpf
004
012
Noahs Segel
814 m
Reichen-
hausen
Geba
MEININGEN
Wohlmut-
hausen
Seeba
001
Franken-
heim
Helmers-
hausen
007
002
Birx
Seiferts
Fladungen
003
Drei-Länder-
Eck
Schwarzes
Bayern
10 km
N
Band 95
Mit dem Wohnmobil
nach Bayern (Teil 3)

Tour 1: Im Land der offenen Fernen – Auf in die Rhön 220 km

Meiningen – Hohe Geba – Ellenbogen – Weidberg Geisa – Öchsenberg – Vacha – Merkers

Stellplätze: Meiningen, Seeba, Hohe Geba, Mittelsdorf, Kaltennordheim, Wiesenthal, Emberg, Geisa, Keltendorf, Stadtlengsfeld, Vacha, Dorndorf, Frauensee.

Campingplätze: Meiningen, Weidberg, Schönsee, Roßdorf.

Besichtigen: Kirchenburg Walldorf, Sandstein- und Märchenhöhle Walldorf, Erlebniswelt Rhönwald mit Arche Rhön, Noahs Segel, Holzschnitzmuseum Empfertshausen, Geisa, Gedenkstätte Point-Alpha, Keltendorf Sünna, Vacha, Erlebnisbergwerk Merkers, Burgruine Krayenburg.

Essen: *Henneberger Haus* in Meiningen, Restaurant *Brückenmühle* in Walldorf, Restaurant *Burg Maienluft* in Wasungen, *Träbeser Bauernstube*, *Thüringer Rhönhaus* sowie *Eisenacher Haus* am Ellenbogen, *Rhöner Botschaft* Dermbach, *Café Rehm* Dermbach.

Wandern: Zum Träbeser Loch, Extratour Gebaweg, Extratour Vorderrhönweg, Entdeckerpfad Hohe Rhön an Arche und Noahs Segel, Rhönpaulus-Pfad mit Ibengarten, auf dem Hochrhöner hinauf zum Pless, Extratour Point-Alpha-Weg, Extratour Keltenpfad, Hautsee.

Die Reise durch das *Grüne Herz Deutschlands* beginnen wir im Südwesten Thüringens, in der weithin bekannten Theaterstadt **Meiningen** (ca. 21.000 EW – *Tourist-Information, 98617 Meiningen, Ernestiner Straße 2, 03693/44650, www.meiningen.de; Öffnungszeiten: Mo-Fr 10-16 Uhr, Sa 10-15 Uhr).*

Die Herzöge von Sachsen-Meiningen ließen besonders im 19. Jahrhundert großzügig bauen, sodass neben historischen Fachwerkhäusern im fränkischen Stil vor allem repräsentative Straßen und Gebäude das Bild der Stadt prägen. Aus der Zeit des Barock stammt das ab 1682 entstandene **Schloss Elisabethenburg**. Wo einst die Herzöge residierten, befindet sich heute der Hauptsitz der Meininger Museen. Ein kurzweiliger Rundgang führt durch 50 Ausstellungsräume und zeigt unter anderem Rekonstruktionen historischer Räume, diverse Kunstsammlungen, die bedeutende Musik- und Theatergeschichte, die Geschichte der Herzöge und gibt einen Einblick in Schillers Lebensphase im nahe gelegenen Bauerbach.

Als Abschluss des Museumsbesuches bietet es sich an, einen Kaffee mit Torte oder Kuchen im barocken Hessensaal zu genießen. Das *Turmcafé* zählt zu einem der schönsten

Schloss Elisabethenburg

Deutschlands *(Schloss Elisabethenburg, 98617 Meiningen, Schlossplatz 1, 03693/503641,* *www.meiningermuseen.de; Öffnungszeiten: Di-So 10-18 Uhr; verschiedene Ticketmöglichkeiten für den Eintritt, auch Kombiticket mit Theatermuseum möglich).*

Zauberwelt der Kulisse

Besonders wichtig für Meiningen war **Georg II.**, der die Kunst liebte und als **Theaterherzog** in die Geschichte einging. Mit neuen Ideen revolutionierte er die Theaterwelt. Sein Ensemble *Die Meininger* war zwischen 1874 und 1890 in ganz Europa unterwegs und für aufsehenerregende Gastspiele bekannt. Eindrucksvolle Zeugnisse dieser Ära sind die mit großem handwerklichen Können gemalten Bühnenbilder, von denen eine Auswahl im **Theatermuseum Zauberwelt der Kulisse** in der ehemaligen Reithalle neben dem Schloss zu bewundern ist. Im Mittelpunkt stehen die original Bühnendekorationen von damals, die jährlich von Mitte Januar bis Mitte Februar gewechselt werden *(Zauberwelt der Kulisse, 98617 Meiningen, Schlossplatz 1, 03693/503641, www.meiningermuseen.de; Öffnungszeiten: Di-So 10-18 Uhr; Präsentationen: 10/12/14/16 Uhr, Dauer: 1 Std; Eintritt).*

Ein Stadtspaziergang lohnt sich durchaus, um vom Schloss und dem Park in Richtung **Stadtkirche** zu schlendern. Das neogotische Gotteshaus bezieht zwei ältere Kirchen in seinen Baukörper mit ein: Der Chor stammt von einer gotischen Hallenkirche und der untere Teil des nördlichen der beiden Westtürme blieb von einer alten romanischen Kirche übrig. Eine Besonderheit ist die Turmbesteigung mit anschließendem **Kaffee und Kuchen in der Türmerstube**. Von Mai bis Oktober kann man sich mittwochs zwischen 14 und 18 Uhr von den Turmfrauen mit selbstgebackenem Kuchen über den Dächern von Meiningen verwöhnen lassen. Ein Muss!

Nachdem wir uns im Museum über die Geschichte des Theaters informiert haben, statten wir dem Staatstheater einen Besuch ab. Meiningen wurde unter der Regie von Georg II. zu einem der wichtigsten kulturellen Zentren Deutschlands. Es zog außerdem große Dirigenten und Komponisten in die Stadt, wie Hans von Bülow, Richard Strauss und Max Reger, deren Spuren noch heute zu finden sind. An das Theater grenzt der **Englische Garten**, den Georg I. ab 1782 anlegen ließ. Zwei Teiche mit Fontänen, einigen Denkmalanlagen, der herzoglichen Fürstengruftkapelle und künstlich angelegten Ruinen lassen den Park zu einem angenehmen Ort der Erholung und Entspannung werden.

Donopskuppe mit Blick auf Meiningen

Möchten Sie sich ein Bild davon machen, wie herrlich grün diese Stadt ist, dann gehen Sie auf die **Donopskuppe**. Diese wurde nach Freiherr von Donop benannt, der die Ruine etwa 1822 auf einer Anhöhe im Südwesten erbauen ließ. Auf einem kleinen Wanderparkplatz (N 50°33'45.1" E 10°25'41.4") stellen wir das WOMO ab und gehen ungefähr 400 Meter bis zu einem herrlichen Ausblick. Nicht nur Meiningen und seine dichten Wälder, sondern auch die Rhön und das Werratal sind zu bewundern.

Meiningen ist wahrlich eine WOMO-freundliche Stadt mit vier Übernachtungsmöglichkeiten, wovon der Platz am Volkshaus am ehesten für einen Citybummel geeignet ist.

(001) Offizieller WOMO-Stellplatz: Meiningen, Volkshaus

GPS: N 50°34'25.7" E 10°24'45.2", Landsberger Straße. **Max. WOMOs**: 5. **Öffnungszeiten**: Ganzjährig.

Ausstattung: Keine.
Beschreibung: Es ist ein großer und relativ ebener Parkplatz, der häufig gut besucht ist. Die Stellplätze befinden sich am Ende des Platzes. Zentrumsnah, ca. 400 m entfernt befindet sich eine Einkaufsmöglichkeit mit Bäcker. Die Nähe zur Werra ermöglicht den direkten Einstieg und die Planung einer Kanufahrt (Informationen erhalten Sie hier: www.pfannstiel-outdoor-aktiv.de).
Preise: Kostenfrei.
Zufahrt: Aus Richtung A71 kommend biegt man in der Landsberger Straße links auf den Volkshausplatz ein.

(002) Offizieller WOMO-Stellplatz: Meiningen, Großmutterwiese

GPS: N 50°33'42.5" E 10°24'45.2", Werrastraße.
Max. WOMOs: 5.
Öffnungszeiten: Ganzjährig.
Ausstattung: Keine.
Beschreibung: Ein Parkplatz direkt an der Werra, ca. 800 m bis Zentrum.
Preise: Kostenfrei.
Zufahrt: Aus der Stadtmitte kommend in der Werrastraße rechts abbiegen.

Einer Sage nach ist Meiningen die Wiege der Thüringer Klöße. In der Gaststätte *Schlundhaus* wurden sie erfunden und deshalb feiert man diese Leibspeise alljährlich mit dem Hütesfest – Hütesfest deshalb, weil der Kloß hier Hütes heißt. Und das ist noch nicht alles. Es existiert sogar eine Hütesholle – das ist eine junge Dame, die die Schöpferin der Hütes verkörpert und als Repräsentationsfigur die Stadt bei zahlreichen Veranstaltungen vertritt. Sie möchten diese Leckerei sicher probieren. Dazu empfehle ich die Einkehr im *Henneberger Haus*. Zum einen handelt es sich um einen sehenswerten und unter Denkmalschutz stehenden Fachwerkbau, und zum anderen können Sie die Thüringer Küche dort bestens kennenlernen und genießen (*Henneberger Haus, 98617 Meiningen, Georgstraße 2, 03693/508990; Öffnungszeiten: Mo-Sa 11:30-14 Uhr, 17-22 Uhr, So 11:30-14 Uhr, 17-21 Uhr*).

(003) WOMO-Campingplatz: Meiningen *Rohrer Stirn*

GPS: N 50°34'10" E 10°26'11", Rohrer Stirn. **Tel**: 03693/484421; www.stadtwerke-meiningen.de/freizeitbaeder/camping.

Öffnungszeiten: April bis Okt.
Ausstattung: VE, 30 Plätze mit Strom, moderne Sanitäreinrichtungen, Waschmaschine, Trockner, Küche, Müllentsorgung.
Beschreibung: Der Platz liegt außerhalb der Stadt am Freizeitzentrum mit Frei- und Hallenbad, Sauna (gute Gastronomie).
Preise: Ca. 20 € für 2 Personen und WOMO.
Zufahrt: Aus Richtung A71 kommend biegt man rechts in das Gelände des Freizeitzentrums ein.

(004) Offizieller WOMO-Stellplatz: Meiningen, Frankental

GPS: N 50°34'10.7" E 10°26'04.3", Frankental. **Max. WOMOs**: ca. 10.
Öffnungszeiten: Ganzjährig.
Ausstattung: Strom gegen Gebühr, Nutzung der Sanitäranlagen des Campingplatzes gegen Gebühr möglich.
Beschreibung: In unmittelbarer Nähe des Campingplatzes liegt dieser geschotterte und relativ ebene Platz.
Preise: Kostenfrei.
Zufahrt: Über die Johannes-Brahms-Straße rechts in das Frankental einbiegen und der Beschilderung folgen.

Ein Highlight ist das **Dampflokwerk** der Deutschen Bahn AG. Es ist das Einzige in Deutschland, das noch heute über das Können und die Technik verfügt, historische Dampfloks zu reparieren (*Dampflokwerk, 98617 Meiningen, Am Flutgraben 2, 03693/851602, www.dampflokwerk.de; Öffnungszeiten: Jeden 1. und 3. Samstag im Monat finden Führungen statt; Eintritt*).

Es fällt schwer, dieses idyllische Städtchen zu verlassen. Auf der Landsberger Straße fahren wir in Richtung Walldorf und erblicken nach drei Kilometern rechtsseitig einen bewaldeten Hügel, auf dem uns ein bezauberndes Märchenschloss empfängt. Es thront hoch oben über dem Werratal und diente einst Bernhard II. von Sachsen-Meiningen als Sommerresidenz. Die Anregungen zum Bau von **Schloss Landsberg** kamen unter anderem aus England von Adelssitzen wie Windsor Castle und es erhielt daher sein märchenhaftes Erscheinungsbild. Vom Turm hat man eine weite Aussicht über das Werratal, in den Thüringer Wald und die Rhön. Das Schloss ging mittlerweile in den Besitz einer chinesischen Investorengruppe über und sollte zu einem Luxushotel ausgebaut werden, was bisher allerdings nicht geschah. Eine Hoffnung für Meiningen ist die Aufnahme des Märchenschlosses in die Mitteldeutsche Schlösserstiftung. Bis dahin oder bis eine andere Lösung gefunden wird, können wir die tolle Aussicht leider nicht genießen und müssen uns in Geduld üben.

Aber wer will schon die Rhön nur aus der Ferne betrachten? Ich jedenfalls nicht und deshalb lade ich Sie nun ein, in die Tiefen der Thüringer Rhön vorzudringen. Allerdings wagen wir zuvor noch einen Abstecher nach **Walldorf** (ca. 2.300 EW), denn dort warten zwei Attraktionen auf uns: Die Sandstein- und Märchenhöhle für die kleinen Mitreisenden und ein wahrlich besonderes Gotteshaus, die Kirchenburg. Falls Sie auf dem Weg dorthin eine Stärkung benötigen, bietet sich das Restaurant der *Brückenmühle* mit Thüringer oder Italienischer Küche an. Auf Nachfrage kann auf dem hauseigenen Parkplatz übernachtet werden (N 50°36'13.1" E 10°22'47.4").

Damit die kleinen und großen Kinder nicht ungeduldig werden, beginnen wir mit dem Besuch der Sandstein- und Märchenhöhle (N 50°36'43.0" E 10°23'02.7"):

Sandstein- und Märchenhöhle

Das unterirdische Labyrinth mit einer Fläche von 65.000 Quadratmetern, von Menschenhand geschaffen, zählt zu den größten Höhlen dieser Art in Europa und umfasst über 2500 tragende Säulen. Sandmacherfamilien begannen dort vor etwa 300 Jahren mit dem Sandabbau. Mit primitiven Werkzeugen wie Spitzhacke oder Meißel schlugen sie den Sandstein heraus und verarbeiteten ihn zu weißem Streu- und Scheuersand. Zur damaligen Zeit reinigte man damit Töpfe oder auch Holzfußböden.

1930 entschied man sich, die Höhle für den Besucherverkehr zu öffnen, und auch damals kursierte bereits die Idee, Märchenfiguren zu präsentieren, um ein breiteres Publikum anzusprechen. Nach den Kriegsjahren wurde die Walldorfer Sandstein- und Märchenhöhle 1957 endgültig in dieser Form eröffnet. Im vorderen Bereich der Höhle wird die harte Arbeit der Sandmacher eindrucksvoll dargestellt und auf verschiedenen Schautafeln beschrieben. Der weitere Verlauf wird vor allem für die jüngeren Besucher zu einem kurzweiligen Spaziergang, auf dem 30 Märchenbilder in Form von Figuren betrachtet werden können.

Im Laufe der Jahre wurde dieses Ausflugsziel um eine kleine Parkanlage mit Tiergehegen und Vogelvolieren, einen gastronomischen Bereich und einen Freizeitpark erweitert *(Sandstein-/ Märchenhöhle, 98617 Meiningen OT Walldorf, An der Sandsteinhöhle 4, 03693/881277, www.sandsteinhoehle.de; Kernöffnungszeiten April-Okt: 10-17 Uhr. Da die Zeiten variieren, entnehmen Sie diese bitte der Webseite; Eintritt).*

In Walldorf steht ein großer Parkplatz neben dem Sportgelände zur Verfügung, der ausdrücklich auch WOMOs zur Übernachtung zulässt. Zu Fuß erreichen Sie in etwa 15 Minuten die Sandstein- und Märchenhöhle und unmittelbar daneben liegt die Kirchenburg.

(005) Offizieller WOMO-Stellplatz: Walldorf

GPS: N 50°36'55.4" E 10°23'23.4", Bahnhofstraße. **Max. WOMOs**: 3.
Ausstattung: Keine.
Beschreibung: Direkt am Sportgelände am Ortsrand von Walldorf, in der Nähe der Bahnschienen. Im Ortskern in 300 m Entfernung findet sich eine Einkaufsmöglichkeit und ein Bäcker.
Preise: Kostenfrei.
Zufahrt: Von der B19 kommend befindet sich der Platz auf der rechten Seite und ist sehr leicht zu finden.

Kirchenburg von Walldorf

Sie ist ein besonderes Gotteshaus, dessen Gebäude in der heutigen äußeren Gestalt 1587 errichtet, 1634 bis auf das Mauerwerk zerstört und von 1648 bis 1651 neu aufgebaut wurde. Auch heute finden sich noch viele Spuren aus jener Zeit. Die hohe, steinerne Ringmauer, welche die Kirche noch immer komplett umfriedet, besitzt fünf Rundtürme und hat eine Höhe von vier bis acht Metern. Am Äußeren der Kirche hinterließen verschiedene Kunstepochen wie zum Beispiel Gotik und Renaissance ihre Spuren. 2007 war die jüngste Sanierung abgeschlossen, aber nur fünf Jahre später brannte sie bis auf die Grundmauern nieder. 2019 konnte zum Tag der Wiedereröffnung das Ergebnis in Augenschein genommen werden. Entstanden ist eine Kirche, die Historie und Moderne in einzigartiger Weise miteinander verbindet. Das Ensemble ist zu einem sehenswerten Schmuckstück geworden. Von hier oben hat man einen guten Blick über die Dächer von Walldorf, das Werratal und auf das Märchenschloss Landsberg. Sehr einladend und entspannend wirkt der dazu gehörende Bauerngarten. Beim Wiederaufbau entschied man sich außerdem zur Umsetzung einer Biotopkirche. Es summt, zwitschert und piepst überall und Fledermäuse, einheimische Vögel und ein Storchenpaar haben dort ein Zuhause gefunden.

Im Inneren zeigt sich die Kirche hell, großzügig und offen – alles in Holz aufeinander abgestimmt. Ein besonders sehenswertes Element sind die von Julian Plodek gestalteten farbenprächtigen Fenster. Ein Besuch lohnt sich allemal und die äußere Burganlage ist täglich bis 18 Uhr für Interessenten geöffnet. Wer gerne das Gotteshaus von innen betrachten möchte, kann sich vorher per Mail an den Verein wenden *(kontakt@kirchenburg-walldorf.de, www.kirchenburg-walldorf.de).*

Wir überqueren die Werra und die Bahnlinie nach Osten und treffen auf die B19, auf der wir **Wasungen** (ca. 3.300 EW) ansteuern. Ein letzter Halt, bevor wir uns endlich aufmachen, die Rhön zu entdecken. Wasungen nennt sich Fachwerk- und Karnevalsstadt. In der närrischen Zeit begrüßt Sie die bekannte Thüringer Karnevalshochburg mit dem Schlachtruf „Woesinge Ahoi!" und in dieser Zeit sind dort alle außer Rand und Band, und das seit 1524. Jedoch auch außerhalb der fünften Jahreszeit hat die kleine Stadt einiges zu bieten. Sehenswert sind das spätgotische Rathaus, das die Architektur des Stadtzentrums deutlich beherrscht, und das Damenstift, welches 1596 als Stiftungshaus für verarmte adelige Damen errichtet wurde. Beide Gebäude sind in aufwändig gestaltetem Fachwerk angelegt und eine Infotafel am Markt informiert über einen möglichen Stadtrundgang, der die Vielfalt an Fachwerkbauten, zu denen auch einige Adelshöfe gehören, zusammenfasst. Im Damenstift befinden sich die Touristinformation, das Stadtmuseum und das Thüringer Karnevalsmuseum *(Touristinformation, 98634 Wasungen, Untertor 1, 036941/71505, www.wasungen.de; Öffnungszeiten: Mo-Fr 10-12 Uhr und 13-16 Uhr, Sa 10-12 Uhr, Mai-Okt auch So 14-16 Uhr).*

Im 12. Jahrhundert wurde oberhalb von Wasungen durch Ritter eine Burg angelegt, die man später **Burg Maienluft** nannte. Zu besichtigen sind der Bergfried, Reste der Umwehrung von Vor- und Hauptburg sowie die ehemalige Burgkapelle (N 50°39'57.4" E 10°22'19.5"). Auf dem Gelände befindet sich ein stilvolles Hotel mit Restaurant, in dem man moderne und regionale Küche genießen kann und auf Nachfrage den Schlüssel für den Turm erhält *(Restaurant Burg Maienluft, 98634 Wasungen, Maienluft 1, 036941/7840, Öffnungszeiten: Mi-Fr ab 15 Uhr, Sa/So/Feiertag ab 12 Uhr).*

Turm der Burg Maienluft

Pflanzenfreunden empfehle ich den **Forstbotanischen Garten**. Es finden sich Parkplätze unmittelbar davor, aber die Straße ist steil und für große Wohnmobile nicht geeignet (N 50°40'11.8" E 10°22'19.2"). Der Garten kann jedoch von der Burg Maienluft gut erwandert werden. Die Wegstrecke ist ausgeschildert und auf einem Waldweg erreicht man nach etwa 1,5 Kilometern den Forstbotanischen Garten. Da im Werratal und der Rhön botanische Anlagen fehlten, begann man 1974 mit dem Aufbau des Wasunger Arboretum (Anpflanzung verschiedenartiger, meist auch exotischer Gehölze), zu dem auch ein Lehrpfad gehört. Dort finden sich vor allem Arten aus Europa, Nordamerika und ostasiatischen Gegenden. Besonders prächtig ist der Garten, wenn zwischen April und Mai die etwa 500 verschiedenen Rhododendronarten blühen *(Forstbotanischer Garten, 98634 Wasungen, Öffnungszeiten: ganzjährig, ganztägig; kostenloser Eintritt.)*

(006) WOMO-Campingplatz: Wasungen

Wasunger Caravan- und Zeltplatz an der Werra

GPS: N 50°39'31" E 10°22'09", Fischergasse 30. **Tel**. Platzwart 0151/11745156; www.wasungen.de/tourismus/schlafenessen/zeltplatz/.
Öffnungszeit: April bis Oktober.
Ausstattung: VE, Strom, Sanitärcontainer, Müllentsorgung.
Beschreibung: Der kleine Platz liegt am Ufer der Werra. Er ist nicht bewacht und ein Aushang informiert über die Erreichbarkeit des Platzwartes, überwiegend Rasenflächen, Ortszentrum ca. 500 m. Werratal-Radweg. Die Nähe zur Werra ermöglicht den direkten Einstieg und Planung einer Kanufahrt; Anlegestelle vorhanden (Informationen erhalten Sie hier: www.pfannstiel-outdoor-aktiv.de).
Preise: Ca. 25 € für 2 Personen und WOMO.
Zufahrt: Von der B19 fahren Sie über die Damaschkestraße direkt auf den Platz.

Jetzt starten wir durch und machen uns auf in ein Mittelgebirge, das seinesgleichen in dieser Form sucht – die **Rhön**.

Von Walldorf aus gelangen wir über die L1124 nach Herpf und damit zur östlichen Grenze der Rhön. Das erste Ziel ist ein kleines, beschauliches Dorf, welches idyllisch an einem See liegt.

UNESCO-Biosphärenreservat Rhön

Vulkane und Menschenhand schufen diese einzigartige Landschaft. Die Entwicklung begann in der Trias mit Salz- und Gesteinsablagerungen, führte durch vulkanische Aktivitäten und den nachfolgenden weitreichenden Abtragungen zu dem heutigen Landschaftsbild und verlieh der Rhön ihre Form. Im 7. Jahrhundert begann die Besiedlung der Region und ging einher mit Waldrodungen und immer stärker werdenden Einflüssen durch die landwirtschaftliche Nutzung durch die Menschen. Sie formten die Rhön zu einer offenen Kulturlandschaft, die bis heute die Möglichkeit bietet, hier zu leben und zu wirtschaften.

Eine mahnende Erinnerung an die jüngste Geschichte ist der ehemalige Todesstreifen an der innerdeutschen Grenze. Die westliche und südliche Abgrenzung der Thüringer Rhön ist daher ausschließlich durch das **Grüne Band** geprägt. Naturschützer erkannten nach der Grenzöffnung schnell das Potenzial dieses damals abgeschotteten Bereiches, in dem sich fast unberührt eine artenreiche Tier- und Pflanzenwelt entwickeln konnte. Durch die extreme Abriegelung fanden vom Aussterben bedrohte Tierarten dort eine sichere Heimat. Das Grüne Bande zieht sich über eine Strecke von 1400 Kilometern von der Ostsee bis nach Hof in Bayern. Thüringen besitzt mit 763 Kilometern einen beachtlichen Anteil und auf die Rhön entfallen immerhin 250 Kilometer Schatzkammer und Artenreichtum – ein Naturmonument, das Geschichte und Natur als lebendiges Denkmal für uns bereithält.

Die herrliche Aussicht von der Hohen Geba

Durch die Wiedervereinigung wurde die Rhön, im Dreiländereck Bayern, Hessen und Thüringen liegend, wieder zur Mitte Deutschlands.

Sie erstreckt sich über diese drei Bundesländer, wobei der kleinere Teil mit einer Fläche von etwa 48.000 Hektar in Thüringen liegt. Vor allem er ist es, der auch heute noch als Geheimtipp für Naturliebhaber gilt und der für Ruhe und Entspannung steht.

Seeba (ca. 130 EW) ist ein idyllisches, kleines Dorf unterhalb der Hohen Geba, deren Gipfel mit 751 Metern zu einem imposanten Plateau gehört und den wir im Verlauf der Tour ebenfalls erklimmen werden. Im Tal lädt ein schmaler Pfad ein, den See zu umrunden. Am Ufer findet sich sogar ein Lager für die Nacht.

(007) Offizieller WOMO-Wanderparkplatz: Seeba

GPS: N 50°34'13.6" E 10°18'16.3", Herpfer Straße. **Max. WOMOs**: 3.

Ausstattung: Strom gegen Gebühr (zum Zeitpunkt der Recherche defekt), Mülleimer, Picknickbänke, Grill, nebenan ein Spielplatz.
Beschreibung: Direkt am Seeufer auf geschottertem Untergrund, eventuell Keile erforderlich. Eine Wanderung nach Träbes mit Einkehr in die dortige Gaststätte möglich.
Preise: Kostenfrei.
Zufahrt: Der Stellplatz befindet sich am Ortseingang links.

Weiter geht es nun über Bettenhausen und Helmershausen in Richtung Geba hinauf auf das **Plateau der Hohen Geba**.

Rundweg um den kleinen Seebaer See

Hier können Sie sich ein erstes Bild über die Rhön machen und vor allem eine traumhafte Aussicht genießen. Jetzt ist der Zeitpunkt gekommen, die Wanderschuhe zu schnüren.

Auf 180 Kilometern führt der Premiumwanderweg **Der Hochrhöner** von Bad Kissingen nach Bad Salzungen über die höchsten Erhebungen der Rhön. Gekennzeichnet ist er mit einem orangefarbenem ö auf weißem Grund. Zusätzlich wurden **Extratouren** entwickelt, die als Tagestour erwandert werden können und allesamt mit dem deutschen Wandersiegel ausgezeichnet wurden. Im thüringischen Teil existieren fünf Extratouren, die ich für Sie getestet habe. Ich kann jede dieser Touren empfehlen, sie waren traumhaft schön. Sie sind thematisch unterschiedlich und zeigen jeweils eine bestimmte Nuance der Rhön. Auf dem Hochplateau beginnt die **Extratour Gebaweg** mit ihren an vielen Stellen herrlichen Aussichten. Der Berg selbst fasziniert zeitweise mit dichten Nebelbänken und einem ausgezeichneten Rundumblick.

(008) Offizieller WOMO-Wanderparkplatz: Hohe Geba

GPS: N 50°35'22" E 10°16'15". **Max. WOMOs**: 10.
Ausstattung: Strom gegen Gebühr – dafür stehen 4 Plätze zur Verfügung, Mülleimer, Picknickbänke, Grill, nebenan befindet sich ein Spielplatz, WC-Schlüssel im Bergstübchen (Silvio Vollstädt 0172 3549821).

Beschreibung: Auf dem Plateau mit hervorragender Rundumsicht stehen verschiedene Plätze zur Verfügung. Teilweise Rasenfläche, aber auch fester Untergrund. Das *Bergstübchen* bietet überwiegend von Di-So Brotzeit und Getränke an – Informationen finden Sie unter www.hohe-geba.de, Infotafeln für die zahlreichen Wandermöglichkeiten.

Preise: 6 € für 2 Personen und WOMO.
Zufahrt: Der Stellplatz liegt direkt auf dem Plateau der Hohen Geba. Vor dem Ort Geba rechts abbiegen.

Extratour Gebaweg

Dauer: 5 Std., **Länge**: 15,5 km, **Höchster Punkt**: 745 m ü. NN, **Höhenmeter**: Anstieg 509 m, **Schwierigkeitsgrad**: Mittel, **Wegweisung**: Rotes G auf weißem Grund.

Die Beschilderung der Wegstrecke ist sehr gut. Deshalb verzichte ich auf eine Beschreibung. In der Nähe des Stellplatzes befindet sich eine Infotafel, die den Verlauf aufzeigt. Detaillierte Informationen zu den Extratouren finden Sie auf www.rhoen.de.

Zunächst führt der Weg abwärts in das Dorf der Brunnen – nach Stepfershausen. Nach dem ersten Waldstück erreichen Sie zwei wundervolle Bänke. Genießen Sie an dieser Stelle einmal den **Sonnenaufgang**. Sie werden es nicht bereuen.

Am Nordhang führt der Weg überwiegend durch beeindruckende Buchenwälder und anschließend nach Oberkatz. Zur Hohen Löhr gelangt man zusammen mit dem **Schäferweg** (ein Themenweg mit Stationen zur Schafhaltung und Beweidung), der viel interessantes Wissen vermittelt.

Ein Markenzeichen der Rhön sind die großflächigen **Kalkmagerrasen**, die in diesem Bereich der Wandung zum Thema werden. Sie werden mit Schafen und Ziegen beweidet, um sie offen zu halten und eine Verbuschung zu vermeiden. Die Magerrasen bedecken fast den kompletten Südhang der Hohen Geba. Weiter geht es über einen Wiesenweg zum Aussichtspunkt Rhönfrieden mit der nächsten grandiosen Fernsicht. Über das Dorf Geba führt die Extratour zurück auf das Plateau.

Zu DDR-Zeiten wurde die Geba als sowjetisches Militärgelände genutzt. Seit 1995 begann man mit der touristischen Erschließung und entfernte nicht mehr benötigte Objekte. Zurzeit findet sich dort ein **Rhönkulturgarten**, das *Bergstübchen*, ein kleines **Museum**, welches über die Militärnutzung vor 1990 informiert.

Die neueste Errungenschaft ist eine Beobachtungsplattform im Rahmen der Rhön als **Sternenpark.** Ein solcher Park ist eine Auszeichnung für Gebiete, die eine besonders schützenswerte und nahezu natürliche Nachtlandschaft aufweisen. Diese Gebiete sind wichtig und wertvoll, nicht nur wegen der unmittelbaren Sicht auf den Sternenhimmel, sondern auch,

weil sie den Lebensraum für zahlreiche tag- und nachtaktive Tiere und Pflanzen bieten. Die dünne Besiedlung der Rhön sorgt für eine geringe Lichtverschmutzung. Wahrscheinlich haben Sie noch nie so viele Sterne am Himmel gesehen, wie es dort möglich ist.

Auf dem Weg zum Startpunkt einer weiteren Extratour gelangt man durch Träbes. Dort findet sich ein Wanderparkplatz neben der *Träbeser Bauernstube* (N 50°34'49.8" E 10°17'09.9"), die mit sehr guter Thüringer Küche und einem Ausblick auf das Meininger Tal ein lohnendes Ziel ist.

Wanderung zum Träbeser Loch

Nach dem Wanderparkplatz verlässt man den Weg nach rechts und geht auf einem breiten Schotterweg 500 m gerade aus, bis man nach links in den Wald abbiegt. Die gesamte Strecke umfasst kaum 1 km und plötzlich steht man vor einem **geologischen Naturdenkmal**, das seit 1940 gesetzlich geschützt wird. Im Untergrund bildeten sich Hohlräume und es entstand ein gewaltiger Erdfall von einem Durchmesser von 80 m und einer Tiefe von 27 m.

In der Thüringer Sagenwelt hat das Loch eine andere Bewandtnis. Demnach ärgerte sich eine alte Witwe über ihre habgierigen Söhne. Beide wollten eine ganz bestimmte Wiese besitzen. Deshalb wünschte sie sich, dass nach ihrem Tod das Wasser aus dem Träbeser Loch auslaufen und auf die Wiese im entfernten Seeba sprudeln sollte. So geschah es, und seitdem ist das Träbeser Loch tatsächlich leer und in Seeba wurde plötzlich die Wiese in einen See verwandelt.

Es geht weiter bergab und wir kehren der Hohen Geba nun endgültig den Rücken. Über das Dorf der Brunnen, Stepfershausen, fahren wir nach Hümpfershausen, wo eine weitere Extratour beginnt. Die Extratour **Vorderrhönweg** ist ebenfalls eine sehr attraktive und abwechslungsreiche Wanderung. Sie parken das WOMO auf dem Parkplatz des Sportplatzgeländes, (N 50°40'01.2" E 10°13'28.7").

Extratour Vorderrhönweg

Dauer: 4,5 Std., **Länge**: 13,9 km, **Höchster Punkt**: 692 m ü. NN, **Höhenmeter**: Anstieg 415 m, **Schwierigkeitsgrad**: Mittel, **Wegweisung**: Rotes V auf weißem Grund.

Die Beschilderung der Wegstrecke ist sehr gut. Deshalb verzichte ich auf eine Beschreibung. Am Parkplatz befindet sich eine Infotafel, die den Verlauf zeigt. Detaillierte Informationen zu den Extratouren finden Sie auf www.rhoen.de.

Zu Beginn geht es sofort bergauf über den Gotteskopf zur Hümpfershäuser Hütte. Diese Tour führt durch eine wenig bekannte aber landschaftlich außergewöhnliche Kulturlandschaft im Nordosten der Rhön. Alte Hutebuchen auf weiträumigen Bergwiesen und großflächige Kalkmagerrasen sind nur einige Besonderheiten. Häufig bewegt man sich durch weite Wiesenflächen und ist auf jeder Etappe erstaunt über die reichhaltige Abwechslung. Eine meiner Lieblingsextratouren.

Das nächste Ziel ist Mittelsdorf, der Ort, in dem sich der WOMO-Verlag befindet und in dem ich aufgewachsen bin. Auf dem Weg dorthin fahren wir unter anderem durch **Kaltennordheim** (ca. 2000 EW), das einen kleinen Stellplatz mit Stromsäulen neben einem Einkaufsmarkt besitzt [**009**: N 50°37'47" E 10°09'34"].

Der naturnahe Stellplatz in der Nähe zum **WOMO-Verlag** in **Mittelsdorf** (ca. 290 EW) ist ein idealer Ort für Ruhe und Ausgangspunkt für Wanderungen. Besuchen Sie uns gerne und berichten von Ihren Reiseerfahrungen. Falls Sie in einem unserer Reiseführer schmökern möchten – kein Problem, wir haben jeden Titel in unserem Lager vorrätig.

(010) Offizieller WOMO-Wanderparkplatz: Mittelsdorf

GPS: N 50°36'41.2" E 10°07'53.3". **Max. WOMOs**: 3-4.
Ausstattung: Bank und kleiner Tisch, Infotafel zu Wanderwegen.
Beschreibung: Der sehr ruhige und naturnahe Platz liegt am Ortsrand mit Anbindung an den Wanderweg **Hochrhöner**.
Preise: Kostenfrei.
Zufahrt: Der Platz ist über Wegweiser leicht zu finden.

Von hier aus können einige Wanderungen unternommen werden, vor allem, weil es durch den Wanderweg **Hochrhöner** eine sehr gute Wegweisung gibt und man sich kaum verlaufen kann. Mein Vorschlag ist der Besuch der **Hexenlinde**, wozu der Hochrhöner in nördlicher Richtung den Weg angibt. Sie finden die sagenumwobene Linde an einem einsamen Ort nahe der Landesgrenze zur Hessischen Rhön. Der hohle und offene Stamm teilt sich eindrucksvoll in zwei Hälften und man stellt sich die Frage, wie es dieser Baum geschafft hat, weiter zu wachsen.

Die Rhön ist nicht nur eine beeindruckende Naturlandschaft, sondern auch eine **sagenumwobene Region**. Die Sage vom Träbeser Loch haben Sie schon kennengelernt.

Andere dieser Geschichten handeln von Riesen, Spukgestalten, Teufeln und Hexen, die uns zu wohligem Gruseln einladen. Sie möchten sicher gerne erfahren, weshalb die Linde zu ihrem Namen kam? Dann seien Sie gespannt. An Ort und Stelle erfahren Sie es.

Wanderung zur Klingser Hexenlinde

Wir starten direkt am Stellplatz auf den Hochrhöner (orangefarbenes ö auf weißem Grund) in Richtung Altenberg. An der Weggabelung ist bereits die Hexenlinde mit einer Strecke von 6 km ausgeschildert. Sie folgen dem ö vorerst stets bergan, überqueren ein Feld- und Wiesengelände und erreichen eine romantische Streuobstwiese, über die man zu einer Basaltsteinwiese gelangt. Wie Sie bereits wissen, ist die Rhön vulkanischen Ursprungs und der Basalt ein markanter Zeuge dieser Entstehungsperiode. Basalt ist ein sehr kompakter Naturstein, der nur langsam verwittert und deshalb auch in Basaltwerken in der Rhön zu Schotter und Splitt verarbeitet wird.

Nach etwa 4 km erreicht man das Gelände des ehemaligen Marschlerhofes, einem 1938 errichteten Weidelehrhof. Dort lebten Bauern, die überwiegend Weidewirtschaft betrieben und die gewonnene Milch an die Kaltennordheimer Molkerei lieferten. Eine Schutzhütte und Picknickbänke laden dazu ein, die weite Aussicht ins Feldatal zu genießen.

Die Hexenlinde ist auch im folgenden Verlauf gut ausgeschildert und wird nach etwa weiteren 2 km erreicht. Für eine Rast kann die überdachte Tisch-Bank-Kombination genutzt werden.

Auf dem Wanderweg Hochrhöner

Wenn Sie sich in südliche Richtung auf den Hochrhöner aufmachen und ihn auf einer Strecke von etwa 7,5 Kilometern nicht mehr verlassen, gelangen Sie direkt zu einem touristischen Highlight – **Noahs Segel**. Der Aussichtsturm mit einer Röhrenrutsche für mutige Kleine und Große steht auf der höchsten Erhebung der Thüringer Rhön, dem 814 Meter hohen Ellenbogen. Im weiteren Verlauf der Tour werden wir ihn auch mit dem WOMO anfahren. Wer nicht wandern möchte, erreicht das Ziel ebenso.

Wanderung zum Ellenbogen (814 m) mit Noahs Segel

Wir starten direkt am Stellplatz auf den Hochrhöner (orangefarbenes ö auf weißem Grund) in Richtung Mittelsdorf. Der Weg führt anschließend am Ort vorbei und nach etwa 2 km zur Schutzhütte Am Steinkopf. Unterhalb der Hütte befindet sich ein beeindruckendes

Flächennaturdenkmal in Form von vielen uralten **Hutebuchen** (Foto S. 28). Für Baumfreunde ein absolutes Foto-Pflichtprogramm. Der Weg führt weiter empor durch Buchenwälder und entlang weitläufiger Wiesen, bis man nach etwa 7 km direkt am Hotel und Restaurant *Eisenacher Haus*" angelangt ist.

Aussichtsturm Noahs Segel

Die Ellenbogenregion hat einiges zu bieten, worauf ich an späterer Stelle eingehen werde. Zunächst begeben wir uns jedoch auf den nahegelegenen **Weidberg**, den ein geübtes Auge bereits vom Stellplatz aus erspähen kann. Einige Jahre bevor das Segel auf dem Ellenbogen errichtet wurde, entstand die **Erlebniswelt Rhönwald** mit der **Arche Rhön**. Auf der Erhebung des Weidberges fiel ein beachtlicher Baumbestand dem Orkan Kyrill im Jahr 2007 zum Opfer und schaffte dadurch eine Freifläche, von der man einen herrlichen Blick über die Rhön in den Thüringer Wald genießen kann. Die Arche ist ein interaktives Besucherzentrum in Form eines Schiffes und informiert über die Tier- und Pflanzenwelt der Rhön. Auf dem Gelände kann man sehr gut eine Auszeit nehmen und den Blick in die Ferne schweifen lassen, während die kleinen Mitreisenden auf dem Spielgelände unter anderem in Holzschiff, Weidbergbahn, Kletterbrücke und Schatzinsel so einiges entdecken können. Die Naturlandschaft Rhön spielt thematisch auf dem gesamten Gelände eine tragende Rolle.

Der **Entdeckerpfad** mit einer Gesamtlänge von 18 Kilometern reicht direkt an den Parkplatz der Erlebniswelt. Vor allem für Kinder sind die einzelnen Etappen ein Genuss. Es finden sich Infotafeln und Flyer, die über weitere Freizeitvergnügen informieren, wie zum Beispiel auch eine **Kutschfahrt** entlang des Entdeckerpfades zwischen Erlebniswelt und Noahs Segel (Buchung möglich: Andreas Vogt, fahrstall-vogt@gmx.de, 0151/46128984).

In einem Imbiss wurden in den vergangenen Jahren Speisen und Getränke angeboten, allerdings gab es zum Zeitpunkt der Recherchen für diese Ausgabe keinen Pächter mehr. Hoffen wir, dass sich das bald wieder ändert.

Flächennaturdenkmal Hutebuchen

Wie auch auf der Geba finden sich hier Angebote zum **Sternenpark Rhön**, denn vor allem in den höheren Lagen lassen sich die Sterne besonders gut betrachten. Die neuesten Attraktionen sind die Sternenrutsche und der Himmelsguckplatz. Feste werden natürlich auch gefeiert, wie zum Beispiel regelmäßig das Frühlings- und das Herbstfest *(Erlebniswelt Rhönwald – Arche Rhön, 36452 Kaltennordheim OT Kaltenwestheim, Auf dem Rosengarten 3, 0151/57883177, www.rhoen-aktiv.de; Öffnungszeiten der Arche: Mo-Fr 10-17 Uhr, WE und Feiertage 10-18 Uhr. Öffnungszeiten der Erlebniswelt: täglich durch ein Drehkreuz und nicht an die Zeiten der Arche gebunden, Eintritt).* Vor dem Gelände der Arche befindet sich ein geschotterter Parkplatz (N 50°36'10.6" E 10°05'01.0") und nebenan:

Erlebniswelt Rhönwald und Arche mit Blickrichtung Kaltenwestheim

011) WOMO-Campingplatz: Weidberg
Weidberg Camping

GPS: N 50°36'16.7" E 10°05'00.9", 36452 Kaltenwestheim, Auf dem Rosengarten 1, **Tel**. 036946/29195; www.weidberg-camping.de.
Öffnungszeit: Ganzjährig.
Ausstattung: VE, Strom, Sanitärbenutzung im Gebäude, Küchenbenutzung möglich, Müllentsorgung, Lagerfeuerplatz, Brötchenservice.
Beschreibung: Der kleine Platz befindet sich auf der Anhöhe des Weidberges in unmittelbarer Nähe zur Erlebniswelt Rhönwald. Es handelt sich um ein ehemaliges NVA-Gebäude mit dazugehörigem Gelände. Die WOMO-Stellplätze haben festen Untergrund, es stehen aber auch Rasenplätze zur Verfügung. Die nächsten Orte mit Einkaufsmöglichkeit befinden sich in ca. 2 km Entfernung. Es bieten sich viele Wandermöglichkeiten und der Besuch der Erlebniswelt Rhönwald an.
Preise: Ca. 15 € für 2 Personen und WOMO.
Zufahrt: Über die L1124 von Kaltenwestheim kommend links abbiegen.

An einem Schiff löst man die Leinen und hisst die Segel. Das nehmen wir uns zum Vorbild und starten zur (fast) höchsten Erhebung der Thüringer Rhön. Das äußere Erscheinungsbild des **Ellenbogen**s mit seinen 814 Metern ist nicht besonders auffällig, da er sich aus der Hochebene der Langen Rhön erhebt und nicht mit einem einzeln stehenden Massiv zu vergleichen ist. Dafür kann er allerdings auf eine bewegte Geschichte zurückblicken, einige Attraktionen aufweisen und bietet vor allem eine grandiose Aussicht ins Ulstertal. Ähnlich dem Marschlerhof diente das Territorium zu Zeiten des Dritten Reiches zum Aufbau eines Arbeitsdienstlagers mit angegliedertem Hof, um die damalige Weidebewirtschaftung und Rinderhaltung im nationalsozialistischen Sinn zu modernisieren. Zu DDR-Zeiten befand man jedoch, dass die Gebäude zu dicht an der Grenze standen, und riss sie ab. Für die DDR-Grenzabsicherung wurden der Berg und seine Lage später intensiv genutzt.

Der Ellenbogen ist aber nur fast der höchste Berg, denn die Höhe zwischen Frankenheim und Ellenbogen ist tatsächlich um zwei Meter höher und unter der Bezeichnung Schnitzersberg bekannt. Aber wir sind da großzügig und lassen dem Ellenbogen weiterhin den Vortritt.

Ein 21 Meter hoher Aussichtsturm mit einem segelähnlichen Aussehen schmückt seit 2017 die Anhöhe und sorgt dafür, dass wir nun wirklich die höchste Stelle der Thüringer Rhön gefunden haben. Man muss 84 Stufen emporsteigen und wird dafür mit einer grandiosen Rundumsicht belohnt. Der schnellste Weg nach unten ist die Erlebnisrutsche. Für die Mutigen heißt es dann: Augen zu und durch. Für die Anderen gibt es immer noch die Treppe.

Noahs Segel (Foto S. 27) wurde in Anlehnung an die Arche entworfen. Das Gebäude dient auch als Rastplatz für Wanderer und am Wochenende werden Getränke und Kuchen angeboten.

Verschiedene Wandermöglichkeiten sind vorhanden wie die Anbindung an den Wanderweg Hochrhöner und den Entdeckerpfad. In der Dämmerung wird das Segel in wechselnden Farben beleuchtet. Den **Sonnenuntergang** zu beobachten, lege ich Ihnen besonders ans Herz.

Es gibt die Möglichkeit eine Planwagen- oder Kutschfahrt zu unternehmen. Die Einzelheiten entnehmen Sie bitte den Angaben zur Erlebniswelt Rhönwald *(Noahs Segel, 98634 Oberweid, Der Hochrhöner, 036946/21616, www.noahs-segel.de; Öffnungszeiten: täglich 8-20 Uhr, Eintritt: 2 € per Münzeinwurf, Kinder bis zu einer bestimmten Größe haben freien Eintritt).*

Es sind kostenpflichtige Parkplätze in unmittelbarer Nähe vorhanden, auf denen auch mit dem WOMO übernachtet werden kann.

(012) WOMO-Wanderparkplatz: Ellenbogen

GPS: N 50°34'07.7" E 10°04'45.3". **Max. WOMOs**: 5-7.
Ausstattung: Geschotterter Untergrund, Mülleimer, überdachte Tisch-Bank-Kombination.
Beschreibung: Sie stehen fern der Zivilisation inmitten der Naturlandschaft der Hohen Rhön auf einem großen Parkplatz. Ein umfangreiches Wandernetz ist vor Ort gegeben. In der näheren Umgebung befinden sich zwei Gaststätten: Thüringer Rhönhaus und Eisenacher Haus.
Preise: Tageskarte 1 €.
Zufahrt: Über die L1123 von Reichenhausen in Richtung Frankenheim gelangen Sie nach etwa 4 km an eine Abzweigung, an der Sie rechts in die Frankenheimer Straße abbiegen. Eine Beschilderung ist vorhanden.

Sonnenuntergang an Noahs Segel

Eine weitere Übernachtungsmöglichkeit am Ellenbogen [**012a**: N 50°34'19.5" E10°05'02.9"] bietet das *Prima Hotel (Eisenacher Haus, 98634 Erbenhausen, Eisenacher Haus 1, 036946/247980, www.primahotel-eisenacherhaus.de; Preise: Nutzung von WC und Dusche gegen Gebühr von 5 € möglich, Übernachtung etwa 10 €, bitte im Hotel melden. Restaurant: Mo-So 18-22 Uhr, am WE ab 11:30 Uhr; Biergarten: täglich 11-18 Uhr.)*

600 Meter entfernt liegt die Gaststätte des *Thüringer Rhönhauses*, das mit einer eigens angelegten Naturparkanlage und heimischen Tieren aufwartet. Für Kinder steht ein Rhönpaulus-Spielhäuschen zur Verfügung *(Thüringer Rhönhaus, 98634 Oberweid, Thüringer Rhönhausstr. 1, 036946/32060; Öffnungszeiten: Mai-Okt Mo-Fr 11-18 Uhr, Sa/So 11-20 Uhr, in den anderen Monaten variieren die Zeiten).*

Der weitere Verlauf führt nun aus dem Bereich der Hohen oder Langen Rhön in die Kuppenrhön. Eine landschaftlich reizvolle Region, in der Kuppen und Einzelberge im Wechsel mit Talmulden ein ganz besonderes Relief bilden. Häufig sind nur die Kuppen und steileren Hänge bewaldet. In den Tälern finden sich überwiegend Ackerland und Wiesen und die bereits auf der Geba gesichteten Kalkmagerrasen sowie großflächige Laubwälder.

Auf der B285 gelangen wir über Kaltensundheim nach **Zella** (ca. 450 EW). In einem Bau aus der Barockzeit – einem ehemaligen Benediktinerkloster – befindet sich das **Biosphären-Informationszentrum der Thüringer Rhön**. Eine Ausstellung informiert auf vielfältige Weise über die Flora und Fauna der Rhöner Kulturlandschaft, die geschichtliche Entwicklung der Propstei und der benachbarten Barockkirche. Das Maskottchen und der Sympathieträger der Rhön ist das **Rhönschaf**, das neben der **Schäferei** ebenfalls thematisch aufgegriffen wird. Vor allem Kindern dürfte der Besuch gefallen.

Ausstellung zur Schäferei

Klostergarten

Angrenzend an die Propstei können Sie eine **Streuobstwiese** mit einem Lehrpfad entdecken und ganz besonders empfehle ich den liebevoll angelegten **Klostergarten** *(Info-Zentrum Propstei Zella, 36466 Dermbach OT Zella, Goethestraße, 036964/93510, biosphaerenreservat-rhoen.de.de; Öffnungszeiten: Mo 13-16 Uhr, Di/Do/Fr 10-15 Uhr, Sa/So 14-16 Uhr).*

Von der ein oder anderen Sage habe ich Ihnen bereits berichtet, aber nun werden wir uns der legendärsten Gestalt widmen, die die Region zu bieten hat. Wir lernen den **Rhönpaulus** kennen. Er wurde als edler Räuber oder gar als Robin Hood der Rhön bekannt und lebte vor etwa 250 Jahren. Er war schlau und gewieft, half den Armen mit geraubtem Geld aber auch mit harter Arbeit.

Holzskulptur Rhönpaulus

Der Bildhauer Manfred Bellinger fertigte die lebensgroße Holzskulptur an, die auf dem Dorfplatz von **Glattbach** (ca. 50 EW) auf uns wartet. Dort parken wir das WOMO (N 50°41'58.3" E 10°07'47.2") und machen uns zu Fuß auf, den **Rhönpaulus-Pfad** (Beginn in Dermbach) zu entdecken. Hier in den Wäldern von Glattbach versteckte sich der Rhönpaulus eine Zeit lang in einer Felsspalte, die wir

ganz gespannt erwarten. Der Wald ist ein sehr besonderer. Er zählt zu den ältesten Naturschutzgebieten Thüringens und besteht aus natürlich gewachsenen Eiben. Die ältesten Exemplare sind bereits über 800 Jahre alt.

Auf dem Pfad im sogenannten **Ibengarten** werden uns Geschichten aus dem Leben des Rhönpaulus erzählt, aber wir erfahren auch viel über die uralten Eiben und natürlich die Rhön.

Zurück auf der B285 fahren wir weiter nach **Dermbach** (ca. 3.000 EW) und parken im Schlosshof (N 50°43'03.9" E 10°07'00.7"). Im Ort gibt es ein **Heimatmuseum**, in dem wir erneut auf die Geschichte des Rhönpaulus treffen.

Gut ausgeschildert ist das Freibad von Dermbach. Ein gepflegtes Gelände lädt zum Schwimmen und Erholen ein.

(013) WOMO-Stellplatz: Dermbach, Freibad

GPS: N 50°42'43.2" E 10°06'31.6", 36466 Dermbach, Schwimmbad 14.
Max. WOMOs: 3-4. **Ausstattung**: Keine.
Beschreibung: Ein Wiesenplatz am Ortsrand von Dermbach neben dem Schwimmbad. Wanderwege zum Gläserberg sind erreichbar.
Preise: Kostenlos.
Zufahrt: An der Rhöner Botschaft auf der B285 nach links in die Marktstraße einbiegen, dem Verlauf folgen bis die Beschilderung zum Freibad folgt.

Gerne empfehle ich ein kulinarisches Highlight, das nicht von der Stange ist, Rhöner Spezialitäten zaubert und mit einem Michelin-Stern aufwartet. Lassen Sie sich von der *Rhöner Botschaft* verwöhnen und lernen die einheimische Küche von einer ganz besonderen Seite kennen. Der Zuspruch ist groß, daher rate ich, einen Tisch zu reservieren *(Rhöner Botschaft, 36466 Dermbach, Bahnhofstr. 2, 036964/ 869230; Öffnungszeiten: WohnZimmer, BjörnsOx und Terrasse siehe Webseite; BrettchenFrühstück Mo-So 8-14 Uhr)*.

Wer jedoch hausgemachtes Eis oder den Nachmittag genießen will, der ist im *Café Rehm* gut aufgehoben. Der regionale Familienbetrieb wirbt damit, dass er das beste selbstgemachte Eis der Region herstellt, und ich stimme gerne zu. Ein eigens angefertigter Spielplatz beschäftigt die Kleinen, während die Großen bei Eis, Kaffee oder Kuchen die Zeit vergessen *(Café Rehm, 36466 Dermbach, Untere Röde, 036964/864376, www.cafe-rehm.de; Öffnungszeiten: Mo-So 12-19 Uhr)*.

Sie haben keinen Gourmetführer in der Hand, aber ich möchte Ihnen das folgende Verpflegungsmuss nicht vorenthalten. Der **Rhönland-Hof** ist quasi ein Nachfolgemodell einer ehemaligen LPG aus DDR-Zeiten. Ein innovativer Hof, auf dem man sich mit regionalen Produkten wie Eier, Nudeln, Fleisch und Milch eindecken kann. Aber es gibt noch mehr. Im Außengelände kann einiges entdeckt werden, wie zum Beispiel Esel und weitere Tiere. Ein Spielplatz lädt zum Klettern und Toben ein. *(Rhönland-Hof, 36466 Dermbach, Am Lindig 1, 036964/790, www.rhoenland-hof.de; Öffnungszeiten: Mo-Fr 7-18 Uhr, Sa 8-12:30 Uhr).*

Rhönland-Hof Lindig in Dermbach

Nachdem genug geschlemmt wurde, wird es Zeit, ein geeignetes Lager für die Nacht zu suchen. An einem idyllisch gelegenen Schwimmbad werden wir fündig. Auf der L1026 gelangt man nach Wiesenthal und direkt am Schwimmbad existiert der nächste offizielle Stellplatz.

(014) Offizieller WOMO-Stellplatz: Wiesenthal, Freibad

GPS: N 50°42'00.8" E 10°10'14.2", Kirchgraben. **Max. WOMOs**: 4.
Öffnungszeiten: März bis Oktober.
Ausstattung: Wasser/Strom gegen Gebühr, fester Untergrund, Ortsrand.
Beschreibung: Der Platz befindet sich direkt neben dem Freibad und am Ende des Weges. Bei regem Freibadbetrieb sollte beachtet werden, dass man deshalb außerhalb der Stoßzeiten anreist.
Preise: 5 € pro WOMO.
Zufahrt: In Wiesenthal der Beschilderung zum Freibad folgen.

Einen ganz bezaubernden Campingplatz habe ich in **Roßdorf** gefunden. Eine Idylle pur. Ein niederländisches Paar verliebte sich in das Schloss in der Rhön und betreibt seit 2013

Schloss Roßdorf

den Campingplatz mit einer beeindruckenden Hingabe. Dazu nutzen sie den ehemaligen Schlossgarten. Und genauso fühlt man sich während eines Aufenthaltes auch: wie im Märchen.

(015) WOMO-Campingplatz: Roßdorf
Camping Schloss Roßdorf

GPS: N 50°42'15.6" E 10°12'44.3", Schlossplatz 1, **Tel**. 0174/5176008, www.campingschlossrossdorf.eu.
Öffnungszeit: April bis Oktober.
Ausstattung: VE, Strom, Dusche, WC, Waschmaschine, Trockner, Müllentsorgung.
Beschreibung: Ein Platz zum Verlieben, daher ist unbedingt vorherige Reservierung oder Nachfrage angeraten. Es stehen auf Wiesenplätzen mit teilweise festem Untergrund 3 Plätze für Wohnmobile zur Verfügung, allerdings mit einer Beschränkung auf 6 m Länge. Die Lage des Platzes ist zentral, aber durch die Bepflanzung des Gartens fühlt man sich abseits von Hektik und Stress. Im Schloss befindet sich ein Aufenthaltsraum und ein Brötchenservice ist durch einen mobilen Bäckerwagen gegeben. Durch die Nähe zur Natur sind einige Wander- und Radfahrmöglichkeiten vorhanden.
Preise: Ca. 25 € für 2 Personen und WOMO.
Zufahrt: Von Wiesenthal über die L1026 nach Roßdorf. Der Platz ist ausgeschildert und gut über den Schlossplatz zu erreichen.

Sollte der Platz belegt sein, habe ich einen weiteren Übernachtungsplatz im Nachbarort **Bernshausen** (ca. 430 EW) entdeckt. Vorbei an der Roßdorfer Kutte gelangen wir zu einer weiteren geologischen Besonderheit, der **Bernshäuser Kutte**. Beide Gewässer sind Erdfälle, wobei der letztgenannte seit 1942 zum Naturschutzgebiet erklärt wurde und auf einer Fläche von 13 Hektar besonders imposant ist. Mit einer Tiefe von bis zu 47 Metern ist die Bernshäuser Kutte der tiefste Einbruchsee in Südthüringen und zudem der **größte See der Rhön**.

(016) WOMO-Wanderparkplatz: Bernshäuser Kutte

GPS: N 50°43'43.4" E 10°11'50", Rosatal-Radweg. **Max. WOMOs**: 1-2.
Ausstattung: Tisch-Bank-Kombination, Infotafeln.
Beschreibung: Ein naturnaher Platz mit teilweise steinigem Untergrund und Rasenfläche, eher uneben. Infotafeln informieren über Wander- und Radwege sowie das Erdfallgebiet. Die Umrundung des hinteren und größten Sees ist sehr reizvoll, aber seien Sie unbedingt achtsam!
Zufahrt: Ca. 300 m vor Bernshausen auf der rechten Seite.

Das Erdfallgebiet liegt unmittelbar an der Strecke des Wanderweges **Hochrhöner**. Daher bietet sich eine gut ausgeschilderte Wanderung auf den naheliegenden **Pless** (645 m) an, dessen Hütte an den Wochenenden bewirtschaftet ist. Auf einer Strecke von etwa 6 Kilometern auf dem Hochrhöner gelangt man direkt auf den Berg, der mit einem **Aussichtsturm** (S. 37) aufwartet und den Blick in die Rhön und den Thüringer Wald ermöglicht. Die Infotafeln am Parkplatz zeigen weitere Rundwege an, die man mit dem Rad oder zu Fuß erkunden kann.

In Bernshausen befindet sich das Hotel *Rhönfeeling*, welches gleichzeitig einen Campinglatz beherbergt.

(017) WOMO-Campingplatz: Bernshausen *Rhön Feeling*

GPS: N 50°43'54" E 10°11'39", Bernshausen 29. **Max. WOMOs**: 20.
Tel. 036964/82523, www.rhoen-feeling-hotel.de
Öffnungszeit: April bis Oktober.
Ausstattung: Frischwasser, Strom gegen Gebühr, im Gästehaus können Dusche und WC genutzt werden, Frühstück möglich, Gaststätte mit traditioneller Thüringer Küche nebenan.
Beschreibung: Am Ortsrand, etwa 500 m von der Bernshäuser Kutte entfernt, liegt der Platz direkt hinter dem Hotel. Es handelt sich um Wiesenplätze.
Preise: Ca. 15 € für 2 Personen und WOMO.
Zufahrt: Der Beschilderung des Hotels folgen.

Ein sehr ruhig gelegener Campingplatz liegt direkt am Schönsee, einem weiteren Erdfallsee dieser Region. Die lange Zufahrt durch Wiesengelände und Wald lässt die ruhige Lage bereits erahnen. Der See ist zum Baden geeignet und misst an seiner tiefsten Stelle 25 Meter.

(018) WOMO-Campingplatz: Urnshausen
Schönsee Camping

GPS: N 50°44'32.5" E 10°12'05.3", Am Schönsee. **Max. WOMOs**: 10.
Tel. Steffen Otto 0174/3006299, www.schoensee-camping.de.
Öffnungszeit: April bis Oktober.
Ausstattung: VE, Strom gegen Gebühr, Sanitärgebäude, Liegewiese, Badesee, Feuerstelle, Grillplatz, Spielplatz, Imbiss, Brötchenservice Sa+Mi.
Beschreibung: Der Platz liegt direkt im Wald an einem kleinen Erdfallsee. Die nächsten Orte befinden sich in einer Entfernung von ca. 2 km – Dermbach mit sehr guten Einkausfmöglichkeiten ist 7 km entfernt.
Preise: Ca. 15 € für 2 Personen und WOMO.
Zufahrt: In Urnshausen findet sich eine gute Beschilderung.

Der Plessturm

Wir fahren zurück in Richtung Dermbach und nutzen dazu die B285. Im Ort angekommen steuern wir den **Emberg** (541 m) an, indem wir über Oberalba auf die L1026 gelangen. Nach einer kurzen, kurvigen Fahrt biegen wir links auf den Wanderparkplatz der **Emberghütte** ein. In dieser Höhe ist die Aussicht fantastisch und reicht weit hinüber in den Thüringer Wald. Wenn die Sonne am Morgen über den Pless klettert und die Rhön so langsam erwacht, können Sie auf einer der Bänke oder direkt aus dem WOMO einen traumhaften Sonnenaufgang beobachten.

(019) WOMO-Wanderparkplatz: *Emberghütte*

GPS: N 50°43'33.2" E 10°05'04.5", L1026. **Max. WOMOs**: 1-2.
Ausstattung: Tisch-Bank-Kombination, Infotafeln, Emberghütte (am WE einfache Bewirtung), Spielgeräte.

Gläserberg oberhalb von Dermbach

Beschreibung: Oberhalb von Dermbach befindet sich der Platz auf einer Anhöhe. Die Plätze sind geschottert mit festem Untergrund. Es bestehen Wander- und Radfahrmöglichkeiten, über die ausführlich auf Tafeln informiert wird. Empfehlenswert ist eine Wanderung auf den Gläserberg.
Zufahrt: Von Dermbach kommend auf der L1026 links auf den Platz abbiegen.

Rathaus in Geisa

Das nächste Ziel ist **Geisa** (ca. 4.700 EW), ein sehr schmuckes Rhönstädtchen und Kleinod im Ulstertal. Die mittelalterliche Silhouette prägt mit vielen historischen Gebäuden den Stadtkern. Reizend ist ein Spaziergang durch den Ort mit Rathaus, Stadtpfarrkirche, Stadtmuseum mit Deschauer Galerie, Schlossensemble und Schlossgarten. Ein neu angelegtes **Naherholungszentrum mit großem Spielplatz** und Ruheinseln ist sogar über den **Ulstertalradweg** vom WOMO-Stellplatz aus schnell zu erreichen.

(020) Offizieller WOMO-Stellplatz: Geisa

GPS: N 50°42'25" E 09°56'58", Schleider Straße. **Max. WOMOs**: 8.
Ausstattung: VE, Strom und Wasser (März-Okt) gegen Gebühr, Mülleimer.
Beschreibung: Der Stellplatz liegt am südlichen Stadtrand von Geisa neben den Sportanlagen und direkt an der Ulster mit Anbindung an den Ulstertalradweg. Die Stadtmitte ist 1 km entfernt. Das Naherholungszentrum mit Spielplatz und die Anbindung an die Extratour Point-Alpha-Weg befinden sich unweit des Platzes.
Preise: Kostenfrei.
Zufahrt: Auf der B278 in Richtung Tann, am Ortsende recht abbiegen.

Noch immer befinden wir uns in der Rhön, genauer gesagt im Bereich der Kuppenrhön. Urwüchsig, faszinierend und einzigartig sind nur einige Charaktereigenschaften meiner Heimat, und um diese ein weiteres Mal zu entdecken, nehme ich Sie mit auf eine Wanderung. Die dritte **Extratour** ist der **Point-Alpha-Weg**. Er ist geprägt durch die Landschaft des Ulstertales, einige beeindruckende Fernsichten und natürlich durch die ehemalige innerdeutsche Grenze.

Extratour Point-Alpha-Weg

Dauer: 5 Std., **Länge**: 14,6 km, **Höchster Punkt**: 435 m ü. NN, **Höhenmeter**: Anstieg 461 m, **Schwierigkeitsgrad**: Mittel, **Wegweisung**: Rotes P auf weißem Grund.
Die Beschilderung der Wegstrecke ist sehr gut. Deshalb verzichte ich auf eine Beschreibung. Am Schlossplatz befindet sich eine Infotafel, die den Verlauf aufzeigt. Detaillierte Informationen zu den Extratouren finden Sie auf www.rhoen.de.

Man kann den Rundweg direkt vom Stellplatz aus beginnen. Dazu geht man nach rechts in die Schleider Straße und biegt nach ca. 150 m links in Richtung Jüdischer Friedhof ein und schon ist man mitten drin in einer ereignisreichen Rundtour durch das Geisaer Amt. Die gesamte Strecke verläuft weitestgehend auf unbeschatteten Wegen, weshalb ich sie an einem heißen Sommertag nicht empfehle. Es geht auf Wiesenwegen, Waldrändern, aber auch durch bewaldetes Gebiet, und man fühlt sich immer wieder überrascht vom nächsten Abschnitt. Ausblicke gibt es am Kreuz der Geiserämter und am Ulsterblick zu genießen und bevor man sich in dem letzten Teil der ehemaligen Grenze nähert, führt der Weg entlang eines Bachlaufes und man erreicht schließlich den Weg der Hoffnung sowie das Haus auf der Grenze. Die letzte Etappe über den Rasdorfer Berg schließt mit dem schönsten Ausblick auf Geisa und führt uns zurück durch den Ortskern zum Stellplatz.

Das Kreuz der Geiserämter

Haus auf der Grenze

Wer mit dem WOMO und nicht zu Fuß Grenzerfahrungen machen möchte, kann auf dem Parkplatz vor der **Gedenkstätte Point Alpha** parken (N 50°43'10.9" E 09°55'44.8").

Die Rhön war viele Jahre durch den Eisernen Vorhang getrennt, war einer der heißesten Punkte im damaligen Kalten Krieg und einer der wichtigsten Beobachtungsstützpunkte der US-Streitkräfte in Europa. Hier standen sich beide Seiten Aug' in Aug' gegenüber – die GIs auf hessischer und die DDR-Grenztruppen auf thüringer Seite. An diesem Ort der Konfrontation wird mir zum ersten Mal wirklich bewusst, wie dünn der Faden zeitweise war, an dem der Frieden an der innerdeutschen Grenze oder gar der ganzen Welt hing. Man geht heute davon aus, dass hier im sogenannten Fulda Gap mit großer Wahrscheinlichkeit der Dritte Weltkrieg begonnen hätte. Das macht nachdenklich. Auf dem Kolonnenweg, stets die ehemaligen **Grenzanlagen** und Rekonstruktionen des gesamten Sicherungsapparates im Blick, empfinde ich große Erleichterung darüber, dass dies heute möglich ist. Genau das soll es auch sein. Ein Ort des Erinnerns, Mahnens und Hoffnung Schöpfens.

Schwarzstorch

Die Gedenkstätte illustriert dem Besucher mit dem **Haus auf der Grenze** die Entwicklungen auf Seiten der DDR und zeigt, wie die Bevölkerung damals mit Bedrohung und Unterdrückung leben musste. Im Obergeschoss des Gebäudes findet sich zudem eine

Ausstellung des Biosphärenreservates Rhön, die die Teilung aus Sicht der Natur dokumentiert. In Zusammenarbeit mit den Junior-Rangern wurde hier eine interaktive Präsentation angelegt.

Über den Kolonnenweg werden wir zu einem authentischen **US-Army-Camp** in Hessen geführt. Die Ausstellungen auf dem Camp widmen sich überwiegend dem alltäglichen Zusammenleben, den Abläufen und militärischen Gerätschaften auf amerikanischer Seite.

US-Army-Camp

Auf einer 1,4 Kilometer langen Strecke entlang des ehemaligen Todesstreifens gedenkt der **Weg der Hoffnung** mit 14 Skulpturen denen, die sich den kommunistischen Diktaturen entgegengesetzt haben. Die Point-Alpha-Stiftung rief dieses Kunstprojekt ins Leben, um alle mutigen Formen des Aufbegehrens in Ost- und Mitteleuropa zu würdigen.

Die einzelnen Elemente der Gedenkstätte geben einen umfassenden Einblick in die Geschichte der Zeit des Kalten Krieges, insbesondere in der Rhön *(Gedenkstätte – Point Alpha, 36419 Geisa, Platz der Deutschen Einheit 1, 06651/919030, www.pointalpha.com; Öffnungszeiten: täglich 10-18 Uhr, Nov bis März täglich 10-17 Uhr, Eintritt).*

Der heißeste Punkt des Kalten Krieges - Fulda Gap

Keltenkreuz auf dem Öchsenberg

Nicht nur der Kalte Krieg, sondern auch die Kelten haben in der Rhön ihre Spuren hinterlassen, und wir werden uns im Folgenden auf eine spannende Zeitreise begeben und ihre Hinterlassenschaften aufsuchen. Dazu begeben wir uns zurück auf die B285 und fahren etwa 12 Kilometer bis in den Ort Sünna. Dort biegen wir nach rechts in die Oechsenbergstraße und lassen uns vom Wegweiser zum **Keltendorf** leiten. Auf einem ersten recht schrägen Parkplatz (N50°47'43.3" E10°00'59.4") finden sich Infotafeln zur Extratour Keltenpfad und zum Keltendorf. Nach weiteren 600 Metern erreichen wir einen weiteren Platz, der sich auch zur Übernachtung eignet.

(021) WOMO-Wanderparkplatz: Keltendorf

GPS: N 50°47'35.4" E 10°01'21.7". **Max. WOMOs**: 1-2.
Ausstattung: Keine. Relativ ebener geschotterter Untergrund.
Beschreibung: Östlich von Sünna gelegener kleiner Platz unmittelbar in der Natur. 100 m Entfernung zu Keltendorf und Keltenhotel mit Restaurant. Wanderung zum Gipfel des Oechsenberg und Extratour Keltenpfad möglich.
Zufahrt: In Sünna rechts abbiegen in die Oechsenbergstraße und den Hinweisschildern zum Keltenhotel folgen.

Extratour Keltenpfad

Dauer: 6 Std., **Länge**: 17 km, **Höchster Punkt**: 624 m über NN, **Höhenmeter**: Anstieg 605 m, **Schwierigkeitsgrad**: Mittel, **Wegweisung**: Rotes K auf weißem Grund.

Die Beschilderung der Wegstrecke ist sehr gut. Deshalb verzichte ich auf eine Beschreibung. Auf dem ersten Parkplatz befindet sich eine Infotafel, die den Verlauf aufzeigt. Detaillierte Informationen zu den Extratouren finden Sie auf www.rhoen.de.

Sie gehen zurück in Richtung des ersten Parkplatzes mit den Infotafeln, biegen allerdings nach einigen Metern in einen schmalen Pfad nach links ein. Die Wegweiser zeigen an, dass in 4,3 km der Geiskopf erreicht wird. Und schon befindet man sich auf den **Spuren der Kelten**. Der Weg ist bestückt mit zahlreichen Infotafeln, die über deren Leben in der Region berichten, z.B. verraten sie, dass 20% Krieger waren, der Großteil jedoch von Ackerbau und Viehhaltung lebte oder dass sie sogar schon Bier brauten. Zahlreiche Funde belegen die keltische Kultur vor 2500 Jahren und neben den Naturschönheiten wie den alten **Buchenwäldern** oder dem **Basaltblockmeer** am Geiskopf, laden Fernsichten zum Staunen ein. Vorbei am Dietrichsberg und hinauf auf den Öchsen, der für mich die faszinierendste Panoramasicht in der Rhön bietet, schlendert man zurück zu Keltendorf und Parkplatz.

Der **Dietrichsberg** (669 m) und der Öchsenberg (627 m) sind die nördlichsten Basaltkuppen der Thüringer Rhön und die Gegend ist durch den jahrzehntelangen Basaltabbau geprägt. Das Basaltblockmeer am **Geiskopf** (626 m), der der südöstliche Nebengipfel des Dietrichsberges ist, entstand beim Zerfall großer Säulen im Eiszeitalter, und zwar überwiegend durch Frostsprengung. Unterhalb des Geiskopfes können im Alten Steinbruch Basaltsäulen bewundert werden. Meines Wissens ist es das einzige Vorkommen in der Thüringer Rhön und damit eine echte Besonderheit.

Basaltsäulen im Alten Steinbruch

Erscheinen Ihnen die 17 Kilometer der Extratour zu lang, dann picken Sie sich einfach die Highlights der Wanderung heraus und folgen dem Keltenpfad bis zum Geiskopf und dem Alten Steinbruch, um die Blockhalde und die Säulen zu besuchen. Anschließend begeben Sie sich zurück zum Parkplatz und wandern über das Keltendorf und vorbei am Keltenhotel auf den Gipfel des Öchsenberges, denn diese Aussicht müssen Sie gesehen haben. Man blickt unter anderem ins benachbarte Hessen, und sehr beeindruckend sind die Gipfel des Hessischen Kegelspiels. Die Kuppen sind durch Verwitterung entstandene Reste ehemaliger Vulkane, und in dieser beeindruckenden Ansammlung von neun Erhebungen ein wahrer Genuss. Und natürlich gibt es auf thüringer Seite ebenfalls einiges zu betrachten, da man schließlich eine **fantastische Rundumsicht** geboten bekommt. Gläser, Pless und Inselsberg und alle weiteren Erhebungen werden auf Infotafeln anschaulich dargestellt. Imposant ist auch der Berg der Kali-Abraumhalde Hattorf, die mächtig ins Auge sticht. Ebenso eindrucksvoll steht das vier Meter hohe Keltenkreuz auf dem Gipfel, das an die Keltenbesiedlung erinnert, denn vor etwa 2500 Jahren befand sich auf dem Öchsenberg eine größere keltische Siedlung und Funde legen nahe, dass sie eine herausragende Bedeutung besaß. So entschloss man sich am Fuße des Berges ein historisch nachempfundenes Dorf zu errichten. Bis vor einigen Jahren fanden auch regelmäßig Feste statt, die wieder keltisches Leben in das Dorf brachten. Die Anlage kann besichtigt werden *(Keltendorf, 36404 Unterbreizbach OT Sünna, Goldene Aue, www.keltenwelt-rhoen.de; Öffnungszeiten: April bis Okt. tägl. 10-17 Uhr, kostenfreier Eintritt).*

Brücke der Einheit in Vacha

Alles hat ein Ende, auch die Rhön, und dieses Ende erreichen wir mit Eintreffen in der Stadt **Vacha** (ca. 5.400 EW), die zu DDR-Zeiten ein besonders schweres Los traf. Die Werrabrücke am Rande der Stadt, einst Teil der Via Regia, der Fernhandelsstraße schlechthin, wurde plötzlich zur Grenze und unpassierbar. Heute ist es die **Brücke der Einheit**.

Stadtmuseum in Burg Wendelstein

Der Zugang zur Brücke wurde stets von der **Burg Wendelstein** geschützt, die bereits im 12. Jahrhundert ihre Anfänge nahm und von der aus der Werraübergang und die Stadt selbst sehr gut kontrolliert werden konnten. Heute befindet sich dort das **Stadtmuseum** mit einer der größten **Puppensammlungen** Thüringens. Der benachbarte ehemalige **Grenzturm** wird durch einen Verein betreut und kann auf Nachfrage im Museum besichtigt werden *(Museum, 36404 Vacha, Burg Wendelstein, 036962/22839, www.museum-vacha.de; Öffnungszeiten: Di/Do/Fr 10-17 Uhr, Mi 10-12 Uhr, Sa/So/Feiertag 14-17 Uhr, Eintritt).*

Die Lage an der **Via Regia** führte dazu, dass Vacha ein bedeutender Handelsplatz wurde, und auch heute zeugen die repräsentativen Fachwerkbauten vom einstigen Reichtum. Das Ensemble des **historischen Marktplatzes** prägen Gebäude, deren Ursprung im 15. Jahrhundert liegen, und verschiedene Baustile und Bauformen verdeutlichen zudem die Handwerkskunst vergangener Zeiten. Das Prunkstück ist wohl das **Widemarksche Haus** mit dem davor befindlichem **Vitusbrunnen**, ein über 400 Jahre altes dreigeschossiges Fachwerkhaus auf steinernem Renaissance-Unterbau, das in den nächsten beiden Jahren umfangreich saniert wird.

(022) Offizieller WOMO-Stellplatz: Vacha, Am Freibad

GPS: N 50°49'06.4" E 10°00'46.8", Frankfurter Straße. **Max. WOMOs**: 2-3.
Öffnungszeiten: Ganzjährig.
Ausstattung: Keine.
Beschreibung: Der Platz befindet sich am Ortsrand vor dem Gelände des Freibades. Es ist ein geschotterter, etwas unebener und einfacher Parkplatz mit teilweise schattigen Plätze. Wandermöglichkeiten.
Preise: Kostenfrei.
Zufahrt: In Richtung Fulda direkt an der B82.

(023) Offizieller WOMO-Stellplatz: Vacha, Am Vachwerk

GPS: N 50°49'47" E 10°01'20", Werrastraße. **Max. WOMOs**: 2.
Öffnungszeiten: Ganzjährig.
Ausstattung: Strom, Frischwasser, Grauwasserentsorgung.
Beschreibung: Der Platz liegt gegenüber der Werrabrücke in unmittelbarer Nähe zum Ortskern und Schloss Wendelstein. Kanufahrten auf der Werra und Radtouren bieten sich an.
Preise: Kostenfrei.
Zufahrt: An der B62 direkt an der Werrabrücke links.

Erlebnisberkwerk Merkers

Tief unter der Erde haben die Kräfte der Natur in Jahrmillionen eine faszinierende Kristallgrotte geschaffen, funkelnde Salzkristalle von einzigartiger Größe. Unweit von Vacha suchen wir das **Erlebnisbergwerk Merkers** auf, in dem ein spannender Ausflug in die Welt des Weißen Goldes möglich ist. Auf dem Weg dorthin durchfahren wir **Dorndorf** (ca. 1.800 EW), das einen offiziellen Stellplatz und Anschluss an das örtliche Radnetz bietet. Im Ort treffen sich der **Werratalradweg** und der **Feldatalradweg**.

(024) Offizieller WOMO-Stellplatz: Dorndorf

GPS: N 50°50'06" E 10°05'24.0", Hardtstr. 3a, Familie Grübel, 0162/7581454.
Max. WOMOs: 8.
Öffnungszeiten: Ganzjährig.
Ausstattung: VE, Strom und Wasser kostenpflichtig (Nov-März kein Wasser), Tisch-Bank-Kombination, Mülleimer, fester Untergrund (Rasengittersteine), Ortsrand.
Beschreibung: Der Platz befindet sich neben einer Rad- und Wanderherberge und einem Freizeitgelände, Schwimmhalle und Sauna angrenzend. Der Feldatalradweg beginnt in der Nähe des Platzes und der Werratal-Radweg durchquert ebenfalls Dorndorf.
Preise: 4 € pro WOMO zu entrichten bei Herrn Grübel.

Über die B62 gelangen wir nach Merkers und finden den gut ausgeschilderten Besucherparkplatz des Erlebnisbergwerkes (N 50°49'12.7" E 10°07'22.1"). Mit einem herzlichen „Glück auf" wird man von erfahrenen Bergleuten begrüßt und durch das Bergwerk begleitet. Zu besichtigen sind mehrere Stationen, wie die 1980 entdeckte **Kristallgrotte** – ein einzigartiges Naturwunder mit riesigen Salzkristallen – der sogenannte **Goldraum**, in dem zum Kriegsende die gesamten Gold- und Devisenbestände des Dritten Reiches lagerten, ein **Bergbaumuseum**, das über die Arbeitswelt der Kalibergleute informiert und der **Großbunker**, der heute wegen seiner hervorragenden Akustik sogar für Konzerte genutzt wird. Die Dauer einer Besichtigung beträgt

2,5 bis 3 Stunden *(Erlebnisbergwerk, 36460 Merkers, 03695/614101, Öffnungszeiten: Mo geschlossen, 2 Führungen/Tag um 9:30 und 13:30 Uhr. Bitte informieren Sie sich über die Webseite. Telefonische Anmeldung notwendig. Eintritt).*

Die Krayenburg

Seit Vacha ist die **Werra** wieder unser Begleiter, wenn auch nicht ständig sichtbar, so ist sie doch stets in der Nähe und bildet den Kern des Werratales, in dem wir uns befinden. Man sagt, sie sei ein Fluss mit Seele, und in **Tiefenort** (ca. 4.000 EW) gibt es die Möglichkeit, direkt vom Stellplatz in die Seele der Werra einzutauchen. Sie schlängelt sich auf 280 Kilometern mit einer angenehmen und trägen Fließgeschwindigkeit durch drei Bundesländer, zum Glück auch durch Thüringen. Träge bedeutet, dass die **Kanufahrten** ein Genuss werden.

Das Wasserwandern auf der Werra ist in zwölf Abschnitte aufgeteilt und aktuell befinden wir uns in der 4. Etappe, nämlich von Bad Salzungen nach Vacha. Auf 21 Kilometern führt sie durch das Thüringer Kali-Revier und wir können vom Stellplatz aus direkt loslegen. Unterhalb des **Krayenberges**, auf dem sich die Krayenburg befindet, die wir später besuchen werden, gleitet das Kanu entlang natürlicher Windungen durch Wiesenauen, und nach vier bis fünf Stunden endet die Tour in Vacha an der Brücke der Einheit, wo Sie sich bereits bestens auskennen. Dazu benötigen Sie allerdings ein Kanu, eine Einweisung und den ein oder anderen guten Rat. All das bietet **Scout-Outdoor**, deren Geschäftsräume in Tiefenort sind. Es werden

Blick vom Turm der Krayenburg

drei verschiedene Touren vorgeschlagen, wobei ich Ihnen die Route Tiefenort – Vacha empfehle, zu der ein Personenrücktransport an den Stellplatz möglich ist *(Scout-Outdoor, 36469 Tiefenort, Hämbacher Kreuz 2, 03695/825310, www.scout-outdoor.de; Öffnungszeiten: Mo bis Fr 9-18 Uhr, Sa 9-13 Uhr. Telefonische Anmeldung notwendig. Preis: 21 € pro Person, Rücktransport 9 € pro Person).*

(025) Offizieller WOMO-Stellplatz: Tiefenort, Freibad

GPS: N 50°50'04.5" E 10°09'48.6", Auf der Heerstadt 3. **Max. WOMOs**: 6.
Öffnungszeiten: März bis Oktober.
Ausstattung: Strom, Tisch-Bank-Kombination, Mülleimer.
Beschreibung: Der Platz befindet sich am Ortsrand neben dem Freibad und der Krayenburghalle. Der Untergrund ist befestigt und überwiegend eben, kein Schatten. Die Strommarken müssen im Schwimmbad bzw. im Lotto-Laden gekauft werden. Informationen befinden sich an der Stromsäule. Der Werratal-Radweg verläuft durch Tiefenort. Kanufahrten auf der Werra möglich. Einkaufsmöglichkeit in der Nähe.
Preise: Kostenfrei.
Zufahrt: Die Beschilderung ist etwas verwirrend, daher achten Sie darauf, dass Sie am Ortseingang sofort links in die Straße Auf der Heerstadt abbiegen und vor dem Sportplatz den kleinen Fahrweg ca. 100 m entlang der Werra bis zum Ende nehmen.

Die bereits erwähnte **Krayenburg** ist ein weit sichtbares Wahrzeichen der Region. Die Geschichte der einst mächtigen Burganlage reicht bis zum Jahr 500 vor Christi zurück und daher gilt sie auch als Mutter der Wartburg, da sie deutlich früher, größer und stabiler erbaut wurde. Sie thront auf einem markanten Berggipfel im Werratal. Sichtbar ist heute nur noch ein

Ausblick von der Krayenburg

romantischer Ruinenteil, obwohl ehemals das gesamte Bergplateau bebaut war. Selbst Goethe, dessen Spuren wir auch im weiteren Verlauf der Thüringentouren häufig finden werden, beklagte 1782 während eines Besuches den Zustand der Burg. Seine Kreidezeichnung ist dort in einem Schaukasten ausgestellt. 1925 wurde vom örtlichen Heimatverein eine neue Burg mit Aussichtsturm, Gaststätte und Fremdenzimmern gebaut, von der auch heute noch eine **fantastische Rundumsicht** möglich ist. Sonntags von 11-18 Uhr bewirtet der Verein die Gäste mit Kaffee und Kuchen und zu dieser Zeit ist eine Turmbesteigung möglich. Der Weg führt etwa zwei Kilometer steil und teilweise uneben empor [**026**: N 50°50'10.4" E 10°07'43.8"]. Auf dem Weg nach oben befindet sich etwa 600 Meter vor dem eigentlichen Ziel ein weiterer Parkplatz mit Picknickbank. Großen Wohnmobilen rate ich von der Auffahrt ab.

Wir nähern uns einem weiteren Erdfallgebiet, ähnlich der Gegend um die Bernshäuser Kutte. Über die B84 und Schergeshof gelangen wir nach **Frauensee** (ca. 900 EW), einem abgelegenen und idyllischen Ort mit Badesee plus Erholungsfaktor, eingebettet in grüne Wälder und Wiesen, fernab von Straßenlärm und Hektik. Vor etwa 50 Jahren wurde Frauensee zum Naherholungszentrum ernannt, und an und um den See entstanden Ruheoasen, ein Spielplatz und ein Sanitärgebäude. Auf dem Platz vor dem Schloss dürfen wir sogar mit dem WOMO übernachten. Am Abend bietet sich eine Runde um den See an, die mit vielen Bänken zum Verweilen einlädt.

Naherholungsgebiet Frauensee

(027) Offizieller WOMO-Badeplatz: Frauensee
GPS: N 50°52'44.6" E 10°08'37.9", Platz der Freundschaft. **Max. WOMOs**: 2.
Öffnungszeiten: Ganzjährig.
Ausstattung: Keine.
Beschreibung: Im Ortskern oberhalb des Sees. Gepflasterter, fester Untergrund. Gaststätte im Ort, Wander- und Bademöglichkeiten.
Preise: Kostenfrei.
Zufahrt: Über die Theo-Neubauer-Straße gelangt man nach rechts auf den Platz der Freundschaft.

Wenn ich von einem **Erdfallgebiet** spreche, bedeutet das natürlich, dass es mehrere Einsenkungen gibt, und nur eine davon ist der Frauensee. Zurückzuführen sind sie auf geologische Vorgänge im Untergrund. Mächtige Steinsalzvorkommen, die aus der Zeit des Zechsteinmeeres vor 250 Millionen Jahren stammen, werden von Bundsandstein überdeckt, der aber an einigen Stellen durchlässig für Oberflächenwasser wurde. Das darunterliegende Salz löste sich langsam auf und versickerte, wodurch Aushöhlungen entstanden und es zu den Einbrüchen führte. Meist sind diese Erdfälle trocken und das Regenwasser fließt ab, aber es gibt auch Ausnahmen wie der Frauensee oder die beiden nächsten Einsenkungen, die wir nun anfahren.

Direkt an der B84 befinden sich links in einigem Abstand voneinander der **Hautsee** und der **Albertsee**. Ersterer ist ein Flächennaturdenkmal mit einer Besonderheit, nämlich einer schwimmenden Insel. Sehen Sie die Insel? Manchmal ist sie rechts und dann wieder links oder auch in der Mitte und niemand weiß so recht, was sie über Wasser hält. Ein Rundweg bietet einen guten Einblick in das Naturschutzgebiet mit seinen seltenen Tier- und Pflanzenarten (N 50°52'40.9" E 10°10'20.6").

Über Marksuhl und Förtha starten wir in Richtung Eisenach. An der höchsten Stelle der Straße, beim **Vachaer** oder **Förthaer Stein**, treffen wir auf den Rennsteig (N 50°57'12.4" E 10°15'20.2"). Zu Zeiten der DDR begann oder endete eine Wanderung an dieser Stelle und nicht wie heute im etwa 8 Kilometer entfernten Hörschel an der Werra. An der Schutzhütte informiert eine Infotafel über den Verlauf des Rennsteiges und Sie können sich ein erstes Bild von einem der beliebtesten Wanderwege Deutschlands machen. Historisch betrachtet ist der **Rennsteig** auf dem Höhenzug des Thüringer Waldes ein Grenzweg zwischen Thüringen im Norden und Franken im Süden gewesen. Heute gehören natürlich beide Regionen zu Thüringen, wobei daher auch die sprachliche und kulturelle Verbindung zu Franken erklärbar wird, aber dazu später mehr. Und auch den Rennsteig werden wir in den folgenden Touren ausführlich kennen und lieben lernen.

Falls Ihnen der Sinn aber bereits jetzt danach steht, laufen Sie den Beschilderungen folgend auf dem Rennsteig entlang und lassen sich vom Thüringer Wald verzaubern. Ein kurzer Weg von 300 Metern führt zum **Wartburgblick**. Von dort nehmen wir ein erstes Mal die Burg der Burgen Thüringens in Augenschein und sind voller Erwartungen, was sie uns während eines Besuches über die Höhepunkte deutscher Geschichte erzählen kann. Denn das ist sie definitiv, die Wartburg: ein Schauplatz deutscher Kultur.

Wartburgblick vom Förthaer Stein

TOUR 2
10 km
N
Niedersachsen
Band 66
Mit dem Wohnmobil
in den Harz
DUDERSTADT
Kalimuseum
Skywalk Sonnenstein
Holungen
Teistungen
Grenzlandmuseum
Ohm
247
Bodenstein
Großbodungen
Wintzingerode
Alternativer Bärenpark
Kirchohmfeld
Steinbach
Worbis
050
38
HEILIGENSTADT
Beuren
Leinefelde
Lohra
Tour 3
Scharfenstein
Hanstein
Uder
048
049
047
Bornhagen
Kreuzebra
Dün
046
Dingelstädt
Wahl-
hausen
Vatterode
Unstrut-Quelle
Kerbscher Berg
Flinsberg
Kefferhausen
Unstrut
Asbach-Sickenberg
NATURPARK
045
Grenzmuseum
2032
EICHSFELD-
P
Großbartloff
Wasserfall
HAINICH-
MÜHLHAUSEN
Werra
044
042
Lengenfeld
unterm Stein
249
Eigenrieden
Eschwege
Wanfried
043
Werra
WERRATAL
040
Mittelpunkt Deutschlands
Seebach
Vogelwarte
Normannstein
Niederdorla
Hainich
Langula
041
Groß-
burschla
250
Treffurt
Heroldishausen
032
Flarchheim
Schnell-
mannshausen
Kammer-
forst
031
Falken
035
Haineck
Mülverstedt
Band 81
Mit dem Wohnmobil
Hessen (Teil 1)
Heldrastein
Werra
039
Nazza
Rüspelsweg
LANGENSAL
030
034
033
Frankenroda
Mihlaer Tal
Am Zollgarten
Fuchsfarm
Tour 3
029
250
036
Mihla
Am Harsberg
84
7
Baumkronenpfad
037
Craula
028
038
Lauterbach
Wildkatzen-
dorf
Hessen
Creuzburg
Bischofroda
Mallinde
Tügenda
Berka
v.d.Hainich
7
Behringen
4
84
Werra
EISENACH
Tour 4
Wartburg

Tour 2: Der Naturpark Eichsfeld-Hainich-Werratal 260 km

Creuzburg – Heldrastein – Treffurt – Nazza Nationalpark Hainich – Mühlhausen – Lengenfeld unterm Stein – Bornhagen – Bad Heiligenstadt – Worbis

Stellplätze: Heldrastein, Treffurt, Frankenroda, Mihla, Nazza, Niederdorla, Lengenfeld, Grenzmuseum Schifflersgrund, Zweiburgenblick, Heiligenstadt, Burg Scharfenstein, Bärenpark Worbis.

Campingplätze: Creuzburg, Ebenshausen, Probstei Zella, Talsperre Seebach, Mühlhausen, Wahlhausen.

Besichtigen: Burg Creuzburg, Burg Normannstein, Burgruine Haineck, Wildkatzenkinderwald, Kultstätte am Opfermoor Dorla, Vogelwarte Seebach, Mühlhausen, Grenzmuseum Schifflersgrund, Burgruine Hanstein, Heiligenstadt, Burg Scharfenstein, Bärenpark Worbis, Burg Lohra.

Essen: *Berghotel Eisenach*, *Stiftsgut Wilhelmsglücksbrunn*, *Restaurant auf der Creuzburg*, *Klostergarten Creuzburg*, Restaurant *Burg Normannstein*, Restaurant *Probsteizella*, Restaurant *Graues Schloss* Mihla, *Brotzeit Fuchsfarm* Mülverstedt, *Hofcafé Sickenberg* in Asbach/Sickenberg, *Klausenhof* Bornhagen.

Wandern: Aussichtsturm Heldrastein, Rundwanderweg Werraschleife Frankenroda, Lehrpfad Werraaue, Wolfsschlucht, Urwaldpfad, Hünenteich, Lindewerrablick und Teufelskanzel.

Den Blick auf die Wartburg behalten wir vorerst in Erinnerung und werden Eisenach auf Tour 4 ausgiebig besichtigen. Das erste Ziel ist das **Stiftsgut Wilhelmsglücksbrunn**, das wir auf der B7 in Richtung Creuzburg auf der linken Seite anfahren. Die Stichstraße lässt bereits erahnen, dass es völlig abgeschieden liegt. Zudem am **Lutherweg** und **Werra-Weser-Radweg**. Der ehemaligen Saline und 1997 vollkommen verfallenen Anlage wurde wieder Leben eingehaucht und über die Jahre entstand ein Gut mit ökologischer Landwirtschaft, Hotel, Biomarkt mit eigener Käsemanufaktur und Biorestaurant. Dort sind Wasserbüffel, Galloways und Kaltblutpferde auf den weitläufigen Grasflächen zu beobachten und auch der Hof lohnt eine Besichtigung, wie auch die Lacaune-Milchschafherde und zwei Storchenpaare, die dort ein Zuhause gefunden haben.

Vor der direkten Einfahrt auf das Gelände befindet sich ein Parkplatz (N 51°02'28.4" E 10°14'00.3") *(Stiftsgut Wilhelmsglücksbrunn, 99831 Creuzburg, 036926/7100310; Öffnungszeiten: Biomarkt Mi-Sa 10-18 Uhr, Biorestaurant & Café Saline täglich 12-22 Uhr).*

Stiftsgut Wilhelmsglücksbrunn in Abendstimmung

Tabea und ein Lacauneschaf

Naturpark Eichsfeld-Hainich-Werratal

Ein Naturpark ist ein großflächiges Gebiet, das überwiegend aus Naturschutz- und Landschaftsschutzgebieten besteht, sich wegen seiner Landschaft besonders für Ruhe und Erholung eignet und einen nachhaltigen Tourismus anstrebt. In Deutschland gibt es derzeit 104 Naturparks, davon fünf in Thüringen. Der Naturpark Eichsfeld-Hainich-Werratal umfasst drei Landschaften. Den Anfang macht im Süden das Werratal, in dem sich der Fluss durch ein Gebiet von steilen Felswänden und naturnahen Auen- und Waldlandschaften schlängelt. Der Hainich grenzt im Osten an und besteht mit seinen 16.000 ha aus dem größten zusammenhängenden Waldgebiet Deutschlands. Das Eichsfeld bildet im Norden den Abschluss. Es ist geprägt von Wallfahrtskirchen, Fachwerkdörfern, mittelalterlichen Burgen und herrlicher Natur. Ausführliche Informationen finden Sie unter www.naturpark-ehw.de.

In einiger Entfernung sieht man eine Burganlage, der wir uns auf der B7 nähern. Unmittelbar vor der Stadt **Creuzburg** (ca. 2.500 EW) überqueren wir die Werra und biegen rechts auf einen Parkplatz ab (N 51°2'59.6" E 10°15'1.0"). Die fast 800 Jahre alte siebenbogige **Werrabrücke** ist eine der besterhaltenen Steinbrücken Deutschlands. 1223 ließ sie Landgraf Ludwig IV. von Thüringen errichten und schuf damit einen wichtigen Übergang über die Werra am Handelsweg der Via Regia. Bis 1986 bewältigte sie den gesamten Verkehr, ist heute jedoch ein verkehrstechnisches Denkmal.

1499 wurde im spätgotischen Stil die **Liboriuskapelle** erbaut, die über die Brücke erreicht werden kann. Der Wanderparkplatz liegt direkt am **Werratal-Radweg**.
Etwa 700 Meter entlang eines Wiesenweges, vorbei an Pferden und nach Creuzburg hinein, erreichen Sie den *Klostergarten*, eine Gaststätte mit Biergarten und gutbürgerlicher Küche *(Gaststätte Klostergarten, 99831 Creuzburg, Klosterstraße 34, 036926/90300, klostergarten-creuzburg.de; Öffnungszeiten: Mo/Di/Do/So 11:30-22 Uhr und Fr/Sa 11:30-24 Uhr).*

Zum Ausgangspunkt für einen Stadtrundgang oder auch den Besuch der Burg Creuzburg steht man auf dem Marktplatz günstig (N 51°3'7.7" E 10°14'54.2"). Nur wenige Schritte sind es zur romanischen Nikolaikirche.

Die mittelalterliche **Burg Creuzburg** wurde im 12. Jahrhundert von Landgraf Ludwig dem II. erbaut, die gleichnamige Siedlung mit städtischen Rechten versehen und mit einer schützenden Mauer umgeben. Landgraf Ludwig der IV., der wie beschrieben die Werrabrücke erbauen ließ, hielt sich mit seiner Ehefrau Elisabeth, der ungarischen Königstochter und späterer Heiligen Elisabeth, gerne auf der Burg auf. Das heutige Aussehen verliehen der Burg die Herzöge von Sachsen-Weimar und Eisenach.

Der Ausblick vom Burggelände auf Creuzburg und die Werrabrücke

Auf dem Burggelände finden Sie ein **Museum**, die Heimatstube, ein Restaurant und die **Tourist-Information**. Besonders gepflegt ist der Innenhof, wo im Jahresverlauf einige Veranstaltungen stattfinden *(Tourist-Information und Museum, 99831 Creuzburg, 036926/98047, www.creuzburg-online.de/informationen/; Öffnungszeiten: April-Okt Di-Sa 12-17 Uhr, So 10-17 Uhr, Nov-März Do-So 12-16 Uhr).*

(028) WOMO-Campingplatz: Creuzburg
Werratal Camping

GPS: N 51°03'01.8" E 10°13'59.3", Am Troggenbagger 1.
Tel: 036926/72464; www.werratals-tour.de/campingplatz.
Öffnungszeit: April bis Oktober.
Ausstattung: VE, Strom, Dusche und WC in Sanitärcontainern, Waschmaschine, Spielplatz, Müllentsorgung.
Beschreibung: Der Platz liegt am Stadtrand direkt an der Werra. Wiesenplätze, direkt am Herkules-Radweg.
Zusammenarbeit mit www.werratal-tours.de, Informationen vor Ort.
Preise: Ca. 15-20 € für 2 Personen und WOMO.
Zufahrt: Aus der Stadt kommend von der B7 links abbiegen (an der Grillstube).

Werratal

Zwischen Thüringer Wald und Thüringer Rhön hat die Werra ein reizvolles Tal geschaffen. Im Thüringer Schiefergebirge entspringt sie aus zwei Quellen: eine in Fehrenbach, die wir in Tour 11 erwandern werden, und eine weitere in Siegmundsburg. Nach etwa 299 Kilometern bildet die Werra in Niedersachsen gemeinsam mit der Fulda die Weser, aber in Thüringen zeigt sie sich von ihrer bezauberndsten Seite. Sie wird umrahmt von Mühlen, sehenswerten Ortschaften, Burgen, Schlössern und Naturschutzgebieten.

Neben der Werra verläuft der 290 Kilometer lange überregionale **Werratal-Radweg** vom Rennsteig fast bis ans Meer. Der fünfte Abschnitt von Eisenach bis zur hessischen Grenze unweit von Treffurt liegt auf unserer Tour. Dem Wanderer bietet sich der **Werra-Burgen-Steig**, der in 20 Etappen von der Werraquelle bis zur Wesermündung verläuft und bedeutende Sehenswürdigkeiten ansteuert.

Die Werra schlängelt sich mit einer angenehm trägen Fließgeschwindigkeit durchs Tal und ist daher ein beliebtes Gewässer für **Wasserwanderer**. Die gesamte Strecke ist in zwölf Etappen unterteilt. In Etappe acht nach Creuzburg beginnt ein besonders schöner Abschnitt. In der Wald- und Wiesenlandschaft des Hainich-Vorlandes bahnt sich die Werra in großen Schleifen den Weg durch die nahen Muschelkalkfelsen. Ausführliche Informationen zu diesen Themen finden Sie auf www.werratal.de.

Wer kein eigenes Boot hat, kann entlang des Flusses eins ausleihen. Es gibt mehrere Bootsverleiher, die auch einen Rücktransfer anbieten, Bootsanlegestellen mit Infotafeln und Rastplätze. Genaue Informationen bietet der Werratal-Touristik e.V. mit dem **Paddelblatt – ein Führer zum Wasserwandern auf der Werra** mit sämtlichen Streckeninformationen. Das Paddelblatt finden Sie auf www.werratal.de/service/infomaterial-karten/ zum Download.

Der **Heldrastein** ist ein beliebtes Ausflugsziel. Mit seinen 503 Metern ist er der König des nördlichen Werratals und erstreckt sich auf einer Länge von zwei Kilometern. Schwindelerregend fällt die Felswand vom Plateau mehr als 60 Meter fast senkrecht in die Tiefe. Der **Turm der Einheit** erinnert daran, dass das Gebiet 40 Jahre unerreichbar war. Zu Zeiten der DDR war die Gegend absolutes Sperrgebiet und ein 30 Meter hoher Turm wurde als Horchposten genutzt. Heute ist er saniert und umgebaut und die 166 Stufen des Aussichtsturms können das ganze Jahr emporgeklettert werden. Auf dem Gelände gibt es mehrere Tisch-Bank-Kombinationen und in den Sommermonaten von Mai bis Oktober wird die Hütte sonntags von 10-17 Uhr bewirtschaftet.

Turm der Einheit

Auf drei unterschiedlichen Wegen erreichen Sie den Berg. Die erste Möglichkeit ergibt sich auf der B250 am Hof Schrapfendorf. Ein Hinweisschild zum Wanderparkplatz führt von der Straße nach links und nach etwa 1,5 Kilometern erreicht man einen Parkplatz im Wald.

(029) WOMO-Wanderparkplatz: Schrapfendorf

GPS: N 51°05'21.8" E 10°11'56.5". **Max. WOMOs**: 2.
Ausstattung: Tisch-Bank-Kombination.
Beschreibung: Ein schattiger Platz auf steinigem, teilweise unebenen Untergrund im Wald und überdachter Bank. Etwa 1 Stunde bis zum Turm.
Preise: Kostenfrei.
Zufahrt: Über die B250 links auf Höhe des Hofes Schrapfendorf dem Wegweiser Heldrastein folgen.

(030) WOMO-Wanderparkplatz: Pfarrhölzchen

GPS: N 51°06'12.3" E 10°12'11.8". **Max. WOMOs**: 2.
Ausstattung: Bank, Wandermöglichkeiten.
Beschreibung: Ein schattiger Platz auf steinigem, teilweise unebenen Untergrund im Wald. Der Aufstieg zum Turm dauert etwa 35 min.
Preise: Kostenfrei.
Zufahrt: In Schnellmannshausen links Richtung Großburschla. Vor dem Ortsendeschild links in asphaltierten Weg einbiegen.

(031) WOMO-Wanderparkplatz: Treppenweg

GPS: N 51°06'43.0" E 10°11'55.6". **Max. WOMOs**: 2.
Ausstattung: Tisch-Bank-Kombination, Schutzhütte, Wanderwege.
Beschreibung: Rechts und links der Straße finden sich auf geschottertem Untergrund Parkmöglichkeiten. Der Treppenweg führt steil auf einer Strecke von 1,1 km zum Turm.
Preise: Kostenfrei.
Zufahrt: Der L2109 Richtung Großburschla folgend.

Vorbei an einem Picknickplatz mit Försterhäuschen und Tisch-Bank-Kombination (N 51°07'12.7" E 10°10'47.6") fahren wir hinab nach Großburschla, überqueren die Werra und halten nach rechts auf **Treffurt** (ca. 5.100 EW) zu. Ein Fachwerkstädtchen mit malerischen Gebäuden, deren Besuch sich lohnt. Eines davon ist das Renaissance-Fachwerk-Rathaus aus dem 16./17. Jahrhundert mit quadratischem Turm und Wappenstein. Die Innenstadt ist vom Stellplatz an der Werra gut zu Fuß zu erreichen. Stadtführer zum Download: www.treffurt.de/prospekte-und-flyer.html.

(032) Offizieller WOMO-Stellplatz: Treffurt

GPS: N 51°08'01.7" E 10°14'10.2", Unter den Linden, Pächter Uwe Zellmann unter der Tel.: 01522/3590504 anrufen. **Max. WOMOs**: 20.
Öffnungszeiten: Ganzjährig.
Ausstattung: VE, Strom und Wasser gegen Gebühr, 4 Plätze auf Rasengitter, weitere Plätze befinden sich auf der Wiese. Überdachte Tisch-Bank-Kombination.
Beschreibung: Es ist ein großer und relativ ebener Platz, der aus befestigten und Wiesenflächen besteht, teilweise schattig. Ein Bootsanleger an der Werra ist vorhanden und Stadt und Burg gut zu erreichen.
Preise: 8 € für 2 Personen und WOMO
Zufahrt: Von Großburschla kommend der B250 folgen, dann rechts.

Auch Treffurt schreibt seit dem Mittelalter Geschichte und eine stattliche Burganlage überragt die Stadt. Die romanische **Burg Normannstein** wurde wahrscheinlich im 11. Jahrhundert errichtet und in der Folge mit Burgfried, Palas und zwei Türmen erweitert. Nachdem sie in der Vergangenheit bereits ein Ausflugziel war, verfiel sie in den Jahren der DDR. Einige Jahre nach der Wende wurde die Anlage über einen langen Zeitraum grundlegend saniert und mit einer Aussichtsplattform sowie einem Abenteuerspielplatz am Fuß der Burg versehen.

Burg Normannstein

Wie auch bereits in früheren Zeiten findet sich ein gastronomisches Angebot im historischen Ambiente der Burg.

Auf dem steilen und kurvigen Weg zur Burg gibt es eine Parkmöglichkeit mit Sitzbank und Aussicht über das Werratal (N 51°08'27.6" E 10°13'59.4"). An der höchsten Stelle, bei einem recht schrägen Parkplatz, biegt die Straße nach rechts ab und kurz danach erreichen wir das Burgareal (N 51°08'26.8" E 10°14'15.0") *(Burg Normannstein, 99830 Treffurt, 036923/51542; www.restaurant-normannstein.de; Öffnungszeiten: April-Okt auf Anfrage; Burggelände ist frei zugänglich. Die Gaststätte ist von Mi-So 11:30-21 Uhr geöffnet).*

Wir verlassen das malerische Städtchen nach Südosten Richtung Falken/Mühlhausen. Wer glaubt, nördlich des Thüringer Waldes sei Thüringen flach, der wird eines Besseren belehrt. Kaum haben wir uns hinter Falken empor- und anschließend nach Nazza wieder hinuntergeschraubt, beginnt die Straße schon wieder ihren Aufstieg auf den Höhenrücken des Hainich.

Die Werraschleife zwischen Frankenroda und Falken ist als einziger Abschnitt nicht von einer öffentlichen Straße durchzogen. Unweit davon befindet sich das **Naturschutzgebiet Probsteizella** mit seinem großen Reichtum an Vogel- und Orchideenarten. Imposant sind die Felswände der Falkner Klippen. Der **Rundwanderweg Werraschleife** auf einer Länge von acht Kilometern beginnt an der Werrabrücke in Frankenroda und durchzieht diesen Abschnitt des Flusses. 2014 wurde hier eine Flussrenaturierung umgesetzt, die auf einer Fläche von 15 Hektar das Kastenprofil der Werra in ein naturnahes, breiteres Flussprofil umwandelte, sodass sich der Fluss nun selbst weiter entwickeln kann.

Um all die Schönheiten erkunden zu können, suchen wir nach einem Übernachtungsplatz. Fündig werden wir auf dem Weg nach Ebenshausen. Dort befindet sich links der Straße ein naturbelassener Campingplatz auf einem Wiesengelände.

(033) WOMO-Campingplatz: Ebenshausen
Naturcampingplatz

GPS: N 51°05'17.1" E 10°19'22.2", 99831 Creuzburg OT Ebenshausen, Neue Straße 19. Platzwart Herr Grübel, Tel.: 0173/8519585.

Öffnungszeit: April bis Oktober.
Ausstattung: VE, Strom, WC, Müllentsorgung.
Beschreibung: Der Platz liegt außerorts direkt an der Werra. Wiesenplätze und naturnahes Camping. Laut Herrn Grübel: „Alles außer Luxus".
Preise: Ca. 15-20 € für 2 Personen und WOMO.
Zufahrt: Aus Nazza kommend rechts Richtung Probsteizella abbiegend befindet sich der Platz links der Straße.

Ein Plätzchen zum Ausspannen und Picknicken entdecken wir in **Frankenroda** (ca. 320 EW) direkt an der Werra. Vorbei am Sportplatz gelangen wir an einen Platz mit Liegewiese und überdachter Tisch-Bank-Kombination. Den Menschen in Frankenroda ging es im ausgehenden 19. Jahrhundert nicht sonderlich gut und sie mussten von Landwirtschaft und Leinweberei leben, was allerdings kaum zum Auskommen reichte. Trotz fleißiger Arbeit blieb die Bevölkerung verschuldet. Der Landtagsabgeordnete Carl Grübel war es, der sich für das abgelegene und landschaftlich reizvolle Frankenroda interessierte und über die Jahre die Menschen überstützte, wo er nur konnte. Aus Dankbarkeit veranlasste der damalige Gemeinderat, ein Denkmal für ihn zu errichten, und noch zu seinen Lebzeiten wurde es 1909 eingeweiht. Der Platz um das Denkmal wird zur Entspannung genutzt, aber auch für Dorffeste.

(034) WOMO-Picknickplatz: Frankenroda

GPS: N 51°05'47.7" E 10°16'21.4"
Max. WOMOs: 2.
Ausstattung: Überdachte Tisch-Bank-Kombination, Himmelsliege, Liegewiese.
Beschreibung: Platz am Ufer der Werra und am Ortsrand mit alten Baumbeständen und schattigen Plätzen. Der Untergrund ist geschottert und relativ eben.
Preise: Kostenfrei.
Zufahrt: Über die Lindenstraße die Werra überqueren, am Sportplatz vorbei.

Weiter geht die Fahrt entlang der Werra in Richtung Probsteizella, ein Landschaftsstrich frei von Verkehr. Magisch zieht es daher Rad- und Bootsfahrer, Wanderer und Reiter in den ruhig gelegenen Hof mit Restaurant und Biergarten und angrenzendem Campingplatz.

(035) WOMO-Campingplatz: Probsteizella

GPS: N 51°06'24.3" E 10°17'47.1". **Tel**: 036924/41976; www.zella.de.
Öffnungszeit: April bis Oktober.
Ausstattung: VE, Strom, Dusche, WC, Waschmaschine, Trockner, Müllentsorgung. Streichelzoo, Kanuverleih, Spielplatz, Gaststätte mit Biergarten.

Rad- und Wanderwege, Lehrpfad Werraaue. Ca. 35 Stellplätze, jedoch erweiterbar, keine festgelegten Plätze. Anmeldung erfolgt in der Gaststätte.
Beschreibung: Der Platz befindet sich abseits der Ortschaften unterhalb der Falkner Klippen und direkt an der Werra. Ausschließlich Wiesengelände.
Preise: Ca. 20 € für 2 Personen und WOMO.
Zufahrt: Aus Frankenroda kommend steuert man direkt auf das Gelände zu.

Vier Kilometer südlich von Nazza liegt das Örtchen **Mihla** (ca. 2.200 EW) am östlichen Werraufer. Am Ortsbeginn folgen wir zunächst nach links dem Wegweiser zum Wanderparkplatz im Mihlaer Tal. Auf dem Weg dorthin kommt man am Eingang der Wolfsschlucht vorbei (N 51°04'53.6" E 10°20'58.6"). Die Parkmöglichkeit ist sehr begrenzt. Nach weiteren 800 Metern erreichen Sie den Wanderparkplatz Mihlaer Tal. Aufgrund der coronabedingten Zunahme von Übernachtungen mit Wohnmobilen und leider auch der Verschmutzung der Plätze existiert **im gesamten Gebiet des Nationalparkes ein Übernachtungsverbot**!

WOMO-Wanderparkplatz: Mihla, Mihlaer Tal

GPS: N 51°05'15" E 10°20'58.8". **Max. WOMOs**: 2.
Ausstattung: Überdachte Tisch-Bank-Kombination.
Beschreibung: Kleiner Parkplatz am Waldrand. Wandermöglichkeiten in den mittleren und nördlichen Hainich. Infotafel und Wegweiser.
Preise: Kostenfrei. **Zufahrt**: In Mihla links den Wegweisern folgend.

Dem Wolf auf der Spur

Steht Ihnen der Sinn nach einer Bekanntschaft mit dem Wolf? Dann gehen Sie ca. 800 Meter zurück zum Eingang der **Wolfsschlucht**.

Als die Menschen sesshaft wurden, kam es zunehmend zur Konkurrenz zwischen Mensch und Wolf. Die jagenden Rudel rissen die Herdentiere und so entstand das Bild des gefährlichen Raubtieres, was sich zu dieser Zeit in Märchen wie *Rotkäppchen* niederschlug. Die Angst der Menschen führte dazu, dass der Wolf fast ausgerottet wurde. Über den Canis lupus lupus informieren Tafeln auf dem Weg durch die Schlucht und vermitteln einen Einblick in seine Lebensweise und auch über die Rückkehr in thüringer Gefilde. Die etwa 800 Meter lange Schlucht diente einst als Entwässerungsgraben des Harsberges und wurde im Zuge der Planung von Wanderwegen entdeckt. Man fand einen völlig zugewachsenen Hohlweg vor und machte ihn in liebevoller Arbeit wieder begehbar. Der enge Weg, der gespenstische Durchlass und das mystische Ambiente lässt dem Wanderer Zeit, über Märchen und Sagen nachzudenken. Wer war der Jäger Hölzerkopf oder der Waldgeist Elbel? Antworten finden Sie in der Wolfsschlucht.

Der Hainich

Jahrzehntelang war er militärisches Sperrgebiet und große Bereiche des Waldes wurden daher kaum betreten oder genutzt. So konnte sich die Natur unbeirrt entwickeln. Einige große Kahlflächen waren durch die Truppenübungsplätze entstanden, aber auch dort kann man beobachten, wie der Wald seinen Platz zurückerobert.

Mit einer Fläche von 16.000 Hektar ist der Hainich das größte zusammenhängende Waldgebiet in Deutschland. Der südliche Teil von 7.500 Hektar wurde 1997 zum **Nationalpark** erklärt. Ein Landschaftstyp mit artenreichen Laubmischwäldern, dominiert von der Rotbuche. Der Anteil der Nadelgehölze beträgt lediglich 3,5 Prozent. Einst wuchsen sie überall in Mitteleuropa, nun müssen sie geschützt werden – die alten naturnahen Buchenurwälder. 2011 wurden daher fünf Buchenwälder in Deutschland, darunter der Hainich, auf die Liste des UNESCO-Welterbes gesetzt. Die **Rotbuche** wird auch als die Mutter des Waldes bezeichnet und ist eine unglaublich erfolgreiche Baumart. Sie trägt viel Laub, das im Herbst zu Boden fällt, und mit ihrer intensiven Durchwurzelung der tieferen Bodenschichten sorgt die Buche für gute Bodenverhältnisse. Außerdem ist sie sehr konkurrenzstark, was ebenfalls mit ihrem dichten Blätterdach zusammenhängt. Es trifft nur wenig Licht auf den Boden und verhindert, dass sich eine Kraut- und Strauchschicht entwickeln kann. Buchenkeimlinge kommen jedoch mit der geringen Lichtmenge zurecht und dominieren somit das Geschehen. Zudem ist ein naturbelassener Buchenwald sehr artenreich. Man schätzt, dass ca. 10.000 Arten, von denen 6.000 Tierarten sind, in Höhlen, Rissen und Astlöchern der alten Buchen und dem Totholz leben.

Im Frühjahr, wenn noch kein Laub an den Buchen zu sehen ist, dringt Licht auf den Waldboden und sorgt dafür, dass sich die Krautschicht entwickelt. Das ist die Zeit der Frühblüher und eine Augenweide im Hainich. Von Seidelbast über Märzenbecher und Bärlauch wird der Boden besiedelt. Der Bärlauch schafft das sogar auf einer Fläche von 1.000 Hektar.

Im Nationalpark gibt es zwei Schutzzonen, wovon die Zone 1 75% einnimmt, hier findet keinerlei wirtschaftliche Nutzung statt. Dort entsteht seit Jahren ein Urwald mitten in Deutschland www.nationalpark-hainich.de.

(036) Offizieller WOMO-Stellplatz: Mihla, Graues Schloss

GPS: N 51°04'40.7" E 10°19'52.8", Th.-Müntzer-Straße. **Max. WOMOs**: 15.
Öffnungszeiten: Ganzjährig. **Ausstattung**: Keine.
Beschreibung: Hinter dem Grauen Schloss mit Restaurant und gutbürgerlicher Küche, direkt an der Werra, Wasserwandern möglich, fester Untergrund, teilweise schattig.
Preise: Kostenfrei. **Zufahrt**: Von Nazza kommend in der Ortsmitte rechts.

(037) WOMO-Wanderparkplatz: Mihla,

GPS: N 51°04'49.6" E 10°19'30". **Max. WOMOs**: 5.
Ausstattung: Keine, Picknick-Bank.
Beschreibung: Auf dem Weg zum Freibad, direkt am Werratal-Radweg.
Preise: Kostenfrei.
Zufahrt: Auf der L1017 in Richtung Creuzburg unmittelbar nach Mihla rechts.

(038) Offizieller WOMO-Badeplatz: Mihla, Freibad

GPS: N 51°05'03.2" E 10°19'28.8", Am Schwimmbad. **Max. WOMOs**: 15.
Öffnungszeiten: An die Öffnungszeiten des Freibades gebunden.
Ausstattung: Strom, WC und Duschen, Grillplatz, Sitzgruppen.
Beschreibung: Ernst-Wiedemann-Bad mit Campingmöglichkeit, Dusche, WC, Tisch-Bank-Kombination, Kiosk, Werratal-Radweg.
Preise: Ca. 20 € für 2 Personen und WOMO inkl. Eintritt, Strom.
Zufahrt: Auf L1017 in Richtung Creuzburg rechts der Beschilderung folgen.

Auf dem Harsberg

Vorbei an der Tourist-Information (N 51°04'35.4" E 10°20'09.9") verlassen wir Mihla in Richtung Berka. Bereits in Lauterbach biegen wir auf den **Wanderparkplatz Harsberg** ein (N 51°04'27.0" E 10°22'39.7").

Um die Besonderheiten des Hainich kennenzulernen, gibt es momentan **20 Rundwanderwege**, über die Sie sich auf der Website des Nationalparks informieren können. Die Routen beginnen an den Wanderparkplätzen, an denen auch Informationen zu Länge, Verlauf und Besonderheiten abzulesen sind. Auch auf dem Harsberg bieten sich verschiedene Wanderungen an.

Der Urwaldpfad – unterwegs mit Kindern

Vom Parkplatz aus erreicht man den Einstieg in den Urwaldpfad nach 400 Metern. Mit einer Gesamtlänge von 1,6 Kilometern eignet er sich bestens für eine Wanderung mit Kindern. Es finden sich 10 Stationen, die sich mit der Thematik Wald befassen. Der Weg ist sehr gut gekennzeichnet. Daher verzichte ich auf eine ausführliche Beschreibung.

Das Abenteuer beginnt auf einem Wiesenweg und führt leicht bergab in den Wald hinein. An der 1. Station gilt es Totholz zu untersuchen und man erfährt auf welch wundersame Weise es für jede Menge Leben sorgt. Der Weg führt fast ausschließlich durch den Wald und auch die seltene Elsbeere bekommt man zu Gesicht. Am Steinernen Tisch kreuzt der Pfad die Hohe Straße, führt aber sofort wieder in das Dickicht der Bäume. Der Steinerne Tisch diente im Mittelalter vermutlich als Rastplatz für die Fuhrleute, die auf der Hohen Straße unterwegs waren, um Waren wie Salz, Waid und Getreide ins Werratal zu transportieren.

Eines der Wahrzeichen des Nationalparks ist die **Betteleiche**, ein sagenumwobener Baum mit einer bizarren Gestalt. Einst lebten in der Nähe Bettelmönche, die sich um vorbeiziehende Reisende kümmerten. An der Eiche wurden für die Mönche Almosen hinterlegt und Zettel mit Namen derer, für die gebetet werden sollte. Damit die Gaben vor dem Wetter geschützt wurden, schlugen die Mönche eine Aushöhlung in den Stamm. Im Laufe der Jahrhunderte erweiterte sich diese Öffnung und die Verwitterung sorgte dafür, dass sich der Stamm während des Wachstums teilte. Der **Betteleichenweg** führt am Harsberg vorbei und nach 2,5 Kilometern stehen sie vor der imposanten Eiche.

Wir fahren weiter in südlicher Richtung nach Berka und erreichen zwei weitere Wanderparkplätze. Etwa 100 Meter nach dem Ortsausgang von Berka biegen wir links ab und folgen den Hinweisschildern. Den **Wanderparkplatz Mittelweg** (N 51°02'38.1" E 10°24'02.7") erreicht man als erstes. Von dort sind es nur drei Kilometer bis zum 20 Meter hohen **Aussichtsturm Hainichblick**. Auf einer Strecke von etwa fünf Kilometern erreichen Sie das **Wildkatzendorf** in Hütscheroda.

WOMO-Wanderparkplatz: Berka, Mallinde

GPS: N 51°03'07.3" E 10°23'48.9". **Max. WOMOs**: 2-3.
Ausstattung: Öffentliches WC.
Beschreibung: Kleiner Parkplatz am Waldrand. Wandermöglichkeiten in den mittleren Hainich. Infotafel und Wegweiser, Silberbornpfad.
Preise: Kostenfrei.
Zufahrt: Etwa 100 Meter nach dem Ortsausgang von Berka links abbiegen.

Hier können Sie auf eine etwas andere Wanderung gehen. Der **Erlebnispfad Silberborn** ist ein für Familien geeigneter und etwa zwei Kilometer langer Rundweg. Alruna, die Seherin des Waldes, begleitet Sie und weiht Sie auf neun Stationen in die Geheimnisse des Waldes ein. Durch das Eingangstor betritt man Alrunas Reich und kann sich zum Beispiel in Tiere verwandeln und mit deren Stimme sprechen. Sie glauben mir nicht? Überzeugen Sie sich selbst.

Eingang Erlebnispfad Silberborn

Bevor wir den Hainich vorerst verlassen, fahren wir zurück Richtung Mihla. Im engen Tal des Lämpertsbaches liegt **Nazza** (ca. 580 EW), ein Dorf, das zu zwei Seiten von Bergrücken eingerahmt wird. Bekannt ist es vor allem durch die **Burgruine Haineck**, die an der einzigen durch den Hainich führenden Straße liegt und deshalb auch die Wächterin des Tales war. Etwa einen Kilometer nördlich des Dorfes liegend, zählt sie zu den letzten in Thüringen erbauten mittelalterlichen Burgen. Landgraf Balthasar soll sie 1392 zum Schutz gegen räuberische Übergriffe der Eichsfelder und Mühlhäuser errichtet haben. Irgendwann wurde die Burg verlassen und verfiel

Burgruine Haineck

über die Jahre. In den 90er Jahren erwachte sie wieder aus dem Dornröschenschlaf und konnte 1992 ihren 600. Geburtstag feiern. Ein Burgverein wurde gegründet und die Ruine in ein Schmuckstück verwandelt. Ein Fahrweg führt zur Ruine und endet am Waldrand. Von dort sind es nur noch 500 Meter hinauf zur Burg.

(039) WOMO-Picknickplatz: Nazza, Burgruine Haineck
GPS: N 51°06'54.3" E 10°20'35.4". **Max. WOMOs**: 2.
Ausstattung: Tisch-Bank-Kombination, Mülleimer.
Beschreibung: Direkt am Waldrand im Schatten der Bäume liegt ein kleiner, teilweise schräger Parkplatz. Davor der Picknickplatz Mosers Ruh. Wanderwege, 500 m zur Burgruine Haineck.
Preise: Kostenfrei.
Zufahrt: In Nazza rechts abbiegen. Kurvige Auffahrt. Beschilderung.

Wir verabschieden uns von Dornröschen und fahren auf der L1016 nach Langula, schlagen einen Haken nach rechts, umrunden auf festem Pflaster Kammerforst und landen auf dem Hainich-**Wanderparkplatz Kammerforst/Zollgarten**.

WOMO-Wanderparkplatz: Kammerforst, Zollgarten
GPS: N 51°06'25.8" E 10°26'04.6". **Max. WOMOs**: 10.
Ausstattung: Öffentliche Toillette, Tisch-Bank-Kombinationen.
Beschreibung: Großer, betonierter Parkplatz, Wandermöglichkeiten in den Hainich, Infotafel und Wegweiser, Wildkatzenkinderwald, Saugrabenweg, Germanischer Kultpfad.
Preise: Kostenfrei.
Zufahrt: Über Kammerforst ist der Parkplatz ausgeschildert.

Für Familien mit Kindern lohnt sich ein Abstecher in den nördlichen Hainich. Zehn Waldgeister wurden im Wildkatzenkinderwald verwunschen. Sie können nur erlöst werden, wenn ein Kind an einem einzigen Tag alle Geister findet. Die Legende sagt, dass der Retter reich belohnt wird. Geschafft hat es bisher leider niemand. Also nichts wie hin! Der **Wikakiwa – Wildkatzenkinderwald** ist ein Abenteuerspielplatz mitten im Wald. Für Draufgänger aber auch sanfte Kätzchen. Auf jeden Fall für alle Kinder, die gerne Geheimnissen auf der Spur sind.

Thüringen ist das grüne Herz Deutschlands. Mathematiker und Geografen haben sich mit dieser Tatsache genauer beschäftigt und den Mittelpunkt des Landes bestimmt. Er liegt in **Niederdorla** (ca. 1.500 EW). Zumindest wurde er 1991 dort festgelegt. Um den besagten Mittelpunkt buhlen jedoch sieben Orte und er ist durchaus umstritten, denn es ist eine Frage der Berechnung und daher schwer zu ermitteln. Vermutlich gibt es kein richtig oder falsch. Jeder Ort hat auf seine Weise recht und wir haben zumindest einen der Mittelpunkte gefunden. Wir folgen dem Wegweiser **Mittelpunkt Deutschlands**.

Mittelpunkt Deutschlands

(040) WOMO-Picknickplatz: Vogtei OT Niederdorla: Mittelpunkt Deutschlands

GPS: N 51°09'48.3" E 10°26'50.2". **Max. WOMOs**: 2.
Ausstattung: Tisch-Bank-Kombination, Mülleimer.
Beschreibung: Ein Parkplatz an der Mittelpunktslinde. Ein Fußweg führt zum Opfermoor.
Preise: Kostenfrei.
Zufahrt: Von Oppershausen kommend nach 2 km rechts abbiegen.

Zwischen Ober- und Niederdorla wurde 1957 beim Torfstechen eine bedeutende germanische Kultstätte entdeckt. Es handelt sich um einen der besterhaltenen Fundkomplexe dieser Art aus der Latène- und römischen Kaiserzeit Mitteleuropas. Im **Opfermoor** geht es zu wie vor 2000 Jahren. Es wurde ein originalgetreu rekonstruiertes Germanendorf mit Kultstätten erbaut und kann im Freigelände besichtigt werden. In der Nähe des Parkplatzes befindet sich der Ausstellungspavillon, in der die Geschichte des Opfermoores anhand von Modellen dargestellt wird. Im Original sind außerdem Kultgegenstände und Tierknochen zu sehen. Im Ausstellungsgebäude muss ein Chip für den Zugang des Geländes erworben werden *(Opfermoor Vogtei, 99986 Vogtei OT Niederdorla, Schleifweg 11, 03601/756040; www.opfermoor.de; Öffnungszeiten: Kernzeiten täglich von 10-16 Uhr; Eintritt).*

Freigelände Opfermoor

Baden kann man im Erdfallsee am Opfermoor nicht, aber in der nahegelegenen **Talsperre Seebach**, die sich zwei Kilometer südlich befindet.

Talsperre Seebach mit Camping Palumpa-Land

(041) WOMO-Campingplatz: Vogtei OT Niederdorla *Palumpa-Land*

GPS: N 51°09'06.3" E 10°28'10.1", Am Stausee 1.
Tel: 03601/888942; www.palumpa-land.de.
Öffnungszeit: April bis Oktober.
Ausstattung: VE, Strom, Sanitäreinrichtung, Spielplatz, Beachvolleyballplatz, Sandstrand, Steg, Strandbar, Müllentsorgung.
Beschreibung: Idyllischer Platz an der Talsperre mit etwa 50 Plätzen. Ein Zugang zum See mit Sandstrand und Steg mit Booten zum Ausleihen.
Preise: Ca. 25 € für 2 Personen und WOMO.
Zufahrt: Etwa 1,5 km nach Niederdorla links abbiegen, beschildert.

Seebach ist ein Ortsteil von Mühlhausen, der wegen seiner Vogelwarte bekannt ist. Um sie aufzusuchen, schlagen wir einen Bogen nach Süden und durchqueren Oppershausen und Flarchheim. Aber vorerst entdecken wir zwei weitere **Hainich-Wanderparkplätze**.

WOMO-Wanderparkplatz: Flarchheim, Rüspelsweg

GPS: N 51°07'1.7" E 10°27'53.0". **Max. WOMOs**: 2-3.
Ausstattung: Überdachte Tisch-Bank-Kombinationen.
Beschreibung: Kleiner Parkplatz, Wandermöglichkeiten in den Hainich, Infotafel und Wegweiser, Wildkatzenkinderwald, Hünenteich-Rundweg, Germanischer Kultpfad, Nationalparkrundweg Radfahrer, Weg zur Fuchsfarm.
Preise: Kostenfrei.
Zufahrt: In Flarchheim rechts abbiegen, beschildert.

Qualitäts-Rundwanderweg Hünenteich

Ein besonderer Rundweg, der jeweils von beiden Wanderparkplätzen aus angelaufen werden kann, ist der Hünenteichweg. Ein Weg, auf dem man vielfältige Facetten des Hainich erleben kann. Laut Nationalpark ein wahres „Lebensraummosaik". Umsonst hat er die Auszeichnung Qualitätsweg jedenfalls nicht erhalten. Eine Wanderung geeignet für die ganze Familie, zumal sie am **Wildkatzenkinderwald** vorbeikommt, aber auch am **Hünenteich**, der mit verschiedenen Spielmöglichkeiten aufwartet. Der Teich ist ein angestauter Erdfall und eines der wenigen Gewässer im Hainich. Im Frühsommer erscheinen entlang des Ufers die hellgelben Blüten der Wasserschwertlilie und außerdem ist er Laichgewässer für viele Amphibien. Der Weg durchstreift eine Streuobstwiese, einen Erosionsgraben mitten im Wald, eine Offenfläche, die ehemals eine Schießanlage war, ein Erdfallloch und den Hünenteich. Abwechslung am laufenden Band.

(WOMO-Wanderparkplatz: Mülverstedt, Fuchsfarm

GPS: N 51°06'39.4" E 10°28'18.8". **Max. WOMOs**: 2-3.
Ausstattung: Tisch-Bank-Kombinationen, WC.
Beschreibung: Mittelgroßer Parkplatz, Wandermöglichkeiten in den Hainich, Infotafel und Wegweiser, Wildkatzenkinderwald, Hünenteich-Rundweg Brunstal Pfad der Begegnung, Saugrabenweg, Nationalparkrundweg für Radfahrer. Einkehr in der Hütte *Brotzeit* möglich.
Preise: Kostenfrei.
Zufahrt: Vor Mülverstedt scharf rechts abbiegen, beschildert.

Bis 1945 stand an diesem Ort eine Pelztierfarm, die im Volksmund Fuchsfarm genannt wurde und Namensgeber für den Wanderparkplatz wurde. Ganz bezaubernd finden wir, dass es hier möglich ist, nach einer Wanderung einzukehren. In der Hütte *Brotzeit* isst es sich urgemütlich *(Hütte Brotzeit, 99947 Mülverstedt, Trift Chaussee, 036022/159841, www.fuchsfarm-brotzeit.de; Öffnungszeiten: Mo/Di Ruhetag, Mi-So 11-18 Uhr).*

Nach Wanderung und Einkehr ist man gestärkt für Neues. Über Mülverstedt und Heroldishausen haben wir bald **Seebach** (ca. 650 EW) erreicht. In der Seebacher Wasserburg gründete der Ornithologe Hans Freiherr von Berlepsch 1884/85 einen Vogelschutzpark. Zum Leidwesen seiner Mutter entfernte er alle Obstbäume aus dem Garten und ersetzte sie durch zahlreiche Vogelschutzgehölze. Seit seiner Jugend beschäftigte er sich mit ornithologischen Beobachtungen und unternahm viele Studienreisen. 1908 wurde seine Einrichtung anerkannt und somit die **erste staatlich anerkannte Vogelschutzwarte Deutschlands**. Heute ist sie eine Außenstelle der Thüringer Landesanstalt für Umwelt und Geologie Jena.

Die Ausstellungen befinden sich zum einen in der Burg und zum anderen im Park. Dort leben die Pfleglinge in den Vogelvolieren. Kranke und verletzte Vögel werden gesund gepflegt und anschließend ausgewildert. Parken kann man hinter der Wasserburg (N 51°09'47.7" E 10°30'41.3") auf einem kleinen Parkplatz *(Vogelschutzwarte, 99998 Mühlhausen OT Seebach, Lindenhof 3, 03601/7891018; Öffnungszeiten: Mo-Do 8-15:30 Uhr, Fr 8-12 Uhr. Von Mai-Okt finden Sa/So und an den Feiertagen um 14 Uhr Führungen statt).*

Eingebettet zwischen den Höhenzügen des Hainichs und dem Eichsfeld liegt das nächste Ziel, die mittelalterliche Reichsstadt **Mühlhausen** (ca. 36.000 EW). Sie beeindruckt durch ihre Vielfalt und es gibt viel zu entdecken.

(042) Offizieller WOMO-Stellplatz: Mühlhausen, Engelsgarten

GPS: N 51°12'38.7" E 10°27'50". **Max. WOMOs**: 9.
Öffnungszeiten: Ganzjährig.

Ausstattung: VE, Strom gegen Gebühr, Müllentsorgung.
Beschreibung: Die Plätze befinden sich hinter der Stadtmauer auf dem Parkplatz P6 nordöstlich der Altstadt. Der Untergrund ist eben, die Lage zentral. 4 der Plätze sind für WOMOs mit Überlänge ausgestattet.
Preise: 5 € für 2 Personen und WOMO.
Zufahrt: Die B249 in Richtung P6 verlassen, in den Kreuzgraben einbiegen.

Der herbstliche Blick vom Rabenturm

Die Fußgängerzone ist schnell erreicht. Elf **mittelalterliche Kirchen** gibt es in Mühlhausen zu besichtigen, wovon sechs von ihnen nicht mehr in dieser Funktion genutzt werden, sondern unter anderem verschiedene Museen, eine Kunstgalerie, eine Bibliothek, eine Theaterwerkstatt oder eine Begegnungsstätte beherbergen. Über die vielen Sehenswürdigkeiten der Reichsstadt informieren Sie sich am besten in der Tourist-Information, wo es auch das leckere Mühlhäuser Pflaumenmus zu kaufen gibt *(Tourist-Information, 99974 Mühlhausen, Ratsstraße 20, 03601/407440, www.muehlhausen.de; Öffnungszeiten: Mo-Fr 10-17 Uhr, Sa/So 10-14 Uhr; Samstags findet um 11 Uhr eine Stadtführung statt).*

Die einstige freie Reichsstadt war von einer Stadtmauer umgeben. Bis heute sind 2,2 Kilometer erhalten geblieben und ein Teil davon begehbar. Als Material wurde das in Mühlhausen vorkommende **Travertin** verwendet, ein geologisch junger Süßwasserkalk mit hellgelblicher bis bräunlicher Färbung. Auch die **Marienkirche**, eine der beiden Hauptkirchen, wurde aus dem heimischen Travertin erbaut. Sie ist nach dem Erfurter Dom die größte Kirche Thüringens und wurde zur Zeit des Bauernkrieges um 1525 durch die Predigten des Reformators Thomas Müntzer zu einem wichtigen Ort politischer Geschehnisse. Heute informiert sie als **Müntzer-Gedenkstätte** über sein Leben und Wirken.

Die zweite Hauptkirche ist die **Divi Blasii**. Die wichtigste Persönlichkeit, die in dieser Kirche wirkte, war **Johann Sebastian Bach**, und eine Bronzestatue vor dem Gebäude erinnert an ihn.

Popperöder Brunnenhaus

Wir kommen jedoch zurück zur Stadtmauer, weil es der ideale Ort ist, um die Kirchen von oben zu betrachten. Das einzige Tor, das den Modernisierungen des 19. Jahrhunderts nicht zum Opfer fiel, ist das **Frauentor**. Es erhielt seinen Namen aufgrund der Lage zur Frauen- oder Marienkirche. Dort beginnt der Spaziergang entlang des **begehbaren historischen Wehrgangs** und zwar im mächtigen **Rabenturm**. Auf seiner Aussichtsplattform bietet sich ein Rundumpanorama über die Stadt und ihre waldreiche Umgebung. Auf einer Länge von etwa 300 Metern reihen sich Turmstuben und Gartenhäuser aneinander, in denen die Mühlhäuser Museen Ausstellungen über das Verteidigungssystem der Stadt eingerichtet haben und über Persönlichkeiten sowie Ereignisse der Stadt informieren.

Am Rande Mühlhausens befindet sich ein reizvolles **Naherholungsgebiet**. Der Schwanenteich und der nahegelegene Stadtwald bieten Möglichkeiten für Wanderlustige und Radfahrer, und wer sich über einen längeren Zeitraum dort aufhalten möchte, dem steht ein Campingplatz zur Verfügung

(043) WOMO-Campingplatz: Mühlhausen

Am Schwanenteich

GPS: N 51°12'01.1" E 10°25'55.4", Popperöder Gasse 2.
Tel: 03601/8883755; www.campingplatz-am-schwanenteich.de.
Öffnungszeit: April bis Oktober.
Ausstattung: VE, Strom, Sanitäreinrichtung, Spiel-/Grillplatz, Müllentsorgung.

Beschreibung: Kleiner Campingplatz am Stadtrand in unmittelbarer Nähe zu einem aktuell sanierten Freibad. Das Naherholungsgebiet Schwanenteich grenzt an Teich und Stadtwald an. Zahlreiche Wanderungen und Radtouren in die Umgebung sind möglich. Ruder- und Tretboote-Verleih. Das Café Cabana ist eine Mischung aus Restaurant, Café und Cocktail-Bar und befindet sich direkt am Schwanenteich www.cafe-cabana.de.
Preise: Ca. 35 € für 2 Personen und WOMO.
Zufahrt: Auf der B249 in Richtung Eschwege und links in die Heyeröder Landstraße abbiegen.

Eine der schönsten Quellen Thüringens befindet sich etwa einen Kilometer vom Schwanenteich entfernt. Das **Popperöder Brunnenhaus** wurde 1614 im Renaissance-Stil erbaut. Die Quelleinfassung ist einem Amphitheater nachempfunden und hat zusammen mit dem Gebäude einen ganz besonderen Charme. Der erste Stock zeigt sich als Fachwerkschlösschen und das Sandsteinerdgeschoss öffnet sich dreibogig hinter der runden Quelleinfassung. Der Legende nach erfüllen sich hier sogar Wünsche.

Wir haben den Naturpark von Süden her erkundet, zuerst das Werratal und den Hainich durchstreift, und nun machen wir uns auf in das Eichsfeld.

Das Eichsfeld

Mit einer Fläche von etwa 1.200 Quadratkilometern ist das Eichsfeld etwa so groß wie die Insel Rügen und erstreckt sich über drei Bundesländer – Niedersachsen, Hessen und Thüringen. Bis auf einen kurzen Zeitraum im 16. Jahrhundert war das Eichsfeld immer katholisch. Auch der thüringische Teil blieb es während der DDR-Zeit. Als Markenzeichen gelten daher **Prozessionen und Wallfahrten**. Wenn am Sonntag vor Ostern mehrere Tausend Gläubige singend und betend Prozessionsdarstellungen durch die Straßen von Bad Heiligenstadt tragen, wird klar, dass die Eichsfelder die Prozession bis heute lebendig halten. Es ist eine der größten Palmsonntagsprozessionen in Europa.

Das Eichsfeld zwischen Hainich, Harz und Solling ist noch immer ein Geheimtipp. Das **Grüne Band** durchzieht auf 130 Kilometern die Region und viele bedrohte Tier- und Pflanzenarten leben hier. Die Mittelgebirgslandschaft ist von tiefen Tälern zerschnitten und entlang der Abbruchkanten wachsen **artenreiche Laubwälder**. Selbst die Eibe findet man noch häufig. In der ursprünglichen Landschaft liegen rund 180 oft winzige **Fachwerkdörfer** und -städte, aber sehr gepflegte, bei deren Durchfahrt wir regelmäßig ins Staunen kamen.

Unser erstes Ziel ist ein besonderes Fortbewegungsmittel: die **Erlebnis-Draisine** in **Lengenfeld unterm Stein** (ca. 1.200 EW). In den romantischen Tälern der Frieda und Lutter schlängelt sich eine Eisenbahnlinie durch die Berge und Täler. Nach einer fünfjährigen Bauzeit wurde die Strecke 1880 zum ersten Mal befahren und dem Verkehr übergeben. Der Bau selbst war sehr anspruchsvoll und es mussten große landschaftliche Schwierigkeiten überwunden werden.

Viadukt Lengenfeld

Draisinenstrecke in Lengenfeld unterm Stein

Am beschwerlichsten gestaltete sich die Überbrückung des Friedatales bei Lengenfeld. Das Ergebnis dieser Meisterleistung ist das imposante Viadukt (S. 73) mit einer Gesamtlänge von 240 Metern und einer Höhe von 24 Metern. Es überspannt den gesamten Ort. Die Bahn wurde in der damaligen Zeit vor allem aus strategischen Gründen errichtet und zur Zeit des 1. Weltkrieges rollten täglich Militärtransporte die Schienen entlang. Die Leute gaben der Bahn damals den Namen **Kanonenbahn**.

Seit 2002 kann die Strecke von Dingelstädt bis Geismar mit Fahrraddraisinen oder den beiden Elektrozügen befahren werden. 2019 begann zusätzlich der Ausbau des **Kanonenbahn-Radweges**, der parallel zur Strecke verläuft und es ermöglicht, den gesamten Schienenverlauf zu Fuß oder per Rad zu erkunden (N 51°12'49.5" E 10°12'49.7"). Um auf einer der drei Routen fahren zu können, ist eine telefonische Voranmeldung notwendig *(Erlebnis-Draisine, 99976 Lengenfeld, Bahnhofstraße 43, 036027/78866, www.erlebnis-draisine.de)*.

(044) Offizieller WOMO-Stellplatz: Lengenfeld

GPS: N 51°12'49.4" E 10°12'43.9", Bahnhofstraße 43. **Max. WOMOs**: 6.
Öffnungszeiten: Ganzjährig nutzbar.

Ausstattung: Strom, Wasser, WC-Benutzung möglich, Parzellen auf Rasen, Grillplatz, Gaststätte Güterschuppen auf dem Bahnhofsgelände.
Beschreibung: Am Ortsrand befinden sich die Stellplätze hinter dem Gelände der Erlebnis-Draisine.
Preise: 15 € für 2 Personen und WOMO, Voranmeldung notwendig.
Zufahrt: Der Beschilderung zur Erlebnis-Draisine folgen.

Ein bemerkenswertes Naturdenkmal lässt uns einen Stopp in **Großbartloff** (ca. 900 EW) einlegen. Der etwa 10 Meter hohe Wasserfall ist natürlichen Ursprungs und damit einzigartig im Naturpark. Die Steilwand besteht aus festem Travertin. Vor allem im Sommer bietet die Stelle um das Wasser ein ruhiges und kühles Plätzchen. Eine überdachte Tisch-Bank-Kombination lädt zum Ausspannen ein (N 51°14'59.1" E 10°13'25.3").

Luttermühle mit Forellenzucht

Im Luttertal gab es einst ein aktives Mühlenwesen. Vom Lutterfall aus begibt man sich auf dem **Naturparkwanderweg Leine-Werra** in Richtung Küllstedt und kommt an der Klostermühle und anschließend an der Luttermühle vorbei. An letzterer gibt es jeden ersten Sonntag im Monat frisch geräucherte Forellen (www.zurluttermuehle.de).

Die ehemalige innerdeutsche Grenze ist im Eichsfeld ein großes Thema und daher begeben wir uns in das **Grenzmuseum Schifflersgrund**, welches das Erste dieser Art in Deutschland war und bereits 1991 eröffnet wurde. Auf einer Länge von etwa 2,5 Kilometern findet sich erhaltener Grenzzaun neben dem Eingang und lässt ein mulmiges Gefühl aufkommen. Zu DDR-Zeiten kamen viele Menschen beim Versuch zu fliehen ums Leben und diese Schicksale bekommen in der Ausstellung ihren ganz besonderen Platz. Ein anderer Schwerpunkt liegt auf der Militärtechnik wie Hubschraubern und Fahrzeugen, die

Grenzmuseum Schifflersgrund

für diese extreme Sicherung nötig war *(Grenzmuseum Schifflersgrund, 37318 Asbach-Sickenberg, 036087/98409, www.grenzmuseum.de; Öffnungszeiten: Mo-So 10-17 Uhr, Eintritt).*

(045) Offizieller WOMO-Stellplatz: Asbach-Sickenberg

GPS: N 51°17'03" E 09°59'44", Platz der Wiedervereinigung 1.
Max. WOMOs: 10. **Öffnungszeiten**: Ganzjährig.
Ausstattung: VE, Strom gegen Gebühr, Mülleimer. Die Entsorgung ist nur während der Öffnungszeiten des Museums möglich.
Beschreibung: Der Stellplatz befindet sich am Museum. Außerorts, in ruhiger Lage. Der Untergrund ist geschottert und relativ eben, teilweise Schatten. Wanderungen auf dem Premiumwanderweg P16 durch die Eichsfelder Schweiz sowie kleinere Rundwege sind möglich, MTB-Route.
Preise: Ca. 4 € für 2 Personen und WOMO.
Zufahrt: Von der L1003 kommend links Richtung Bad Sooden-Allendorf abbiegen und der Beschilderung zum Grenzmuseum folgen.

Hof Sickenberg

Nach einer kurzen Wanderung von etwa einem Kilometer gelangt man an den **Hof Sickenberg**, einen denkmalgeschützten, traditionellen Vierseithof. Am Wochenende und an den Feiertagen ist das Hofcafé geöffnet. Es duftet nach frischem Kaffee und selbstgebackenem Kuchen und Brot mit Zutaten aus dem hofeigenen Garten (www.hof-sickenberg.de). Sehr lecker!

Möchten Sie einen längeren Zeitraum in der Gegend verweilen, dann finden Sie in Wahlhausen einen Campingplatz, der an der Grenze zu Hessen und dem Kurort Bad Soden-Allendorf als Startpunkt für diverse Ausflüge geeignet ist.

(046) WOMO-Campingplatz: Wahlhausen
Camping-Oase

GPS: N 51°17'19" E 09°58'37", Kreisstraße 32. **Tel**: 036087/98671.
Öffnungszeit: Ganzjährig.

Ausstattung: Keine Grauwasserentsorgung, Entsorgung WC, Wasser, Strom, Sanitäranlagen, Gaststätte, Waschmaschine, Trockner, Müllentsorgung.
Beschreibung: Ein kleiner CP mit Wiesenplätzen, die teilweise schattig sind. Direkt an der Werra mit Bootsanlegestelle. Der Werratal-Radweg und eine öffentliche Haltestelle sind unmittelbar erreichbar.
Preise: Ca. 20 € für 2 Personen und WOMO.
Zufahrt: Von Wahlhausen in Richtung Bad Soden-Allendorf linksseitig.

Eine der schönsten Burgruinen Mitteldeutschlands ist der **Hanstein**. Mit seiner auffälligen Silhouette ist die Ruine bereits von Weitem zu sehen und prägt das Bild des Eichsfeldes. Wir finden sie in **Bornhagen** (ca. 300 EW), einem kleinen Dorf, das außer der Burg viel Kulinarisches und reizvolle Wanderungen zu bieten hat. Der **Klausenhof** fällt bereits durch sein beeindruckendes Fachwerkensemble auf und die Liebe zum Detail lässt erahnen, dass wir etwas ganz Besonderes entdeckt haben. Das alte Wirtshaus wird von Familie Röhrig geführt und verwöhnt mit Eichsfelder Spezialitäten. Die Speisen bestehen aus dem, was die heimische Natur zur Verfügung stellt. Uns hat es sehr gut geschmeckt! Falls Sie sich zum Frühstück an einen reichhaltig gedeckten Tisch setzen möchten, sei Ihnen das Eichsfelder Frühstück ans Herz gelegt. Selbst ein Museum wurde auf dem Hof eingerichtet, in dem über das Brauchtum der Eichsfelder Wurstherstellung informiert wird (N 51°20.3'06.2" E 09°56.3'03.7"; *Klausenhof, 37318 Bornhagen, Friedensstr. 28, 036081/61422, www.klausenhof.de*). Vom Restaurant zur Burg geht es etwa 500 Meter stramm bergauf, aber auch dort besteht die Möglichkeit zu parken.

Wirtshaus Klausenhof

(047) WOMO-Wanderparkplatz: Zweiburgenblick

GPS: N 51°20'16.5" E 09°56'42.9", Hansteinstraße. **Max. WOMOs**: 5.
Ausstattung: Tisch-Bank-Kombination, Mülleimer.
Beschreibung: Der Parkplatz ist geschottert und relativ eben. Idealer Startpunkt für Wanderungen, wie zum Werrablick oder der Teufelskanzel – einem Ausblick mit Gaststätte.
Preise: Kostenfrei.
Zufahrt: In Bornhagen der Beschilderung zur Burg Hanstein folgen.

Bereits vom Parkplatz kann man eine Rundumsicht genießen, die von den Bergen des Thüringer Waldes über den Hohen Meißner ins Werratal reicht, aber vom Turm der Burg wird es noch besser.

Burgruine Hanstein

Das Adelsgeschlecht der Hansteins, in diesem Fall die Brüder Heinrich und Lippold von Hanstein, schlossen 1308 mit dem Mainzer Erzbischof einen Vertrag zum Bau einer neuen Burg ab, die als Stammsitz der Hansteins dienen sollte. Im Laufe der Jahre wurde die Burg für die Bewohner zu klein und somit richteten sie sich im Umland auf Ritterhöfen ein. Was dazu führte, dass die Burg allmählich verfiel und ab 1683 als unbewohnbar galt. Erst 150 Jahre später ließen die Hansteins einen neuen Saal errichten, den sie für Familienkonferenzen nutzten. Zwischen 1904 und 1915 erfolgten dann im Hinblick auf die 600-Jahrfeier weitere Renovierungsmaßnahmen und nach Ende des 2. Weltkrieges ging die Burg in das Volkseigentum der DDR über, wodurch es zur Enteignung der Hansteins kam. Ursprünglich sollte nun eine Jugendburg für Mitglieder der FDJ entstehen, aber durch die Grenznähe und die in den 50er Jahren einsetzende Grenzsicherung wurde das Vorhaben untersagt. Durch den Druck der Bevölkerung begann man 1985 mit Erhaltungsmaßnahmen, die bis zum heutigen Tage andauern. Nach der Wende hat sich die Burg Hanstein zu einem attraktiven Ausflugsziel für Besucher aus Ost und West entwickelt *(Burgruine Hanstein, 37318 Asbach-Sickenberg, 036087/98409, www.burgruine-hanstein.de; Öffnungszeiten: Nov Mo-So 10-16 Uhr, Dez-Feb WE und Feiertage 10-16 Uhr, März-Okt Mo-So 10-18 Uhr; Eintritt).*

Auch im Eichsfeld entstanden Sagen und Legenden, wie zum Beispiel *Der Schatz im Hanstein*, den Sie während des Besuches der Burg sicher gefunden haben oder *Die Teufelskanzel*. Eine Sage, die uns auf die folgende Wanderung einstimmt. Wie sollte es anders sein, der Teufel hatte seinen Mund zu voll genommen und ging in einer Walpurgisnacht auf dem

Blick von der Teufelskanzel

Brocken eine aberwitzige Wette mit den Hexen ein. Sie wollten wissen, ob er imstande sei, einen gewaltigen Felsbrocken ohne Rast und Abzusetzen direkt zum Hohen Meißner in Hessen bringen könne. Der Teufel belachte die Aufgabe und machte sich auf den Weg. Natürlich war der Felskoloss zu schwer und der Satan musste eine Pause einlegen, in der Hoffnung die Hexen bekämen es nicht mit. Weit gefehlt. Da sie ihm die Aufgabe nicht zugetraut hatten, waren sie ihm gefolgt. Als sie den Teufel zur Rede stellten, wurde er garstig und machte sich von dannen. In seiner großen Wut vergaß er den Felsen, der heute noch an besagter Stelle liegt. Als die Menschen von der Geschichte erfuhren, nannten sie den vor dem Berg stehenden Fels die **Teufelskanzel**.

Wanderung zum Lindewerra-Blick oder zur Teufelskanzel

Die Infotafeln und Wegweiser auf dem Wanderparklatz informieren über verschiedene Wanderrouten. Es besteht die Möglichkeit, einem Rundweg zu folgen, der zur Teufelskanzel mit Berghütte und zum Lindewerra-Blick führt. Sie können beide Ziele unabhängig voneinander ansteuern. Die Strecke zum Lindewerra-Blick beträgt ca. 1,2 km und zur Teufelskanzel wandert man etwa 3 km. Möchten Sie den Rundweg gehen, um die Ausblicke miteinander zu verbinden, empfehle ich mit der Kanzel zu beginnen. Auf dieser Strecke gabelt sich der Weg nach etwa 1 km und man kann entscheiden, ob man den Bergkamm oder einen befestigten Weg entlang gehen möchte. Der Weg am Kamm ist bei Nässe nicht zu empfehlen und auch nicht kinderwagengeeignet. Wer jedoch die Möglichkeit hat, sollte ihn gehen, da es gerade für Kinder ein spannender Weg durch

den Wald mit freiliegenden Wurzeln und allerlei Fundstücken ist. In der Nähe der Teufelskanzel finden sich mehrere Schleichpfade, über die man an einsame Stellen gelangt und bereits die Aussicht über die Werraschleife genießen kann. Über die Junkerkuppe und den Werrablick gelangt man zurück zum Parkplatz *(Wirtshaus Teufelskanzel, 036081/61237, www.teufelskanzel.de; Öffnungszeiten: April-Okt täglich 12-17 Uhr, Nov-März Sa/So/Feiertag 12-17 Uhr).*

Nach so viel herrlicher Natur steht uns der Sinn nach Kultur und einem Stadtbummel. Über Uder gelangt man in das **Heilbad Heiligenstadt** (ca. 16.000 EW), wo wir all das vorfinden *(Tourist-Information, 37308 Heiligenstadt, Marktplatz 15, 03606/677903, www.heilbad-heiligenstadt.de; Öffnungszeiten: Mo-Fr 8-17 Uhr, Sa 10-12 Uhr; Mai-Sept auch So 10-12 Uhr; Stadtführungen Mi und Sa).*

(048) Offizieller WOMO-Stellplatz: Heiligenstadt, Stadthaus

GPS: N 51°22'26" E 10°08'15.8", Aegidienstraße 20. **Max. WOMOs**: 6.
Öffnungszeiten: Ganzjährig.
Ausstattung: VE, Strom gegen Gebühr, Mülleimer.
Beschreibung: Die Stellplätze befinden sich auf einem öffentlichen Parkplatz am Stadthaus in der Nähe zum Zentrum und des Waldrandes unterhalb des Iberges. Die Plätze sind eben und teilweise schattig, der Leine-Heide-Radweg (413 km langer Fernradweg von Leinefelde bis Hamburg) ist gut erreichbar.
Preise: Kostenlos.
Zufahrt: Aus Richtung Uder kommend rechts in die Petristraße einbiegen.

Nach nur 500 Metern erreicht man den Stadtkern von Heiligenstadt. Im Zentrum der Altstadt thront die **Kirche St. Marien** auf dem Stiftshügel. Auf einem romanischen Vorgängerbau wurde ab 1300 die gotische Kirche aus Bundsandstein mit einer beeindruckenden Freitreppe erbaut. Neben der Kirche befindet sich das **Eichsfelder Heimatmuseum** im ehemaligen Jesuitenkolleg, einem reizvollen Barockbau aus dem Jahr 1740 mit sehenswertem Garten *(Heimatmuseum, 37308 Heiligenstadt, Kollegiengasse 10, 03606/677480, www.heilbad-heiligenstadt.de; Öffnungszeiten: Di-Fr 10-17 Uhr, Sa/So 14:30-17 Uhr; Eintritt).*

Die Wilhelmstraße ist die Hauptachse der Altstadt und eine belebte Fußgängerzone. An deren Ende beginnt der **Heinrich-Heine-Park** mit seinen weitläufigen Spazier- und Wanderwegen, dem Schwanenteich und einem sieben Meter in die Tiefe stürzenden Wasserfall. Heiligenstadt hat nicht ausschließlich Kultur zu bieten, sondern auch viele Wandermöglichkeiten, die in einer umfangreichen **Wanderbroschüre** auf der Webseite der Stadt zum Download bereitstehen. Unter anderem findet sich darin eine Strecke zur Burg Scharfenstein, die wir allerdings mit dem WOMO anfahren.

Uralte Sommerlinde

Vor den Mauern der **Burg Scharfenstein** empfängt uns eine etwa 600 Jahre alte Sommerlinde, der älteste Laubbaum im Eichsfeld. Sie hat die wechselvolle Geschichte der Burg, die 1209 erstmals urkundlich erwähnt wurde, miterlebt und könnte viel erzählen. Die Burg brannte mehrfach ab, wurde besetzt und zerstört. Zu Zeiten der DDR war sie Kinderferienlager und Naherholungsgebiet. 2002 erwarb die Stadt Leinefelde die teilweise eingefallene Burganlage und begann umfangreiche Sanierungen und Rekonstruktionen, die 2017 abgeschlossen wurden. Eine Spirituosenmanufaktur aus Worbis wurde zum Pächter der Burganlage und so ergab sich eine vollkommen neue Nutzung der Burg – die **Whiskywelt**. Auf dem Areal wurde Historisches mit Modernem kombiniert und es entstand ein Schmuckstück, auf dessen Gelände man sich gerne aufhält. Der rekonstruierte 20 Meter hohe Turm mit Aussichtsplattform bietet eine eindrucksvolle Rundumsicht. Links des Burgtores befindet sich ein Café mit Terrasse, auf der man bei einer Stärkung bei idealer Sicht bis in den Harz blicken kann *(Burg Scharfenstein, 37327 Leinefelde OT Beuren, Scharfenstein 1, 03605/200200, www.whiskywelt-burg-scharfenstein.de; Öffnungszeiten von Shop, Whiskywelt und Aussichtsturm: Mi 14-17 Uhr, Do-Sa 11-17 Uhr, So/Feiertag 11-17 Uhr; Eintritt).*

Burg Scharfenstein

(049) WOMO-Stellplatz: Burg Scharfenstein

GPS: N 51°21'48.1" E 10°16'01.1", Scharfenstein 1. **Max. WOMOs**: 10.
Ausstattung: Keine.
Beschreibung: Der große Parkplatz ist geschottert und relativ eben und ideal für den Besuch der Burg. Zwischen Burgareal und Parkplatz befindet sich ein Spielplatz. Das Übernachten im WOMO ist gestattet.
Preise: Kostenfrei.
Zufahrt: In Kreuzebra links in Burgweg abbiegen und anschließend etwa 2,5 km bergan fahren.

Spielplatz unterhalb der Burg Scharfenstein

Eine Stiftung setzt sich für Bären, Wölfe und Luchse ein und unterhält zwei Parks, einen davon in Leinefelde-Worbis. Den Alternativen **Bärenpark in Worbis** gibt es seit 1996 und seitdem leben dort Bären und Wölfe, die aus schlechter Haltung stammen und meist an Verhaltensstörungen leiden, was eine Auswilderung unmöglich macht. Sie erhalten deshalb im Park ein neues, naturnahes Zuhause *(Alternativer Bärenpark, 37339 Leinefelde-Worbis, Duderstädter Allee 49, 036074/20090; Öffnungszeiten: März-Okt täglich 10-18 Uhr, Nov-Feb täglich 10-16 Uhr; Eintritt; www.baer.de).*

Die sensible Bärendame Katja ist seit 2011 in Worbis

(050) WOMO-Stellplatz: Bärenpark Worbis

GPS: N 51°25'39.9" E 10°20'50.7", Am Bärenpark. **Max. WOMOs**: 10.
Ausstattung: Tisch-Bank-Kombination, öffentliches WC.
Beschreibung: Der große Parkplatz ist geschottert und relativ eben.
Preise: Kostenfrei.
Zufahrt: In der Ortsmitte in die Duderstädter Allee abbiegen und der Beschilderung folgen.

Der Burghof nach Nordosten

Ein letztes Ziel dieser Tour quer durch den Natupark und entlang des Ohmgebirges führt an den nördlichen Rand der Hainleite nach **Großlohra** (ca. 1.000 EW), genauer gesagt zur **Burg Lohra**. Sie stammt aus dem 12. Jahrhundert und ist mit einem hohen Anteil an mittelalterlichen Bauten relativ komplett erhalten. Sie gehört zum Konzept und Netzwerk der offenen Häuser, das seinen Ursprung Mitte der achziger Jahre zwischen Halle, Leipzig und Weimar im Umfeld der Evangelischen Kirche nahm. Junge Leute trafen sich, um Kirchen oder Ruinen in ehrenamtlicher Arbeit vor dem Verfall zu bewahren, aber auch gleichzeitig mit neuem Leben zu füllen. Dies geschieht seit Jahren auch auf Burg Lohra und man trifft junge, dort wohnende Leute beim täglichen Einsatz an. Eine besondere Bedeutung kommt der **romanischen Doppelkapelle** zu, die zu einem der ältesten kirchlichen Bauwerken Thüringens gehört und mithilfe des Denkmalschutzes saniert wurde (N 51°24'48.2" E 10°37'59").

Romanische Doppelkapelle

TOUR 3

N
10 km
Nieder-
sachsen
Sachsen-Anhalt
Eisfelder Talmühle
Südharz
Großer Auerberg
579 m
Stolberg
Hohnstein
Neustadt
Rodishain
Niedersachswerfen
KZ Dora
Krimderode
Iberg-Stausee
Stempeda
Rottleberode
Salzaspring
Salza
NORDHAUSEN
Uftrungen
Gipshöhle Heimkehle
Band 66
Mit dem Wohnmobil
in den Harz
Berga
Kelbra
Talsperre Kelbra
Nohra
München-
lohra
Tour 2
Wolkramshausen
Kleinfurra
Hainrode
Wipper
Affenberg
Straußberg
Kyffhäuser
Kleinberndten
Barbarossahöhle
SONDERSHAUSEN
Göllingen
Bad
Franken-
hausen
Hachelbich
Possen
Seega
Hainleite
Ebeleben
Westerengel
Ausgrabung
Steinrinnne
Bilzingsleben
Sachse
burg
Kindelbrück
Wasserthaleben
Helbe-System
Westgreußen
Schlotheim
Greussen
Funkenburg
Kleine Wartburg
Helbe
Unstrut
Weißensee
Bruchstedt
Straußfurt
Bad
Tennstedt
Ballhausen
SÖMMERDA
BAD LANGENSALZA
siehe Karte Tour 2
052
053
054
055
056
057
058
059
060
061
062
063
064
065
066
067

Tour 3: Vom Südharz über den Kyffhäuser in die Rosenstadt Bad Langensalza 230 km

Nordhausen – Neustadt i. H. – Kyffhäuser – Barbarossahöhle – Bad Frankenhausen – Bad Langensalza – Hainich

Stellplätze: Nordhausen, Heimkehle, Kyffhäuser, Barbarossahöhle, Bad Frankenhausen, Sondershausen, Possen, Westgreußen, Clingen, Bad Tennstedt, Bad Langensalza

Campingplätze: Nohra, Neustadt im Harz, Rodishain, Kelbra, Weißensee

Besichtigen: Klosterkirche Münchenlohra, Affenberg Straußberg, Nordhausen, KZ Dora, Burgruine Hohnstein, Heimkehle, Kyffhäuser-Denkmal, Barbarossahöhle, Bad Frankenhausen, Possen, Helbe-System Westgreußen, Funkenburg, Bad Langensalza, Baumkronenpfad und Wildkatzendorf im Hainich

Essen: *Wolfsmühle* Rodishain, *Hainichbaude* Craula

Die Doppelturmfront der Basilika

Auf einem Hügel vor der Hainleite steht seit mehr als 800 Jahren eine Klosteranlage, die seitdem die Landschaft prägt. Vermutlich im 12. Jahrhundert stifteten die Grafen von Lohra, deren Burg wir zum Ende der Tour zwei besichtigten, hier ihr Hauskloster. Sie wurde nachweislich von Benediktinerinnen und später Augustinerchorfrauen genutzt. Ihre wechselvolle Geschichte hinterließ tiefe Spuren an der **Basilika St. Gangolf**. Im 16. Jahrhundert kam es zu erheblichen Zerstörungen und der Vertreibung der Nonnen. Im 19. Jahrhundert wurde die Kirche in der heutigen Gestalt wiedererrichtet und befindet sich noch immer in umfangreichen Sanierungsmaßnahmen. Die dreischiffige Basilika mit einer Doppelturmfront sowie die Schätze im Inneren sind einen Besuch wert (N 51°25'18.8" E 10°40'0.8"). Das Kloster ist täglich von 8 bis 17 Uhr geöffnet.

Die genannte Hainleite ist ein Höhenzug in Nordthüringen und begrenzt gemeinsam mit der Dün, der Schmücke und der Hohen Schrecke den Nordrand des Thüringer Beckens. An der Hainleite und inmitten des Wippertales liegt eine Ferienanlage mit Campingplatz, die für einen längeren Aufenthalt einlädt.

(051) WOMO-Campingplatz: Nohra, *Am Hünstein*

GPS: N 51°25'56.3" E 10°43'8.1", Wollerslebener Landstraße.
Tel: 036334/53807; www.campingplatzhünstein.de.
Öffnungszeit: April bis Oktober.
Ausstattung: VE, Strom, Sanitärbereich, Waschmaschine, Trockner, Spielplatz, Bootsverleih, Müllentsorgung.
Beschreibung: Im Tal der Wipper und außerhalb von Nohra liegt die kleine Anlage direkt am Freibad mit Bootsteich. Die Stellplätze stehen überwiegend auf Wiesengelände zur Verfügung und sind teilweise schattig. Einkaufsmöglichkeiten finden sich im etwa 1 km entfernten Nohra. Wandern, Radfahren und Ausflüge nach Nordhausen und Sondershausen bieten sich an.

Preise: Ca. 15-20 € für 2 Personen und WOMO.
Zufahrt: Von Nohra kommend nach etwa 700 m links abbiegen.

Ich glaub', mich laust der Affe! Zwischen Kleinfurra und Straußberg gehen wir auf Tuchfühlung mit den Kattas. Die possierlichen Tiere mit dem geringelten Schwanz kommen in freier Wildbahn ausschließlich auf der Insel Madagaskar vor. Sie gehören zur Gruppe der Lemuren und sind nicht die einzigen Bewohner des **Erlebnispark Affenwald**. Berberaffen, Schwarzweiße Varis und Bennettkangurus leben außerdem im Park, aber die Kattas sind der große Besuchermagnet. Sie sind so zutraulich, dass man mit ihnen durchaus auf Tuchfühlung gehen kann (N 51°23'41.0" E 10°44'43.3").

Man kann sich den possierlichen Tieren nicht entziehen

Nordhausen (ca. 42.000 EW) ist Thüringens nördlichste Stadt und bekannt wegen des Nordhäuser Doppelkorns und der Harzer Schmalspurbahn. Wir parken das WOMO auf dem großen August-Bebel-Platz (N 51°30'9.1" E 10°48'12.1") und haben nach 500 Metern zu Fuß den Markt erreicht. Am **Alten Rathaus**, das von 1608-1610 im Renaissancestil erbaut wurde, entdecken wir an der Südwestecke die Kopie des Wahrzeichens der Stadt – eine Figur des **Rolands** mit Schwert und rotem Mantel. Er ist das Symbol für die Reichsfreiheit von Nordhausen. Die hölzerne Originalfigur von 1717 hat ihren Platz im Foyer des **Neuen Rathauses** gefunden. Wer Näheres über Nordhausen und die verschiedenen Möglichkeiten, wie man auf den nahegelegenen Brocken gelangen kann erfahren möchte, wird am Markt in der Stadtinformation gut beraten *(Stadtinformation, 99743 Nordhausen, 03631/696797, www.nordhausen.de/; Öffnungszeiten: Mo-Fr 9-16 Uhr, Sa 10-13 Uhr).*

Nordhausen wurde im April 1945 beinahe komplett zerstört, und nur ein kleiner Teil, ein deshalb umso wertvollerer **Altstadtkern,** blieb erhalten. Er trotzte den nachfolgenden sozialistischen Plattenneubauten und erstreckt sich vom Rathaus bis zum Stadtpark.

Eine Besonderheit der Altstadt sind die zahlreichen **Treppen** und Stiegen, die die kleinen Gassen verbinden. In Nordhausen geht es gesund zu! Dort werden noch Treppen benutzt und als Belohnung entdeckt man die **Treppenkäfer**, wie zum Beispiel Moneti, Findulin oder Dramatikus. Warum gibt es den Treppenkäfer nur in Nordhausen? Ganz einfach, weil er dank der unzähligen Stufen ungestört überleben konnte. Für den **Historischen Stadtrundgang** muss man gleich zu Beginn eine der Treppen überwinden. In diesem Fall ist es die Neue Lesserstiege, auch genannt Himmelsleiter, die sich oberhalb des St.-Jacob-Hauses befindet. Der Flyer für die Wegbeschreibung ist auf der Webseite von Nordhausen zum Download hinterlegt.

Einen geeigneten Übernachtungsplatz in der Stadt zu finden, ist schwierig. Sie Fahren in nördlicher Richtung auf der B4 in Richtung Salza und erreichen rechter Hand einen großen und teilweise schrägen Parkplatz mit einer überdachten Tisch-Bank-Kombination [**052**: N 51°30'54.3" E 10°47'6.4"].

Seit mehr als 400 Jahren wird der **Brocken** von Menschen bestiegen. Sie sind fasziniert von seiner Wildheit, den schroffen Klippen, bizarr geformten Granitblöcken und gigantischen Felsen. Weltruhm erlangte der Berg durch Goethes *Faust I*. Im Dezember 1777 hatte der Dichter den Gipfel erklommen und als Folge dieses beeindruckenden Naturerlebnisses verlegte er die *Walpurgisfeier* auf den Brocken.

Die Brockenbahn erreicht den Gipfel

Auch heute noch ist der Aufstieg zum 1.142 Meter hoch gelegenen Gipfel der Höhepunkt einer Harzreise. Mit einer Jahresdurchschnittstemperatur von 2,9° Celsius herrscht dort oben ein Klima wie in Island oder Sibirien. Auf der Kuppe erwarten Sie ein **Brockenmuseum**, ein 1,6 Kilometer langer Rundweg und der **Brockengarten** mit Pflanzen aus den Hochgebirgsregionen der Welt. Wie gelangt man nun auf den höchsten Berg Norddeutschlands? Wir verlassen Thüringen und statten Sachsen-Anhalt einen Besuch ab. Die Möglichkeiten sind vielfältig. Zu Fuß, mit dem Fahrrad oder den **Harzer Schmalspurbahnen** erreicht man den höchstgelegenen Bahnhof Deutschlands. Die **Harzquerbahn** bringt uns von Nordhausen an den Bahnhof Drei Annen Hohne, wo wir anschließend in die **Brockenbahn** umsteigen.

Es geht entspannt durch tiefe, waldreiche Täler und romantische Schluchten. Nach etwa 3,5 Stunden Gesamtzeit erreicht die Dampfeisenbahn die Station auf dem Brocken (www.hsb-wr.de).

Ein geeignetes Plätzchen für das WOMO und für den bequemen Einsteig in die Harzquerbahn bietet sich im Vorort **Krimderode** (N 51°31'46.5" E 10°46'27.2"). Dazu verlassen wir Nordhausen auf der B4 in nördlicher Richtung.

Am Rande von Krimderode gibt es noch mehr zu bewundern. Eine der größten Karstquellen Thüringens (N 51°31'51.9" E 10°45'38.3") bietet vor allem im Sommer ein lauschiges und abkühlendes Plätzchen. Zwischen Pappeln und Erlen sprudelt der mysteriöse **Salzaspring**. Mysteriös deshalb, weil es nicht eindeutig belegt werden konnte, wo das Wasser eigentlich herkommt. An heißen Tagen erfreuen sich die erhitzten Beine an dem stets 10° Celsius kalten Wasser.

Im Sommer 1943 wurde in unmittelbarer Nähe eines der Außenlager des KZ Buchenwald errichtet. Das **KZ Mittelbau-Dora** steht exemplarisch für die Geschichte der Zwangsarbeit und die Untertageverlagerung der Rüstungsindustrie im Zweiten Weltkrieg. Mehr als 60.000 Menschen mussten hier von 1943-1945 Zwangsarbeit leisten, wobei fast jeder dritte sein Leben verlor (N 51°32'7.5" E 10°45'12.6"; *Gedenkstätte Mittelbau-Dora, 99743 Nordhausen, Kohnsteinweg 20, 03631/495820, www.buchenwald.de; Öffnungszeiten: Okt-Feb Di-So 10-16 Uhr, März-Sept Di-So 10-18 Uhr; Außenanlagen tägl. bis zum Eintritt der Dunkelheit frei zugänglich.)*.

Eines unserer nördlichsten Ziele ist der Luftkurort **Neustadt im Harz** (ca. 1.200 EW). Er wird auch die Perle des Südharzes genannt und ist umgeben von saftigen Wiesen und alten Mischwäldern mit einem angenehm milden Klima.
Die Infotafel auf dem großen Wanderparkplatz (N 51°33'32.8" E 10°49'59.7") im Ort informiert über das Karstphänomen. Um die einzigartige Landschaft entdecken zu können, entstand der länderübergreifende **Karstwanderweg** mit einer Länge von 230 Kilometern. Der Nordhäuser Abschnitt umfasst 53 Kilometer.

Unterhalb des Schlossberges und als Startpunkt für zahlreiche Ausflüge wählen wir den Campingplatz am schönen Waldbad.

(053) WOMO-Campingplatz: Neustadt/Harz, *Waldbad*

GPS: N 51°34'8.0" E 10°49'42.1", An der Burg 3.
Tel: 036331/479891; www.neustadt-harz-camping.de.
Öffnungszeit: Ganzjährig.
Ausstattung: VE, Strom, moderne Sanitäranlagen, Waschmaschine, Trockner, Mini-Laden, Imbiss, Grillplatz, Spielplatz, Müllentsorgung.

Beschreibung: Der CP liegt inmitten eines Landschaftsschutzgebietes am Fuße der Burgruine Hohnstein und nördlich von Neustadt. Die Kapazitäten reichen für bis zu 100 WOMO-Stellplätze und der naturnahe Platz bietet die Möglichkeit zu zahlreichen Ausflügen, wie die Nähe zum Bahnhof Niedersachswerfen (Harzer Schmalspurbahn). Zur Erfrischung bietet sich das angrenzende Waldbad an und ein kurzer Spaziergang zum Gondelteich mit Spielplatz kann anschließend zum Bootfahren genutzt werden.
Preise: Ca. 20 € für 2 Personen und WOMO.
Zufahrt: In Neustadt in nördlicher Richtung der Beschilderung folgen.

Ein Spaziergang durch den Wald führt auf einer Strecke von etwa einem Kilometer zur fast 900 Jahre alten **Burgruine Hohnstein**. Im 12. Jahrhundert erbaute Konrad von Sangerhausen die Stammburg der Grafen von Hohenstein. Im Dreißigjährigen

Burgruine Hohnstein

Krieg wurde die damals größte Burg des Harzes durch einen Brand zerstört. Heute ist die Anlage im Besitz des Landkreises Nordhausen und nach jahrelangen Sanierungsarbeiten in sehr gutem Zustand. Ein besonderes Erlebnis ist die Einkehr im *Burggasthof*. Er ist bei Wanderern und Mountainbikern sehr beliebt. Beim Schlemmen der guten Küche auf der Terrasse erfreut sich nicht nur der Gaumen sondern auch das Auge, denn die Fernsicht ist umwerfend *(Burggasthof Hohnstein, 99762 Neustadt/Harz, 036331/49049, www.burg-hohnstein.de; Öffnungszeiten: März-Okt Di-So 11-22 Uhr, Jan/Feb Do-So 12-22 Uhr, Nov/Dez Mi-So 12-22 Uhr).*

(054) WOMO-Campingplatz: Rodishain, *Wolfsmühle*

GPS: N 51°32'15.0" E 10°55'41.0", Zur Wolfsmühle 20.
Tel: 034653/348; **Öffnungszeit**: Ganzjährig.
Ausstattung: VE, Strom, Sanitäranlagen, Waschmaschine, Trockner, sehr gute Gastronomie, Spielplatz, Naturbadeteich, Hoftiere, Müllentsorgung.
Beschreibung: Der kleine und feine CP gliedert sich an das Ferienhotel Wolfsmühle an. Der Untergrund ist teilweise geschottert und es gibt schattige Plätze unter Bäumen. Das Restaurant bietet regionale Küche mit besonderem Augenmerk auf saisonale und regionale Produkte. Familie Hempel züchtet Galloway-Rinder, die auf den anliegenden Weiden beobachtet werden können.
Preise: Ca. 18-20 € für 2 Personen und WOMO.
Zufahrt: In Stempda nach links zum Hotel (ausgeschildert) abbiegen.

Gedenkstätte in der Heimkehle

Über Karst und Gips haben wir in Neustadt bereits einiges erfahren und nun begeben wir uns in die Tiefen einer derartigen Höhle – in die größte Gipsschauhöhle Deutschlands. Glasklare, unterirdische Seen und eine über 22 Meter hohe Halle, der Große Dom, erwartet uns in der **Heimkehle**. Sie wurde über die Jahrtausende von den Flüssen Thyra, Krebsbach und Krummschlacht aus dem weichen Untergrund des Sulfatkarstes gewaschen. Die touristische

Einer der unterirdischen Seen in der Gipsschauhöhle Heimkehle

Erschließung erfolgte bereits1920 und die Höhle entwickelte sich zu einem gern besuchten Ausflugsziel. Gegen Ende des zweiten Weltkrieges wurde sie für die unterirdische Rüstungsproduktion genutzt. Unter menschenunwürdigen Bedingungen mussten Häftlinge Flugzeugteile für die Junkerswerke Dessau herstellen. In dieser Zeit entstand auch das Außenlager Mittelbau-Dora. Im Kleinen Dom wird dieser dunklen Zeiten gedacht.

Die Erkundung der Höhle ist ausschließlich über eine Führung möglich. Während des kurzweiligen Rundganges bei konstanten 8°Celsius pendeln wir sogar untertage zwischen Sachsen-Anhalt und Thüringen. Der Parkplatz vor der Heimkehle eignet sich zum Übernachten (**055**: N 51°29'49.9" E 10°57'17.7"; *Gedenkstätte und Karstschauhöhle Heimkehle, 06536 Uftrungen, An der Heimkehle 1, 034653/305, www.gemeinde-suedharz.de/schauhoehle-heimkehle; Öffnungszeiten: Nov-März Fr-So/Feiertage 11-16 Uhr, Führungen 11/13/15 Uhr, Eintritt).*

Über Berga halten wir auf Kelbra zu und lassen die Ausläufer des Harzes hinter uns. Sofort haben wir den nächsten Gebirgsstock vor Augen. Aus der flachen Ebene ragt steil der Kyffhäuser empor. Seine Höhen sind geprägt vom Fernsehturm und dem ehrwürdigen Kyffhäuser-Denkmal. Die bis 476 Meter hohe Gebirgssilhouette erstreckt sich über 70 Quadratkilometer und bildet den zentralen Teil des Natur- und Nationalen **Geoparks Kyffhäuser**. Geologisch ein Pultschollengebirge, hebt es sich wie eine Insel aus den umliegenden Auenlandschaften empor. Das kleinste Mittelgebirge Deutschlands beeindruckt auf vielfältige Weise und Wanderwege verbinden kulturelle Höhepunkte mit den Landschaften. Der **Kyffhäuserweg** führt über 37 Kilometer auf drei Etappen durch das Gebirge.

(056) WOMO-Campingplatz: Kelbra, *Seecamping Kelbra*

GPS: N 51°25'33.0" E 11°00'11.0", Lange Straße 150.
Tel: 034651/45290; www.stausee-kelbra.de. **Öffnungszeit**: Ganzjährig.
Ausstattung: VE, Strom, Sanitäranlage, Waschmaschine, Trockner, Mini-Laden, Imbiss, Grillplatz, Spielplatz, Strandbad mit Textil- und FKK-Bereich, Boot- und Surfbrettverleih, Müllentsorgung.

Beschreibung: Der große CP liegt an der Talsperre Kelbra und hat etwa 300 Stellplätze. Der Untergrund ist relativ eben und es stehen Plätze auf der Wiese direkt am Seeufer zur Verfügung. Das Strandbad mit Wasserrutsche kann als Übernachtungsgast kostenlos besucht werden. Tagesgäste zahlen Eintritt. Vor dem CP stehen einfache Stellplätze für 15 Euro pro Nacht zur Verfügung, wobei die sanitären Anlagen mitbenutzt werden können.
Preise: Ca. 20-25 € für 2 Personen und WOMO.
Zufahrt: In Kelbra auf die L1040 in Richtung Sondershausen abbiegen.

Der riesige Stausee von **Kelbra** (ca. 3.000 EW) wurde 1964 für den Hochwasserschutz angelegt und entwickelte sich seitdem zu einem touristischen Anziehungspunkt. Wassersportler und Badenixen kommen hier auf ihre Kosten.

Durch dichten Laubwald windet sich die Teerstraße in unaufhörlichen Kehren den Berg hinauf und wir halten geradewegs auf den Kyffhäuser zu. Einen einsamen Parkplatz erreicht man unterhalb des Fernsehturmes Kulpenberg [**057**: N 51°24'48.1" E 11°04'33.2"], von wo ein kurzer Weg zum Turm sowie einem kleinen Café führt.

Unser Ziel ist das größte Denkmal Thüringens – das **Kyffhäuser-Denkmal** (N 51°24'50.9" E 11°06'3.0"). Ein Shuttlebus fährt Sie vom Burghofplatz den steilen Fußweg hinauf zum Eingang der Anlage.

Kaiser-Wilhelm-Denkmal

Die strategisch günstige Lage des Burgberges war ausschlaggebend für die frühe Besiedlung. Im 12. Jahrhundert entstand die dreigeteilte **Reichsburg Kyffhausen** und unter Friedrich I. Barbarossa wurde der Bau vollendet. Nach seinem Tod verfiel sie, aber die Dreiteilung in Ober-, Mittel- und Unterburg ist noch immer erkennbar. Im Zentrum steht der 30 Meter hohe Bergfried, der **Barbarossaturm**. Heute ist er mit einer Höhe von 17 Metern, neben dem **Kaiser-Wilhelm-Denkmal**, weithin sichtbar. Gegenüber dem ehemaligen Haupteingang, dem **Erfurter Tor**, befindet sich der **Burgbrunnen**. Er ist mit einer Tiefe von 176 Metern der tiefste Burgbrunnen der Welt. Im **Burgmuseum** erfahren wir viel über Barbarossa und die gleichnamige Sage (*Kyffhäuser-Denkmal, 99707 Steinthaleben, 034651/2780, www.kyffhaeuser-denkmal.de; Öffnungszeiten: Nov-März Mo-So 10-17 Uhr, April-Okt Mo-So 9:30-18 Uhr; Eintritt*)

Stausee Kelbra in der Abendsonne

Im wundervollen Reich der Anhydrithöhle

Der Sage nach ist der Stauferkaiser Friedrich I. nicht gestorben, sondern in einem unterirdischen Schloss im Kyffhäuser verzaubert. Dort sitzt er an einem Tisch aus Marmorstein, durch den im Laufe der Jahrhunderte sein roter Bart gewachsen sein soll. Erst wenn keine Raben mehr um den Kyffhäuser fliegen, wird Barbarossa aus der Höhle aufsteigen und der Welt für immer Frieden und Eintracht bringen. Sein roter Bart brachte ihm den Namen Rotbart (ital. Barbarossa) ein und 2022 feiert die Region das ganze Jahr seinen 900. Geburtstag.

Der Mythos zieht uns magisch an, zumal die **Barbarossahöhle** eines der außergewöhnlichsten Naturdenkmäler Europas ist. Sie wurde 1865 zufällig von Bergleuten bei der Suche nach Kupferschiefer entdeckt und in Windeseile für Besucher freigegeben.

Die Anhydrithöhle ist ein unterirdisches Reich voller Wunder. Rund 800 Meter beträgt die geführte Wanderung durch Barbarossas Reich, vorbei an kristallklaren, blauschimmernden Seen und skurril gebogenen Gipslappen, die von den Decken und Wänden hängen. Anhydrit wandelt sich durch die Aufnahme des Wassers aus der Höhlenluft in Gips um und sorgt für dieses Schauspiel. In den zahlreichen Seen spiegeln sich die vielen Formen auf beeindruckende Weise. Das neue **Geoinformationszentrum**, ein **Erlebnisspielplatz** sowie

eine **Gaststätte** mit thüringer Leckereien runden die einmalige Höhle ab (**058**: N 51°22'28.2" E 11°02'6.5"*; Barbarossahöhle, 99707 Rottleben, Mühlen 6, 034671/5450, www.barbarossahoehle.de; Öffnungszeiten: Nov-März Di-So 10-16 Uhr, April-Okt Di-So 10-17 Uhr,* Führungen *jede volle Stunde; Eintritt).*

In Thüringen existiert ein Turm, der schiefer ist als der Schiefe Turm von Pisa. Das Wahrzeichen von **Bad Frankenhausen** (ca. 9.000 EW) ist ein beliebtes Fotomotiv. Um 1900 wurde nach einem Erdfall die Schieflage deutlich sichtbar und die ersten Rettungsversuche begannen. Über die Jahre wurden Stützpfeiler und Ringanker angebracht. Schuld ist der gips- und salzhaltige Untergrund. Die Elisabeth-Quelle fließt direkt unter dem Kirchturm entlang und sorgt für die Bewegungen.

Schiefer geht es kaum

In Bad Frankenhausen geht es demnach nicht nur schief sondern auch salzig zu. Am Fuße des Hausmannsberg entspringen die ortseigenen Sole-Quellen, wie die Kyffhäuser- und die Elisabeth-Quelle. Seit Jahrhunderten ist der Ort mit der Salzgewinnung eng verbunden und brachte stets Ruhm und Wohlstand. Die Becken der des **Solewasser-Vitalparks** und der **Kyffhäuser-Therme** werden mit dem salzigen Wasser gespeist.

(059) Offizieller WOMO-Stellplatz: Bad Frankenhausen

GPS: N 51°21'20.5" E 11°06'11.9", August-Bebel-Platz, Tel.: 034671/5123, www.kyffhaeuser-therme.de. **Max. WOMOs**: 15.
Öffnungszeiten: Ganzjährig.
Ausstattung: VE, Strom und Wasser, WC+Duschen in der Therme zu den Öffnungszeiten gg. Gebühr nutzbar.
Beschreibung: Die Übernachtungsmöglichkeiten stehen direkt an den Kyffhäuser-Thermen zur Verfügung. Auf den Rasengittersteinen stehen Sie relativ eben, kein Schatten. Gezahlt wird an der Kasse der Therme. Die Innenstadt, der Kurpark und der Schiefe Turm sind auf kurzen Wegen zu erreichen. Anbindung an öffentliche Verkehrsmittel.
Preise: Ca. 15-17 € für 2 Personen und WOMO.
Zufahrt: Von der B85 kommend ist die Therme gut ausgeschildert.

Das schöne Sole-Städtchen steht nicht nur für Erholung sondern auch für sportliche Aktivitäten. Zahlreiche Rundwege von

Panorama Museum in Bad Frankenhausen

mittlerer Länge führen zu schönen Aussichten, beeindruckenden Landschaften oder Sehenswürdigekeiten. Der **Rundweg Hornungshöhe** mit seinen sechs Kilometern Länge führt uns zu einem Kunstwerk der Superlative. Die Stadt war vor 500 Jahren Ort eines blutigen Kampfes. Hier fand eine der letzten großen Schlachten des Deutschen Bauernkrieges statt.

1976 übernahm Werner Tübke, ein Altmeister der Leipziger Schule, einen Auftrag der DDR-Regierung, ein Panoramabild zu schaffen, das dem Deutschen Bauernkrieg im 16. Jahrhundert gewidmet sein sollte. Kurz vor der Wiedervereinigung 1989 öffnete das **Panorama Museum** seine Türen. Den Augen bot sich Unfassbares. Ein überwältigendes Monumentalgemälde war entstanden. Tübkes *Zauberberg der Geschichte* verkörpert den Gipfel seines Lebenswerkes. In dem zylindrischen Bauwerk finden Sie ein 14 Meter hohes und 123 Meter im Umfang gewaltiges Panoramabild vor, dass nicht nur durch seine Ausmaße so besonders ist. Mit über 3.000 Einzelfiguren zählt es zu den figurenreichsten Gemälden der neuen Kunstgeschichte. Sie betreten eine Welt, die Sie vollkommen mit Malerei umschließt – eine **Sixtina des Nordens**, die zum Staunen und Entdecken, Verweilen und Nachdenken einlädt (*Panorama Museum, 06567 Bad Frankenhausen, 034671/6190, www.panorama-museum.de; Öffnungszeiten: Di-So 10-17 Uhr, Feiertage 10-17 Uhr, Juli/August ebenso Mo 13-17 Uhr; Eintritt)*

Ein großer Parkplatz ermöglicht ebenso die Anfahrt mit dem WOMO (N 51°21'59.0" E 11°06'36.0").

Die Musik- und Bergbaustadt **Sondershausen** (ca. 20.000 EW) lockt im Sommer mit den *Thüringer Schlossfestspielen*, welche sich als das beliebteste Open-Air-Festival im

Dreiländereck Thüringen, Niedersachsen und Sachsen-Anhalt etabliert haben. Von Juni bis Juli bezaubert die Sondershäuser Schlosskulisse mit klassischer Oper, modernen Musicals und Familienoper.

Das **Schloss** wurde im 17. Und 18. Jahrhundert zur prunkvollen Residenz der Grafen von Schwarzburg-Sondershausen ausgebaut und ist heute die wichtigste Sehenswürdigkeit der Stadt. Es ist innen reich ausgestaltet und im **Schlossmuseum** wird die Geschichte wahrhaft lebendig. Schöne Spazierwege führen durch den weitläufigen Park, in dem sich weitere zum Schloss gehörige Baulichkeiten befinden, wie der Marstall oder das Wagenhaus (*Schloss/Schlossmuseum, 06567 Sondershausen, 034632/626420, www.schlossmuseum-sondershausen.de; Öffnungszeiten: Di-So 10-17 Uhr; Eintritt*).

(060) Offizieller WOMO-Stellplatz: Sondershausen

GPS: N 51°22'41.8" E 10°51'44.4", Hospitalstraße. **Max. WOMOs**: 5.

Öffnungszeiten: Ganzjährig.

Ausstattung: VE, Strom und Wasser gg. Gebühr.

Beschreibung: Ein einfacher Parkplatz im Norden der Stadt, gegenüber eines Supermarktes. Der Untergrund ist fest und überwiegend eben, teilweise Schatten. Schloss und Park sind schnell erreicht.

Preise: Kostenfrei.

Zufahrt: Von der L1040 kommend in die Hospitalstraße einbiegen.

Ein beliebtes Wander- und Ausflugsziel ist der Possen außerhalb der Stadt. Auf dem Weg dorthin passieren wir das **Naturbad Bebraer Teiche** (N 51°21'21.0" E 10°49'58.9").

Naturbad Bebraer Teiche

Auf dem Possen tobt man sich aus

Der Possen ist ein über 100 Jahre alter Fachwerkturm, von dem man bei guter Sicht bis zum Brocken schauen kann. Auf dem Plateau südlich von Sondershausen dient das ehemalige Jagdschloss heute als Ausflugslokal. Im **Freizeit- und Erholungspark Zum Possen** gibt es Tiergehege mit verschiedenen heimischen Wildtieren, Bären und vielfältige Spielgeräte (Hochseilgarten, Kletterwald, Hüpfburgen, Indooraktivitäten möglich) zum Austoben [**061**: N 51°20'17.1" E 10°51'42.0", keine Ausstattung, 15 € für 2 Personen mit WOMO].

Wir fahren auf der B4 auf Greußen zu. Etwa einen Kilometer hinter Wasserthalleben überqueren wir eine Bahnlinie. Unmittelbar dahinter führt in einem spitzen Winkel ein Schotterweg hinab zu Wiesen und Feldern. Dort parken wir das WOMO [**062**: N 51°14'58.3" E 10°54'24.6"] und gehen ein paar Schritte bis zum bewaldeten Ufer der Helbe und bestaunen das restaurierte, **mittelalterliche Helbe-System** aus dem 13.-14. Jahrhundert. Es staute einst den eigentlichen Flusslauf durch wohlbedachte Schleusenanlagen, sodass künstliche Kanäle gefüllt und eine ganze Reihe von Mühlen und Hammerwerken betrieben werden konnten. Eine Tafel informiert über das Helbe-System und das Helbewehr Westgreußen.

Schleusenanlage

Germanische Wehranlage der Funkenburg

Westlich von Greußen wurde von 1974 bis 1980 eine ehemalige germanische Wehrsiedlung freigelegt. Im Rahmen einer originalnahen Rekonstruktion anschließend Wohn-, Arbeits- und Speicherbauten sowie Befestigungsanlagen errichtet und eine eisenzeitliche Alltagskultur nachempfunden. Im **Freilichtmuseum Funkenburg** Westgreußen geht man auf Zeitreise zu den wehrhaften Germanen (**063**: N 51°14'17.7" E 10°54'53.4"; *Funkenburg, 99718 Westgreußen, Rohnstedter Straße, www.funkenburg-westgreußen.de; Öffnungszeiten: Ostern-Okt Mi-Fr 10-17 Uhr, Sa/So 12-17 Uhr; Eintritt)*

Einer der Helbe-Kanäle begleitet unsere Straße bis nach **Clingen** (ca. 1.000 EW), denn dort machen wir uns auf die Suche nach der Kleinen Wartburg. Hinter dem verheißungsvollen Namen verbirgt sich ein kleiner Tierpark mit Freigehege, Spielplatz und Imbiss. Der Clingener Gesangsverein hatte 1934 die Idee, alljährlich einen Sängerkrieg zu veranstalten. Damit dies stilecht zugeht, schuf man eine Mini-Wartburg, die den Eingang zum Gelände ziert [**064**: N 51°13'49.0" E 10°55'53.1"].

Durch das landwirtschaftlich geprägte Thüringer Becken gelangen wir in das Mittelalterstädtchen **Weißensee** (ca. 3.400 EW), dessen alter Stadtkern von der **Runneburg** überragt wird. Die Wehranlage wurde um 1170 von der Landgräfin Jutta erbaut und gehört zu den bedeutendsten Zeugnissen romanischer Baukunst in Deutschland. In kaum einer Anlage blieb so viel originale Bausubstanz des Hochmittelalters erhalten wie hier. Auf der Burg befindet sich eine kleine Ausstellung, die von April bis Oktober ausschließlich über Führungen (Sa/So 11-16 Uhr stündlich) zu besichtigen ist. Das Gelände ist frei zugänglich.

(065) WOMO-Campingplatz: *Weißensee*

GPS: N 51°12'21.9" E 11°04'01.8", Zur Wolfsmühle 20, 99631 Weißensee.
Tel: 036374/36936; www.campingplatz-weissensee.de.
Öffnungszeit: April-Oktober.
Ausstattung: VE, Strom, Sanitäranlagen, Waschmaschine, Trockner, Gaststätte, Kiosk, Spielplatz, Beachvolleyballfeld, Müllentsorgung.
Beschreibung: Der CP liegt idyllisch am nördlichen Ortsrand von Weißensee in naturnaher Umgebung. Es stehen 10 WOMO-Plätze zur Verfügung. Der Untergrund ist teilweise uneben und auf Wiesengelände. Es gibt schattige Plätze unter Bäumen. In unmittelbarer Nähe befindet sich das Freibad und der Chinesische Garten.
Preise: Ca. 17-20 € für 2 Personen und WOMO.
Zufahrt: Auf der B86 in Richtung Bad Frankenhausen rechts.

Fernöstliches Flair im Chinesischen Garten in Weißensee

Gartenliebhaber finden in Weißensee eine exotische Perle. Der **Chinesische Garten** ist die größte Einzelanlage seiner Art in Deutschland und zwischen Zypressen, Bambus und Mammutbaum, Pagoden, Pavillons und Wasserflächen schlendern wir in fernöstlichem Flair. Ein Zickzackweg, der böse Geister verwirren soll, führt über einen Steg auf den Seepavillon. Der Garten des Glücks versetzt uns in eine andere Welt (N 51°12'09.9" E 11°03'49.1"). Von Weißensee nach Straußfurt fahren wir weiter durch das Thüringer Becken. Kein Wäldchen, kein Baum weit und breit, nur ausgedehnte, schwarze Böden, auf denen sich die Ackerfurchen bis zum Horizont ziehen.

Die Kurstadt **Bad Tennstedt** (ca. 2.500 EW) hat sein *Bad* der Entdeckung einer Schwefelquelle im Jahre 1811 zu verdanken. Hier sollte man einen Bummel durch die noch vollständig von einem mittelalterlichen Mauerring umgebene Altstadt machen, schließlich war bereits 1816 Goethe einer der ersten Kurgäste. Wie wir wissen, war er ein Genießer. Das uralte Stadttor, das **Osthöfer Tor**, aus dem Jahr 1448 ist das Wahrzeichen der Stadt. Es trägt auf einem quadratischen Sockel einen achteckigen Turm aus dem Jahre 1579.

Die Stadt stellt einen kostenfreien Stellplatz für fünf Wohnmobile zur Verfügung. Zu finden ist er am nördlichen Ortsrand neben einem Sportgelände [**066**: N 51°09'36.5" E 10°50'22.8"].

Unser nächstes Ziel ist das wunderschöne Rosenstädtchen **Bad Langensalza** (ca. 13.500 EW). Ein echter Geheimtipp! Vom milden, trockenen Klima des fruchtbaren Thüringer

Beckens profitierend, gedeihen hier sogar Kakteen und Yuccas aus warmen Gefilden. Den historischen Stadtkern umringt ein grüner Gürtel und verbindet die Stadtmauer mit ihren Türmen. Die Altstadt ist durchzogen von Wasserläufen und begeistert mit elf Parks und Themengärten. Durch die Marktstraße führten einst alte Handelswege und Baudenkmäler aus Mittelalter und Barock prägen das historische Zentrum. Beim Stadtbummel erfreut man sich nicht nur am harmonischen Miteinander von Kultur und Natur, auch der Gaumen lässt sich in den Cafés und Restaurants verwöhnen.

Die schönen Wasserläufe in der Altstadt

Die Kirschbäume blühen im Japanischen Garten in Bad Langensalza

Wenn im Frühjahr die Kirschbäume blühen, wird im **Japanischen Garten** das Kirschblütenfest gefeiert. Im Juni begeht die Stadt zu Ehren der Schwefelquellen das Brunnenfest und im August verwandelt sich Bad Langensalza in einen großen mittelalterlichen Markt mit allerlei Gauklern, Musikanten und Händlern.

Gartenliebhaber kommen in den zahlreichen Themengärten ins Schwärmen. Wir beginnen die Erkundungstour an der

Tourist-Information *(Tourist-Information, 99947 Bad Langensalza, Bei der Marktkirche 15, 03603/834424; Öffnungszeiten: Nov-März Mo-Fr 9-17 Uhr, Sa 10-16 Uhr, April-Okt. Mo-Fr 9-18 Uhr, Sa/So 10-16 Uhr, Feiertag 13-16 Uhr).*

Hier erhalten wir einen Stadtplan mit der Kennzeichnung des 1,5 Kilometer langen Rundgangs durch die historische Altstadt. Vorbei an der **Marktkirche St. Bonifaci** schlendern wir durch die Marktstraße in Richtung **Rathaus**, das aus heimischem Travertin im 18. Jahrhundert erbaut wurde. Weiter geht es zum **Stadtmuseum** im Augustinerkloster, zum **Dreitürmeblick** (traumhafter Blick auf die Türme des Klosters, Rathauses und Marktkirche) mit Arboretum und **Gottesackerkirche St. Trinitatis**. Entlang der historischen Stadtmauer erreichen wir das **Apothekenmuseum** und die **Bergkirche St. Stephani**, das älteste Gotteshaus der Stadt. Am einzigen erhaltenen Stadttor, dem **Klagetor**, machen wir einen Abstecher über die Kurpromenade zu den Gärten, die wir schon sehnlichst erwarten. Wir treten ein in den *Garten der Liebe* – der mit etwa 450 Rosenarten im Sommer faszinierend blühende und duftende **Rosengarten**. Es schließt sich der **Japanische Garten** an. Ein besonderer Blickfang sind die beiden miteinander verbundenen Pavillons und die Teichlandschaft mit den farbenprächtigen Kois. Die Verbindung zwischen dem Japanischen und dem **Botanischen Garten** bildet der von März bis Ende Juli in voller Pracht stehende **Magnoliengarten**. Einheimische und gleichzeitig exotische Pflanzen stehen im Mittelpunkt des **Botanischen Garten**. Die Gärten sind kostenpflichtig und es werden sowohl Einzeltickets als auch Kombitickets angeboten.

Den Abschluss macht das **Friederikenschlösschen** mit seinem Park, die barocke Sommerresidenz der Herzogin Friederike von Sachsen-Weißenfels. Für den Besuch der Stadt eignet sich der P3 neben dem Rosengarten (N 51°06'36.0" E 10°39'9.4").

Walter Berger ist der Begründer der Rosenzüchtung in Bad Langensalza

Das Herzstück der über 200jährigen Kurtradition bildet die Friederiken Therme, in der Sie sich nach dem ausgiebigen Stadtbummel von dem warmen Solewasser verwöhnen lassen können.

(067) Offizieller WOMO-Stellplatz: Bad Langensalza, Friederiken Therme

GPS: N 51°06'59.3" E 10°38'42.0", Breitscheidstraße 5, Tel.: 03603/397610.
Max. WOMOs: 16. **Öffnungszeiten**: Ganzjährig.
Ausstattung: VE; Strom und Wasser gg. Gebühr; WC+Duschen in der Therme zu den Öffnungszeiten gg. Gebühr nutzbar.
Beschreibung: Die Übernachtungsmöglichkeiten stehen direkt an den Thermen nördlich der Altstadt zur Verfügung. Auf den Rasengittersteinen stehen Sie relativ eben, wenig Schatten. Gezahlt wird an der Kasse der Therme. Die Innenstadt und die Themengärten sind auf kurzen Wegen zu erreichen.
Preise: Ca. 15-17 € für 2 Personen und WOMO.
Zufahrt: Von der B84 kommend ist die Therme gut ausgeschildert.

Für die Kleinen entstand 2011 in einer unsanierten Scheune und dem angrenzenden Freigelände die **Kindererlebniswelt Rumpelburg**. In dem abenteuerlichen Haus trifft man auf das Rumpelgespenst, die Wasserelfe und den Rosentroll. Die kleinen Entdecker können zum Beispiel Kletternetze bezwingen und rasante Rutschpartien unternehmen. Die naturbelassenen und urigen Spielgeräte sind aus unbehandelten Eichen- und Robinienhölzern hergestellt. Die Rumpelburg ist von Dienstag bis Freitag von 14-18 Uhr, am Samstag von 10-18 Uhr und am Sonntag von 10-17 Uhr geöffnet (www.kindererlebniswelt-rumpelburg.de)

Bad Langensalza liegt unmittelbar am **Nationalpark Hainich** und nachdem wir bereits den Urwald im Westen und Norden erkundet haben, schließen wir diese Tour mit den südlichen Highlights des Hainich ab.

Der Besuchermagnet schlechthin ist der **Baumkronenpfad**. Nun steigen wir wagemutig dem Hainich aufs Dach! Auf dem 530 Meter langen, barrierefreien Pfad gibt es viel zu entdecken und auch zu erklettern. Auf lauschigen Sitzbänken lässt sich die frische Luft schnuppern und von der 44 Meter hohen

Besucherplattform auf dem Baumkronenpfad mit spektakulärer Aussicht

Besucherplattform hat man eine beeindruckende Aussicht über den gesamten Hainich. Im **Nationalparkzentrum** klettern wir in die Wurzelhöhle und erfahren viel über die Lebenswelt im Boden (N 51°04'50.6" E 10°31'4.4").

In Craula machen wir einen kulinarisch urigen Abstecher an den Rand des Nationalparks. An der **Hainichbaude** beginnen nicht nur zahlreiche Wanderwege, sondern Sie sollten hier unbedingt einkehren. In gemütlichster Atmosphäre genießt man deftige Hüttenkost, frische Getränke und leckeren thüringer Kuchen. Hier kann man rasten, schlemmen und entspannt verweilen (N 51°04'05.4" E 10°27'47.9").

Der Wald ist groß und wild und es tummeln sich Mäuse und Vögel, das Dickicht verspricht Schutz nach der Jagd und die Baumhöhlen bieten Verstecke für die Aufzucht der Jungen. Der Hainich ist ein Bilderbuchlebensraum für die **Wildkatze**. Es ist noch nicht lange her, da lebte sie fast überall in Europa. Doch der Lebensraum hat sich deutlich verkleinert. Aktuell leben im Hainich etwa 40 Tiere, in Gesamtthüringen circa 600. Die *Felis silvestris silvestris* ist selten, scheu, niemals zahm und vor allem nachtaktiv. Selbst die Ranger im Nationalpark bekommen sie nur selten zu sehen. Aber wir schon! Deshalb machen wir uns auf nach Hütscheroda, um das Symboltier des Hainich zumindest im **Wildkatzendorf** kennenlernen zu können.

Am besten besucht man das Schaugehege zu Fütterungszeiten (11/13/15 Uhr), dann erhält man gleichzeitig eine Führung und erfährt wichtige Details über die scheuen Katzen. Auch der Luchs schleicht wieder durch den Hainich. Lassen Sie sich im Wildkatzendorf überraschen.

Mit dem WOMO parkt man am besten auf dem Wanderparkplatz vor Hütscheroda und spaziert gemütlich zur **Besucherinformation** mit der **Wildkatzenscheune** (N 51°01'22.8" E 10°28'23.9").

TOUR 4

Tour 4: Wartburg, Rennsteig, Werratal 170 km

Eisenach – Ruhla – Bad Liebenstein – Bad Salzungen Breitungen – Schmalkalden – Trusetal – Großer Inselsberg – Tabarz – Friedrichroda

Stellplätze: Eisenach, Hohe Sonne Eisenach, Waldbad Ruhla, Freibad Thal, Glasbachwiese, Ruhlaer Skihütte, Schweina, Bad Salzungen, Wanderparkplatz Breitunger Seen, Jagdhaus Seeblick, Schmalkalden, Bergschwimmbad Struth-Helmershof, Schneidmühlengrund, Brotterode, Tabarz

Campingplätze: Campingpark Eisenach am Altenberger See, Campingplatz Badesee Immelborn, Camping Strandbad Breitungen, Ferienpark Ebertswiese

Besichtigen: Eisenach, Wartburg, Schlosspark Altenstein Bad Liebenstein, Schloss Wilhelmsburg Schmalkalden, Schaubergwerk Asbach, Technisches Museum Schmalkalden

Essen: *Berghotel Eisenach*, *Ruhlaer Skihütte*, *Villa Georg* Bad Liebenstein, *Haunsche Hof* und *Kartoffelkäfer* Bad Salzungen, *Jagdhaus Seeblick*, *Anno 1700* Bad Tabarz

Wandern: Drachen- und Landgrafenschlucht, Alexanderturm Ruhla, Gerberstein, Felsentheater/Burgruine Bad Liebenstein, Landschaftspark Altenstein, Bergsee Ebertswiese, Mommelstein Brotterode, Großer Inselsberg, Lauchagrund

Endlich machen wir uns auf nach **Eisenach** (ca. 40.000 EW) und auf die Suche nach Übernachtungsmöglichkeiten, denn in der Wartburgstadt sollte man sich Zeit lassen. „Die Gegend ist überherrrlich" erkannte bereits Goethe und meinte damit vor allem die Landschaft um Eisenach. Wie recht er doch hatte! *(Touristinformation, 99817 Eisenach, Markt 24, 03691/79230, www.eisenach.info/de/service/ueber-uns.de; Öffnungszeiten: Mo-Fr 9-17 Uhr, Sa/So/Feiertag 10-17 Uhr).*

Der Blick auf die Wartburg und Eisenach mit seiner waldreichen Umgebung

In Hörschel beginnt der Rennsteig über die Höhen des Thüringer Waldes und auch seine Ausläufer sorgen dafür, dass die Stadt von bewaldeten Hügeln eingerahmt wird. Wald wohin das Auge reicht.

(068) Offizieller WOMO-Stellplatz: Eisenach, Zentrum

GPS: N 50°58'44.4" E 10°19'26.5", Karl-Marx-Straße 40. **Max. WOMOs**: 10.
Öffnungszeiten: Ganzjährig.
Ausstattung: VE, Strom gg. Gebühr, Mülleimer, Tisch-Bank-Kombination.
Beschreibung: Es ist ein überwiegend ebener und teilweise schattiger Platz. Durch die zentrale Lage ist die Innenstadt schnell zu erreichen. Gegenüber befindet sich ein Einkaufsmarkt.
Preise: 12 € für 2 Personen und WOMO.
Zufahrt: Von der B84 kommend in die Straße Rennbahn einbiegen und anschließend rechts durch eine Unterführung in die Karl-Marx-Straße.

Als sei das nicht schon genug Natur, grenzt Eisenach an einen der 16 Nationalparks Deutschlands: den Hainich mit seinen riesigen Buchenbeständen. Aber auch im Stadtgebiet selbst finden sich beeindruckende Parks und Gärten, wie zum Beispiel der **Karthausgarten** oder der **Stadtpark**.

Die Eisenacher Museumslandschaft ist einen Besuch wert. Sie ist schließlich die Geburtsstadt von **Johann Sebastian Bach**. Er gilt als der größte Komponist, der je gelebt hat, und als Erinnerung an ihn wurde 1907 das **Bachhaus** eröffnet. Es zeigt Musikinstrumente und Dokumente, aber man kann seine Musik auch über interaktive Technik erleben und wird sogar über eine Raumillusion in verschiedene Bach-Aufführungen versetzt. Eine Besonderheit ist zudem ein stündlich stattfindendes Live-Konzert auf historischen Instrumenten. Nach dem Rundgang lässt man den Besuch im museumseigenen Café Kantate ausklingen oder verweilt noch eine Zeit lang im Bachhaus-Garten *(Bachhaus, 99817 Eisenach, Frauenplan 21, 03691/79340, www.bachhaus-eisenach.de; Öffnungszeiten: täglich 10-18 Uhr, Eintritt)*.

Eines der ältesten und vielleicht auch schönsten Fachwerkhäuser Thüringens lädt Sie ein, **Martin Luther** kennenzulernen. Er soll von 1498 bis 1501 als Lateinschüler in diesem Haus gewohnt haben und nun findet man dort ein Museum mit mehrfach preisgekrönter Ausstellung und vor allem mit besonderem historischen Flair. Bereits seit 1956 existiert das **Lutherhaus**, wurde aber in Hinsicht auf das Reformationsjubiläum 2017 über mehrere Jahre umfangreich saniert *(Lutherhaus, 99817 Eisenach, Lutherplatz 8, 03691/29830, www.lutherhaus-eisenach.de; Öffnungszeiten: April-Okt* täglich *10-17 Uhr, Nov-März Di-So 10-17 Uhr, Eintritt)*.

Eisenach ist auch die Stadt des Automobilbaus, seit mehr als 120 Jahren werden hier bereits Autos gebaut. An der Stelle, an der einst der legendäre Wartburg vom Band rollte, wird heute die Geschichte des Automobilbaus präsentiert. Der letzte 1991 im Werk hergestellte Wartburg landete unmittelbar im **Museum Automobile Welt Eisenach**, wo eine beeindruckende Ausstellung auf Sie wartet, vom historischen Fahrzeug bis hin zu aufregenden Konstruktionsplänen *(Automobile Welt, 99817 Eisenach, Friedrich-Naumann-Str. 10, 03691/77212; Öffnungszeiten: Di-So 11-17 Uhr; Eintritt)*.

Eingang zu Automobile Welt

(069) Offizieller WOMO-Stellplatz: Eisenach, AWE

GPS: N 50°58'52.1" E 10°19'26.4", Heinrich-Ehrhardt-Platz.
Max. WOMOs: 5.
Öffnungszeiten: Ganzjährig.
Ausstattung: Keine.
Beschreibung: Ein großer Parkplatz, teilweise unebener Boden.
Preise: 12 € für 2 Personen und WOMO.
Zufahrt: Von der Rennbahn aus links in die Friedrich-Naumann-Straße einbiegen.

Wir begeben uns an den Stadtrand von Eisenach, fahren den Berg hinauf und parken unterhalb des Burschenschaftsdenkmals. Auf dem Weg durchqueren wir das **Villenviertel der Südstadt**. Eisenach wurde in der zweiten Hälfte des 19. Jahrhunderts vor allem für Pensionäre, Fabrikanten, Beamte und Militärs außer Dienst zu einem Anziehungspunkt. Die Gründe waren vielfältig, so lag und liegt Eisenach im Zentrum Deutschlands, die Automobilindustrie hatte sich bereits entwickelt, es gab eine Eisenbahnanbindung und vor allem die beeindruckende Landschaft tat ihr übriges. Entstanden ist in dieser Zeit eines der größten Villenviertel Deutschlands.

Burschenschaftsdenkmal

Die herrliche Aussicht vom Burschenschaftsdenkmal auf Eisenach

Auf der Anhöhe und über den Dächern des Villenviertels empfängt uns das **Burschenschaftsdenkmal**. Das 33 Meter hohe Bauwerk wurde denen gewidmet, die im 19. Jahrhundert unter Einsatz ihres Lebens für die Einheit und Freiheit Deutschlands eintraten. 1902 wurde es eingeweiht und erinnert an das Wartburgfest der Burschenschaften 1817. Es besteht aus einer Kombination von griechischen Grabbauten und germanischen Elementen. Im Inneren lässt uns ein goldverziertes Deckengemälde erstaunen, Fensterglaskunst und eine reiche Ausstattung an Steinplastiken. In zwei aufeinander folgenden Diktaturen wurde das Denkmal allerdings dem Verfall überlassen, stellenweise sogar zerstört. Nach der Wende gelangte es in das Eigentum der Deutschen Burschenschaft zurück und wurde nach jahrelangen Instandsetzungsmaßnahmen 2007 neu eingeweiht. Zudem befinden wir uns oberhalb von Eisenach und den Blick auf die Wartburg, den Thüringer Wald und die Hörselberge bekommen wir zusätzlich geboten.

(070) WOMO-Stellplatz: Eisenach, Berghotel

GPS: N 50°57'59.9" E 10°20'0", An der Göppelskuppe. **Max. WOMOs**: 2.

Ausstattung: Keine.
Beschreibung: Ein kleiner geschotterter Parkplatz. Wanderwegnetz z.B. nach Eisenach oder auf die Wartburg vorhanden. Restaurant des Berghotels.
Preise: Kostenfrei.
Zufahrt: Auf der B19 in Richtung Wartburg links in die Johann-Sebastian-Bach-Straße abbiegen und nach steilem kurvenreichen Anstieg erreicht man den Parkplatz unterhalb des Burschenschaftdenkmals.

Einige Zeit nach der Fertigstellung des Denkmals wurde der Wunsch nach einer öffentlichen Gaststätte laut und 1923 konnte sie eröffnet werden. Heute befindet sich dort das Berghotel am Burschenschaftsdenkmal, ein komfortables Hotel mit ausgezeichneter Küche *(Berghotel, 99817 Eisenach, An der Göpelskuppe 1, 03691/22660, www.berghotel-eisenach.de; Öffnungszeiten: täglich ab 11:30 Uhr).*

Das Wahrzeichen der Stadt ist die **Wartburg**, die seit fast einem Jahrtausend hoch oben in felsiger Höhe thront. Betritt man die Burganlage, so öffnet sich ein 900 Jahre altes Geschichtsbuch und verleiht der Burg ihre besondere Faszination und Anziehungskraft. Über die höfische Kunst des Mittelalters, das Leben und Wirken der heiligen Elisabeth, Martin Luthers Übersetzung des Neuen Testaments, das Fest der deutschen Burschenschaften und Richard Wagners Oper Tannhäuser erzählt die Burg und ein Besuch ist ein unabdingbares Muss und Erlebnis. Nicht umsonst ist sie UNESCO Welterbe *(Wartburg, 99817 Eisenach, Auf der Wartburg 1, 03691/2500; Öffnungszeiten: Winter – Führungen und Zutritt zu den Räumen tägl. 9-15:30 Uhr, Außengelände der Burg schließt um 17 Uhr; Sommer, d.h. ab Ostern – Führungen und Zutritt zu den Räumen tägl. 8:30-17 Uhr, Außengelände der Burg schließt um 20 Uhr).*

Eine Parkmöglichkeit bietet der Platz direkt unterhalb der Burg, der durch eine Schranke erreicht wird (N 50°58'02.4" E 10°18'02.8"). Von dort gelangt man über einen 500 Meter langen Weg bergauf zur Burg. Ein kostenpflichtiger Shuttle-Bus steht zur Verfügung.

Die Wartburg

Auf der B19 in südlicher Richtung erreicht man einen weiteren offiziellen Wohnmobilstellplatz, der sich als Startpunkt für Wanderungen eignet.

(071) Offizieller WOMO-Stellplatz: Eisenach, P2

GPS: N 50°57'45.0" E 10°18'55.5", Mariental. **Max. WOMOs**:5.
Öffnungszeiten: Ganzjährig.
Ausstattung: Keine.
Beschreibung: Ein großer Parkplatz, geschotterter Untergrund, teilweise schattig. Es sind viele Wandermöglichkeiten vorhanden (Wartburg, Sängerwiese, Drachenschlucht, Landgrafenschlucht).
Preise: 12 € für 2 Personen und WOMO.
Zufahrt: Auf der B19 aus der Stadt kommend links.

Rundwanderweg Drachen- und Landgrafenschlucht

Ausgehend vom Stellplatz führt der Weg etwa 1 km zum Eingang der Drachenschlucht, der sehr gut ausgeschildert ist. Ein hölzernes Tor mit einem Drachen ist der Eingang in die 250 Millionen Jahre alte Felsschlucht. Seltene Gewächse wie die Teufelskralle oder der Zahnwurz, aber auch Moose und Farne gibt es zu entdecken. Anfangs noch weit, verengen sich die Wände, steigen steil an und bilden die wildromantische Klamm, die an manchen Stellen nur schulterbreit ist. Unter dem Weg, der über Gitterstege führt, rauscht ein Bach. Im Winter bilden Tauwasser und Frost oft bizarre Eisgestalten, die sich so sehr ausbreiten können, dass die Schlucht nicht mehr begehbar ist. Es geht weiter durch das Annatal zur **Hohen Sonne**. Dort fährt ein Linienbus zurück nach Eisenach.

Tritt man den Rückweg über die Weinstraße an, wird daraus ein uriger Rundwanderweg von etwa 11,5 km. Vorbei am **kleinen Drachenstein**, dann links vor dem **großen Drachenstein** erneut links hinab durch die Landgrafenschlucht, kommt man im Tal zum Ausgangpunkt zurück. Beide Schluchten sind nicht für Kinderwagen oder Rollstühle geeignet.

Auf dem Rundweg der Schönen Unbekannten

Auf der B19 Eisenach verlassend, erreicht man per WOMO den Parkplatz **Hohe Sonne** (N 50°55'55.9" E 10°19'08.2"), von dem aus unmittelbar in die Drachenschlucht hinabgestiegen werden kann und der Rückweg über die Landgrafenschlucht möglich ist. Auf Infotafeln und Hinweisschildern finden sich weitere Wandermöglichkeiten und Rundwege wie *Die schönen Unbekannten*. Auf der gegenüberliegenden Straßenseite beginnt dieser Rundweg und zu Beginn der Wanderung bietet sich am *Marienblick* ein erhabener Blick auf die Wartburg.

Durch dichten Buchenwald fahren wir hinab ins Tal und erreichen nach etwa zwei Kilometern einen Parkplatz mit empfehlenswertem Imbiss (N 50°55'16.2" E 10°18'22.7"). Er befindet sich am Wilhelmsthaler See – einem der ältesten fürstlichen Stauseen Deutschlands, auf dem einst venezianische Gondeln fuhren. Er gehört zu einer ehemals beachtlichen Park- und Schlossanlage inmitten des Thüringer Waldes. In vier großen Bauepochen (Barock, Rokoko, Klassizismus und Historizismus) formte sich das **Schloss-Garten-Ensemble Wilhelmsthal** zur heutigen Gestalt. Nicht das Erscheinungsbild des Schlosses, seine Größe oder die Ausdehnung des Parks zeichnen die Anlage aus, sondern die Fülle an Erinnerungen an Persönlichkeiten und Epochen. Große Namen wie Telemann, Liszt und Goethe, aber auch Architekten wie Mützel, Krohne, Littmann und der Gartenarchitekt Fürst von Pückler-Muskau prägen Wilhelmsthal. Das Ensemble besteht aus barocken und klassizistischen Pavillons, die entlang einer Prachtstraße angeordnet sind. Unter ihnen befindet sich der älteste freistehende Konzertsaal Europas, der bereits zu Entstehungszeiten wegen seiner hervorragenden Akustik geschätzt wurde. Er zählt zu den einzigen noch originalen Uraufführungsstätten der Werke Georg Philipp Telemanns.

Das gesamte Gelände wurde 2008 von der *Stiftung Thüringer Schlösser und Gärten* übernommen und der bis dahin voranschreitende Verfall gestoppt. Die Anlage befindet sich seitdem in umfangreichen Sanierungsmaßnahmen.

Für einen längeren Aufenthalt fahren Sie auf der B19 auf den in Nachbarschaft gelegenen Campingplatz.

(072) WOMO-Campingplatz: Wilhelmsthal
Altenberger See

GPS: N 50°54'31.0" E 10°18'1.2", Am Altenberger See.
Tel: 036929/798007; www.campingpark-eisenach.de.
Öffnungszeiten: Ganzjährig.

Ausstattung: VE, 20 Plätze für WOMOs, moderne Sanitäreinrichtungen, Waschmaschine, Trockner, Sauna, Kiosk, Gaststätte, Müllentsorgung.
Beschreibung: Der Platz liegt an einem Natursee mitten im Wald. Der See eignet sich zum Baden und Angeln, außerdem werden Boote verliehen. Ein Naturlehrpfad umrundet den See. Eisenach und die Wartburg sind 10 km entfernt.
Preise: Ca. 25-30 € für 2 Personen und WOMO.
Zufahrt: Auf der B19 in Richtung Meiningen rechts abbiegen.

Im Dörfchen Etterwinden biegen wir nach links in die L2118 in Richtung Ruhla ein. Es ist ein schmales und kurviges Berg- und Talsträßchen, das nur bis 3,5 Tonnen befahren werden darf (größere WOMOs wählen den Umweg über die B19 und anschließend über Steinbach). Nach etwa 4 Kilometern, auf der **Höhe Ascherbrück** mit der *Gaststätte Hubertushaus*, schwenken wir nach links in Richtung **Rennsteig** ein, wo wir nach 50 Metern auf einem kleinen verwunschenen Wanderparkplatz Halt machen können.

(073) WOMO-Wanderparkplatz: Ascherbrück/Rennsteig

GPS: N 50°53'45.0" E 10°20'26.6", Rennsteig. **Max. WOMOs**: 1-2.
Ausstattung: Tisch-Bank-Kombination, Infotafeln, Wanderwegweiser.
Beschreibung: Ein kleiner, unebener Platz direkt am Rennsteig.
Preise: Kostenfrei.
Zufahrt: An der Gaststätte Hubertushaus links abbiegen.

Hinter dem Rennsteig geht es anschließend mit dem WOMO wieder steil bergab und wir erreichen **Ruhla** (ca. 5.700 EW) *(Naturpark- und Tourist-Information, 99842 Ruhla, Neuer Markt 1, 036929/89013, www.ruhla.de; Öffnungszeiten: Mo 10-16 Uhr, Di-Do 9-16 Uhr, Do 10-18, Fr 10-16 Uhr).*

Naturpark- und Touristinformation

Die Bergstadt liegt mitten im **Naturpark Thüringer Wald** und direkt am Rennsteig. Sie ist malerisch in einem engen Gebirgstal eingebettet. Bergbau prägte jahrhundertelang das Bild Ruhlas und das Tabakpfeifengewerbe machte den Ort im 18. Jahrhundert weltbekannt. Außerdem entwickelte sich im 19. Jahrhundert die Kleinmetallwarenindustrie, die den Grundstein für die spätere Uhren- und Elektroindustrie legte, die bis 1990 dominierend war.

In einem 400 Jahre alten prächtigen Bürgerhaus befindet sich in der Ortsmitte das **Orts- und Tabakpfeifenmuseum**. In dem Fachwerkbau im typischen thüringer-fränkischen Stil werden in 15 Ausstellungsräumen die Entwicklung des Handwerks und der Industrie gezeigt. Sehenswert ist die Sammlung von über 100 Pfeifen aus Holz, Ton, Porzellan und Meerschaum *(Orts- und Tabakpfeifenmuseum, 99842 Ruhla, Obere Lindenstraße 29/31, 036929/89013, www.ruhla.de; Öffnungszeiten: Di, Mi, Fr 14-17 Uhr).*

Schloss Altenstein im Miniaturformat

Eine einmalige Anlage findet sich im Ruhlaer Lappengrund. Der Miniaturenpark **mini-a-thür** beherbergt über 112 Modelle beliebter Ausflugziele Thüringens. Auf dem Gelände mit den kaskadenförmig angelegten Teichen befinden sich außerdem ein Spielplatz, ein Freigehege, eine Gaststätte, einige Spielattraktionen sowie Deutschlands steilste **Rodelbahn** (N 50°53'56.3" E 10°21'25.3"; *mini-a-thür, 99842 Ruhla, Geschwister-Scholl-Str. 32, 036929/60904; Öffnungszeiten: April-Okt tägl. 10-18 Uhr, ab Okt nur bis 17 Uhr; Eintritt).*

Alexanderturm

Am Stadtrand beginnen ausgedehnte Wälder und zahlreiche Wanderwege. **Rundwanderungen** laden ein, die Natur zu genießen. Am Parkplatz mini-a-thür startend begibt man sich auf eine etwa 4,5 Kilometer lange Runde vorbei am Emmytempel, dem **Carl-Alexanderturm** und der Hubertuswiese. Der 21 Meter hohe Turm befindet sich auf dem Ringberg, wurde 1867 errichtet und nach dem Großherzog Karl Alexander von Sachsen-Weimar-Eisenach benannt. Vom Turm bietet sich ein einzigartiger Blick über den westlichen Thüringer Wald bis in die Rhön.

Das **Ruhlaer Uhrenmuseum** belegt mit zahlreichen Exponaten die traditionsreiche Entwicklung der Uhrenindustrie vor Ort. In der Ausstellung werden u.a. mehr als 1300 Uhren gezeigt (N 50°54'05.8" E 10°21'59.4"; *Uhrenmuseum, 99842 Ruhla, Bahnhofstraße 27, 036929/700, www.garde.de; Öffnungszeiten: Mo-Do 10-16:30 Uhr, Fr 10-15 Uhr, Sa 10-14 Uhr).*

Der weite Blick von der Burgruine Scharfenberg

Spielplatz in Thal

Fährt man am Uhrenmuseum vorbei in den Ortsteil **Thal** (ca. 1.800 EW), so findet man am Schwimmbad und Sportgelände eine große und teilweise geschotterte Wiese, die sich gut zum Übernachten eignet [**074**: N 50°55'05.4" E 10°23'42.7"].

Auf einem den Ort überragenden Zechsteinkegel ruht das Wahrzeichen von Thal – die **Burgruine Scharfenberg.** Seit 1994 ist der Aussichtsturm wieder begehbar und vom Parkplatz aus gut zu erwandern.

Links abbiegend erreichen wir bald die sehenswerte **Tropfsteinhöhle** von **Kittelsthal** (ca. 800 EW). Sie wurde 1888 beim Abbau von Schwerspat entdeckt und ist bis in eine Tiefe von 48 Metern als Schauhöhle ausgebaut. Während der Führung von 30 Minuten müssen 228 Stufen überwunden werden (N 50°55'24.9" E 10°23'31.0"; *Tropfsteinhöhle, 99842 Ruhla OT Kittelsthal, Bergstraße, 036929/63318; Öffnungszeiten: April-Okt Di-Fr 9-17 Uhr, Sa/So/Feiertage 10-18 Uhr, Eintritt).*

Zurück in Ruhla und die Bergstadt in Richtung Bad Liebenstein verlassend entdecken wir das **Waldbad Ruhla**. Ein ruhig gelegenes Bad mit Rutsche, Wassertretbecken und FKK-Bereich sowie angrenzender Gaststätte [**075**: N 50°52'40.6" E 10°22'24.9"].

Die Straße führt weiter den Hang hinauf, rechterhand stehen dicht nebeneinander, wie für den Sommer nur abgestellt, die **Skisprungschanzen**.

Ruhlaer Granit auf dem Weg zum Gerberstein

Erneut kreuzen wir den Rennsteig, nachdem der Kamm erreicht ist und befahren den Parkplatz **Wallfahrt am Rennsteig** mit Imbiss und neu angelegtem Stellplatz.

(076) Offizieller WOMO-Stellplatz: Wallfahrt/Rennsteig
GPS: N 50°51'31.1" E 10°23'2.6". **Max. WOMOs**:4.
Öffnungszeiten: Ganzjährig.
Ausstattung: Strom gg. Gebühr, WC-Schlüssel ab 11 Uhr im Imbiss erhältlich.
Beschreibung: Etwas abseits des Parkplatzes, geschotterter Untergrund, teilweise schattig. Es sind viele Wandermöglichkeiten vorhanden (Gerberstein, Ruhlaer Skihütte, Messerweg, Lutherdenkmal, Rennsteig).
Preise: Ca. 10 € für 2 Personen und WOMO.
Zufahrt: Von Ruhla kommend nach etwa 3 km nach links Richtung Winterstein abbiegen.

Die Bank mit Aussicht am Gerberstein

Falknerei am Rennsteig und Eingang zur Ruhlaer Skihütte

Möchten Sie den höchsten Punkt des Wartburgkreises erklimmen? Dann gehen Sie in Richtung Rennsteig, überqueren die Straße und gelangen nach etwa einem Kilometer auf einem urigen Waldweg zum **Gerberstein**. Das 728 Meter hohe und geschützte Flächennaturdenkmal aus Ruhlaer Granit lädt zu einer Aussicht ins Werratal und die Rhön ein. Auf der felsigen Aussichtskanzel mit Bank kann man es sich gut gehen lassen.

Die *Ruhlaer Skihütte*, ein Gasthaus mit regionalen Spezialitäten, ist in einer Entfernung von circa drei Kilometern zu Fuß erreichbar. Hinter der Skihütte sind Falken, Bussarde und andere majestätische Vögel in der **Falknerei am Rennsteig** hautnah in einer Flugvorführung zu erleben. Beide Ziele sind mit dem WOMO anfahrbar und nach obligatorischer Einkehr in die Skihütte darf auf dem Parkplatz übernachtet werden [**077**: N 50°52'03.6" E 10°24'30.2"]. Die Gaststätte hat Dienstag bis Donnerstag und am Wochenende jeweils von 11 bis 19 Uhr geöffnet *(Falknerei am Rennsteig, 99880 Winterstein, Liebensteiner Straße 108, 036929/80264; www.rennsteigfalknerei.de; Öffnungszeiten: März-Nov Di-So 10:30-12 Uhr, 13-17 Uhr, 15 Uhr Flugshow, Dez-Feb Di-So 13:30-16 Uhr, 15 Uhr Flugshow (nicht bei Schlechtwetter), an Feiertagen geöffnet; Eintritt).*

Zunächst kehren wir mit dem WOMO zur Straßengabelung zurück, halten links auf Bad Liebenstein zu und lassen uns zur Sommerresidenz der Herzöge von Sachsen-Weimar locken. Eine der größten historischen Parkanlagen Thüringens ist **Schloss und Park Altenstein**, das sich auf einem großen Zechsteinriff befindet. Ein mächtiger Zechsteingürtel

Unterwegs auf einem Waldweg im Altensteiner Park

bildet die Grundlage und rund 20 Felsen wurden ab 1800 in die Parkarchitektur als Aussichtspunkte oder Fundamente kleinerer Gebäude einbezogen. Auf einem Rundgang erleben Sie eine landschaftliche Vielfalt und zahlreiche Highlights wie die Ritterkapelle, das Chinesische Häuschen oder die Teufelsbrücke. Ein einmaliger Baumbestand und ein natürlicher Wechsel von Hügeln und Tälern durch die sich verschlungene Wege ziehen, lassen Sie im wahrsten Sinne lustwandeln. Der Park ist ein Kleinod in Thüringen und mit seinen 160 Hektar gehört er zu den **schönsten Landschaftsparks Deutschlands**. Den Mittelpunkt bildet das im englischen Stil errichtete Schloss, das 1982 ausbrannte und seit 2010 umfassend saniert wird. Ein besonderer Augenschmaus sind die liebevoll und nach historischen Vorlagen angelegten Beetanlagen, an denen kein geringerer als Fürst Hermann von Pückler-Muskau beteiligt war. Von März bis Oktober ist der Park täglich von 11 bis 16 Uhr kostenfrei zugänglich und die Information des Fördervereins von Donnerstag bis Sonntag geöffnet. Die Führungen finden zu festen Terminen am Wochenende statt. Informationen finden Sie unter: www.schlosspark-altenstein.de.

Liebevoll gestaltete Beetanlagen

Auf dem Weg in das Parkgelände gibt es verschiedene Parkmöglichkeiten. Eine davon befindet sich am Waldhaus(N 50°50’07.3” E 10°21’17.7”) und eine weitere hinter einem verlassenen Hotel (N 50°50’10.4” E 10°21’05.5”).

In einem breiten Tal, umschlossen von den Felsen des Altensteiner Parks und den Hängen des Antonius- und Klingelberges, liegt **Schweina** (ca. 2.900 EW) mit seinem Bio-Bad Glücksbrunn. Das Wasser wird mit einem Pflanzenfilter gereinigt und kommt ganz ohne Chemie aus. Auf dem angrenzenden Parkplatz lässt es sich eine Nacht gut schlafen [**078**: N 50°50’17.4” E 10°20’22.9”] und es bestehen mehrere Wandermöglichkeiten, wie zum **Luisenthaler Wasserfall** und dem Schlosspark Altenstein.

Als 1799 die Straße zum Schloss anlegt wurde, entdeckte man inmitten der Kalkalgenriffe eine Karsthöhle, deren Kalkstein einst von Korallen des Zechsteinmeeres aufgebaut wurde. Mit fast zwei Kilometern Länge ist sie die längste Höhle Thüringens, wovon 330 Meter für den Besucher erschlossen sind. Während einer Führung erlebt man bizarr geformte Hohlräume, den Höhlendom mit seiner einzigartigen Akustik sowie den Höhlensee, auf dem zu Herzogs Zeiten sogar Kahnfahrten unternommen wurden. Der unterirdische Bach der **Altensteiner Höhle** hat sich, nachdem er die Höhle ausgewaschen hatte, einen neuen Weg gesucht und kommt in einer Grotte hinter dem **Glücksbrunner Park** zutage. Durch diesen Park sollten Sie zum Abschluss schlendern und einen Blick auf das **Barockschlösschen** werfen.

Das nächste Ziel ist das älteste Heilbad und der größte Standort für Reha-Medizin Thüringens. **Bad Liebenstein** (ca. 3.300 EW) setzt auf Kur und Kultur, und die Auswahl an Sehenswürdigkeiten und Ausflugszielen ist groß.

Daher beschränke ich mich auf einige besonders interessante Ausflugsziele *(Tourist-Information, 36448 Bad Liebenstein, Herzog-Georg-Str. 16, 036961/69320; Öffnungszeiten: Mo-Fr 11-17 Uhr).*

Rundweg – Tierpark, Felsentheater, Burgruine

Gegenüber der Tourist-Information (Parkstraße) startet ein **Rundweg** von 5 Kilometern Länge, der Sie am **Elisabethenpark** und dem **Tierpark** entlang zum **Felsentheater** führt. Es diente den Meininger Herzögen um 1860 zu Aufführungen und ist heute ein Flächennaturdenkmal zwischen hohen Felswänden und einsamen Buchenbeständen. Der Weg führt nun zur **Burgruine**, die namensgebend für den Ort war – Lybinstein, vorbei am **Ida-Denkmal** zum **Weiten Blick**, einem Ort mit beeindruckender Fernsicht in die Rhön. Auf dem letzten Stück gelangt man zur **Kneipp-Anlage** und kann in der **Wandelhalle** die Bad Liebensteiner Heilquellen verkosten.

Kulinarisch hat Bad Liebenstein viel zu bieten. Lassen Sie sich bei einem Spaziergang von den **Cafés** und zahlreichen **Restaurants** von asiatischen bis zu thüringer Leckereien überraschen. Ein gebührenpflichtiger Parkplatz befindet sich in der Inselsbergstraße (N 50°48'48.0" E 10°21'29.7").

(079) Offizieller WOMO-Stellplatz: Bad Liebenstein, Am Stadtpark

GPS: N 50°48'57" E 10°20'54", Barchfelder Straße. **Max. WOMOs**: 3.
Öffnungszeiten: Ganzjährig.
Ausstattung: VE, Strom gegen Gebühr, Mülleimer.
Beschreibung: Der Parkplatz liegt zentral am Stadtpark und dem Eiscafé Polarstern, wo man eine kleine Erstattung der Parkgebühr bekommt, wenn man einkehrt. Überwiegend ebener Untergrund. Therme/Heilbad, Tourist-Information, Rad- und Wanderwege in der Nähe.
Preise: Ca. 10 € für 24 Stunden.
Zufahrt: Über die Barchfelder Straße leicht zu finden.

(080) WOMO-Stellplatz: Bad Liebenstein, Villa Georg

GPS: N 50°49'09" E 10°21'18", Friedensallee 12.
Tel: 036961/33400; www.villa-georg.de. **Max. WOMOs**: 10.
Ausstattung: Wasser und Strom gegen Gebühr, Müllentsorgung.
Beschreibung: Das Betreiberehepaar Liebau des Musik-Cafés stellt idyllische Plätze vor der Villa im Garten zur Verfügung. Nahe des Altensteiner Parks und in Waldnähe gelegen sind viele Sehenswürdigkeiten und der Ortskern wird schnell zu Fuß erreicht. Im Café gibt es selbstgebackenen Kuchen und Wiener Kaffeespezialitäten, es ist von Do-So ab 14 Uhr geöffnet.
Preise: 10 € für 2 Personen und WOMO.
Zufahrt: Über Inselbergstraße links in die Friedensallee einbiegen.

Auf dem Weg in eine weitere Kurstadt gelangen wir über Barchfeld und die B62 zum Naherholungsgebiet Kiesgrube in **Immelborn** (ca. 1.500 EW). Den Namen verdankt es der ehemaligen Kiesförderung entlang der Werra und besteht aus zwei Badeseen, die durch die B62 getrennt sind. Wir überqueren die Werra zum Campingplatz [**081**: N 50°47'47.9" E 10°17'27.2"], www.kiesgrube-immelborn.de.

Wenn schon Bad, dann bitte staatlich anerkanntes Sole-Heilbad! Nur fünf Kilometer westlich liegt **Bad Salzungen** (ca. 20.000 EW). Starke Solequellen waren die Voraussetzung für den Bau eines Gradierwerkes. Das ist ein mit Schwarzdorn gefülltes großes Holzgerüst, das der Salzgewinnung dient. Indem man die in der Saline gewonnene Sole langsam durch das Reisig leitet, verdunstet das herabrieselnde Wasser. Heute werden Gradierwerke meist zu Kur-Zwecken genutzt. Beim Spazieren entlang der Wände und eingekleidet in weiße Kapuzenmäntel wird die heilsame Luft inhaliert.

Das prachtvolle historische Gradierwerk in Bad Salzungen

Hauptanziehungspunkte der Stadt sind die **Solewelt** (Kuranwendungen, Aktivbad, Saunalandschaft www.solewelt.de) und das **historische Gradierwerk**, ein prächtiger Fachwerkbau mit Gradiergarten und den beiden Gradierwänden. Seit 2020 stellt sich Bad Salzungen einer Jahrhundertaufgabe und saniert das historische Ensemble von Grund auf. Die Schäden waren enorm und beeinträchtigten die Tragfähigkeit. Die zweihundert Jahre alte Ostwand und die im 20. Jahrhundert neu errichtete Westwand, aber auch die Mittelhalle im Fachwerkstil, werden momentan komplett erneuert.

Museum am Gradierwerk

Über Jahrhunderte wurde das Leben der Bewohner von der Arbeit in der Saline bestimmt. Im **Museum am Gradierwerk** wird die Stadt- und Salzgeschichte erläutert. Sie erzählt von wackeren Fuhrleuten, geschäftstüchtigen Pfändern, feinen Kurgästen und abenteuerlichen Inhalationsapparaten. Am Ende des Rundganges ist ein Blick in den Bohrturm möglich. Auf dem Turm nistet seit Jahren erfolgreich ein Storchenpaar. Mittels Webcam schaut man direkt in die Kinderstube der Zugvögel *(Tourist-Information im Museum am Gradierwerk, 36433 Bad Salzungen, An den Gradierhäusern 4, 03695/693420; Öffnungszeiten: täglich 10-17 Uhr; Museum mit Eintritt).*

Ein Bummel durch die Altstadt führt vobei an beeindruckenden Fachwerkhäusern und ein Spaziergang am Ufer des **Burgsees** mit seiner Uferpromenade und dem Rathenaupark lässt Sie entspannen. Ein romantisches Eckchen ist der *Haunsche Hof*. Es ist eines der ältesten Gebäude der Stadt und beherbergt ein empfehlenswertes Restaurant mit Terrasse am See *(Haunscher Hof, 36433 Bad Salzungen, Unter den Linden 4, 03695/8505420; Öffnungszeiten: täglich 11-22 Uhr; Mi Ruhetag).*

(082) Offizieller WOMO-Stellplatz: Bad Salzungen, Sole Reisemobilhafen

GPS: N 50°48'55.7" E 10°14'15.6", Am Flößrasen 1. **Max. WOMOs**:80.
Öffnungszeiten: Ganzjährig.
Ausstattung: VE, WC, Strom und Wasser gegen Gebühr, Duschen in Solewelt möglich.
Beschreibung: Es ist Thüringens größter Stellplatz. Großzügig angelegt befindet er sich an der Werraaue in unmittelbarer Nähe zur Solewelt und dem Gradierwerk. Wenige Gehminuten in die Stadt. Gepflasterter, leicht abschüssiger Untergrund mit Blick auf die Werra, teilweise schattig. Im Info-Gebäude ist der Erwerb von Strommarken möglich. Der Platz ist sehr beliebt. Rad- und Wanderwege sind vor Ort.

Preise: Ca. 15 € für 2 Personen und WOMO.
Zufahrt: Über die August-Bebel-Straße ist der Platz gut ausgeschildert.

Sollte der Stellplatz belegt sein, findet man in der Werrastraße eine weitere Übernachtungsmöglichkeit auf einem Parkplatz ohne Ausstattung. Relativ groß mit geschottertem und festem Untergrund liegt der Platz gegenüber eines Einkaufsmarktes [**083**: N 50°48'57" E 10°13'45.1"].

Gemütlich geht es zu im *Restaurant Kartoffelkäfer*, der schnell vom Stellplatz aus erreicht wird. Alte Eichenbalken, originales Basaltpflaster aus den Gassen der Stadt und ein alter Kanonenofen – die Zeit scheint hier stehen geblieben zu sein. Auf den Tisch kommen Kartoffel- und Pastagerichte oder Steaks vom Grill *(Kartoffelkäfer, 36433 Bad Salzungen, Silge 11, 03695/606204; Öffnungszeiten: täglich 11-14:30 und ab 17 Uhr, So 11-21 Uhr).*

Die abwechslungsreiche Gegend ist ideal zum Radfahren und Wandern. Gleich drei Radwege sind zu erreichen – der **Rhön-Radweg** (180 km), der **Werratal-Radweg** (306 km) und der **Werra-Suhltal-Radweg** (35 km).

Suchen Sie eine Möglichkeit für einen längeren Aufenthalt, dann folgen Sie mir nach **Breitungen** (ca. 4.700 EW) zu einem modernen und reizvollen Campingplatz.

(084) WOMO-Campingplatz: Breitungen *Strandbad*

GPS: N 50°45'36.0" E 10°19'9.7", Salzunger Straße 24a.
Tel: 036848/409512; www.strandbad-breitungen.de.
Öffnungszeit: April-Oktober.

Ausstattung: VE, 24 Plätze für WOMOs, moderne Sanitäreinrichtungen, Brötchenservice, Imbiss, Badestrand, Spielplatz, Minigolfanlage, Volleyballfelder.
Beschreibung: Der Platz liegt an der Werra und am Kiessee. Das Areal ist groß und idyllisch gelegen. Die Werra trennt die Stellplätze vom Strandbad, das über eine Brücke erreicht wird. Vor dem CP kann ein Parkplatz für Badegäste kostenfrei genutzt werden.
Preise: Ca. 20 € für 2 Personen und WOMO.
Zufahrt: Auf der B19 in Richtung Breitungen den Hinweisschildern folgen.

Unser nächstes Ziel ist das **Jagdhaus Seeblick mit Restaurant**. Auf dem Weg dorthin hat man einen erhabenen Blick zum **Naturschutzgebiet Breitunger Seen**, das wir im Anschluss noch näher erkunden werden. Über den Kreisverkehr erreichen Sie die Bahnhofstraße, unterqueren die Bahnlinie (Durchfahrtshöhe 4 m) und biegen anschließend sofort links ein. Etwa einen Kilometer nach dem Kreisverkehr befindet sich ein ebener Wanderparkplatz mit einer Tisch-Bank-Kombination [**085**: N 50°44'52.9" E 10°19'19.6"].

Familienwanderweg Spatzensteig

Am Parkplatz begibt man sich auf einen etwa 4 km langen Rundweg. Von Aussicht zu Aussicht und mit Blick auf den Thüringer Wald, das Trusetal oder ins Werratal wandert man auf dem Panorama-Weg, der einige Attraktionen für die ganze Familie bereithält. Durch das Borntal und vorbei an Streuobstwiesen gelangt man zu beeindruckenden Fernsichten mit Bänken und Liegen.

Jadghaus Seeblick oberhalb der Breitunger Seen

Nicht ohne Grund erweckt das hübsche Restaurantgebäude den Eindruck, als müsse gleich der Förster mit seinem treuen Dackel aus der Tür treten. Es ist das alte Jagdhaus, das vor Jahren auf der Kuppe des Pleßberges ab- und hier wieder aufgebaut wurde. In seinen Räumen kann man gemütlich speisen.

Am Waldrand beginnen Wanderwege, wie auch zum ursprünglichen Standort des Pleßhauses, und vom Bänkchen genießt man einen Wahnsinnsblick über das Naturschutzgebiet und das Werratal. Hinter der Gaststätte steht ein geschotterter und etwas unebener Platz für das WOMO gegen Gebühr im Restaurant zur Verfügung (**086**: N 50°44'33.7" E 10°19'24.7"; *Jagdhaus Seeblick, 98597 Breitungen, Seeblick, 036848/2760; Öffnungszeiten: Mi-Sa ab 11:30 und So ab 11 Uhr*).

Nun wollen wir das **Naturschutzgebiet** der **Breitunger Seen** aus der Nähe inspizieren, fahren zurück zur Bahnunterführung und parken vor dem Kreisverkehr links (N 50°45'17.7" E 10°19'32.8").

Rechter Hand führen gut ausgeschilderte Wege durch das NSG am vorderen und hinteren See entlang. Durch eine Laune der Natur entstanden und von Menschenhand gepflegt, gehören sie zu den Einmaligkeiten der Region. Ein breiter Seerosengürtel und prächtige Schilfrohrkolben zieren das Wasser. Die Seerosen prägen Breitungen und so ist es auch kein Zufall, dass sie ein Bestandteil des Wappens sind. Die verschiedenen Wassertiefen und das flache Ufer bieten Lebensraum für viele Vogelarten. Wagen Sie ein paar Schritte auf einen der vielen freien Angelstege und lassen Sie sich von den Spiegelbildern der Wasseroberfläche verzaubern.

Es sind nur noch ein paar Kilometer bis zur einstigen Bergbaustadt **Schmalkalden** (ca. 19.500 EW). Ein besonders sehenswerter Ort Thüringens, der durch eine gelungene Altstadtsanierung mit seiner historischen Bausubstanz aus dem 15. bis 18. Jahrhundert gepflegt daherkommt. Die Altstadt ist rundum sehenswert und zahlreiche **Fachwerkhäuser** wurden mit großem Einsatz saniert. Der **Altmarkt** ist das historische Zentrum Schmalkaldens. Um ihn gruppieren sich die schönsten Gebäude: Im Norden die spätgotische Georgenkirche, im Westen das dreigeschossige Rathaus mit Staffelgiebel, durch dessen Bogenfenster die Stadtherren vom Audienzsaal direkt auf das Marktgeschehen hinabblicken können, im Osten stehen außer der Todenwarthschen Kemenate eine ganze Reihe beschaulicher Fachwerkbauten und lassen Lücken frei zu schmalen, mittelalterlich anmutenden Gassen.

Ein Stadtbummel mit Besuch des Schlosses ist vom Stellplatz und zwei nahegelegenen Parkplätzen gut möglich, wobei der Parkplatz am Schloss für große WOMOs zu empfehlen ist (P Steinerne Wiese: N 50°43'23.0" E 10°26'52.0" sowie Am Schloss: N 50°43'17.3" E 10°27'28.1").

Garten Schloss Wilhelmsburg

Das **Schloss Wilhelmsburg** ist das Wahrzeichen von Schmalkalden. Es wurde zwischen 1585 und 1590 als Nebenresidenz der hessischen Landgrafen erbaut. Die Vierflügelanlage aus der Spätrenaissance mit seiner weitläufigen Gartenanlage liegt oberhalb der Stadt und ermöglicht einen weiten Blick auf die umliegende Gegend. Die Museumsräume informieren über die industrielle Entwicklung Schmalkaldens, die Geschichte der reformatorischen Bewegung des Schmalkaldener Bundes sowie die höfische Kultur und Lebensweise. Eine ganze Reihe prächtiger Räume des Schlosses, aber auch die Herrenküche und die Schlosskapelle mit ihren schwungvollen Stuckverzierungen werden gezeigt *(Schloss Wilhelmsburg, 98574 Schmalkalden, Schlossberg 9, 03683/403186, www.museumwilhelmsburg.de; Öffnungszeiten: April-Okt täglich 10-18 Uhr, Nov-März Di-So 10-16 Uhr, Eintritt).*

(087) Offizieller WOMO-Stellplatz: Schmalkalden Am Westendpark

GPS: N 50°43'16" E 10°26'27", Westendstraße 4. **Max. WOMOs**: 8.
Ansprechpartner Herr Marr 0151/10126230.
Öffnungszeiten: Ganzjährig – VE und Wasser im Winter nicht möglich.
Ausstattung: VE, Strom und Wasser gegen Gebühr.
Beschreibung: Der Platz liegt im Westendpark, einem ehemaligen Gelände der Landesgartenschau, und ist umgeben von Wiesenflächen und Blumenanlagen. Der Untergrund ist fest. Wander- und Radwege sind erreichbar, z.B. der **Mommelstein-Radweg**. Er verläuft auf einer ehemaligen Bahntrasse durch die reizvolle Landschaft und endet auf der Grenzwiese am Inselsberg. Die historische Altstadt und die VIBA Nougat-Welt sind schnell erlaufen, ebenso der Bus- und Bahnhof.
Preise: Ca. 10 € für 2 Personen und WOMO.
Zufahrt: Der Platz ist über den Kreisverkehr in Richtung des Bahn- und Busbahnhofes zu erreichen.

Naschkatzen machen sich am besten auf den Weg in die 500 Meter entfernte **VIBA Nougat-Welt** mit einer **Ausstellung** über die Geschichte des Thüringer Nougats, die bereits 1893 begann. Die erste Nougatstange lief 1920 vom Band und ist seitdem das Aushängeschild für den Süßwarenhersteller. Durch die Glasscheibe ist es möglich, die Herstellung der edlen Pralinen zu beobachten und bei rechtzeitiger Anmeldung (am Vortag) in den **Mitmachkursen** selbst Hand anzulegen. Ein modernes Restaurant bietet Frühstück, mediterrane Küche sowie Kaffee und Kuchen für die Besucher an *(VIBA Nougat-Welt, 98574 Schmalkalden, Nougat-Allee 1, 03683/6921600, www.viba-schmalkalden.de; Öffnungszeiten:* täglich 10-18 *Uhr, Eintritt).*

Auf dem Weg nach Struth-Helmershof durchqueren wir das kleine Örtchen Asbach, an dessen Ende sich linksseitig ein technisches Denkmal befindet – das **Schaubergwerk Finstertal**. Etwa 350 Meter erschlossenes Grubengelände der ehemaligen Eisen- und Manganerzgrube stehen für einen Rundgang von 30 Minuten bereit und die geheimnisvoll fluoreszierenden Mineralien lassen uns staunen. Eine ortsansässige Initiative verwandelte den Stollen in ein Schaubergwerk, in dem nicht nur die Arbeitsgeräte des Bergmannes gezeigt werden, sondern auch ein Eindruck von deren schwerer Arbeit vermittelt wird. Parkmöglichkeiten finden sich zum einen direkt davor (N 50°44'04.8" E 10°30'18.2") und zum anderen ortsauswärts auf der linken Seite (N 50°44'09" E 10°30'29.1"; *Schaubergwerk, 98574 Asbach, Talstraße 145, 03683/488037; Öffnungszeiten: April-Okt Mi-So ab 10-17 Uhr und an den Feiertagen,* Führungen zu jeder vollen Stunde, *Eintritt).*

Wir fahren an den letzten Häusern von Asbach vorbei, weiterhin in Richtung Struth-Helmershof. In einer scharfen Linkskurve kommt uns ein Wanderparkplatz für eine Kaffeepause gerade recht [**088**: N 50°44'11.2" E 10°31'06.9"].

In herrlicher Natur liegt in **Struth-Helmershof** (ca. 1.300 EW) ein modernisiertes und solarbeheiztes **Bergschwimmbad**. Die Anlage mit Edelstahlbecken und großer Liegewiese, Kiosk und Wasserrutsche ist ein idealer Ort für die ganze

Familie. Der Parkplatz davor ist groß und eben [**089**: N 50°44'40.5" E 10°31'1.1"].

Der kalte Bergsee an der Ebertswiese

Ein beliebtes Ausflugsziel ist der **Bergsee an der Ebertswiese**, der sich ganz in der Nähe des Rennsteigs befindet. Der See liegt in einer einzigartigen Umgebung und entstand durch das Betreiben eines Steinbruchs. Beim Abbau des Gesteins bohrte man eine Wasserader an und innerhalb weniger Tage füllte sich das Bergwerksloch. Von drei Seiten ist der See von bis zu 30 Meter hohen Felswänden umgeben, die, mit Büschen und Bäumen bewachsen, einen wildromantischen Kessel bilden. Die Wassertemperatur bleibt bei einer Wassertiefe von 3 bis 15 Metern stets unter 20° Celsius. Baden oder wandern – hier oben in 770 Meter Höhe ist beides in traumhafter Umgebung möglich.

Ab Floh ist der Weg dorthin fast fünf Kilometer lang. Nach etwa drei Kilometern passieren wir einen ersten kleinen Wanderparkplatz (N 50°46'20.7" E 10°30'34.1"). Wir fahren das Teersträßchen weiter bis zu dessen Ende und gelangen auf einen großen Parkplatz mit Schutzhütte (N 50°46'35.0"

Schutzhütte an der Ebertswiese

E 10°31'27.2"). Von dort ergeben sich zahlreiche **Wandermöglichkeiten** wie zum Beispiel auf den Rennsteig oder zum Spitterfall, einem 19 Meter hohen natürlichen Wasserfall im **Naturschutzgebiet Spittergrund**.

Das Übernachten auf den Parkplätzen ist verboten. Es gibt allerdings die Möglichkeit, für einen längeren Zeitraum auf dem Gelände des angrenzenden Ferienparkes, der aus Bungalows und Finnhütten besteht, zu stehen. Ein niederländisches Paar hat dort vor etwa zwei Jahren seinen Traum verwirklicht und sich niedergelassen. Nun möchten sie das Gelände schrittweise in ein Urlaubsdomizil verwandeln.

(090) WOMO-Campingplatz: Floh-Seligenthal *Ferienpark Ebertswiese*

GPS: N 50°46'49.0" E 10°31'43.0", Ebertswiese 7.
Tel: Fam. Harmsma 0151/25055154; www.ferienparkebertswiese.de.
Öffnungszeiten: April-Oktober.
Ausstattung: Die chemiefreie Entsorgung ist möglich und die Möglichkeit für Chemie-Toiletten ist in Planung. Strom und Wasser gegen Gebühr. Ein Sanitärgebäude mit Dusche und WC ist vorhanden. Getränke und ein kleiner Imbiss werden im *Stübchen* angeboten.
Beschreibung: In unmittelbarer Nähe zum Bergsee liegt der Ferienpark mitten im Wald. Der nächste Ort Floh-Seligenthal ist 5 km entfernt. Die Stellplätze befinden sich überwiegend auf einem Wiesengelände und sind teilweise schattig, wobei etwa 15 WOMOs Platz finden.
Preise: Ca. 14 € für 2 Personen und WOMO.
Zufahrt: In Floh der Beschilderung zur Ebertswiese folgen.

(091) Offizieller WOMO-Stellplatz: Kleinschmalkalden, Im Schneidmühlengrund

GPS: N 50°48'10" E 10°29'46", Schneidmühlengrund 7. **Max. WOMOs**: 8.
Öffnungszeiten: Ganzjährig.
Ausstattung: VE, Strom/Wasser/Dusche gg. Gebühr, WC, Brötchenservice, Grillplatz, Spielplatz, Hundewaschplatz, Müllentsorgung.
Beschreibung: Der neu angelegte Platz liegt am Ortsrand von Kleinschmalkalden. Der Untergrund ist befestigt und relativ eben, kein Schatten. Das Parkticket des Automaten enthält den Code für die sanitären Einrichtungen und den Abfallplatz. Die max. Übernachtungsdauer beträgt 3 Nächte. Wander- und Radwege sowie öffentliche Verkehrsmittel sind erreichbar (z. B. **Mommelstein-Radweg,** Wanderung auf den **Maßkopf, Rundwanderung** Floh/Kleinschmalkalden/Seligenthal). In unmittelbarer Nähe lädt das Waldbad zu einer Erfrischung ein.

Preise: Ca. 10-15 € für 2 Personen und WOMO.
Zufahrt: In Kleinschmalkalden in Richtung Friedrichroda fahren und rechts der Beschilderung am Ortsende nach rechts folgen.

Zurück in Floh halten wir auf Schmalkalden zu und nach 900 Metern rollen wir links auf den Parkplatz des **Technischen Museums Neue Hütte** (N 50°44'54.2" E 10°28'14.6"). Schmalkalden ist eines der ältesten Zentren der Eisen- und Stahlwarenproduktion Deutschlands. Vor bereits mehr als 1000 Jahren wurden dort begehrte Werkzeuge und Kleineisenwaren hergestellt. In der spätklassizistischen Hochofenanlage von 1835 wurde Eisenerz auf Holzkohlebasis zu Roheisen verhüttet. Die Ausstellung informiert über die Geschichte und die aufwändige Technik der Neuen Hütte sowie über das Eisenhandwerk im Schmalkaldener Raum *(Neue Hütte, 98574 Schmalkalden, Neue Hütte 1, 03683/403018; Öffnungszeiten: Jan-März Mi-Fr ab 10-16 Uhr, So 12-16 Uhr, April-Okt Mi-So 10-17 Uhr, Eintritt).*

Technisches Museum Neue Hütte

Wir lenken das WOMO wieder zurück nach Norden bis nach Floh-Seligenthal und biegen links nach **Trusetal** (ca. 3.500 EW) ab. Das eigentliche Ziel ist der **Trusetaler Wasserfall**. Da es im Thüringer Wald an Wasserfällen mangelt, entstand 1865 der wildromantische Wasserfall, inspiriert von der imposanten Felskulisse aus Granit und Porphyr im engen Kerbtal der Truse. Durch eine Stauanlage unterhalb Brotterodes wird von Ostern bis Oktober ein Teil des Trusewassers umgeleitet und bildet den 58 Meter hohen Wasserfall mit drei Kaskaden. Auf einer Strecke von 3,5 Kilometern schlängelt sich der künstlich angelegte Graben durch die Waldlandschaft. Über 228 Stufen steigt man empor und

Trusetaler Wasserfall

erreicht auf den gebührenpflichtigen Rundwanderweg, auf dem man zum Ursprung des Wassers gelangt und in herrlicher Natur wandert (N 50°47’44.0” E 10°25’15.9”).

In direkter Nachbarschaft befindet sich der **Zwergen-Park**, der ebenfalls von Ostern bis Oktober von 10 bis 17 Uhr öffnet und mehr als 2.500 Gartenzwerge beherbergt. Das Gelände wird zu Fuß oder mit der Bimmelbahn erkundet und bietet einige Attraktionen für die ganze Familie. (N 50°47’46.0” E 10°25’18.3”).

Wir halten immer weiter nach Norden auf den Kamm des Thüringer Waldes zu. Im Erholungs- und Wintersportort **Brotterode** (ca. 3.000 EW) starteten schon viele Weltmeister ihre „sprunghafte“ Karriere. Auch heute ist es noch ein angesehenes Wintersport-Leistungszentrum. Einer der besagten Weltmeister war Werner Lesser, nach dem die **Skisprung Arena** benannt wurde. Auf dem Gelände finden sich Kinder- und Jugendschanzen sowie die **Inselsbergschanze** und während eines Spazierganges können wir Sportler bei ihrem Training beobachten (P3: N 50°49’6.5” E 10°26’39.7”).

Gelände der Inselsbergschanze

Fahren Sie an der Schanze vorbei und weitere drei Kilometer in den Wald, gelangen Sie zum **Aussichtsfelsen des Mommelsteins**. Aus 727 Meter Höhe blickt man auf die Rhön und den Thüringer Wald und genießt die Fernsicht in beschaulicher Ruhe. Neben dem *Berggasthaus Zum Fuchsbau* steht man auf einem kleinen Wanderparkplatz, und auf Nachfrage kann übernachtet werden [**092**: N 50°48’7.7” E 10°26’55.3”]. Von dort sind es nur 300 Meter zum Mommelstein. Außerdem bieten sich weitere Wandermöglichkeiten an, wie zum Beispiel zum **Wallenburger Turm**, einem Denkmal romanischer Baukunst aus dem 13. Jahrhundert. Im 30-jährigen Krieg wurde die Burganlage zerstört, lediglich der Bergfried ist erhalten geblieben. Mitte der 1960er Jahre wurde er im Inneren rekonstruiert und dient seitdem als Plattform mit einmaliger Aussicht.

Einen offiziellen Stellplatz finden wir am **Inselsbergbad** am Rande eines großen Parkplatzes.

Aussichtsfelsen Mommelstein

(093) Offizieller WOMO-Stellplatz: Brotterode

GPS: N 50°49'24.0" E 10°27'12.2", Am Bad 1. **Max. WOMOs**: 10.
Öffnungszeiten: Ganzjährig.

Ausstattung: Keine, WC und Dusche im Erlebnisbad gegen Gebühr.
Beschreibung: Die Stellplätze befinden sich am Ortsrand im oberen Bereich des Parkplatzes. Der Untergrund ist fest, kein Schatten. WC und Dusche im Inselbergbad, das täglich von 10-21 Uhr geöffnet hat.
Preise: Ca. 5 € für 2 Personen und WOMO.
Zufahrt: Am Ortsende die Inselsbergstraße nach rechts Richtung Kleinschmalkalden verlassen und der Beschilderung folgen.

Nur noch ein paar Kilometer sind es zum prägnantesten Gipfel des Thüringer Waldes – dem **Großen Inselsberg**. Auf dem Weg hinauf entdecken wir ein reizendes Picknickplätzchen. Rechts der Straße fährt man zu einem Parkplatz mit kleinem Teich am Waldrand hinab (N 50°50'13.1" E 10°28'16.3"). Überdachte Tische laden zu einer Rast ein.

Noch zwei Kurven und schon haben wir den Parkplatz Grenzwiese erreicht (N 50°50'39.9" E 10°28'58.6"). Von dort besteht die Möglichkeit, den gegenüberliegenden **Funpark** mit Sommerrodelbahn (www.sommerrodelbahn-inselsberg.de) zu besuchen oder auf den Großen Inselsberg zu wandern, über

Funpark mit Sommerrodelbahn

dessen Gipfel der Rennsteig führt. Mit seiner markanten Form und der Sendeantenne ist der Berg weithin sichtbar. Der Aufstieg wird mit einer großartigen Aussicht bis zur Rhön und den Harz belohnt und wer mag, genießt eine 360-Grad-Rundumsicht vom **Aussichtsturm**. Der Turm lockt seit 2019 mit Ursaurier (Geoparkausstellung) und Haselmaus (Naturparkausstellung), Kletterwand und der neu gestalteten Panoramaetage. Von April bis Oktober ist er täglich von 10 bis 16 Uhr geöffnet. Wer es bequemer mag, der erreicht das Plateau über die gepflasterte Gipfelstraße (N 50°51'6.3" E 10°28'1.0").

Aussichtsturm

Hinauf zum Großen Inselsberg

Der im Naturschutzgebiet gelegene Berg mit 916,5 m ist zwar nicht der höchste, aber der bekannteste Berg des Thüringer Waldes. Wir folgen dem weißen R des Rennsteigs. Der Fußweg ist breit geteert, aber die kurze Strecke von etwa 1 km geht steil bergan. Wer gut zu Fuß ist, sollte sich den Weg über den historischen Rennsteig nicht entgehen lassen (ansonsten dem geteerten Weg weiter zum Gipfel folgen). Auf halber Strecke biegt man links in diese schwierige Strecke ein und durchläuft einen mystischen Weg mit Wurzeln, den Reitsteinen und herrlichen Aussichten.

Weitere Wanderparkplätze befinden sich einige hundert Meter nach der Grenzwiese in Richtung Bad Tabarz und von dort führen ebenfalls Wanderwege zum Großen Inselsberg.

Hans guck in die Luft

Bad Tabarz (ca. 4000 EW) ist ein anerkannter Kneipp-Kurort, der bereits im 19. Jahrhundert für seine gute Luft bekannt war. So verbrachte der Psychiater und Schriftsteller Heinrich Hoffmann, bekannt für den Struwwelpeter, seine Sommerfrische zwischen 1884 und 1894 in Tabarz. Was lag also näher, als ihm ein würdiges Denkmal zu setzen? Zu einer Reise in vergangene Kindertage lädt die **Märchenwiese im Lauchagrund** ein. Aus Holz und bunt bemalt finden sich die Figuren aus dem gleichnamigen Kinderbuch. Es schießt der Hase auf den Jäger und Paulinchen spielt mit dem Feuerzeug.

Eine kulinarische Empfehlung ist das *Restaurant und Café Anno 1700*. Ein liebevoll restauriertes Fachwerkhaus aus dem Jahr 1692 mit regionalem Weinangebot und passenden Speisen. Am Nachmittag genießt man selbstgebackenen Kuchen und Kaffee *(Anno 1700, 99891 Bad Tabarz, Inselsbergstraße 83, 036259/739111, www.anno1700-tabarz.de; Öffnungszeiten: Mo Ruhetag, Di-So 14-17 Uhr Kaffee, Di-Sa ab 18 Uhr Abendservice, So ab 12 Uhr Mittagservice).*

(094) Offizieller WOMO-Stellplatz: Bad Tabarz

GPS: N 50°52'40.8" E 10°31'12.1", Karl-Kornhaß-Str. 21, www.womo-stellplatz-badtabarz.de. **Max. WOMOs**: 15.

Öffnungszeiten: Ganzjährig.

Ausstattung: VE, Strom gegen Gebühr, barrierefreies Sanitärgebäude.

Beschreibung: Der neu angelegte Platz liegt am Ortsrand in unmittelbarer Nähe zum Erlebnisbad Tabbs. Der Ortskern mit Supermarkt und Bäcker sowie die Thüringer Waldbahn sind in 500 m zu erreichen. Der Platz ist mit Rasen bewachsen, aber trotzdem gut befahrbar und teilweise schattig.

Preise: Ca. 20 € für 2 Personen und WOMO.

Zufahrt: Achtung! Über die Inselsbergstraße auf die B88 fahren und rechts Richtung Tabarz wieder verlassen, der Beschilderung des TABBS folgen. Über die Reinhardsbrunner Straße erreicht man nun die Karl-Kornhaß-Straße.

Das Wanderwegnetz um Bad Tabarz ist vielfältig und verfügt über eine Länge von mehr als 150 Kilometern. Daher ist es ratsam, vorher die **Tourist-Information** aufzusuchen, um sich zwischen Inselsbergtour, Tabarzer Vulkansteig, Kneipp-Kurmeile und weiteren Möglichkeiten entscheiden zu können (N 50°52'29.1" E 10°30'49.3"; *Tourist-Information, 99891 Bad Tabarz, Lauchagrundstr. 12a, 036259/5600, www.bad-tabarz.de/touristinfo; Öffnungszeiten: Mo-Fr 10-12:30 Uhr und 13-17 Uhr, Sa 10-14 Uhr).*

Die Tourist-Information befindet sich bereits fast im Tabarzer Paradestück – dem märchenhaften **Lauchagrund**, der eines der schönsten Täler Thüringens ist. Steil ragen links und rechts die rötlichen Wände der Porphyrfelsen Richtung Himmel. Von hier gelangt man über den Lauchagrundweg zur Massemühle und von dort führen zahlreiche Wegweiser zu den Schönheiten dieser eindrucksvollen Gegend. Die mystischen Namen der Türme und Wände dieses fast alpinen Felsmassivs spiegeln das Reizvolle der Ziele wieder. Gickelhahnsprung, Hexenbank, Aschenbergstein, Backofenlöcher, Torstein, Roter Turm und Hirschstein sind die erwanderbaren Pflichtziele, die Sie sich nicht entgehen lassen sollten.

Der Torstein im Lauchagrund

Der Lauchagrund mit seinen 26 Felsen ist ein weites **Betätigungsfeld für Kletterer** aller Erfahrungsstufen. Das rote Porphyrgestein ist überwiegend fest und daher bestens geeignet. Die Bandbreite reicht von Plattenkletterei an der Angstwand über steile Routen an Teufelsgrat und Habichtskopf bis zu den Zweiseillängen-Touren am Aschenbergstein.

Für mutige Kletterneulinge gibt es den **Kletterwald**. Dort springt man aus den Baumwipfeln ins Netz oder balanciert in schwindelerregender Höhe über schwankende Seile. 7 Parcours mit mehr als 80 Elementen laden dazu ein, seinen Mut zu testen *(Fun-Kletterwald, 99891 Bad Tabarz, Am Datenberg, 036259/189834, www.kletterwald-tabarz.de; Öffnungszeiten: Mitte März bis Anfang Nov täglich ab 10 Uhr bis zum Sonnenuntergang, Eintritt).*

Auf dem Aschenbergstein mit Blick zum Großen Inselsberg

Genug Höhenluft geschnuppert? Dann ist es Zeit für eine Reise unter die Erde. Ob vom Stellplatz aus mit der Thüringer Waldbahn, zu Fuß oder mit dem WOMO – es ist alles möglich, um zur **Marienglashöhle** zu gelangen. Auf der B88 in Richtung Gotha und noch vor Friedrichroda führt ein kurzer Fahrweg zum großen Parkplatz und dem Waldgasthaus St. Marien (N 50°51'53.2" E 10°32'34.4"). Von April bis Oktober taucht man täglich von 10 bis 17 Uhr in die kristallene Unterwelt ab, die ein ehemaliges Gipsbergwerk ist. Der Gips, der so bescheiden Risse im Putz füllt oder sich geduldig zu Stuckverzierungen formen lässt, kann auch zu fast einem Meter langen, wasserklaren Nadeln auskristallisieren – diese nennt man Marienglas. Das Herzstück ist die effektvoll beleuchtete **Kristallgrotte**, die zu einer der schönsten Kristallhöhlen Europas gehört.

Wir verlassen die Gegend um den Thüringer Wald und haben nach etwa 15 Kilometer die ehemalige Residenzstadt Gotha erreicht.

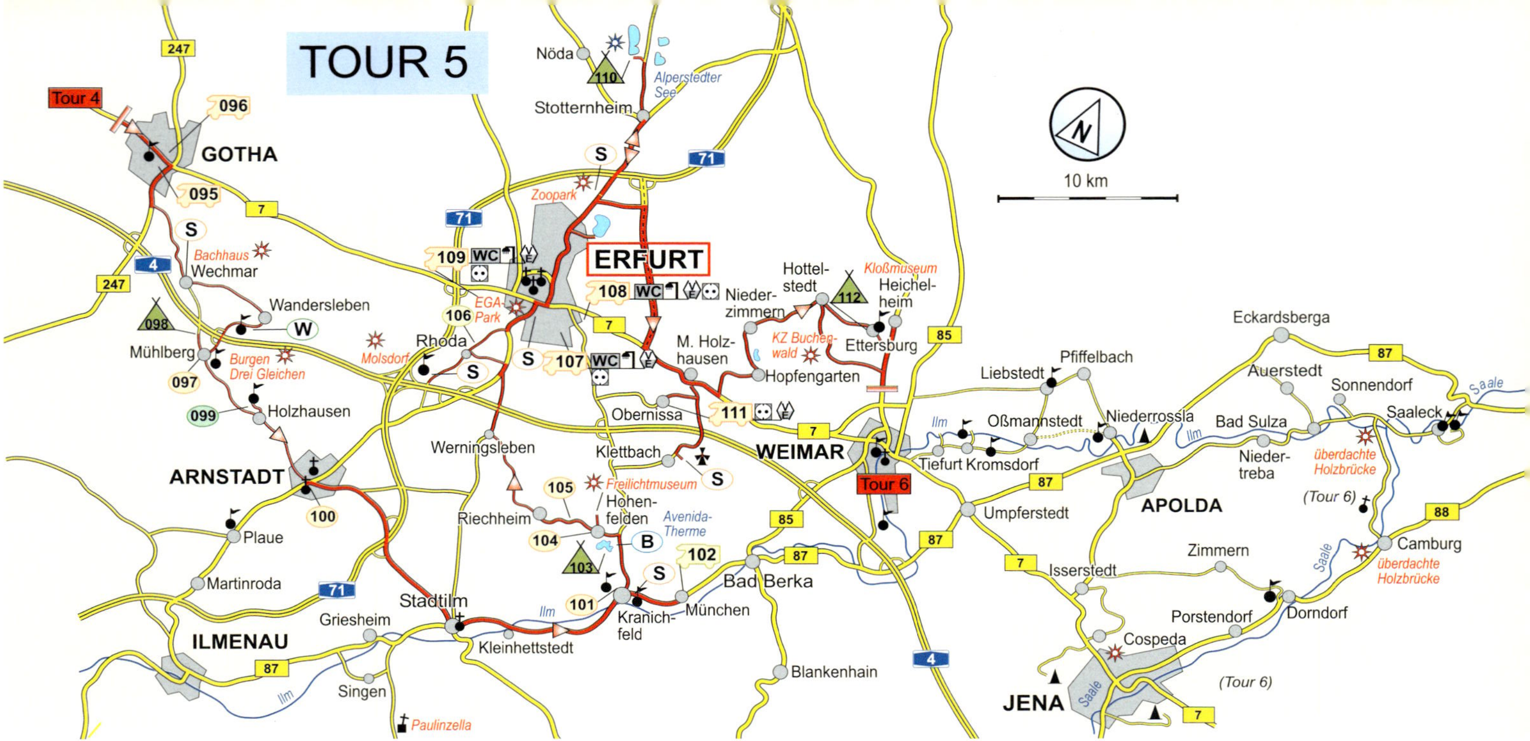
TOUR 5
Tour 4
096
GOTHA
095
S
Bachhaus
Wechmar
Wandersleben
W
098
Mühlberg
Burgen
Drei Gleichen
097
099
Holzhausen
Molsdorf
ARNSTADT
100
Plaue
Martinroda
ILMENAU
Griesheim
Singen
Paulinzella
Stadtilm
Kleinhettstedt
Nöda
110
Alperstedter See
Stotternheim
Zoopark
ERFURT
109
WC
EGA-Park
106
Rhoda
107
108
Nieder-zimmern
Hottel-stedt
112
Kloßmuseum
Heichel-heim
Ettersburg
KZ Buchen-wald
Hopfengarten
M. Holz-hausen
Obernissa
111
Werningsleben
Klettbach
Freilichtmuseum
105
Hohen-felden
Riechheim
104
103
Avenida-Therme
B
102
101
Kranich-feld
München
Bad Berka
Blankenhain
WEIMAR
Tour 6
Tiefurt
Kromsdorf
Ilm
Oßmannstedt
Liebstedt
Pfiffelbach
Niederrossla
APOLDA
Umpferstedt
Isserstedt
Zimmern
Cospeda
Porstendorf
Dorndorf
JENA
Saale
(Tour 6)
Eckardsberga
Auerstedt
Bad Sulza
Nieder-treba
Sonnendorf
Saaleck
überdachte Holzbrücke
Camburg
10 km
N
247
7
4
71
85
87
88

Tour 5: Von Burgen und Schlössern 170 km

Gotha – Die Burgen Drei Gleichen – Arnstadt Kranichfeld – Hohenfelden – Erfurt – Ettersburg

Stellplätze: Gotha, Mühlberg, Wachsenburg, Arnstadt, Kranichfeld, Rittergut München, Hohenfelden, Riechheimer Berg, Roda, Erfurt, Obernissa

Campingplätze: Drei Gleichen, Hohenfelden, Alperstetter See, Ettersburg

Besichtigen: Gotha, Bach-Stammhaus Wechmar, Burg Gleichen, Mühlburg, Wachsenburg, Arnstadt, Oberschloss und Niederburg Kranichfeld, Freilichtmuseum Hohenfelden, Schloss Molsdorf, Erfurt, Schloss Ettersburg, Thüringer Kloß-Welt Heichelheim, KZ Buchenwald

Essen: Eiscafé *La Gondola* in Arnstadt, Gasthaus *Zum Burgkeller* in Arnstadt, *Arnstädter Waffelstübchen*, Gaststätte *Riechheimer Berg*, *Rittergut München*, *Waldhaus Roda, Restaurant Schloss Ettersburg, Kloß-Welt Heichelheim*

Wandern: Wanderungen zu den Burgen Drei Gleichen, Rundwanderweg Alteburg

Ganz egal, aus welcher Richtung man sich dem Zentrum von **Gotha** (ca. 45.000 EW) nähert – das alles überragende Schloss Friedenstein mit seinem weitläufigen Schlosspark weist den Weg zum Ausgangspunkt einer lohnenden Stadtbesichtigung. Zentrumsnah stehen zwei offizielle Stellplätze zur Verfügung.

(095) Offizieller WOMO-Stellplatz: Gotha, Marstall

GPS: N 50°56'38" E 10°42'31", Parkallee 1. **Max. WOMOs**: 3.
Öffnungszeiten: Ganzjährig.
Ausstattung: Keine.

Beschreibung: Im vorderen Bereich eines Parkplatzes, zentrumsnah und gegenüber von Schloss Friedenstein. Der Untergrund ist eben, aber nicht schattig. Der Platz eignet sich für einen Stadtbummel.
Preise: Kostenlos.
Zufahrt: Zufahrt über Puschkin- und Parkallee.

(096) Offizieller WOMO-Stellplatz: Gotha, Brückenstraße

GPS: N 50°56'60" E 10°42'44", Brückenstraße. **Max. WOMOs**: 3-6.
Öffnungszeiten: Ganzjährig. **Ausstattung**: Keine.
Beschreibung: Auf einem Parkplatz, zentrumsnah und in der Nähe des Busbahnhofes. Der Untergrund ist überwiegend eben, aber nicht schattig. Der Platz eignet sich für einen Stadtbummel.
Preise: Kostenlos.
Zufahrt: Über den Mühlgrabenweg anfahren.

Rathaus Gotha

Als erstes begeben wir uns auf eine Erkundungstour in die Stadt. Vom Marstall aus durchqueren wir den nördlichen Teil des Englischen Gartens und vom Nordflügel des Schlosses blicken wir bereits auf die **Wasserkunst**. Einen Fluss sucht man in Gotha vergeblich und die Wasserversorgung der Stadt wurde bei wachsenden Einwohnerzahlen zum Problem. Eine technische Meisterleistung schaffte unter Leitung von Landgraf Balthasar Abhilfe. Von 1366-1369 wurde der Leinakanal angelegt, der das Wasser aus dem Thüringer Wald in die Stadt brachte. Seit 1895 thront die Wasserkunst auf dem Schlossberg und das Wasser sprudelt kunstvoll hinab. Zum Gothardusfest, das 2022 zum 600. Mal stattfindet, wird in einer Zeremonie die Wasserkunstsaison alljährlich eröffnet.

Weiter geht es die Treppen hinab in Richtung **Hauptmarkt**. Das knallrote **Historische Rathaus** teilt den oberen vom unteren Hauptmarkt. Es bildet den Mittelpunkt der Altstadt und wurde im 16. Jahrhundert einst als Kaufhaus gebaut. Rund um den Markt stehen reich gestaltete Bürgerhäuser und unterhalb des Rathauses befindet sich die Tourist-Information mit Shop *(Tourist-Information, 99867 Gotha, Hauptmarkt 40, 03621/510450, www.gotha-adelt.de; Öffnungszeiten: Mo-Fr 10-18 Uhr, Sa 10-16 Uhr, So/Feiertag 10-14 Uhr im Mai-Sep).*

Beim Schlendern in die eine oder andere Gasse gelangt man unter anderem auf den **Buttermarkt**, der, wie der Name bereits vermuten lässt, ein Handelsplatz für Molkereiprodukte und Fleisch war. Heute finden sich auf dem verträumten Platz

Die Wasserkunst und im Hintergrund das Schloss Friedenstein in Gotha

Cafés und Kneipen. Oder man steht vor dem Augustinerkloster, in dem Martin Luther predigte beziehungsweise vor der Margarethenkirche auf dem **Neumarkt**. Und zwischendrin finden sich in der belebten Fußgängerzone Geschäfte.

Schlossanlage Friedenstein

Das Schloss Friedenstein bildet gemeinsam mit dem Herzoglichen Museum und der Orangerie an seinem Fuße das **Barocke Universum Gotha**.

Schloss Friedenstein lässt wahrhaftig vergangene Jahrhunderte lebendig werden und ist eine der größten frühbarocken Schlossanlagen Deutschlands. Herausragende Exponate und prachtvolle Räume aus der Zeit des Barock, Rokoko und Klassizismus, in denen im Laufe der Zeit einige Geistesgrößen und Feldherren zu Besuch waren, lassen beim Rundgang staunen. Weitere Ausstellungen finden sich in den Bereichen Naturkunde (**Tiere im Turm**) und Kulturgeschichte (**Baustelle Geschichte**). Außerdem gilt es ein Juwel der Theatergeschichte zu entdecken – das älteste Barocktheater der Welt mit noch existierender und funktionierender Bühnentechnik. Es wurde 1687 errichtet. Dort wirkte der bedeutende Schauspieler Conrad Ekhof, weshalb es den Namen **Ekhof-Theater** trägt. Die kostbaren hölzernen Apparaturen müssen geschont werden, daher wird das Theater nur während des sommerlichen Ekhof-Festivals bespielt. Während der restlichen Zeit kann es als Theatermuseum besichtigt werden.

Die Schlossanlage wurde unmittelbar nach dem 30-jährigen Krieg von Herzog Ernst I. von Sachsen-Gotha, auch der Fromme genannt, von 1643 bis 1656 auf einem Plateau der Stadt erbaut. Der Herzog läutete ein neues Zeitalter ein und gab dem Schloss einen symbolträchtigen Namen: **Friedenstein**. Er erließ Reformen zum Wohle seiner Untertanen und legte nicht nur die Kunstkammer an, sondern bildete damit den Anfang der vielfältigen Sammlungen. Seine Nachfahren gestalteten die Residenz weiter und häuften viele Kunstschätze an. So unterschiedlich deren Interessen auch waren, den Sammeleifer hatten alle gemeinsam. Einer der Herzöge legte eine

Blick über den Schlosspark zum Herzoglichen Museum in Gotha

der ältesten Ägypten-Sammlungen an, ein anderer beschaffte Korkmodelle aus Italien und wieder ein anderer Lackkunst aus Japan. Dazu kommen Sammlungen von Fächern oder auch von Porzellan. Ein Großteil dieser Exponate werden im **Herzoglichen Museum** präsentiert, das Herzog Ernst II. Ende des 19. Jahrhunderts unterhalb des Schlosses errichten ließ. Eingerahmt werden die historischen Gebäude von einer prächtigen und vielfältigen **Parklandschaft im englischen Stil**. Den Schlosspark legte ebenfalls Herzog Ernst II. an, wobei er die riesige Wehr- und Befestigungsanlage, die das Schloss umgab, teilweise zuschütten ließ. Sie gehörte zu einer der stärksten barocken Anlagen Mitteldeutschlands. Die **Kasematten** sind ein unter dem Park liegendes Labyrinth. Sie können während einer einstündigen Führung besichtigt werden. Dabei entdecken Sie auf 300 Metern Schartenkammern, Büchsengalerien, Hinterwehre und vieles mehr. Die Buchung findet über die Tourist-Information statt, da die Teilnehmerzahl der Führungen begrenzt ist.

Nach dem Schlossbesuch kehren wir in das unmittelbar angrenzende **Pagenhaus** ein und genießen in tollem Ambiente gehobene Thüringer Küche *(Schloss Friedenstein und Herzogliches Museum, 99867 Gotha, Schlossplatz 1, 03621/82340, www.stiftungfriedenstein.de; Öffnungszeiten: April-Okt Di-So 10-17 Uhr, Nov-März Di-So 10-16 Uhr, Eintritt).*

Südöstlich von Gotha erwartet uns eine Bilderbuchlandschaft, die von drei Landgrafenburgen geprägt wird. Sie thronen auf drei Bergkegeln und sind namensgebend für die Drei-Gleichen-Region. Wir fahren gemütlich auf der L1045 nach **Wechmar** (ca. 3.000 EW) und sind gespannt auf die Burgen am Horizont.

Bachhaus in Wechmar

Seit Mühlhausen und Eisenach wissen wir bereits, dass Thüringen die Heimat eines der größten Genies der europäischen Musikgeschichte ist – die von Johann Sebastian Bach. Seine Musik gilt vielen als himmlisch, wobei sein Leben dies ganz und gar nicht war, denn er musste zahlreiche Schicksalsschläge erleiden. Fast die Hälfte seines Lebens verbrachte er in Thüringen, dem Land, in dem der Großteil seiner Verwandten lebte. Wechmar, der Ort an der Apfelstädt, ist der, der als **Bach-Stammort** gilt. Im alten Oberbackhaus in der Bachstraße vier nahm alles seinen Ursprung. Es ist die älteste und in weiten Teilen original erhaltene Wirkungsstätte der Urväter der Bachfamilie, die hier um das Jahr 1600 das Bäckerhandwerk betrieben. Veit Bach, der Ur-Ur-Großvater Johann Sebastians, war es, der den Grundstein zur musikalischen Begabung seiner Kinder legte. In Wechmar beginnt also die Geschichte der größten und berühmtesten Musikerfamilie aller Zeiten.

Mit der Einrichtung des **Bachhauses** (N 50°53'30.0" E 10°46'37.7") als kleines Museum und Gedenkstätte wird dieser Tatsache Rechnung getragen. Es werden vor allem Exponate zum Leben und Wirken dieser Zeitspanne gezeigt. Besonderes Augenmerk fällt immer wieder auf die umfangreiche Ahnentafel der Bachfamilie.

Veit Bach spielte eine Cythringe, ein Zupfinstrument, das als Vorgänger der heutigen Zitter gilt. Er nahm es gerne mit in die Mühle und spielte zum Takt des Mühlrades. Die **Veit-Bach-Mühle** in der Mühlenstraße zwei erreicht man am besten zu Fuß. Sie ist ein besonderes Schmuckstück und sollte ursprünglich zur Jahrtausendwende abgerissen werden. Dabei entdeckte man jedoch eine originale Thüringer

Bohlenstube aus dem Jahr 1585. Der Abriss wurde gestoppt und das Gebäude im Zustand von 1685 restauriert. Nach Voranmeldung im Bach-Stammhaus kann sie von innen besichtigt werden *(Bach-Stammhaus, 99869 Wechmar, Bachstraße 4, 036256/22680, www.bach-stammhaus-wechmar.de; Öffnungszeiten: Di+Do 10-16 Uhr, Eintritt).*

Der Parkplatz des Bach-Stammhauses ist ein idealer Einstieg in die **Bach-Rad-Erlebnisroute**, die entlang der Lebensstationen des Musikers, vorbei an den stolzen Burgen, durch charmante Fachwerkorte und über sanfte Hügel die Landschaft durchquert. Auf einer Strecke von etwa 54 Kilometern verbindet sie Wechmar, Arnstadt, Crawinkel und Ohrdruf.

Die große Burganlage der Burgruine Gleichen

Weiter geht es nach Wandersleben und wir werden von zwei der **Drei Gleichen** begrüßt. Burgruinen, die jeweils auf einer eigenen Hügelkuppe im sonst flachen Vorland des Thüringer Waldes weit über das Land schauen und eigentlich so gar nicht gleich sind. Was daran liegt, dass die Bezeichnung auf den keltischen Begriff „glich" zurückgeht, der für „Felsen" steht und auf eine topografisch ähnliche Situation der Burgen hinweist. Das Gleiche ist demnach, dass alle drei Burgen unabhängig voneinander auf einem kegelförmigen Berg erbaut wurden und nicht etwa eine ähnliche Gestalt aufweisen.

Die Mühlburg und die Wachsenburg, durch die Senke der Burgleite verbunden, erheben sich südlich der Autobahn. Erst nachdem wir den Kaffberg nördlich umfahren haben, erspähen wir dahinter die dritte, die **Burg Gleichen**. Sie ist die größte der drei Burganlagen und wurde 1034 erstmals erwähnt, allerdings im 16. Jahrhundert dem Verfall preisgegeben. Die Burgruine

Gleichen ist eine Ringburg und sämtliche Bauten reihen sich entlang der Mauer aneinander. So auch der Turm im südöstlichen Bereich, der nach einem Brand im 14. Jahrhundert auf knapp 19 Meter erhöht wurde und nun als **Aussichtsturm** und naturkundliches **Museum** genutzt wird. Von April bis Oktober ist das Gelände täglich von 10-18 Uhr geöffnet.

Im ehemaligen Vorwerk der Burg ist heute das Gästehaus Freudenthal untergebracht. Auf dem nebenan befindlichen Wanderparkplatz (N 50°53'0.4" E 10°50'36.1") stellen wir das WOMO ab und gelangen auf einem kurzen, steilen Weg zur Burgruine.

Mühlberg (ca. 1.200 EW) ist das älteste Dorf Thüringens und während der **Mühlberger Runde** von etwa 2,5 Kilometern schlendert man durch verträumte Gässchen, vorbei an Mühlen, wunderschönen Fachwerkhäusern und hinauf zur **Mühlburg**. Auf dem großen Platz vor der **Kulturscheune** parken wir das WOMO [**097**: N 50°52'06.1" E 10°49'41.4"] und besuchen die Tourist-Information mit dem Geo-Informationszentrum, bevor wir die Runde durch den Ort zur Burg drehen *(Geopark- und Tourist-Information, 99869 Mühlberg, Thomas-Müntzer-Str. 4, 036256/22846; Öffnungszeiten: April-Okt Mi-So 10-17 Uhr, Nov-März Mi-So 10-16 Uhr).*

Die Mühlburg ist nicht nur die älteste der Drei Gleichen, sondern sogar die älteste Burg Thüringens. Sie wurde erstmals im Jahr 704 urkundlich erwähnt und trotz ihrer wehrtechnisch gut ausgerüsteten Anlage verfiel sie ab dem 17. Jahrhundert zunehmend,

Die Mühlburg ist die älteste der Drei Gleichen

überdauerte aber bis heute als Ruine. Die Aussicht ist auf dem gesamten Bergrücken beeindruckend und vom **Turm** schauen wir zur Wachsenburg und zur Burg Gleichen hinüber.

Das kleine **Museum** informiert über die Töpferei im Mittelalter und ein Imbiss mit Kaffee, Kuchen und Eis wird zu den Öffnungszeiten (März-Okt: Mo-Fr 10-16 Uhr und Sa/So 10-18 Uhr) angeboten. Das Gelände ist jedoch jederzeit frei zugänglich. An der Straße nach Wechmar liegt ein kleiner und idyllischer Campingplatz.

(098) WOMO-Campingplatz: Mühlberg, *Drei Gleichen*

GPS: N 50°52'29.7" E 10°48'33.2", Campingplatz 1. www.camping-drei-gleichen.de.
Tel: 036256/22715;
Öffnungszeit: Ganzjährig.
Ausstattung: VE, Strom, 125 Plätze für WOMOs, Rasenplätze, moderne Sanitäreinrichtungen, Waschmaschine, Trockner, Kiosk, Brötchen- und Bratwurst-Service, Grillplatz, Spielplatz, Müllentsorgung.
Beschreibung: Der Platz liegt in direkter Anbindung an Wander- und Radwege. Mit dem Rad erreicht man nach 14 km Gotha. Die Stellplätze sind großzügig angelegt, teilweise schattig und werden in Standard- und Komfortplätze unterschieden. Es ist ein gemütlicher und naturnaher Platz zum Wohlfühlen.
Preise: Ca. 30-35 € für 2 Personen und WOMO.
Zufahrt: Auf der B19 in Richtung Meiningen rechts zum CP abbiegen.

Nun wollen wir auch die dritte der Burgen auf ihrem Hügel erklimmen und fahren auf der L1045 nach Holzhausen, wobei die **Veste Wachsenburg** uns schon mit ihrem eindrucksvollen Burgpanorama empfängt. Im Ort zweigt ein Fahrweg nach links zur Veste ab und wir parken das WOMO auf dem großen Platz [**099**: N 50°51'21.2" E 10°52'32.7"]. Verschiedene Wege führen auf kurzer Strecke hinauf, wie auch zum Alabastersteinbruch mit Picknickplatz. Die Wachsenburg, einst als Klosteranlage errichtet, ist die am besten erhaltene Burg der Drei Gleichen. Obwohl sie durch die zahlreichen Umbauten viel von ihrem einstigen mittelalterlichen Charakter einbüßen musste, konnte sie als geschlossenes Bauwerk erhalten werden. Heute ist sie in Privatbesitz und wird als Hotel und Restaurant genutzt *(Veste Wachsenburg, 99334 Amt Wachsenburg, Wachsenburg 1, 03628/74240, www.wachsenburg.com; Besuchszeiten: Mi-Sa 11-20 Uhr, So 11-16 Uhr, Gastronomiezeiten: Mi-Sa 11-21 Uhr, So 11-16 Uhr).*

Der weite Blick von der Wachsenburg

Eine fast kerzengerade Obstbaumallee führt uns über sanft geschwungene Hügelrücken nach **Arnstadt** (ca. 27.000 EW). Das beschauliche Kreisstädtchen muss man durchschlendert haben, und nicht nur, weil hier Musikgeschichte geschrieben wurde.

Der Ruhm als **Bachstadt** geht auf die erste Anstellung Johann Sebastian Bachs als Organist in der Neuen Kirche (heute Bach-Kirche) zurück. Von seinem 18. bis 22. Lebensjahr war er als junger und „wilder" Musiker in Arnstadt unterwegs, verlängerte eigenmächtig seinen Urlaub, prügelte sich mit einem Chorschüler auf dem Marktplatz und traf sich wahrscheinlich mit seiner Maria Barbara in der heutigen Bachkirche. So wundert es nicht, wenn man das jugendlich-lässige Bachdenkmal auf dem Marktplatz entdeckt, das zu seinem 300. Geburtstag enthüllt wurde und seitdem zu lebhaften Diskussionen führt.

Indessen parkt man das WOMO Am Wollmarkt und macht sich auf in Richtung Innenstadt [**100**: N 50°50'01.1" E 10°57'14.1"]. Vorbei an der **Schlossruine Neideck** und dem **Schlossmuseum** mit der weltweit einzigartigen Miniaturstadt mon plaisir, diversen Porzellanseltenheiten sowie der multimedialen Bachausstellung, gelangen wir zur **Bach-Kirche**. Bach wurde als 18-jähriger im Jahr 1703 nach Arnstadt eingeladen, um die neue Wender-Orgel zu prüfen und blieb insgesamt vier Jahre hier.

Burgruine Neideck

Wender-Orgel in Arnstadt

Unstimmigkeiten mit seinen Vorgesetzten veranlassten ihn jedoch eine Organistenstelle in Mühlhausen anzunehmen. Die prachtvolle Wender-Orgel, auf der Bach spielte, erklingt noch heute zu zahlreichen Konzerten.

Der **Marktplatz** mit seinem **Rathaus**, einem prachtvollen Renaissancebau mit reich geschmückten Giebeln und einem verschwenderisch verzierten Portal mit Stadtwappen, beherbergt eine gut ausgestattete Tourist-Information *(Tourist-Information, 99310 Arnstadt, Markt 1, 03628/602049, www.arnstadt.de; Öffnungszeiten: Mo-Fr 10-17 Uhr, Sa 10-15:30 Uhr, Feiertag 10-17 Uhr)*. Obwohl einem Stadtbrand 1581 zahlreiche Häuser zum Opfer fielen, finden sich am Marktplatz noch einige alte Brau- und Bürgerhäuser, die wir bestaunen. Eine kurze Pause legen wir in einem italienischen Eiscafé ein und planen den Rundweg zum **Alteburgturm** oberhalb der Stadt, für den es in der Tourist-Information einen Flyer gibt, damit man auch keinen der weiteren Ausblicke verpasst.

Eine Leckerei im Eiscafé

Rundwanderweg Alteburg

Bereits Goethe wusste: „Arnstadt hat auf allen Seiten reizende Spaziergänge." – und vielleicht meinte er die Wege auf der Alteburg, einem Höhenplateau im Süden der Stadt, das auch heute noch ein beliebtes Ausflugsziel ist.

Vom Marktplatz geht es zum Neutorturm und anschließend stetig hinauf. Man erreicht nach etwa 1 km das erste Highlight – den **Alteburgturm**. Der leichtere Aufstieg gelingt über den Fuhrmannsweg. Im ansässigen Berggasthaus bekommt man den Turmschlüssel und steigt die Stufen zur Rundumaussicht über Arnstadt und die herrliche Gegend hinauf. Auch die Drei Gleichen entdecken wir am Horizont. Unterhalb des Turmes beginnt ein ausgeschilderter Weg, der uns an weitere Ausblicke bringt. Der etwa 4 km lange Claus-Eichel-Weg führt zum **Schneckchen** und **Kreuzchen**. Beides kleinere Aussichtstürme, die sich im Waldgebiet der Alteburg befinden und lohnende Ziele sind. Im Schatten von Schwarzkiefer, Douglasie und Weymouthskiefer wandern wir auf schmalen Pfaden. Nach dem Kreuzchen besteht die Möglichkeit den Claus-Eichel-Weg nach rechts zu verlassen und über die Schwedenschanze etwas abzukürzen.

Arnstadt ist nicht nur Bachstadt. Sie zählt mit ihren 1.300 Jahren zu den ältesten Städten Thüringens und bei einem Bummel durch die historische Innenstadt gibt es zahlreiche Spuren der vergangenen Jahrhunderte zu entdecken. Nicht nur die Häuser am Markt, auch Fachwerk, Barock und die Architektur der Renaissance mischen sich in diesem schönen Städtchen. Nicht unerwähnt sollte die gute gastronomische Versorgung bleiben. Wie zum Beispiel das *Arnstädter Waffelstübchen* am Holzmarkt, das ein leckeres Frühstück kreiert. Die Spezialität des Hauses sind selbstverständlich frische Waffeln aller Art. Für eine herzhafte Mahlzeit, wie ein zünftiges Rostbrätel, gehen Sie in eines der ältesten Gasthäuser – in das *Gasthaus zum Burgkeller*.

Kranichfeld (ca. 3.200 EW), im mittleren Ilmtal gelegen, wirbt seit den 1990er Jahren mit dem Slogan **Zwei-Burgen-Stadt**. Aber weshalb hat die kleine Stadt an der Ilm gleich zwei Burgen? Beschäftigt man sich näher mit der Geschichte von Kranichfeld stellt man fest, dass es sogar einst fünf Burgen gab. Von der Enzen- und Schleussenburg sowie der Burg Neues Mahl ist nicht mehr viel übrig geblieben, aber dafür gibt es viel auf dem Oberschloss und der Niederburg zu bestaunen. Bei Kranichfeld kreuzten sich einige Handelsstraßen, war deshalb eine bewegte Gegend und die Slawen nicht weit.

Das Oberschloss in der Zwei-Burgen-Stadt Kranichfeld

Die herrliche Weitsicht vom Turm des Oberschlosses in Kranichfeld

Um die Grenzen zu schützen, siedelte man Menschen an, die wehrhaft waren und sich zu verteidigen wussten. So zeigte jeweils eine Burg rechts und links der Ilm ihre abschreckende Wirkung.

Ein steiler, genügend breiter, gepflasterter Fahrweg leitet uns 800 Meter hinauf zum **Oberschloss**, der größten und bedeutendsten Anlage [**101**: N 50°51'05.7" E 11°11'31.3"]. Nach dem Vorbild der Thüringer Landgrafenburgen wurde das Schloss im 12. Jahrhundert erbaut, wobei die heutige Außengestalt durch den Renaissanceumbau nach 1530 geprägt wurde. Durch zusätzliche Erker und Giebel verschwand das mittelalterliche Erscheinungsbild. Aus dieser Zeit stammt auch das Wahrzeichen – der Leckarsch. Was es damit auf sich hat und weshalb diese Figur in einer anstößigen Stellung angebracht wurde, erfahren Sie während des Schlossbesuches. Heute ist das Oberschloss mit einem Aussichtsturm, Ausstellungsräumen, einer Kapelle und dem Palas ein beliebtes Ausflugsziel *(Oberschloss, 99448 Kranichfeld, Am Oberschloss, 036450/39699; Öffnungszeiten: März-Oktober Di-So 11-16 Uhr, Eintritt).*

Niederburg mit Falkenhof

Auf dem Gelände der **Niederburg** wartet eine Besonderheit auf uns – der Riesenseeadler, der größte Adler der Welt. Ursprünglich auf Burg Greifenstein zu Hause, zog der Adler- und Falkenhof Schütz vor etwa 15 Jahren in die Niederburg ein. Während der Flugvorführungen, die täglich außer Montag von 15 bis 16 Uhr stattfinden, sind Adler, Falken, Eulen und weitere Greifvögel hautnah zu beobachten (N 50°51'05.4" E 11°12'33.3").

Das Rittergut München im Weimarer Land

Nicht nur in Bayern gibt es ein **München,** sondern auch im Weimarer Land Thüringens. Am Rande des Ortsteils von Bad Berka habe ich etwas Besonderes gefunden. Ein über 300 Jahre alter **Gutshof** wurde kürzlich stilvoll restauriert und hat nicht nur Platz für Erholung und Entspannung geschaffen, sondern wartet ebenso mit leckerem Essen auf. Während die Kleinen im Gehege mit den Tieren oder auf dem Spielplatz mit Spiderman und Co. beschäftigt sind, können die Großen bei Kaffee und Kuchen das reizende Ambiente genießen. Im Hofladen gibt es außerdem hochwertige Produkte aus der Region und in der Brasserie Essen für verwöhnte Gaumen.

Der **Ilmtal-Radweg** befindet sich in unmittelbarer Nähe und gerne darf auf dem großen Parkplatz vor dem Rittergut im WOMO übernachtet werden *(Rittergut München, 99438 Bad Berka/OT München, Tonndorfer Str. 3-4, 036458/633559, www.rittergutmuenchen.com; Öffnungszeiten: Hofladen Mi-So 11-17 Uhr, Brasserie Do+Fr 17:30-22:30 Uhr, Sa 11:30-22:30 Uhr, So 11:30-16 Uhr).*

(102) WOMO-Gaststättenplatz: Bad Berka, Rittergut München

GPS: N 50°52'16.8" E 11°15'10.7", Tonndorfer Str. 3-4. **Max. WOMOs**: 2-3.
Ausstattung: Keine.
Beschreibung: Der Platz des Rittergutes ist geschottert und teilweise schattig. Wanderwege und der Ilmtal-Radweg sind in unmittelbarer Nähe.
Preise: Kostenfrei.
Zufahrt: Auf der B87 in Richtung Bad Berka links abbiegen.

In den 1960er-Jahren wurde das Naherholungsgebiet Hohenfelden mit einem etwa 42 Hektar großen Stausee angelegt. Bereits zu dieser Zeit entstand der größte Campingplatz Thüringens. In den letzten Jahren hat sich die **Erlebnisregion Stausee Hohenfelden** (www.erlebnisregion-hohenfelden.de)

beachtlich gemausert und nicht nur einen Aktivpark mit Kletterwald für weitere Aktivitäten geschaffen, sondern auch Umbau- und Erweiterungsmaßnahmen an den Locations am See und Campingplatz vorgenommen.

(103) WOMO-Campingplatz: Hohenfelden

GPS: N 50°52'19.1" E 11°10'44.2", Am Stausee 9.
Tel: 036450/42081; www.campingplatz-hohenfelden.de.
Öffnungszeit: Ganzjährig.

Ausstattung: VE, Strom, Stellplätze für WOMOs in drei verschiedenen Kategorien vorhanden, moderne Sanitäreinrichtungen, Waschmaschine, Trockner, Kiosk, Gaststätte, Kinderspielplatz, Liegewiese, Volleyballfeld, Tischtennis, Anglerwiese, Müllentsorgung.
Beschreibung: Der große Platz liegt direkt am Stausee und in einem großen Waldgebiet. Unweit befinden sich der Aktivpark und das *Haus am See*. Campingplatznutzer erhalten verbilligten Eintritt in die Avenida-Therme, die etwa 1 km entfernt ist.
Preise: Ca. 25-35 € für 2 Personen und WOMO.
Zufahrt: Von der L1052 kommend, vorbei am Aktivpark ist der CP bestens ausgeschildert.

Tagesgäste parken auf dem großen Parkplatz neben den Avenida-Thermen (N 50°52'41.4" E 11°11'12.2"), der bis 7,5 Tonnen zugelassen ist und nur zwischen 6 und 24 Uhr benutzt werden darf. Über ein Drehkreuz gelangen wir in den **Spiel- und Sonnenpark** mit Abenteuerspielplatz und großzügigen

Im Freilichtmuseum Hohenfelden

Liegewiesen, Imbiss und Bootsverleih. Am Sandstrand kann man hüllenlos oder auch textil schwimmen und relaxen oder die 30 Meter lange Wasserrutsche testen.

Nördlich des Stausees lädt das **Freilichtmuseum Hohenfelden** zu einer Zeitreise in die Welt unserer Vorfahren ein (N 50°53'18.0" E 11°09'50.2"). In mehr als 30 historischen Gebäuden kann man sich davon überzeugen, wie die Menschen früher in Thüringen lebten. Wie auch im Hennebergischen Kloster Veßra (Tour 11) wurden die Häuser von ihrem Originalstandort in das Freilichtmuseum umgesetzt, restauriert und eingerichtet. Eine Besonderheit ist die Bockwindmühle aus dem Jahr 1729, die am Mühlentag sogar in Aktion zu erleben ist.

Auf Zeitreise in Hohenfelden

Das Museumsgelände ist zweigeteilt und außer der Anlage hier am Eichenberg befinden sich weitere Gebäude direkt im kleinen Ort Hohenfelden (N 50°52'50.2" E 11°09'50.0"). Besonders reizend sind der Pfarrhof mit Pfarrgarten und Taubenturm. Ein ruhiges Plätzchen an einem reich ausgestatteten und schattigen Kinderspielplatz findet sich am südlichen Ortsrand.

(104) WOMO-Stellplatz: Hohenfelden, Spielplatz

GPS: N 50°52'35.0" E 11°09'44.9", Im Dorfe. **Max. WOMOs**: 2.
Ausstattung: Keine.
Beschreibung: Der Platz liegt am Ortsrand gegenüber der Feuerwehr und am angrenzendem Kinderspielplatz. Der Untergrund ist geschottert und teilweise uneben. Die Standorte des Freilichtmuseums im Ort sind leicht zu erreichen.
Preise: Kostenfrei.
Zufahrt: In den südlichen Ortsteil von Hohenfelden fahren.

Wir verlassen Hohenfelden in Richtung Westen und fahren auf Riechheim zu. Ein Hügelrücken liegt vor uns, der **Riechheimer Berg**, der mit seinen 514 Metern die höchste Erhebung im Weimarer Land ist. Die idyllische Gegend ist bei Wanderern beliebt und auf ruhigen Wiesen zwischen schattigen Kiefern lässt es sich gut picknicken. Auf kurzem Weg erreicht man nach etwa 800 Metern bergauf die Gaststätte *Riechheimer Berg*, die seit 1895 die Gaumen verwöhnt und auch wegen der exponierten Lage Wanderer und Radfahrer zur Rast anzieht *(Gaststätte Riechheimer Berg, 99334 Elleben/Riechheim, Riechheimer Berg 46, 036200/65644, www.gaststaette-riechheimer-berg.online; Öffnungszeiten: Di-So ab 10-18 Uhr).*

(105) WOMO-Stellplatz: Riechheimer Berg

GPS: N 50°52'27.8" E 11°07'51.6". **Max. WOMOs**: 2.
Ausstattung: Keine.
Beschreibung: Ein Wanderparkplatz mit geschottertem und leicht unebenem Untergrund. Es sind keine Schattenplätze vorhanden. Zahlreiche Wandermöglichkeiten sind gegeben, wie z.B. der MDR-Thüringen-Weg und der Wanderweg zur Gaststätte Riechheimer Berg.
Preise: Kostenfrei.
Zufahrt: Auf der Hauptstraße unmittelbar vor Riechheim in einer Linkskurve scharf rechts in den Parkplatz einbiegen.

Wir nähern uns zunehmend der wunderschönen Landeshauptstadt Thüringens. Sie ist die größte Stadt im Freistaat und geprägt durch einen der am besten erhaltenen mittelalterlichen Stadtkerne Deutschlands. Aber auch Erfurts Wald, am südlichen Stadtrand gelegen und über 1.000 Hektar groß, ist ideal für Wanderungen und sehr beliebt bei den Erfurtern. Allen voran das **Waldhaus** – Erfurts erste **Gasthausbrauerei**. Ihr Ruf eilt ihr voraus und deshalb legen wir einen Stopp vor den Toren Erfurts ein. Zudem gibt es täglich von 11 bis 21 Uhr warme italienische Spezialitäten und das hauseigene Bier selbstverständlich auch zum Mitnehmen [**106**: N 50°56'09.5" E 11°0'37.7"].

Das barocke Schloss Molsdorf des Grafen Gustav Adolf von Gotter

„Viva la joie" – Es lebe die Freude! Unter diesem Motto ließ der Reichsgraf Gustav Adolf von Gotter im 18. Jahrhundert eine Wasserburg aus dem 16. Jahrhundert zu einem Lustschloss umbauen. So entstand eine der schönsten barocken Schloss- und Gartenanlagen im Freistaat. Er besaß enge Kontakte zu den führenden Höfen seiner Zeit und konnte daher bedeutende Künstler gewinnen, die ein harmonisches Miteinander von Drinnen und Draußen arrangierten. 14 Jahre nannte Graf Gotter **Schloss Molsdorf** sein Zuhause, bis sein Traum platzte, denn er musste aufgrund seiner Verschwendungssucht das entstandene Kleinod verkaufen. Während einer Führung durch die historischen Räume versetzen wir uns in die Zeit des Grafen und schlendern anschließend auf den geschwungenen Wegen durch den Landschaftspark.

Ein Leckerbissen im wahrsten Sinne ist das neue *Park-Café* im Erdgeschoss des Schlosses. Handgemachte Torten und Blechkuchen und dazu erlesene Kaffeespezialitäten haben im Lustschloss einen passenden Rahmen gefunden *(Schloss Molsdorf, 99192 Erfurt OT Molsdorf, Schlossplatz 6, 036202/22085, www.thueringerschloesser.de; Öffnungszeiten: **Schlossmuseum** Di-So 10-18 Uhr, Führungen zu jeder vollen Stunde, Eintritt; **Café** Mi-So 11-17 Uhr).*

Zurück im WOMO auf dem Schlossparkplatz lassen wir die Eindrücke noch eine Weile auf uns wirken (N 50°54'02.9" E 10°57'44.8").

Viele und einzigartige Schönheiten erwarten uns in der altehrwürdigen und gleichzeitig quirligen Landeshauptstadt. **Erfurt** (ca. 214.000 EW) ist die größte Stadt Thüringens und als Mittelaltermetropole mit zahlreichen Kulturdenkmälern ein Tourismusmagnet sondergleichen. Einem Glücksfall ist es zu verdanken, dass der Altstadtkern heute zu einem der am besten erhaltenen in ganz Deutschland zählt. Eine geplante großflächige Bombardierung der Royal Air Force der Städte Nordhausen und Erfurt war für den 04.04.1945 geplant. Am Morgen standen allein 376 Bomber für die Zerstörung der Landeshauptstadt bereit. Während einige Stunden später die Stadt im Südharz massiv bombardiert wurde, tausende Opfer zu beklagen hatte und die Altstadt in Trümmern lag, blieb Erfurt verschont. Wie kam es dazu? Die US-Bodentruppen rückten zu diesem Zeitpunkt bereits von Gotha auf Erfurt zu und aus Sorge um die eigenen Soldaten stoppten die Amerikaner in letzter Minute den Luftangriff der Briten.

Unterwegs in der Erfurter Altstadt

Erfurt ist eine alte Stadt. Funde belegen bronzezeitliche, ja jungsteinzeitliche Besiedlung, als Gründungsdatum der Stadt an der Furt durch die Gera gilt indes das Jahr 742. An der alten Handelsstraße Via regia gelegen, entwickelten sich schnell Handel und Gewerbe, die strategische Bedeutung stieg. Die Stadt wurde stärker befestigt, was wiederum erhöhte Sicherheit für die Bürger bot. So hatte Erfurt im 15. Jahrhundert bereits 10.000 Einwohner. Was das Textilgewerbe, jedoch vor allem der Anbau des Färberwaids, seine Verarbeitung und die Gewinnung des Indigo in die Taschen der Bürger und damit natürlich auch des Klerus brachte, davon zeugt in Erfurt jedes Gebäude. Den Stadtrundgang beginnen wir am **Domplatz**. Dom und Severikirche, beide in hochragender Gotik, bilden ein unvergleichliches Paar. Die auch nur knappe Würdigung der reichen Innenausstattung würde Seiten füllen. Es sei nur auf die romanische Stuckmadonna im **Dom** und auf den gotischen Taufstein mit seinem Überbau in der **Severikirche** hingewiesen. Im Mittelturm des Doms hängt die Gloria. Sie ist die größte freischwingende, mittelalterliche Glocke der Welt. Sie ist die Königin aller Glocken, wurde 1497 gegossen und ist 11,45 Tonnen schwer. Die **Gloriosa** wird nur zu besonderen Anlässen geläutet. Beim Verlassen der Kirchen bietet sich vom Domberg ein herrlicher Blick über die Dächer der Altstadt, der wir uns in Richtung Osten zuwenden.

Auf dem Erfurter Fischmarkt

Der Anbau des Färberwaids brachte Reichtum

An der schmalen Südostseite des Domplatzes kommen wir an einem schmalen Giebelbau, dem ehemaligen Gasthaus *Zur Hohen Lilie*, heute *Hofbräu am Dom*, vorbei. Der Überrest eines Zisterzienserinnenklosters ist eines der ältesten Gasthäuser Europas. In der Mitte des Domplatzes schwenken wir rechts in die schmale Marktstraße (oder Sie machen vorher einen durchaus lohnenswerten Abstecher auf die **Festung Petersberg**, von der aus man zweifelsfrei den besten Überblick über die türmenreiche Landeshauptstadt hat). An der **Allerheiligenkirche** vorbei kommen wir auf den **Fischmark**, der im Mittelalter das gesellschaftliche Zentrum der Stadt war. Hier finden sich zwei der schönsten Erfurter Bürgerhäuser. Das **Haus Zum Breiten Herd** und das **Haus Zum Roten Ochsen**. Beide übersieht man zunächst, weil der Blick gefesselt wird vom prächtigen **Rathaus** mit den hohen Spitzbogenarkaden an der quergestellten Front. Der Fischmarkt ist einer der schönsten Plätze, an dem etliche Restaurants zum Verweilen einladen. Wir gehen links am Rathaus entlang und erreichen die einmalige **Krämerbrücke,** die Hauptattraktion der Altstadt. Zwar ist die Gera hier so flach, dass man sie zu Fuß druchschreiten könnte, aber die Händler dachten wohl auch an Hochwasserzeiten. Außerdem macht man Geschäfte am besten auf einer Brücke, die jeder überqueren muss. So finden wir auf der Krämerbrücke 32 Häuser, deren Gebäudestützen fast den steinernen Kern der Brücke verdecken.

Kreatives Lädchen auf der Krämerbrück in Erfurt

Evangelisches Augusitinerkloster

Am Ende steht die Ägidienkirche, die nach dem Brand von 1472 gotisiert restauriert wurde. Wir haben auf der Krämerbrücke die Gera überquert und stehen auf dem **Wenigemarkt**, der mit seinem quirligen Treiben den Eindruck eines italienischen Platzes vermittelt.

Durch die Meienbergstraße kommen wir, die **Kaufmannskirche** links liegen lassend, zum östlichen Ende des **Angers**, dem geschäftigsten Straßenzug, dem wir anschließend rechts, am **Lutherdenkmal** und der **Hauptpost** vorbei, nach Südwesten folgen. Den ehemals zentralen Waid- und Handelsmarkt, können wir an den verschiedenen Architekturstilen ablesen, und dass schon zu allen Zeiten in Erfurt Stadterneuerung betrieben wurde, weiß man spätestens am anderen Ende des Angers bei Ankunft an der **Wigbertkirche**. Denn wir haben so ziemlich alle Stilrichtungen von der Gotik des 13. Jahrhunderts bis zur neuen Sachlichkeit der Zwanziger Jahre erlebt. Vorbei an der Staatskanzlei, über die **Lange Brücke** und die **Arche** kehren wir zum Domplatz zurück.

Der kleine Rundgang durch die Stadt bietet nur einen kleinen Eindruck der zahlreichen Möglichkeiten. In der Tourist-Information erhalten Sie umfangreiche Ideen und Varianten der beliebten Stadtführungen und mannigfaltige Souvenirs *(Tourist-Information, 99084 Erfurt, Benediktsplatz 1, 0361/66400; Öffnungszeiten: Mo-Sa 10-18 Uhr, So/Feiertag 10-15 Uhr)*

Die Parkmöglichkeiten sind in der Innenstadt begrenzt. Daher zähle ich die bestehenden Möglichkeiten der Reihe nach auf. Die Straßenbahn bringt Sie von den Park and Ride-Parkplätzen bequem ins Zentrum (P&R Steigerwaldstadion N 50°57'30.8" E 11°02'13.9")

(107) Offizieller WOMO-Stellplatz: Erfurt, Park Trautmann

GPS: N 50°57'15.2" E 11°04'0.5", Rottenbachweg 11. **Max. WOMOs**: 20.
Tel: 0361/413980, www.caravan-erfurt.de.
Öffnungszeiten: Ganzjährig.
Ausstattung: VE (Entsorgung Marke Eigenbau), WC, Dusche gg. Gebühr,

Brötchenservice, Gasflaschentausch möglich, Müllentsorgung.
Beschreibung: Im Südosten von Erfurt am Herrenberg in ruhiger Lage mit Anbindung an die Straßenbahn, Einkaufsmöglichkeit in 200 m Entfernung. Der Platz ist videoüberwacht und umzäunt. Der Untergrund ist befestigt, teilweise Schatten vorhanden. Das Stadtzentrum ist 6 km entfernt. Die Reservierung ist online möglich.
Preise: Ca. 15 € für 2 Personen und WOMO.
Zufahrt: Über die Kranichfelder Straße erreicht man den Platz auf der rechten Straßenseite.

(108) Offizieller WOMO-Stellplatz: Erfurt, Campingpark

GPS: N 50°58'1.7" E 11°04'3.6", Rudolstädter Str. 83c. **Max. WOMOs**: 100.
Tel: 0176/95531746, www.campingpark-erfurt.de.
Öffnungszeiten: Ganzjährig.
Ausstattung: VE, Strom gg. Gebühr, barrierefreie Sanitäranlagen, Mietbäder, Trockner, Waschmaschine, Küchenbereich mit Kochstellen und Aufenthaltsraum, Brötchenservice, Minishop, Hundedusche, Müllentsorgung.
Beschreibung: Im Südosten von Erfurt am Ortsrand von Dittelstedt, ruhig gelegen, befindet sich der neue, moderne und privat geführte Campingpark. Der Untergrund ist befestigt, kein Schatten vorhanden. Eine Buslinie in die Stadt ist schnell erreichbar. Reservierung vorab möglich. Einkaufsmöglichkeiten in der Nähe.
Preise: Ca. 30-35 € für 2 Personen und WOMO.
Zufahrt: Vorbei am T.E.C. in die Rudolstädter Straße abbiegen.

Der **EGA-Park** ist für Garten- und Pflanzenliebhaber ein Muss. Ein Tag auf dem 6.000 Quadratmeter großen Gelände ist das, was Sie draus machen. Ein Kurzurlaub im Grünen oder ein Picknick mit der Familie. Bereits zu DDR-Zeiten wurde ein **Kinderspielplatz** angelegt und die Kleinen können sich auf vielfältige Weise austoben. Ein großes, abgestuftes Wasserplanschbecken lässt die erhitzten Gemüter im Sommer wieder abkühlen.

Im Skulpturengarten

Sonnenhut im EGA-Park Erfurt

(109) Offizieller WOMO-Stellplatz: Erfurt, Tor zur Stadt

GPS: N 50°57'21.9«, E 10°59'2.4«, Gothaer Straße 30. **Max. WOMOs**: 48.
Tel: 0361/65314820, www.erfurt-wohnmobil.de.
Öffnungszeiten: Ganzjährig.
Ausstattung: VE, Strom gg. Gebühr, Mehrzweckgebäude, barrierefreie Sanitäranlagen, Einzel- und Familienbäder gg. Gebühr, Trockner, Waschmaschine, Küchenbereich mit Kochstellen und Aufenthaltsraum, Rezeption, Müllentsorgung.
Beschreibung: Im Südwesten von Erfurt am Ortsrand von Hochheim und in direkter Anbindung zum EGA-Gelände, ruhig gelegen, befindet sich der neue, moderne Stellplatz *Tor zur Stadt*. Der Untergrund ist befestigt, kein Schatten vorhanden. Die Straßenbahn in die Stadt ist schnell erreichbar. Eine Reservierung ist angeraten.
Preise: Ca. 22-25 € für 2 Personen und WOMO.
Zufahrt: Richtung Messegelände und EGA fahren, gute Beschilderung.

Das Markenzeichen und zugleich Europas größtes ornamental bepflanztes Beet ist das **Große Blumenbeet**. Der Park bietet elf **Themengärten**, wie zum Beispiel den Rosengarten, den Japanischen Garten oder den Dahliengarten.
Neben dem **Deutschen Gartenbaumuseum** und einem 35 Meter hohen Aussichtsturm auf dem Gelände der historischen **Cyriaksburg** gibt es das neue **Wüsten- und Urwaldhaus**, in dem zwei Klimazonen auf einzigartige Weise aufeinandertreffen. In der Hauptsaison ist der EGA-Park von 9 Uhr bis Sonnenuntergang geöffnet.

Sonnenaufgangsstimmung am Alperstedter See

Im Norden der Landeshauptstadt leben auf 63 Hektar Fläche 940 Tiere aus aller Welt. Wir sind im **Thüringer Zoopark Erfurt**, dem drittgrößten wissenschaftlich geführten Zoo Deutschlands angekommen. Die Anlagen sind dem Lebensraum von Giraffe, Löwe und Bison nachempfunden und einige der Gehege sind sogar für die Besucher begehbar (N 51°01'13.9" E 11°01'34.3"; *Zoopark, 99087 Erfurt, Am Zoopark 1, 0361/6554151; www.zoopark-erfurt.de;* Öffnungszeiten: März-Okt 9-18 Uhr, Nov-Feb 9-16 Uhr, Eintritt).

Der Kiesabbau im Norden Erfurts hat einen Seebogen mit einer Gesamtlänge von neun Kilometern geschaffen, der sich nach und nach zu einem großen Naherholungsgebiet entwickelt. Die Seen sind durch Rad- und Wanderwege gut erreichbar. Baden, Tauchen, Surfen und Angeln sind am **Alperstedter** und **Stotternheimer See** möglich. Der erstgenannte ist der größte der Erfurter Seen und der Name bürgerte sich bereits vor Jahren ein, obwohl er näher an der Gemeinde Nöda liegt. Am Ostufer sind die Anlagen der Wassersportler angesiedelt und besonders harmonisch wirken die sechs schwimmenden Hütten des Maritimen Freizeitcamps.

(110) WOMO-Campingplatz: Nöda, ThürKies

GPS: N 51°04'10.19" E 11°02'23.1", Alperstedter Landstr. 1.
Tel: 0162/2133436; www.thuerkies-see-camping.de.
Öffnungszeit: April-November.
Ausstattung: VE, Strom gg. Gebühr, ca. 75 Stellplätze für WOMOs in zwei verschiedenen Parzellengrößen vorhanden, Sanitärcontainer, Brötchenservice, Kinderspielplatz, Liegewiese, Volleyballfeld, SUP-Vermietung, Müllentsorgung.
Beschreibung: Der 2021 neu entstandene Platz liegt direkt am 66 ha großen Alperstedter See und befindet sich weiterhin im Aufbau. Ein kleiner Sandstrand mit Badeaufsicht ermöglicht das Baden oder auch das Paddeln auf dem See. Am Abend gibt es Getränke an der Strandbar und am WE dazu Musik. Zu Fuß erreicht man am gegenüberliegenden Ufer das *Strandgut 33* – in dem man lecker speisen kann und von der Sonnenterrasse einen weiten Blick auf den See genießt.
Preise: Ca. 25-30 € für 2 Personen und WOMO.
Zufahrt: In Stotternheim in Richtung Alperstedt fahren. Auf der linken Straßenseite zu Beginn des Sees in den Campingplatz einfahren.

Die Tour führt uns nun auf der B7 in Richtung Osten durch Wiesen und Felder. Aus der Ebene erhebt sich links vor uns die abgeflachte Kuppe des Ettersberges, an dessen Rande ein mahnendes Denkmal an finstere Zeiten erinnert – Buchenwald. In Obernissa erreichen wir einen kleinen Stellplatz, der ein idealer Ausgangspunkt für Ausflüge ins Umland ist.

(111) Offizieller WOMO-Stellplatz: Obernissa, Lassek

GPS: N 50°57'12.0" E 11°08'55.0", Kalte Küche 7a. **Max. WOMOs**: 10.
Tel: 036203/50837. **Öffnungszeiten**: Ganzjährig.
Ausstattung: Grauwasserentsorgung, Strom gg. Gebühr, Wasser.
Beschreibung: Am nördlichen Ortsrand in völliger Ruhe gelegen. Der Platz wird privat von dem sehr netten und engagierten Betreiberehepaar Lassek betreut. Die Plätze stehen auf Wiesengelände zur Verfügung und sind teilweise schattig.
Preise: Ca. 12 € für 2 Personen und WOMO.
Zufahrt: In Obernissa die erste Straße rechts in die Kalte Küche einbiegen.

Ich entschied mich für einen Abstecher an die **höchstgelegene Bockwindmühle** Deutschlands. Sie wird seit 30 Jahren vom Mühlenverein Klettbach betreut und als Wahrzeichen der Gemeinde erhalten und ausgebaut. Leider traf der Orkan Zeynep kurz vor der Drucklegung dieses Reiseführers die Klettbacher schwer. Die Mühle hielt Zeynep nicht stand, brach um und wurde stark beschädigt.

In der großen Hoffnung, dass die beeindruckende Bockwindmühle wieder aufgebaut werden kann und viele Spendengelder zusammenkommen, behält sie trotz ihres momentanen Zustandes ihren Platz in meinem Reiseführer (N 50°55'02.0" E 11°09'37.4").

Wir legen einen Stopp auf dem Campingplatz in Ettersburg ein. Nördlich von Weimar gelegen eignet er sich bestens für Ausflüge nach Weimar und in die Region.

(112) WOMO-Campingplatz: Ettersburg

GPS: N 51°02'08.4" E 11°17'13.6", Badteichweg 1; www.camping-weimar.de.
Tel: 0176/22841464;
Öffnungszeit: April-Oktober.
Ausstattung: VE,+Strom gg. Gebühr, ca. 30 Stellplätze für WOMOs, moderne Sanitäranlagen, Waschmaschine, Brötchenservice, Imbiss mit Gartenterrasse, Schwimmbecken mit Wasserrutsche, Grill- und Feuerstelle, Müllentsorgung.
Beschreibung: In ruhiger Lage am nordwestlichen Ortsrand von Ettersburg gelegen, bietet der kleine, idyllische Platz Ruhe und Entspannung. Die Stellplätze stehen auf einer Rasenfläche zur Verfügung, Bäume spenden Schatten. Es gibt Spiel- und Bademöglichkeiten und Ausflüge nach Weimar (ca. 10 km), Schloss Ettersburg (ca. 1 km), Kloß-Welt (ca. 2 km), Gedenkstätte Buchenwald (ca. 3,5 km) sind zu Fuß oder mit dem Rad möglich.
Preise: Ca. 25-30 € für 2 Personen und WOMO.
Zufahrt: Auf der L1054 aus Richtung Weimar bzw. Buttelstedt kommend links nach Ettersburg abbiegen und am Parkplatz den Hinweisschildern erneut nach links folgen.

Klöße, Hütes oder Knölle? Die Thüringer Kloßmanufaktur in Heichelheim blickt auf eine 40-jährige Tradition zurück. Wen wunderts, dass hier die **Thüringer Kloß-Welt** entstanden ist. Dort erfahren wir alles rund um den Kloß und können sogar mit Voranmeldung an einem Kloß-Kochkurs teilnehmen – mit anschließendem Verzehr versteht sich. Aber auch ohne selbständiges Kochen werden die Gaumen mit Kloßgerichten verzaubert. Im **Museum** gibt es allerlei Kurioses und Besonderes rund um die Leibspeise der Thüringer zu entdecken. Die Heichelheimer nutzten den Stillstand der Coronaphase auf aktive Weise und erweiterten die Fahrzeugausstellung um eine originalgetreue Minol-Tankstelle. (N 51°02'28.7" E 11°18'37.8" *Thüringer Kloß-Welt, 99439 Heichelheim, Hauptstraße 3, 03643/4412223; Öffnungszeiten: Mo-Fr 9-17 Uhr, Sa/So/Feiertag 10-17 Uhr, Küchenzeiten 11-15 Uhr; www.thueringer-kloss-welt.de*).

Schloss Ettersburg war einst der Sommersitz von Anna Amalia

Ein kurzer Fußmarsch führt vom Campingplatz direkt zum **Schloss Ettersburg**. Es zählt, wie weitere neun Objekte, die wir in Weimar aufsuchen werden, zu einem einmaligen Ensemble an Kulturdenkmälern, die 1998 in die Liste des UNESCO-Welterbes aufgenommen wurden.

Seit dem 17. Jahrhundert diente das Waldgebiet um den Großen Ettersberg den Weimarer Herzögen zur Jagd und ein **Jagdschloss** wurde errichtet. Das extravagante **Neue Schloss** vollendet 1740 die barocke Anlage. In den Jahren 1776 bis 1780 wählte die Herzoginwitwe Anna Amalia von Sachsen-Weimar und Eisenach Schloss Ettersburg als Sommersitz. Um das Schloss entsteht eine ansehnliche Parklandschaft. Ein liberales Fürstenhaus mit einer klugen Politik war der Grundstein für den Aufstieg Weimars als europaweit geistig-kulturelles Zentrum. Ohne Anna Amalia ist Weimar nicht zu denken. Die Kunst und Genies halten auf Ettersburg Einzug und es wird zu Anna Amalias kulturellem Rückzugsort. Goethe, Herder, Wieland u. v. m. waren ihre Gäste und der bemerkenswerte Künstlerkreis wird als Musenhof berühmt.

Mitte des 19. Jahrhunderts wurde das Schloss erneut zum Ort künstlerischer Begegnungen und die Elite der jungen Weimarer Gesellschaft versammelte sich hier. Eine weitere Blüte verdankt Ettersburg dem kreativen Dasein von unter anderem Franz Liszt, Hans Christian Andersen oder Friedrich Hebbel. Zu dieser Zeit erhält der **Landschaftspark** unter Hermann Pückler-Muskau eine englische Note und er legt den bis zur Kuppe des Berges reichenden Schlag an – der Pücklerschlag ist eine Waldwiese, die sich vom Pfaffental bis hinauf zum Jagdstern zieht. Vom höchsten Punkt des Schlages nach unten zu gehen ist ein ästhetisches Erlebnis. Erst der weite Blick ins Thüringer Becken und dann werden Schloss und Kirche immer mächtiger.

Heute dient Ettersburg als Tagungshotel mit hauseigener Gastronomie. Ob im eleganten Restaurant oder auf der großzügigen Terrasse mit dem Blick auf den englischen Landschaftspark, die gute Küche hält für jeden Geschmack ein leckeres Angebot bereit (N 51°02'01.6" E 11°16'17.8").

Durch den Bau des Konzentrationslagers wurde das Schloss ab 1937 mit einem grauenvollen Nachbarn konfrontiert. Die SS Männer deportierten in der Zeit bis 1945 fast 280.000 Menschen aus mehr als 50 Nationen auf den Ettersberg und in seine 130 Außenlager. Über 56.000 Gefangene wurden ermordet oder fanden den Tod durch Erschöpfung, Hunger oder Folter. Die 1958 von der DDR eingeweihte **Mahn- und Gedenkstätte Buchenwald** wurde in den 90er Jahren umfassend neu konzipiert. Historische Gebäude, Relikte aus der Lagerzeit, Denkmale sowie vier Dauerausstellungen sind zu besichtigen (N 51°01'09.5" E 11°14'54.8", *Gedenkstätte Buchenwald, 99427 Weimar, Buchenwald, 03643/430200; Öffnungszeiten:* ***Museen*** *April-Okt Di-So/Feiertag 10-18 Uhr, Nov-März Die-So/Feiertag 10-16 Uhr;* ***Außenanlagen*** *tägl. bis zum Einbruch der Dunkelheit. Es wird empfohlen, die ehemaligen Arrestzellen, das ehemalige Krematorium und die Museen nicht mit Kindern unter 12 Jahren zu besuchen.).*

Auf der Südseite des Ettersberges entstand 1958 ein monumentales **Nationaldenkmal**, in dessen Gestaltung drei Massengräber einbezogen wurden. Das Konzept der Anlage weist dem Besucher einen Weg vom Tod ins Leben: vom Krematorium durch das Lager kommend führt der Weg hinunter zu den Gräbern und anschließend hinauf auf den **Glockenturm**, als Symbol für Freiheit und Licht (N 51°00'51.8" E 11°15'17.7").

Tour 6: Am Nabel der klassischen Welt 80 km

Weimar – Apolda – Bad Sulza – Camburg – Jena

Stellplätze:	Weimar, Apolda, Ölmühle Eberstedt, Bad Sulza
Campingplätze:	Porstendorf, Jena
Besichtigen:	Weimar, Schloss und Park Tiefurt, Apolda, Burg Camburg und Hausbrücke, Dornburger Schlösser, Jena
Essen:	Mühlenschänke der Ölmühle Eberstedt

Weimar (ca. 65.000 EW) ist unbestritten die Stadt der Dichter und Denker und überall dreht sich alles um Goethe und Schiller. Die Vielfalt Weimars überrascht, denn in keiner anderen vergleichbaren Stadt dieser Größe spielte sich derart viel deutsche und europäische Geschichte ab. Um bei der Fülle an Sehenswürdigkeiten, Klassikerstätten und Themen einen Überblick zu erhalten, empfiehlt sich der Besuch der Tourist-Information *(Tourist-Information, 99423 Weimar, Markt 10, 03643/7450, www.weimar.de/tourismus; Öffnungszeiten: Mo-Fr 9:30-16 Uhr, Sa/So/Feiertag 9:30-14 Uhr).*

Einen Platz für das WOMO, sei es über Nacht oder für einen Stadtbummel, finden wir in zentraler Lage.

(113) Offizieller WOMO-Stellplatz: Weimar

GPS: N 50°59'04.8" E 11°19'0.0", Hermann-Brill-Platz. **Max. WOMOs**: 30.
Öffnungszeiten: Ganzjährig.
Ausstattung: VE, Strom und Wasser gg. Gebühr (8 Stromanschlüsse), Mülleimer.
Beschreibung: Auf einem Parkplatz im Zentrum Weimars und bestens geeignet, um die Stadt zu erkunden, stehen zahlreiche Plätze zur Verfügung. Der Untergrund ist überwiegend eben und teilweise schattig. Öffentliche Verkehrsmittel sind unmittelbar erreichbar. Das angrenzende Schwanseebad galt bereits in früheren Zeiten zu den schönsten Freibädern Thüringens. Mit seinen großzügigen Liegewiesen und alten Baumbeständen gehört es zu den ältesten noch in seiner ursprünglichen Art betriebenen Freibädern Deutschlands.
Preise: Ca. 12-15 € für 2 Personen und WOMO.
Zufahrt: In Weimar Nord von der Ettersberger Straße nach rechts in die Fuldaer Straße einbiegen und der Beschilderung zum Schwanseebad folgen.

Goethes Gartenhaus im Ilmpark

Zu Fuß schlendern wir über die Schwanseestraße ins Zentrum. Beginnen möchten wir jedoch in Weimars grüner Oase – dem 48 Hektar großen **Ilmpark**. Er ist am Rande der Altstadt Teil eines kilometerlangen Naturareals entlang der Ilm. Seine Entstehung ist eng mit Goethes Leben und Wirken in Weimar verbunden und 1776 schenkte Herzog Carl August dem Dichter dort ein Häuschen mit Garten. Heute ist es bekannt als **Goethes Gartenhaus**. Anschließend entstanden innerhalb des Parks weitere markante Punkte, wie das **Römische Haus** oder das **Borkenhäuschen**. Wege und Brücken wurden als Verbindungen angelegt und Sitzplätze laden ein, die grüne Oase zu genießen. Welch raffinierte Planung des Meisters Fürst Pückler-Muskau nötig war, zeigen die zahlreichen Sichtachsen zwischen den Attraktionen des Parks.

Goethe und Schiller in Weimar

Am **Haus der Frau von Stein** verlassen wir den Ilmpark und stehen vor dem Herzstück der Weimarer Klassik. Das **Grüne Schloss** beherbergt mit der **Anna Amalia Bibliothek** die bekannteste Bibliothek Deutschlands. Ihren Ruhm verdankt sie ihren fürstlichen Förderern Wilhelm Ernst, Anna Amalia und Carl August ebenso wie ihren Bibliothekaren, von denen Johann Wolfgang von Goethe der bedeutendste war. Eine Besichtigung ist nur zu festen Zeiten möglich und im Vorverkauf oft langfristig ausverkauft.

1998 nahm das Welterbekomitee der UNESCO das Ensemble *Klassisches Weimar* in die Liste des Welterbes auf. Die Mehrzahl der Objekte stehen im Eigentum der Klassik Stiftung und verkörpern auf beispielhafte Weise die Kulturepoche der Weimarer Klassik. Der Park an der Ilm mit Goethes Gartenhaus sowie die Anna Amalia Bibliothek gehören ebenso dazu wie **Goethes** und auch **Schillers Wohnhaus**, das **Wittumspalais**, die **Fürstengruft** und die Schlösser Belvedere, Tiefurt und Ettersburg. Auch das **Stadtschloss**, das wir als nächstes erreichen, zählt zu diesem kulturellen Reigen. Es ging aus einer mittelalterlichen Wasserburg hervor und entwickelte sich in über fünfhundertjähriger Bauzeit zur Residenz der Herzöge von Sachsen-Weimar und Eisenach. 1774 brannte der Dreiflügelbau bis auf die Mauern ab. 15 Jahre später berief Herzog Carl August eine Baukommission unter Leitung Goethes ein, sodass der Wiederaufbau maßgeblich unter seiner Beteiligung erfolgte. Aus dieser Periode stammt die klassizistische Innenausstattung mit dem Gentzschen Treppenhaus und dem Festsaal. Wegen umfassender Sanierungsarbeiten durch die Klassik Stiftung ist das Schloss bis voraussichtlich 2023 geschlossen und öffnet anschließend mit einer völlig neu konzipierten Ausstellung wieder seine Pforten.

Durch die schmale Vorwerksgasse betreten wir den **Herderplatz** mit dem **Deutschritterhaus**, dessen Giebelaufbau durch eine vergoldete Ritterfigur geschmückt ist sowie der spätgotischen **Stadtkirche**, die man vor allem wegen des prächtigen Flügelaltars Lucas Cranachs dem Älteren aufsuchen sollte. Vorbei am Denkmal für den Religionsphilosophen Herder gelangen wir durch die Rittergasse und den Zeughof zwischen Kunsthalle und Wittumspalais auf den Theaterplatz. Direkt vor dem **Nationaltheater** erwarten uns die beiden größten deutschen Dichter. Wenn man ein Wahrzeichen für Weimar benennen wollte, dann wohl das **Goethe- und Schiller-Denkmal**, das seit 1857 auf dem Theaterplatz einen ehrwürdigen Standort gefunden hat. Erschaffen wurde es von Ernst Rietschel, der einer der bedeutendsten deutschen Bildhauer des Spätklassizismus war.

Stadtschloss in Weimar

Wir verlassen den Theaterplatz nach Südosten auf der Schillerstraße und wie der Straßenname bereits erahnen lässt, steht nun der Besuch des **Schillerwohnhauses** auf dem Programm. Hier verlebte der Dichter seine letzten drei Lebensjahre und es entstanden die großen Dramen *Die Braut von Messina* und *Wilhelm Tell*. In seinem Wohnhaus ist noch heute der originale Schreibtisch zu sehen.

An der Frauentorstraße wenden wir uns rechts und betreten den **Frauenplan**, an dessen Südseite das repräsentative **Goethehaus** ebenfalls als Museum eingerichtet ist. Seit seinem Einzug 1782 lebte und wirkte Goethe hier fast 50 Jahre. Für den Dichter und Staatsmann war es weit mehr als ein Wohn- und Arbeitsplatz. Die nach seinen Kunstidealen und vielseitigen Interessen eingerichteten Räume dienten nicht nur der Geselligkeit sondern auch dem kulturellen und wissenschaftlichen Austausch. Zahlreiche originale Stücke und Möbel aus seinem Nachlass können in 18 Räumen besichtigt werden. Der Höhepunkt ist das in seiner Einrichtung einzigartig überlieferte Arbeitszimmer.

Gehen wir rechts am Goethehaus vorbei, so kommen wir über den Wielandplatz mit dem **Wielanddenkmal** in die Amalienstraße, an deren Ende in einem Gartenanwesen das **Museum für Ur- und Frühgeschichte** den Besucher eine halbe Million Jahre in die Vergangenheit versetzt. Es besitzt eine Unzahl originaler Fundstücke, die die Kulturgeschichte des Menschen speziell im Thüringer Raum veranschaulichen – archäologische Schätze aus 400.000 Jahren Thüringer Geschichte.

Im Anschluss an die Amalienstraße beginnt der Alte Friedhof. Hier ist Herzog Karl August mit „seinen“ Dichtern in der

Zwiebelzopf

Fürstengruft der Weimarer Herzöge bestattet. Goethes und Schillers Särge sind in der Gruft zu besichtigen. Der parkähnliche Friedhof wurde 1818 angelegt und gehört zu den bedeutendsten und meistbesuchten Friedhöfen Deutschlands.

Das (Gropius-) **Denkmal für die Märzgefallenen** finden wir auf dem angrenzenden Hauptfriedhof. Geschaffen vom Pionier des Bauens, **Walter Gropius**. Das in Weimar gegründete Bauhaus steht für große Ideen im Bauen, im Entwerfen und für die Art des Zusammenlebens. Mit der Gestaltungsschule verbinden sich Form- und Farbexperimente, Architektur-Ikonen, Alltagsdesign und minimalistische Entwürfe. Gropius holte 1919 die europäische Künstleravantgarde in die Stadt: Lyonel Feininger, Paul Klee, Wassily Kandinsky und viele mehr begannen mit ihren Ideen den Alltag zu revolutionieren. Das neue **Bauhaus-Museum** auf dem Stéphane-Hessel-Platz wurde 2019 eröffnet und lädt minimalistisch und selbstbewusst ein, die größte Bauhaussammlung und die Schule der Ideen zu entdecken. Wir erreichen es auf dem Rückweg zum WOMO, nachdem wir den **Markt** durchquert und den **Weimarhallenpark** erreicht haben.

Wer am zweiten Oktoberwochenende Weimar besucht, erlebt den berühmten **Weimarer Zwiebelmarkt**. Es ist das älteste Volksfest Thüringens und wurde 1653 erstmals schriftlich als Viehe- und Zippelmarckt erwähnt. Die frischgebackene Zwiebelmarktkönigin eröffnet in jedem Jahr mit dem Anschnitt des Zwiebelkuchens das illustre dreitägige Marktreiben.

Schloss Belvedere

Zwei weitere Schlösser des UNESCO-Erbes mit ihren herrlichen Parkanlagen liegen außerhalb Weimars. Das elegante Lustschloss, das Herzog Ernst August bauen ließ, ist das bedeutendste unter seinen etwa 20 Jagd- und Lustschlössern und unser nächstes Ziel. **Schloss Belvedere** erhebt sich auf einer Anhöhe im Süden Weimars und ist von einem 46 Hektar großen Park umgeben. Die barocke Sommerresidenz des Herzogs, zu seiner Zeit im strengen französischen Stil errichtet, wurde im ausgehenden 18. Jahrhundert im Sinne des englischen Landschaftsparks umgestaltet. Während dieser Maßnahmen verschwanden jedoch einige Baulichkeiten. Erhalten geblieben sind die Kavaliershäuser, die Orangerie sowie das Gärtnerhaus und das Wirtshaus (N 50°56'55.1" E 11°20'43.7").

Das heutige **Schloss Tiefurt** war ursprünglich das Gutspächterhaus, bis Herzogin Anna Amalia das bescheidene Gebäude übernahm und zu ihrer Sommerresidenz verwandeln ließ. Sie tat dies ohne die Außenarchitektur zu verändern,

Der Musentempel im Schlosspark Tiefurt

da ihr gerade das ländliche Ambiente sehr gut gefiel. Die Herzogin versammelte in Tiefurt Gelehrte und Freunde und machte das Schloss zu einer Stätte literarisch-geselliger Begegnung. Der Großherzog Wilhelm Ernst ließ es 1907 anlässlich des 100. Todestages Anna Amalias zu einem **Museum** umgestalten. Während der Besichtigung bekommen wir Kunstwerke, Skulpturen, Büsten sowie wertvolle Porzellane zu sehen. Vom Hof blickt man in die sogenannte Kalte Küche mit einer Vielzahl an Utensilien. Die dort ausgestellten historischen Schaugerichte aus Porzellan, Wachs oder Pappmaché aus dem herzoglichen Besitz imitieren die Speisen täuschend echt. Im wunderschönen **Schlosspark** in der Ilmschleife mit seinem alten Baumbestand, dem Musentempel und künstlichen Grotten lässt es sich gemütlich flanieren (N 50°59'37.8" E 11°21'50.9", *Schloss Tiefurt, 99425 Weimar-Tiefurt, Hauptstraße 14, 03643/545400; Öffnungszeiten: Mai-Okt Mi-Mo 10-17 Uhr, Eintritt).*

Dobermann am Lohteich

Eine weitere Stadt an der Ilm ist die Glockenstadt **Apolda** (ca. 20.000 EW). Der Glockengießer Johann Christoph Rose begründete 1722 mit seiner Werkstatt ein florierendes Gewerbe und erst 1988 musste die letzte Glockengießerei schließen. Die Bedeutung der Glocke von der Antike bis heute sowie deren Tradition in Apolda wird im **Stadt- und Glockenmuseum** beleuchtet. Im Erdgeschoss wird über den Hauptwirtschaftszweig, die Wirk- und Strickindustrie, informiert. Im 16. Jahrhundert taucht erstmals der Name *David der Strickermann* auf, dem sogar ein Brunnen gewidmet ist. Er lehrte den Apoldaern das Stricken mit fünf Nadeln und legte den Grundstein für diesen Industriezweig, der Apolda zu Wohlstand verhalf. Bis zur Wiedervereinigung waren die Apoldaer Textilien sehr gefragt. (*GlockenStadtMuseum, 99510 Apolda, Bahnhofstraße 41; Öffnungszeiten: Di-So 11-17 Uhr, Eintritt).*

(114) Offizieller WOMO-Stellplatz: Apolda

GPS: N 51°1'7.3" E 11°30'32.1", Am Sportpark. **Max. WOMOs**: 4.
Öffnungszeiten: Ganzjährig.
Ausstattung: Strom und Wasser gg. Gebühr.
Beschreibung: Am Rande des großen Parkplatzes am Sportgelände steht ein Bereich für WOMOs zur Verfügung. Während stattfindender Sportveranstaltungen ist der Platz stark frequentiert. Der Untergrund ist relativ eben. Die Herressener Promenade mit Lohteich, Spielplatz und Wanderwegen am Teich lädt zum Verweilen ein. Die Innenstadt ist in einer Entfernung von etwa 500 m erreichbar.
Preise: Ca. 2 € Tagesgebühr für 2 Personen und WOMO.
Zufahrt: In der Adolf-Aber-Straße rechts in das Sportgelände einbiegen.

In den Jahren 1904 bis 1928 wurden in der Apoldaer Firma Ruppe und Sohn Rennautos der Marken *Piccolo* und *Apollo* hergestellt, die im frühen Autorennsport gut im Kurs standen. Dieser Tradition verpflichtend, organisierte man 1994 das erste Apoldaer **Oldtimer-Schlosstreffen**, das seitdem jährlich am ersten Juniwochenende stattfindet. Ein weiteres Highlight ist das Stadtfest. Am letzten September-Wochenende findet der **Apoldaer Zwiebelmarkt** zusammen mit dem großen **Bockbieranstich** der Brauerei statt. An diesen Tagen putzt sich die Stadt besonders heraus und wird zu einem großen Jahrmarkt.

An der Ilmquelle im Thüringer Wald beginnt der 123 Kilometer lange **Ilmtal-Radweg**, endet an deren Mündung in die Saale nahe Bad Sulza und durchquert unter anderem Weimar und Apolda. Der Radweg gilt als der beliebteste in Thüringen.

Die schwimmenden Hütten an der Ölmühle Eberstedt

Die kleine durch Wein und Sole bekannte Stadt Bad Sulza erreichen wir nicht nur auf dem Ilmtal-Radweg sondern ebenso mit dem WOMO. Auf dem Weg dorthin legen wir eine Rast an der **Ölmühle Eberstedt** ein. Durch die rustikale Atmosphäre mit Holzbalkendecke, Mühlensteinen und Mahlwerken bekommen wir ein einmaliges Ambiente geboten. Geschlemmt werden internationale Gerichte, die slowenisch zubereitet werden. Von der hausgemachten Tomatensuppe bis zu den eigens gezüchteten Forellen kommen viele Leckerbissen auf den Tisch.

(115) Offizieller WOMO-Gaststättenplatz: *Ölmühle Eberstedt*

GPS: N 51°4'30.2" E 11°35'19.6", Dorfstraße 28/29. **Max. WOMOs**: 10.
Tel: 036461/877744, www.oelmuehle-eberstedt.com.
Öffnungszeiten: 31.03.-31.10.
Ausstattung: VE, Strom, Müllentsorgung, Nutzung der Sanitärhütten gg. Gebühr möglich, Spielplatz, Tiergehege, Angelteich, Restaurants, Biergarten, Mühlenladen, Grillhütte, Weinkeller mit Saale-Unstrut-Weinangebot.
Beschreibung: Am Ortsrand von Eberstedt auf dem Gelände der Ölmühle stehen auf einem Wiesenareal teilweise unebene Plätze ohne Schatten zur Verfügung. In ruhiger und ländlicher Umgebung direkt an der Ilm und am Ilmtal-Radweg gelegen.
Preise: Ca. 20 € für 2 Personen und WOMO.
Zufahrt: Zwischen Niedertreba und Darnstedt links einbiegen.

In der Saaleregion und um Jena wird seit dem Mittelalter Wein angebaut und geht auf die Gründung der Klöster zurück. Die Winzer nutzen das günstige Klima an den steilen und sonnenbeschienen Talhängen. Zwischen Jena und Bad Sulza, wo in einem großen Bogen Saale und Ilm zusammenfließen, bringen einige große und viele kleine Winzerbetriebe ausgezeichnete Weine hervor.

Nun sind es nur noch vier Kilometer und wir haben **Bad Sulza** (ca. 7.000 EW) erreicht. In Bad Sulza wird nachweislich seit mehr als 800 Jahren Wein angebaut und die Region ist heute das Zentrum des Weinanbaus in Thüringen. Nicht nur auf dem **Fest des Weines**, das jährlich am dritten Wochenende im August gefeiert wird, sondern auch in Hofläden und den Weingütern kann man Weiß- und Rotweine sowie Sekt aus einer Vielzahl an Rebsorten verkosten.

Ein naturnaher Stellplatz lädt mit Blick auf die Weinberge und die Sonnenkuppe zum Verweilen ein.

(116) Offizieller WOMO-Stellplatz: Bad Sulza

GPS: N 51°5'51.9" E 11°37'53.2", Am Gradierwerk 5. **Max. WOMOs**: 16.
Öffnungszeiten: Ganzjährig.
Ausstattung: VE, Strom+Wasser gg. Gebühr, Müllentsorgung, neues Servicegebäude mit WC, Dusche und Küchenbereich, Waschmaschine.

Beschreibung: Am nördlichen Ortsrand von Bad Sulza und in Waldnähe direkt am Gradierwerk und Freibad gelegen. Die Plätze sind befestigt, teilweise uneben und schattig. Kurze Wege ins Zentrum, Wander- und Radwege vorhanden.
Preise: Ca. 10 € für 2 Personen und WOMO.
Zufahrt: Den Beschilderungen zum Gradierwerk folgen.

Bad Sulza ist ebenso **staatlich anerkanntes Sole-Heilbad** und wir starten unseren Spaziergang am **Gradierwerk** Louise. In Richtung Kurpark lassen uns die Kuppeldächer der **Toskana Therme erstaunen**. Unter ihren Dächern wird Baden zum Erlebnis. Bei Dunkelheit entfaltet sich ein besonderer Charme durch die Farben, ein Lichtermeer und entspannende Klänge. Im runden Pool des Liquid Sound Tempels schwebt man bei klassischer Musik durch die warme Thermalsole. Die Therme ist täglich von 10 bis 22 Uhr geöffnet, an Samstagen sogar bis 23 Uhr.

Im denkmalgeschützten Kurpark, der im englischen Stil angelegt wurde, schlendern wir am Schwanenteich vorbei und bestaunen das schöne **Historische Inhalatorium** mit seinen beiden Türmchen. Es wurde 1903 erbaut und beherbergt heute unter anderem die **Tourist-Information**. Auf dem Rückweg besuchen wir die **Jugensstil-Trinkhalle** und verkosten die Sole.

Im **Thüringer Weingut Bad Sulza**, dem größten privaten Weingut im Saale-Unstrut-Anbaugebiet, finden regelmäßig kulturelle Veranstaltungen, Weinproben und Weinwanderungen statt. Auf einem ehemaligen Bauernhof ließ sich Familie Clauß 1998 nieder. In traditionellen Holzfässern, aber auch in Edelstahlbehältern und Barriques reifen die edlen Weine im Weinkeller heran. Lassen Sie sich diesen Genuss vor Ort nicht entgehen! (P in 200 m Entfernung: N 51°6'21.2" E 11°38'21.0", *Thüringer Weingut Bad Sulza, 99518 OT Sonnendorf 17, Tel: 036461/20600; Öffnungszeiten: Mo-Fr 10-17 Uhr, Sa 10-14 Uhr).*

In 800 Meter Entfernung findet sich ein Wanderparkplatz (N 51°6'6.1" E 11°37'47.3") in der Nähe der Erhebung Sonnenkuppe. Eine Wanderung in das unterhalb gelegene **Lanitztal** bietet sich geradezu an. Hierbei quert man über kleine Brücken und Stege den Lißbach und kann im schattigen Tal zahlreiche, teilweise seltene, Pflanzen- und Orchideenarten entdecken .

Camburg (ca. 3.000 EW) liegt inmitten eines Muschelkalktales. Dem Lauf der Saale folgend, eingebettet in die Natur, ist die Stadt einzigartig durch den Fluss und die Landschaft geprägt. Hier hat man sich die Idylle des mittleren Saaletales bewahrt. Bereits im Mittelalter erwies sich die Lage an den Handelsstraßen als Vorteil, den Camburg auch heute noch genießt. Ein Zeuge des Wohlstandes der stetig wachsenden Stadt ist der aufwändig und repräsentative Bau des **Rathauses**. Es entstand in den Jahren 1880-1890 und der Turm sowie die Erker spiegeln in besonderer Form das Selbstbewusstsein der damaligen Bürgerschaft wieder.

Eines der ältesten Bauwerke ist die **Hausbrücke**, die 1998 sorgfältig restauriert wurde. Sie verbindet die Stadt mit den „Krautländern", einer kleinen Insel zwischen Saale und dem Festland. Sie ist von beiden Seiten abschließbar und so blieb das idyllische Eiland vor unliebsamen Gästen verschont.

Hausbrücke und die Burg Camburg

Auch eine Burg thront im südlichen Stadtteil über dem Saaletal. Die **Camburg** wurde 1166 erstmals urkundlich erwähnt. Heute ist nur noch der mehr als 30 Meter hohe Bergfried übrig. Die weiteren Baulichkeiten entstanden in den 1930er Jahren. Die Anlage ist täglich von 12-17 Uhr geöffnet. Das WOMO parkt man am besten auf dem Parkplatz hinter der

Beliebter Wasserwanderstart

Saalebrücke links (N 51°3'19.7" E 11°42'33.5"). Dort ist ein beliebter Start für das **Wasserwandern auf der Saale**. Von Camburg bis Bad Kösen führt der Fluss durch eine wildromantische, barrierefreie (ohne Wehr) und ursprüngliche Landschaft. Als einer der anspruchsvollsten Radwege Deutschlands gilt der **Saale-Radweg**, der vor allem bei sportlichen Bikern beliebt ist und auf Etappe sechs durch Camburg verläuft (www.saaleradweg.de).

Oberhalb von Camburg befindet sich die **Cyriaksruine** aus dem 10. Jahrhundert. Versteckt im Stöbener Wald stehen die Reste der romanischen Basilika. Eindrucksvoll und mystisch erstecken sich die Überbleibsel über ein großflächiges Areal und die erhaltenen Rundbögen bilden inmitten der Bäume eine stimmungsvolle Kulisse. Die Ruine wurde aufwändig gesichert und restauriert und kann jederzeit besichtigt werden. Es handelt sich wohl um die ältesten Mauern Thüringens.

An der mystischen Cyriaksruine

Wir fahren weiter saaleaufwärts auf der B88 in Richtung Jena, müssen hinter Camburg zunächst die steile Höhe erklimmen, um dann, zwischen geschichteten Muschelkalkfelsen, gemütlich wieder zum Saaleniveau hinabfahren zu können. Am Ortsbeginn von Steudnitz sichten wir zum ersten Mal die

Dornburger Schlösser, die malerisch auf einem Muschelkalkplateau über der Saale thronen. Die ehemalige Sommerresidenz der Großherzöge von Sachsen-Weimar-Eisenach ist umgeben von Gärten und Weinhängen. Bereits Goethe schwärmte von der herrlichen Aussicht und der Gartenanlage mit „feenhaften" Rosenlauben. Zur Zeit der Rosenblüte trägt der Garten sein schönstes Kleid und lockt zum traditionellen Rosenfest zahlreiche Besucher an.

Die Perle unter den Dornburger Schlössern – das Rokokoschloss

Kaum haben wir den Park betreten, befinden wir uns in einer anderen Welt: Ein farbenfrohes Blütenmeer umgibt uns, kunstvoll gefasst in Rabatten. Rosenlauben, -kuppeln und –gänge erheben die floristischen Genüsse in die dritte Dimension. Kletterrosen und Weinstöcke umschlingen die abgestuften Mauern des Steilhanges. Aus Duft und Farben komponiert sich ein Vordergrund, der vom Ausblick über das Saaletal zu einem unglaublichen Stimmungsbild ergänzt wird, der *Thüringer Loreley*.

Die Schlösser stammen aus drei unterschiedlichen Zeiten und jedes ist für sich einmalig. Das nördlichste, das **Alte Schloss**, dessen Grundmauern aus dem Mittelalter stammen, wurde 1521 im Renaissance-Stil erbaut und wird von der Universität Jena für Seminare genutzt. Die Perle ist zweifelsohne das **Rokokoschloss**. Es wurde nach Plänen von Gottfried Heinrich Krohne von 1736 bis 1741 als Lustschloss und Feldherrensitz errichtet. Die Beletage mit überbordenden farbigen Stuckdecken im Festsaal und einem mit Originalmobiliar eingerichteten Wohnzimmer gibt uns Einblicke in das höfische Leben. Das **Renaissanceschloss** und das Rokokoschloss sind mit ihren Ausstellungen zu Goethe und zur Schlossgeschichte für Besucher geöffnet.

Im ehemaligen Marstall ist das **Bauhaus-Werkstatt-Museum** untergebracht. Es handelt sich um die einzige außerhalb von Weimar befindliche Werkstatt aus der Frühphase der Kunst- und Designschule. Sie nimmt einen wichtigen Platz in der Geschichte der Dornburger Töpfertradition ein. Das Museum macht diese Zusammenhänge in der Ausstellung deutlich. Außerdem wird die nicht minder bedeutsame Werkstattgeschichte der Töpferei Krehan, der Bauhochschulzeit unter der Leitung der Töpferikone Otto Lindig bis hin zur Familie Körting beleuchtet. Bauhaus, Lindig, Körting – drei klingende Namen in der Keramikgeschichte (*Dornburger Schlösser, 07774 Dornburg, Max-Krehan-Straße 2; Öffnungszeiten: Schlossgärten tägl. von 7 Uhr bis zum Einbruch der Dunkelheit; April-Okt tägl. (außer Mittwoch) 10-17 Uhr, Kombiticket möglich, Eintritt).*

Rechts der Saale fahren wir weiter gen Jena. Bei Porstendorf beschließt die Saale, die Idylle ihres Flusslaufes zu verdoppeln und teilt sich.

(117) WOMO-Campingplatz: Porstendorf
Camping/Ferienpark bei Jena

GPS: N 50°58'21.7" E 11°38'58.5", Rabeninsel 3.
Tel: 036427/225568; www.camping-jena.de.

Öffnungszeit: April-Oktober.

Ausstattung: VE, Strom, Sanitäreinrichtungen, Küche mit Kochgelegenheit, Waschmaschine, Trockner, Müllentsorgung, Spielplatz, Badesee mit Textil- und FKK-Bereich, Lagerfeuerstellen, Brötchenservice.

Beschreibung: Im mittleren Saaletal, nur 3 km nördlich von Jena, direkt auf einer Insel zwischen Saale und Lache gelegen. Zwischen weiten Rasenflächen und alten Baumbeständen findet sich immer ein Platz für das WOMO. Wasserwandern auf der Strecke Jena-Camburg möglich, Saale-Radweg. Ausflüge zu den Dornburger Schlössern (ca. 3,5 km).

Preise: Ca. 20 € für 2 Personen und WOMO.

Zufahrt: Die B88 in Porstendorf nach links verlassen und der Beschilderung folgen.

Jena (ca. 105.000 EW) ist die zweitgrößte Stadt Thüringens und zieht sich fast 15 Kilometer das Saaletal entlang. Trotz ihrer Größe ist sie ein landschaftliches Paradies mit herrlichen Aussichtspunkten und wunderbaren Fernsichten auf die Lichtstadt. Lichtstadt steht gleichbedeutend für alles was diese Stadt jemals nach außen erhellte. Seien es die Geistesblitze seiner klugen Köpfe, das Licht der Aufklärung, die bedeutenden Forschungseinrichtungen, die unentwegt Licht ins Dunkel brachten und noch immer bringen.

Jenas bekannteste Erfolgsgeschichte begann vor etwa 150 Jahren. Carl Zeiss, Ernst Abbe und später auch Otto Schott

– das Jenaer Dreigestirn – revolutionierten den wissenschaftlich fundierten Mikroskopbau und legten damit nicht nur den Grundstein für die innovativen Unternehmen, die noch heute als die renommierten Konzerne ZEISS, Jenoptik und SCHOTT international erfolgreich sind. Sie festigten auch eine weitere der wichtigsten Traditionen: die enge Verzahnung von Universität, außeruniversitären Forschungseinrichtungen und lokaler Industrie.

Die Universität und deren Einrichtungen prägen das Stadtbild. Über 25.000 Studenten zählt Jena inzwischen – eine stattliche Zahl bei 105.000 Einwohnern.

(118) WOMO-Campingplatz: Jena *Unter dem Jenzig*

GPS: N 50°56'09.8" E 11°36'29.8", Am Erlkönig 3.
Tel: 03641/666688; www.jenacamping.de.

Öffnungszeit: April-Oktober.

Ausstattung: VE, Strom, ca. 45 Plätze für WOMOs, Sanitäreinrichtungen, Müllentsorgung, Spielplatz, Imbiss, Brötchenservice.

Beschreibung: Der kleine ruhig gelegene CP mit Sicht auf den Jenzig kommt idyllisch daher. Besonders auffallend ist die Rezeption – ein historischer Jenaer Triebwagen aus dem Jahr 1958. Die Plätze sind teils befestigt, teils auf Rasen, daher leicht uneben, Schattenplätze vorhanden. Der Fußweg in die Stadt beträgt 15 min. Ebenso sind öffentliche Verkehrsmittel erreichbar. Das Ostbad ist in unmittelbarer Nähe. Eine Bootsanlegestelle wird in 100 m erreicht und der Saale-Radweg führt am Platz entlang.

Preise: Ca. 20 € für 2 Personen und WOMO.

Zufahrt: Von der B88 kommend links auf die B7 Richtung Bürgel abbiegen und in erneut links in die Straße Am Erlkönig einfahren.

Die wichtigsten Sehenswürdigkeiten konzentrieren sich im Stadtkern. Vor allem Technik- und Naturwissenschaftsinteressierte finden ein reiches Angebot. Es beläuft sich vom **Optischen Museum** bis zu **Zeiss-Planetarium**. Aber auch auf den Spuren von Klassik und Romantik kann man in Jena wandeln. Mit der glanzvollen Geistesgeschichte der Stadt verbinden sich Namen wie Goethe, Schiller, Fichte, Schelling und Hegel.

Ein markantes Bauwerk überragt das Stadtzentrum. Mit seinem bläulich schimmernden Glas ist der runde **Jentower** nicht zu übersehen. Heute stecken in ihm neben Büros auch in 120 Meter Höhe die Zimmer eines Hotels. Außerdem befinden sich im 28. Obergeschoss ein Restaurant sowie zwei **Aussichtsplattformen** für den absoluten Überblick. 1972 wurde der Turm durch den DDR-Stararchitekten Dr. Henselmann designt und errichtet. In den Jahren 1999/2000 dann vollständig entkernt und auf den neuesten technischen und architektonischen Stand gebracht. Er ist der Höchste im Osten.

Die gesellige Wagnergassse in Jena

Schräg gegenüber beginnt die **Wagnergasse**. Eine schmale, farbenfrohe Gasse, in der sich Kneipe an Kneipe reiht und wo auch Nachtschwärmer zu später Stunde noch leckere Speisen finden. Der Eingang ist leicht zu finden, denn eine absolute Kult-Pommesbude markiert den Eingang. Bei *Fritz Mitte* gibt es die leckersten Pommes der Stadt.

Der Blick auf die naturreiche Region um die Lichtstadt Jena

Mit seinen 385 Metern ist der **Jenzig** der höchste Berg weit und breit. Vom gleichnamigen Campingplatz kann man ihn bereits gut in Augenschein nehmen – Sie sollten ihn unbedingt erklimmen. Weitere Wanderziele sind der **Fuchsturm** (N 50°54'55.4" E 11°38'23.3") und der **Forstturm** (N 50°55'8.8" E 11°32'48.4"). Die steilen Anstiege werden Sie bei der Ankunft ausgiebig belohnen.

Spektakuläre Aussichten und abwechslungsreiche Naturerlebnisse verspricht die **Saale-Horizontale**. Der 91 Kilometer lange Wanderweg ist in neun Etappen gegliedert und auch kleine Teilstücke sind sehr lohnenswert (www.saalehorizontale.de). Hier wandert man, um abzuschalten und die Seele baumeln zu lassen. Von dort oben entdecken Sie eine ganz neue Perspektive auf die Stadt.

Die einzigartigen Kernberge aus Muschelkalk strecken sich östlich an Jena entlang. Die dazugehörige **Kernberghorizontale** ist der vielleicht bekannteste Wanderweg im engmaschigem Wegenetz um Jena. Die Kernberge sind neben dem Jenzig die natürlichen Wahrzeichen Jenas.

Durch die Stadt führen die Fernradwege **Saaletal-Radweg** und **Thüringer Städtekette**. Kurzum, Jena ist ein Aktivtourismus-Paradies.

TOUR 7
10 km
Sachsen-Anhalt
Sachsen
Sachsen
Band 72
Mit dem Wohnmobil
nach Sachsen
ALTENBURG
ZEITZ
GERA
Tour 6
Tour 8
Weiße Elster
Bürgel
Thalbürgel
Droschka
Waldeck
Trotz
Hain-
spitz
Eisenberg
Kursdorf
Rauda
Mühltal
Hartmanns-
dorf
Bad Köstritz
Weißenborn
Tautenhain
Hermsdorf
Klein-Aga
Giebelroth
Heuckewalde
Pölzig
Kayna
Spora
Meuselwitz
Kohlebahn-
Museum
Prößdorf
Lucka
Ramsdorf
Wintersdorf
Treben
Focken-
dorf
Windischleuba
Höhler
Großenstein
Ronneburg
Neue Landschaft
Ronneburg
Untschen
Nobdenitz
1.000 Jahre
alte Eiche
Posterstein
Schmölln
119
120
121
122
123
124
125
126
127
128
2
4
7
9
93
95
180

Tour 7: Tief im Osten 150 km

Bürgel – Eisenberg – Bad Köstritz – Meuselwitz Altenburg – Ronneburg – Gera

Stellplätze:	Waldeck, Hainspitz, Eisenberg, Bad Köstritz, Haselbacher See bei Ramsdorf, Altenburg, Burg Posterstein, Ronneburg
Campingplätze:	Strandbad Aga in Gera-Aga, See-Camping Altenburg-Pahna
Besichtigen:	Pfeiferbasilika Thalbürgel, Kermikmuseum Bürgel, Kulturbahnhof Meuselwitz, Altenburg, Burg Posterstein, Neue Landschaft Ronneburg
Essen:	*Gasthaus Am See* in Hainspitz; *Museumscafé* und *Schortentaler Kaminstube*, *Ratskeller* Altenburg, *Kaffeehaus Volkstädt* Altenburg; Café *Zur Eisernen Bank* am Schloss Posterstein
Wandern:	im Waldecker Schlossgrund, um den Hainbergsee

Etwa zwölf Kilometer sind wir von Jena auf der B7 in Richtung Eisenberg nach Osten gefahren. Links vom Jenzig und rechts von der Wöllmisse flankiert, von deren westlichem Ausläufer uns noch lange der Fuchsturm nachschaut, hatten wir durchs Gembdental die Höhe bei Großlöbichau gewonnen und zweigen dahinter von der Bundesstraße nach rechts Richtung **Thalbürgel** (ca. 500 EW).

Den Besuch der Klosterkirche, einer spätromanischen **Pfeiferbasilika**, sollte man sich nicht entgehen lassen, denn neben der Paulinzellaer Klosterruine haben wir hier zweifelsfrei den schönsten Thüringer Kirchenbau aus dem 12. Jahrhundert vor uns. Sie zählt zu den lediglich drei verbliebenen Großbauten der Benediktiner in Thüringen mit überregionaler Bedeutung, wie das bereits erwähnte Paulinzella und der Petersberg in Erfurt. Von April bis Oktober ist die Kirche zu Besichtigungen von Freitag bis Sonntag von 13-17 Uhr geöffnet.

Pfeiferbasilika Thalbürgel

Es stehen sieben PKW-Parkplätze unmittelbar davor zur Verfügung, die allerdings für große WOMOs nicht geeignet sind (N 50°56'07.2" E 11°44'59.1").

Museum Zinsspeicher Thalbürgel

Der neben der Kirche erbaute **Zinsspeicher** ist heute ein Museum und dokumentiert weitere Handwerkskünste wie das Brotbacken, die Leinenherstellung oder auch das historische Schuhmacherhandwerk. Das **Heimatmuseum** steht geschichtlich und architektonisch in unmittelbarem Zusammenhang mit der Klosterkirche.

Wir kehren nicht sofort zur B7 zurück, da wir entdeckt haben, dass sich südöstlich von Thalbürgel ein äußerst idyllischer Waldstreifen Richtung **Waldeck** (ca. 240 EW) zieht, der Beginn des mit Natur- und Landschaftsgebieten nur so gespickten **Holzlandes**. Am Ortsbeginn finden wir einen schönen Wanderparkplatz, der sich für einen Übernachtungsstopp eignet.

(119) WOMO-Wanderparkplatz: Waldeck

GPS: N 50°54'48.5" E 11°47'1.4". **Max. WOMOs**: 1-2.
Ausstattung: Keine.
Beschreibung: Ein kleiner Parkplatz mit geschottertem Untergrund, Infotafeln und Schatten. In der Nähe befindet sich ein Spielplatz mit überdachter Tisch-Bank-Kombination und der Eingang in den Waldecker Schlossgrund.
Preise: Kostenlos. **Zufahrt**: Von Thalbürgel etwa 4,5 km nach Waldeck.

Das **Naturschutzgebiet Waldecker Schlossgrund** mit seinen alten Buchen und tief eingeschnittenen Tälern grenzt unmittelbar an den Ort an. Hier begegnet uns erneut Goethe, der dafür sorgte, dass der kleine Ort in die Weltliteratur einging. Folgen Sie Goethes Spuren, den es 1775 erstmals in den Schluchtwald rund um das Alte Schloss zog. Ein 3,5 Kilometer uriger Rundweg führt zu **alten Buchenbeständen**, der **Wolfsschlucht** und zum Plateau, auf dem das **Alte Schloss** der Grafen von Gleichen stand. Am Parkplatz finden sich Flyer, die den Weg aufzeigen.

Bürgel (ca. 3.000 EW), einst im Besitz der Thalbürgeler Mönche, hat sich seit 300 Jahren der **Töpferei** verschrieben. Bekannt wurde Bürgel durch seine traditionellen **blau-weißen Dekore** und schon im 17. Jahrhundert trug der Ort den Beinamen Töpferstadt. Heute geht es keineswegs nur darum, blaues Geschirr mit weißen Tupfen herzustellen, aber die Werkstätten konzentrieren sich weiterhin auf Gefäße des alltäglichen Gebrauchs. Am vorletzten Wochenende im Juni findet mit dem **Bürgeler Töpfermarkt** einer der ältesten derartigen Märkte in Deutschland statt.

Keramikmuseum Bürgel

Die Parkplatzsituation ist für große Wohnmobile schwierig. Vor dem Rathaus in der Ortsmitte (N 50°56'30.7" E 11°45'18.5") und direkt vor dem Museum (N 50°56'32.8" E 11°41'59.2") stehen Plätze zur Verfügung.

Das alte Schulhaus beherbergt das einzige **Keramik-Museum** Thüringens, das die nahezu 400 Jahre währende Töpfergeschichte präsentiert. Dort erhält man ebenfalls Informationen über die verschiedenen Werkstätten im Ort, wie z.B. Echtbürgel, Greiner oder Freigang *(Keramik-Museum, 07616 Bürgel, Am Kirchplatz 2, 036692/37334; Öffnungszeiten: März-Okt Di-So 11-17 Uhr, Nov-Feb Di-So 11-16 Uhr, Eintritt).*

Töpferei Greiner

Die Hainspitzer Nebelfrau im See

Unmittelbar am Ortseingang von **Hainspitz** (ca. 600 EW) zweigen wir rechts ab zum **Hainspitzer See**. Der See, der eigentlich ein Teich ist, wird von der Schiller-Universität Jena und Naturschutzverbänden für ornithologische Beobachtungen genutzt und dient unter anderem zahlreichen Vogelarten als Rast- und Brutplatz. Ein reichliches Platzangebot und zwei Stellplätze zum Übernachten laden für einen Stopp ein. Die Allee, die am Ufer entlangführt, ist mit ihren knorrig alten Linden ein sehenswertes Prachtstück.

(120) Offizieller WOMO-Stellplatz: Hainspitz

GPS: N 50°57'36.0" E 11°50'09.5", Kiesweg. **Max. WOMOs**: 2.
Öffnungszeiten: Ganzjährig.
Ausstattung: überdachte Tisch-Bank-Kombination, Mülleimer.
Beschreibung: Die Stellplätze stehen auf einem Parkplatz mit geschottertem Untergrund direkt am Seeufer zur Verfügung. Die Plätze sind abschüssig und teilweise im Schatten. Das *Gasthaus am See* mit Thüringer Spezialitäten, ein kleiner Laden und eine Eisdiele befinden sich in unmittelbarer Nähe.
Preise: Ca. 5 € für 2 Personen und WOMO.
Zufahrt: Auf der B7 nach Hainspitz kommend auf der rechten Seite.

Rathaus in Eisenberg

Nachdem wir die Autobahn unterquert haben, erreichen wir **Eisenberg** (ca. 11.000 EW). Wer die Stadt auf der B7 bleibend nur durchquert, der entdeckt sehenswerte mehrgeschossige Bürgerhäuser, von denen uns am besten das **Trompeterschlösschen**, ein über und über mit gotischem Rankenwerk, doppelgeschossigem Erker und reichem Portal verziertes Gebäude, gefiel.

Die Schlosskirche St. Trinitatis und der 300 Jahre alte Bogengarten

Biegt man vor ihm links ab, so findet man am Markt das **Rathaus** mit dem schlanken Achteckturm und die spätgotische **Stadtkirche**. Inmitten des Platzes erinnert der barocke **Mohrenbrunnen** daran, dass man auch dann noch Glück haben kann, wenn man es nicht erwartet: Der Eisenberger Mohr sollte wegen eines Diebstahl hingerichtet werden, alle Unschuldsbeteuerungen halfen nichts, die Vorbereitungen für ein öffentliches Exekutionsspektakel waren abgeschlossen – da stellte sich doch noch seine Unschuld heraus.

St. Trinitatis - die schönste barocke Kirche Thüringens

Vom offiziellen Stellplatz gelangt man zu Fuß vorbei am Tierpark auf den Markt mit Rathaus, Stadtkirche, Stadtmuseum mit *Museumscafé* und Tourist-Information. Eisenbergs ganzer Stolz ist die barocke **Schlosskirche St. Trinitatis**. Mit Säulen, überbordenden Stuckarbeiten, Deckengemälden und gewendelten Treppen hat die Schlosskirche mit ihren Rängen und der Fürstenloge etwas Theatralisches. Herzog Christian ließ die barocke Querkirche zwischen 1679 und 1692 von den Baumeistern Gundermann und Richter bauen. Italienische Stuckateure und der sächsische Hofmaler Harms gestalteten das Innere. Die Kirche gilt wegen ihrer Innengestaltung als schönste barocke Kirche Thüringens. Der angrenzende **Schlosspark** ist ebenfalls bezaubernd. Kern- und Schmuckstück ist der mindestens 300 Jahre alte **Bogengarten,** unter dem es sich herzoglich schlendern lässt. Relativ jung, nämlich etwa 40 Jahre, ist der **Kräutergarten**, der um den **Pavillon** angelegt wurde, mit dem ein typisches Element der Parkarchitektur des Klassizismus überliefert wurde.

(121) Offizieller WOMO-Stellplatz: Eisenberg

GPS: N 50°57'57.5" E 11°54'54.4", Geraer Straße. **Max. WOMOs**: 7.

Öffnungszeiten: Ganzjährig.
Ausstattung: VE, Strom und Wasser gg. Gebühr, Sitzgelegenheit, Mülleimer.
Beschreibung: Ein am Ortsrand befindlicher Stellplatz mit ebenem und asphaltiertem Untergrund und teilweise Schatten. Die Höchstparkdauer beträgt 48 h. Ein Besuch des Tiergartens und der Innenstadt bieten sich an. Besonders reizvoll sind die Rad- und Wanderwege durch das 8 km lange Eisenberger Mühltal.
Preise: Ca. 5 € für 2 Personen und WOMO.
Zufahrt: Auf der B7 Richtung Gera auf der rechten Seite.

Im ehemaligen Garten des Eisenberger Fabrikanten Felix Geyer befindet sich der **Eisenberger Tiergarten** mit einem eigenen Parkplatz (N 50°58'00.5" E 10°54'48.0"). Geyer war Verehrer der Wissenschaften und Künste und ließ sein Grundstück zu einem prachtvollen Garten mit seltenen Pflanzen, Höhlen, Grotten und einer künstlichen Burgruine umgestalten. Nach der Einweihung 1895 durfte man am Sonntagvormittag

darin lustwandeln. Nach einer langen Schließung und Umbaumaßnahmen wurde er 1971 als Tiergarten für Besucher wieder freigegeben, aber leider sind nur noch die künstliche Burgruine und einige seltene Gehölze erhalten. Auf dem Gelände leben etwa 700 Tiere, darunter heimische Waldbewohner, australische und afrikanische Tiere. Ein Kleinod ist der begehbare Bauernhof *(Tiergarten, 07607 Eisenberg, Am Geyersberg 2, 036691/42271, www.tiergarten-eisenberg-thuer.de; Öffnungszeiten: März-Okt tägl. 9-18 Uhr, Nov-Feb tägl. 8-17 Uhr, Eintritt).*

Am Stellplatz informiert eine Tafel über die Rad- und Wanderwege ins und durch das **Eisenberger Mühltal**. Das Thüringer Holzland ist ein waldreiches Gebiet mit Bächen, die sich tief in den roten Buntsandstein einschnitten haben, sodass wildromantische Täler entstehen konnten. Eines davon ist das Mühltal. Der Waldbach Rauda verbindet auf acht Kilometern Länge die ehemaligen **Wassermühlen** zwischen Kursdorf und Weißenborn.

Seit dem frühen 20. Jahrhundert lockt das Tal zahlreiche Ausflügler herbei, welche die malerische Natur und Ruhe genießen wollen. Acht ehemalige Mahl- und Schneidemühlen, die im dichten grünen Wald liegen, laden Wanderer oder Radfahrer zur Rast ein. Das Angebot der Mühlen ist vielseitig und verschiedene Wege verbinden sie miteinander. Sei es der **Sommerfrischeweg** für Wanderer oder der **Radweg** entlang der Rauda.

Im **Mühlen-Miniaturpark** an der Robertsmühle sieht man zu Beginn des Tales alle Mühlen auf einen Blick.

Im Mühlen-Miniaturpark im Mühltal bei Eisenberg

Im nordöstlichen Teil Eisenbergs befindet sich das Schortental und am Sportgelände eine gemütliche Gaststätte. In der **Schortentaler Kaminstube** gibt es leckere Thüringer Küche in urigem Wohlfühlambiente (N 50°58'46.8" E 11°54'39.9", *Kaminstube, 07607 Eisenberg, Schortental 1, 036691/863244; Öffnungszeiten: Di-Do 11-14 Uhr und 17-22 Uhr, Fr 11-14 Uhr, Sa 11-23 Uhr, So 11-22 Uhr).*

Dahlien stammen aus Mexiko

In der Stadt mit den vier B's – Bad, Bier, Blumen und Barockmusik – machen wir den nächsten Halt. In der Dahlienstadt **Bad Köstritz** (ca. 4.000 EW), in einem Talkessel der Weißen Elster liegend, parken wir am **Freizeitbad**, von wo aus der Ortskern gut zu Fuß zu erreichen ist [**122**: N 50°56'02.2" E 12°00'41.4"].

Das leckere Köstritzer Schwarzbier

Schwarzbier und **Dahlien** sind zwei schöne Gründe, um sich die Stadt näher anzuschauen. Die Köstritzer Brautradition begann mit dem 1543 gewerbsmäßig erlaubten Ausschenken des Fürstlich Reußschen Bieres und seit 1826 werden hier Dahlien gezüchtet, die im Spätsommer in sämtlichen Farben und Formen das Stadtbild prägen. 1865 wurde das Kurhaus eingeweiht, an dessen Glanz der Musentempel und das Rosarium im **Köstritzer Park** erinnern. An ihn grenzt ein Tiergehege mit Mufflon- und Damwild an.

An den ersten bedeutendsten deutschen Komponisten des Frühbarock erinnert das **Heinrich-Schütz-Haus**. 1585 erblickte er in diesem Gebäude als Gastwirtssohn das Licht der Welt, und nachdem sein Talent erkannt wurde, studierte er in Venedig Musik und war 55 Jahre lang Kapellmeister am kurfürstlichen Hof in Dresden.

Dahlienzentrum

Das **Haus des Gastes** mit dem **Dahlienzentrum** gliedert sich in verschiedene Bereiche, unter anderem eine kleine Ausstellung, in der die aus Mexiko stammende Blume vom frühen 19. Jahrhundert bis heute thematisiert wird. Der Lehr- und Schaugarten mit über 80 alten und historischen Dahliensorten rundet den Besuch herrlich bunt ab *(Haus des Gastes/Dahlienzentrum, 07586 Bad Köstritz, Julius-Sturm-Str. 4, 0151/21132572, www.stadtbadkoestritz.de; Öffnungszeiten: Mo 9:30-13:00 Uhr, Di 9:30-16 Uhr, Mi 9:30-15 Uhr, Do 9:30-17 Uhr).*

Auf dem Weg in den östlichsten Zipfel Thüringens, in das Braunkohlerevier am Südrand der Halle-Leipziger-Tieflandsbucht, lädt ein kleiner Campingplatz mit Badesee zum Übernachten ein.

(123) WOMO-Campingplatz: Gera-Aga, *Strandbad Aga*

GPS: N 50°57'12.9" E 12°05'13.0", Reichenbacher Str. 14.
Tel: 036784/50636; www.camping-strandbad-aga.de.
Öffnungszeit: Ganzjährig.
Ausstattung: VE, Strom, ca. 90 Plätze für WOMOs, Sanitäreinrichtungen, Waschmaschine, Trockner, Müllentsorgung, Spielplatz, Strandbad.
Beschreibung: Auf dem Gelände stehen verschiedene Möglichkeiten zur Verfügung. So gibt es eingegrenzte Plätze, aber auch die Gelegenheit, auf einem freien Wiesengelände zu stehen. Es gibt teilweise Schattenplätze. In dem Naturbadesee ist Baden und Angeln erlaubt. Eine gastronomische Versorgung ist vorhanden.
Preise: Ca. 25-30 € für 2 Personen und WOMO.
Zufahrt: Der Campingplatz ist ausgeschildert.

Der Meuselwitzer Kulturbahnhof mit seinen historischen Zügen

Das nordöstlichste Ziel, **Meuselwitz** (ca. 10.000 EW), stur auf thüringischen Straßen anzufahren, ist uns zu umständlich. Bequemer ist es, durch Sachsen-Anhalt abzukürzen. Über die Orte Heukewalde, Kayna und Spora erreichen wir die Industriestadt. 1670 fand man in der Nähe „brennbare Erde“, stieß ein Jahr später auf **Braunkohle** und das erste Bergwerk wurde errichtet. Der wirtschaftliche Abbau der Kohle begann 1840 und beeinflusste etwa 150 Jahre maßgeblich die Entwicklung der Stadt. Meuselwitz erlebte einen raschen Aufschwung.

Besonderes Ansehen erhielt der Ort unter den **Seckendorffs**, die ab dem 17. Jahrhundert das Rittergut und das Schloss besaßen und die Geschichte von Meuselwitz prägten. Zeugnisse dieser Familie sind der Von-Seckendorff-Park und die Orangerie.

Im ehemaligen Lokschuppen hat der **Kulturbahnhof** seinen Platz gefunden. Den Besucher erwartet ein Technisches Museum mit einem großen Freigelände, technischen Anlagen, **bergmännischen Exponaten** und **historischen Zügen**. Die etwa 100-jährige Geschichte des Braunkohlenbergbaus wird dargestellt. Früher durchzogen sie die Region wie ein Spinnennetz – die 900-Millimeter-Gleise der Kohlebahnen, die Braunkohle und Aushub aus den Tagebauen transportierten. Die historischen Konstrukte leben auf der etwa 15 Kilometer langen Strecke zwischen Meuselwitz und Regis-Breitingen weiter. An fast jedem Sonntag zuckelt zweimal täglich die **Kohlebahn** durch den Kammerforst. Informationen sowie der Fahrplan sind über die Homepage einsehbar. An fast allen Feiertagen ist auf dem Gelände etwas los und das größte Event sind die **Westerntage** am dritten Augustwochenende (N 51°02'20.1" E 12°18'00.0", *Kulturbahnhof/Kohlebahn, 04610 Meuselwitz, Georgenstraße 46, 03448/752550, www.kohlebahnen.de; Öffnungszeiten: Mo-Fr 8-14 Uhr. Das Außengelände ist frei zugänglich).*

Der idyllische Hainbergsee als Ergebnis gelungener Rekultivierung

Das einstige Meuselwitz-Rositzer Braunkohlerevier zählt zu den Wiegen des gesamten mitteldeutschen **Braunkohlebergbaus**. Bevor der Bergbau die Landschaft zu verändern begann, prägten ausgedehnte Äcker und Felder mit vereinzelten Dörfern und Wäldern, deren Holz als wichtiger Brenn- und Baustoff diente, die Region. Mit dem Ende des Abbaus begann erneut ein grundlegender Wandel der Landschaft. Die **Rekultivierung** stellte hohe Anforderungen an die Sanierer. Das steigende Grundwasser und die oft unbekannten Verhältnisse im Untergrund waren eine große Gefahr, die beseitigt werden musste. Heute, nach der Rekultivierung der vielen Restlöcher und Tiefbauareale, sind die betreffenden Bereiche wieder sicher und vielfältig nutzbar. Pflanzen und Tiere haben neue Lebensräume gefunden und der Grundwasserhaushalt reguliert sich weitgehend selbständig. Der **Hainbergsee** ist das Ergebnis des Grundwasseranstieges eines einstigen Tagebaus. An dessen flachen Ufer befindet sich heute nahe des **Sandstrandes** ein Hotel mit Restaurant, das nach etwa 500 Metern vom Parkplatz aus erreicht wird (N 51°02'17.1" E 12°17'46.4"). Der See ist ein **Naherholungs- und Landschaftsschutzgebiet** geworden. Das Baden und Angeln sind erlaubt und ein Wanderweg umrundet den von einem Wäldchen umgebenen See.

Urige Wege am Hainbergsee

Wer im **Von-Seckendorf-Park** spazieren oder die **Orangerie** besichtigen möchte, parkt am besten auf dem dazugehörenden Parkplatz (N 51°02'46.8" E 12°17'47.8").

Wir verlassen Meuselwitz nach Nordosten in Richtung Lucka, um ein Südseeparadies zu finden. Der nächste rekultivierte See ist der **Prößdorfer See** mit einem breiten, weißen Sandstrand und einem endlos wirkenden Areal zum Sonnen.

WOMO-Badeplatz: Prößdorf, Prößdorfer See

GPS: N 51°05'30.6" E 12°18'25.3", Hauptstraße.
Max. WOMOs: 5. **Ausstattung**: Keine.
Beschreibung: Ein großer Platz am Ortsrand mit Zugang zu einem großflächigen Sandstrand. Zahlreiche Wander- und Radwege sind vorhanden.
Preise: Kostenfrei.
Zufahrt: In Richtung Lucka befindet sich der Parkplatz auf der rechten Seite.

Im Dreieck Meuselwitz-Borna-Altenburg sind die Braunkohleseen so häufig, dass man sich nach Südschweden versetzt fühlt. Sie können das nicht glauben? Dann folgen Sie uns weiter nach Lucka, vorbei am Groitzscher See nach Ramsdorf.

Der **Haselbacher See** mit einer Wasserfläche von etwa 365 Hektar ist einer der beliebtesten Seen in der Region und liegt direkt auf der Landesgrenze von Sachsen und Thüringen. Der nördliche Teil, in dem wir uns gerade befinden, befindet sich im Landkreis Leipzig, und der südliche Teil im Altenburger Land. Der See bietet einen hohen Freizeitwert und ist ein Schwerpunkt im regionalen Entwicklungskonzept der Nordregion des Altenburger Landes. So ist seit 2002 das Baden auf eigene Gefahr erlaubt. Eingebettet in ein ausgedehntes Waldgebiet finden sich zahlreiche Wander- und Radwege und auf einer Strecke von etwa zehn Kilometern umrundet man den gesamten See. Am Ortsende von **Ramsdorf** haben wir einen gut besuchten Parkplatz gefunden.

(124: WOMO-Badeplatz: Ramsdorf, Haselbacher See

GPS: N 51°05'19.6" E 12°23'31.3". **Max. WOMOs**: 10.
Ausstattung: Keine.
Beschreibung: Ein geschotterter, großer Platz am Ortsende mit Zugang zum See mit zahlreichen Bereichen zum Baden und Entspannen und zum Umrunden des Sees.
Preise: Kostenfrei.
Zufahrt: In Richtung Regis-Breitingen befindet sich die Zufahrt auf der rechten Seite.

Möchten Sie sich für einen längeren Zeitraum im Seengebiet aufhalten, suchen Sie den Campingplatz in Pahna auf.

(125) WOMO-Campingplatz: Pahna, *See-Camping*
GPS: N 51°02'36.5" E 12°29'47.8".
Tel: 034343/51914; www.camping-pahna.de. **Öffnungszeiten**: Ganzjährig.
Ausstattung: VE, Strom, ca. 70 Wiesenplätze für WOMOs, moderne Sanitäreinrichtungen mit Waschmaschine und Trockner, Gaststätte, Kiosk, Strandcafé, Spiel- und Sportplätze, Müllentsorgung.
Beschreibung: Der Campingplatz befindet sich inmitten des Pahnaer Forst, direkt am See mit Bade- und Angelmöglichkeiten. Zahlreiche Bäume sorgen für Schatten.
Preise: Ca. 30 € für 2 Personen und WOMO.
Zufahrt: Der Campingplatz ist ausgeschildert.

Die mächtige Schlossanlage des Residenzschlosses in Altenburg

Nach den vielen Bademöglichkeiten steht uns der Sinn nach Kultur. Auf der B7 erreichen wir die Skatstadt **Altenburg** (ca. 33.000 EW). 1810 wurde hier das Skatspiel erfunden und bereits seit 500 Jahren werden Spielkarten hergestellt. Auch heute gehört die Spielkartenfabrik ASS Altenburg zu den führenden Firmen dieser Sparte. In der mächtigen **Schlossanlage des Residenzschlosses** auf einem Porphyrfelsen oberhalb der Stadt bestaunt man nicht nur prunkvolle Räume und Säle, sondern findet ebenso das einzigartige **Spielkartenmuseum**. In einer Kartenmacherwerkstatt wird veranschaulicht, wie die Karten einst von Hand gedruckt wurden. Die Besonderheit sind Spielkarten aus fünf Jahrhunderten.

Zum Schloss gehört ein beachtlicher **Park**, der als Renaissancegarten angelegt und später im Stil des Barock umgestaltet wurde. In dieser Zeit entstanden das **Teehaus** und die **Orangerie**. Schlendert man auf den verschlungenen Pfaden durch den alten Baumbestand, so wird man zu drei Gebäuden geführt – dem **Lindenau-Museum**, dem **Naturkundlichen Museum** und der **Herzogin-Agnes Gedächtniskirche** *(Schloss, 04600 Altenburg, Schloss 2, 03447/512712, www.residenzschloss-altenburg.de; Öffnungszeiten: Di-So/Feiertag 10-17 Uhr, Eintritt).*

Altenburg hat viel zu bieten und deshalb bleiben wir ein paar Tage. Für einen Tagesstopp lohnt sich der große Festplatz (N 50°58'39.4" E 12°26'4.0").

(126) Offizieller WOMO-Stellplatz: Altenburg

GPS: N 50°58'44.7" E 12°25'47.7", August-Bebel-Straße. **Max. WOMOs**: 13.
Öffnungszeiten: Ganzjährig.
Ausstattung: VE, Strom und Wasser gegen Gebühr, WC und Dusche gegen Gebühr, Mülleimer.

Beschreibung: Der Stellplatz befindet sich am Großen Teich gegenüber des Inselzoos und neben dem Freibad. Der Untergrund besteht aus Rasengittersteinen und Schatten ist vorhanden. Die Innenstadt ist nach etwa 800 m erreicht.
Preise: Ca. 6 € für 2 Personen und WOMO.
Zufahrt: Den Ort nach Süden in Richtung Gera durchqueren und anschließend rechts am Großen Teich entlangfahren.

Der Weg in die Altstadt ist nicht weit und vorbei am Kleinen Teich mit Kunstturm erreichen wir das **Marktareal**, bestehend aus Topf-, Korn- und Hauptmarkt. In der gut ausgestatteten **Tourist-Information** besorgen wir uns einen Stadtplan für unsere Erkundungstour, denn Altenburg hat zahlreiche Sehenswürdigkeiten im Angebot *(Tourist-Information, 04600 Altenburg, Markt 10, 03447/896689, www.altenburg.travel; Öffnungszeiten: Mo-Fr 9-18 Uhr, Sa/So 10-14 Uhr, Jan-März So geschlossen).*

Rathaus von Altenburg

Rund um den Marktplatz spazieren wir auf dem robusten Kopfsteinpflaster und gelangen zum prächtigen **Rathaus**, das den Stadtvätern seinerzeit jahrzehntelange Schulden einbrachte, aber deshalb auch zu den **Meisterwerken deutscher Renaissance-Baukunst** zählt. Vom schönen Portal, dem reichverzierten Giebel und dem figurengeschmückten Runderker steigt der Blick am achteckigen Turm empor. Eine Besonderheit sind die Gaffköpfe, die auf uns herabschauen. Unter dem historischen Gewölbe des *Ratskellers* kann man sich die frische Thüringer Küche wohl schmecken lassen.

Über die Moritzstraße und den Roßplan erreicht man das idyllische **Nikolaiviertel** mit dem 45 Meter hohen Turm, der von der Nikolaikirche übrig blieb.

Geht man zurück in Richtung Markt, fällt sofort der imposante Backsteinbau der **Brüderkirche** auf. Sie wurde im neugotischen Stil auf dem Gelände des ehemaligen Franziskanerklosters errichtet und zu jeder vollen Stunde erklingt ein Glockenspiel mit jahreszeitlich wechselnden Melodien. Die Fassade zeigt Bilder von Martin Luther, Georg Spalatin und Wenzeslaus Link und im Inneren der Kirche finden 1.000 Besucher Platz. Schauen Sie unbedingt rein!

Blick auf die Roten Spitzen

Verlässt man den Markt in nordöstliche Richtung vorbei an der ältesten Kirche der Stadt – der **Bartholomäikirche**, in der Georg Spalatin als Stadtpfarrer und später Superintendent maßgeblich die Reformation vor Ort umsetzte, so gelangt man nur wenige Schritte weiter zum berühmten **Altenburger Skatbrunnen** mit den vier raufenden Wenzeln. Hier taufen Skatfans ihre Karten, was ihnen Glück im Spiel verspricht. Unweit des

Der Große Teich mit Inselzoo am Wohnmobil-Stelplatz

Brunnes genießt man in elegantem Ambiente im *Kaffeehaus Volkstädt* seit fast 140 Jahren leckere Torten, Kuchen und Eis.

Das heutige **Landestheater** wurde 1869-1871 von Herzog Ernst I. von Sachsen-Altenburg im Neorenaissance-Stil erbaut und orientierte sich an der Dresdner Semperoper.

Friseur-Salon aus den 1920er Jahren - ein historischer Schatz

Ein echter Geheimtipp ist der **Historische Friseursalon** in der Puritzer Straße unweit des Brunnens. Artur Grosse, der Besitzer dieses Salons, entschied sich 1966, in seinen verdienten Ruhestand zu gehen, und schloss die Tür mit all dem Inventar hinter sich ab. Vielleicht in der Hoffnung, dass irgendwann jemand kommt und dieses Kleinod entdeckt. So geschah es dann fast 40 Jahre später, als die letzten Erben der Familie den Friseursalon betraten und anschließend zum Leben erweckten. Nach einer langen Phase der Renovierung konnte das Gebäude 2009 der Öffentlichkeit übergeben werden. Der Salon aus den 1920er Jahren verfügt über eine komplett erhaltene und funktionsfähige Ausstattung und ist ein wahrhafter Schatz, der von Dienstag bis Sonntag von 10 bis 17 Uhr auch Ihnen offensteht.

Den Weg zurück wählen wir vorbei am Schloss über die Frauengasse, um die romanischen Türme des ehemaligen Augustiner Chorherrenstiftes in Augenschein zu nehmen, die uns während des Schlossbesuches bereits aufgefallen sind. Sie sind der letzte erhalten gebliebene Teil einer weitläufigen Klosteranlage. Der 1172 im Beisein von Kaiser Friedrich I. Barbarossa geweihte Bau zählt zu den ersten Backsteingroßbauten nördlich der Alpen. Man nennt diese beiden unterschiedlich geformten Turmspitzen die **Roten Spitzen**. Auf dem Marktplatz sollten Sie unbedingt den **Spielkarten- und Spezialitätenladen** und den **Senfladen** mit seinen fast 300 verschiedenen Geschmacksrichtungen des Altenburger Senfs aufsuchen.

Skatbrunnen

Nach derartig viel Kultur und Bewegung sind wir auf der Suche nach Entspannung und werden auf dem Weg in Richtung Gera in **Schmölln** (ca. 9.000 EW) fündig. Besondere Attraktionen bietet der als Knopfstadt bekannt gewordene Ort nicht. Knopfstadt deshalb, weil Hermann Donath 1861 Knöpfe zuerst aus Perlmutt und später aus Steinnüssen fertigte und den Grundstein für eine einst florierende Knopfindustrie legte, die im gleichnamigen Museum dokumentiert wird.

Die gesuchte Entspannung findet man am Ortsausgang im **Hallen- und Freizeitbad Tatami** ausgestattet mit einer Saunaanlage in fernöstlichem Flair (N 50°53'31.5" E 12°20'04.6", *Tatami, 04626 Schmölln, Ronneburger Straße 65, 034491/583366, www.freizeitbad-tatami.de; Öffnungszeiten: Mo+Fr 13-21 Uhr, Di-Do und Sa/So 11-21 Uhr, Eintritt).*

Schmölln liegt an der **Sprotte** und bereits im 11. und 12. Jahrhundert fand in der Region eine gewissermaßen erste technische Revolution statt, denn man begann die Kraft des Wassers zu nutzen. Das hatte jedoch zur Folge, dass die gesamte Talaue um Schmölln verändert wurde. Es wurden Gräben durch Wiesen und Felder gezogen und das Flussbett der Sprotte mit Wehren gestaut, um die Mühlen anzutreiben. In den letzten Jahren wurden einige **Wehranlagen** um- oder abgebaut, um das Gewässersystem der Sprotte wieder durchlässig zu machen, was den Lebensraum für Tiere und Pflanzen deutlich verbesserte.

Wassererlebnispfad Sprotte

Am **Wassererlebnispfad Sprotte**, welcher unmittelbar rechter Hand vor dem Freizeitbad endet, findet man Informationen über die durchgeführten Veränderungen durch das Projekt *Lebendige Sprotte*. Auch eine überdachte Tisch-Bank-Kombination ist vorhanden. Auf dem Pfad führt das kleine *Dickköpfchen*, ein Weidenbaum, auf großen Erklärungstafeln durch 13 Stationen und zeigt den interessierten Kindern und Erwachsenen die versteckten Besonderheiten des Lebens am, im und um das Wasser. Die Gesamtstrecke beträgt neun Kilometer und führt von Posterstein über Nöbdenitz nach Schmölln.

Nöbdenitz ist bekannt durch die **1.000-jährige Eiche**, die zweifelsohne zu den ältesten und dicksten Deutschlands gehört. Die Stieleiche in der Ortsmitte ist innen vollkommen hohl und wird durch Eisenringe und Stützen zusammengehalten. Trotzdem steckt die Lebenskraft noch immer in diesem Riesen. Er grünt und blüht und hängt im Herbst voller langstieliger Eicheln (N 50°52’25.3” E 12°16’53.1”).

Burg Posterstein im Licht der Abendsonne

Über Nöbdenitz erreichen wir **Posterstein** (ca. 400 EW) inmitten einer sanfthügeligen Landschaft, die geprägt ist durch die weithin sichtbare mittelalterliche Höhenburg. Auf der 800 Jahre alten **Burg Posterstein** erzählen die Ausstellungen die regionale Geschichte und die der europäischen Salonkultur, von Rittern und Salondamen. Parallel zur Ausstellung für Erwachsene führt die **Familien-Ausstellung** *Die Kinderburg* in interaktiven Stationen die Kleinen durch die Burg. Wie schwer war wohl ein Kettenhemd oder wie sah der Alltag einer Prinzessin um 1800 aus? Zum Abschluss geht es auf den Turm und man genießt die herrliche Aussicht.
Dem ehemaligen Herrenhaus wurde in den letzten Jahren wieder Leben eingehaucht und im Erdgeschoss das Café *Zur Eisernen Bank* eröffnet.

Auf dem Parkplatz vor der Burg darf mit dem WOMO übernachtet werden (**127**: N 50°51'44.7" E 12°15'10.7", *Burg Posterstein, 04626 Posterstein, Burgberg 1, 034496/22595, www.burg-posterstein.de; Öffnungszeiten: Di-So 10-17 Uhr, Eintritt).*

Auf unserer Reise durch den Osten Thüringens wurden wir ständig an die Vergangenheit der Bergbaugeschichte und ihre Folgen erinnert. In **Ronneburg** (ca. 5.000 EW) stoßen wir auf eine ganz besondere, nämlich eine wahrhaft strahlende Hinterlassenschaft. Nach Ende des 2. Weltkrieges veranlassten sowjetische Wissenschaftler die Suche nach Uran. Das Wettrüsten war in vollem Gange und die Sowjetunion benötigte dringend Rohstoffe. Fündig wurde man im Gebiet um Ronneburg und ordnete den Abbau an.

Das **Ronneburger Uranrevier** entwickelte sich zum weltweit drittgrößten Uranproduzenten. Auf einer Fläche von etwa 74 Quadratkilometern wurden 113.000 Tonnen Uran abgebaut. Jahrzehntelang dominierten Schachtanlagen und riesige Berg- und Abraumhalden das Landschaftsbild.

Blick von der Schmirchauer Höhe auf die ehemaligen Abraumhalden

Die Arbeit wurde bestens bezahlt und brachte Wohlstand für die Region und mit der neu gegründeten Wismut entwickelte sich ein Staat im Staat. Über die fatalen Folgen für Mensch und Natur wurde nie informiert. Bei der Aufarbeitung von Uranerz entstanden in Fabriken große Mengen an Abraum. Dieser radioaktive, giftige Schlamm wurde in ausgeerzte Tagebaue gefüllt. Das eigentliche Ziel war das Uranoxid, ein gelbliches Pulver, das als Ausgangsprodukt für Brennstäbe und Atombomben benötigt wird.

Grubengeleucht als Aussichtsturm

Ausstellung WISMUT Objekt 90

1992 wurde die Wismut GmbH gegründet, deren Aufgabe die Beseitigung der Altlasten sein sollte und die vor einer weltweit unerprobten Sanierungsproblematik stand. Dieses Projekt war ein Vorzeigeprojekt der EXPO 2000 und sieben Jahre später wurde im Zuge der BUGA in Gera die **Neue Landschaft Ronneburg** als 800 Hektar großer neuer Lebensraum vorgestellt.

Mit **Drachenschwanzbrücke**, **Entdeckerturm**, dem Rosengarten, einem begehbaren Grubengeleucht und der begehbaren Landkarte auf der **Schmirchauer Höhe** wird heute der vielen Opfer, die gebracht wurden, gedacht. In der Ausstellung **Wismut Objekt 90** wird erstmals das komplexe Thema in seinem gesamten Umfang vorgestellt und lässt uns sehr nachdenklich werden. Es gibt verschiedene Parkmöglichkeiten. Ich empfehle auf Grund der Größe und der Nähe zu Objekt 90 den Platz in der Forststraße (N 50°51'22.3" E 12°10'35.6", *Neue Landschaft, 07580 Ronneburg, Weidaer Str., www.ronneburg.de; Öffnungszeiten: Von Sonnenaufgang bis Sonnenuntergang ist das Gelände begehbar. Objekt 90: Do-So/Feiertag 13-17 Uhr, Eintritt).*

Die Drachenschwanzbrücke in der Neuen Landschaft Ronneburg

Am Ortsrand von Ronneburg steht ein offizieller Stellplatz zur Verfügung.

(128) Offizieller WOMO-Stellplatz: Ronneburg

GPS: N 50°51'57.3" E 12°10'35.3", Am Kühlen Grund. **Max. WOMOs**: 20.
Öffnungszeiten: Mai-Oktober.
Ausstattung: Strom und Frischwasser, Tisch-Bank-Kombination.

Beschreibung: Am Ortsrand von Ronneburg und in der Nähe eines Einkaufsmarktes. Der Untergrund ist sandig und teilweise bewachsen, Schattenplätze vorhanden. Die historische Altstadt ist nach etwa 500 Metern erreicht und ebenso ist die *Neue Landschaft* zu Fuß gut zu erreichen.
Preise: Ca. 6 € für 2 Personen und WOMO.
Zufahrt: Am westlichen Ortsrand beim Kreisel links der Beschilderung folgen.

Nun sind es nur noch neun Kilometer und wir haben Gera erreicht. Die Stadt hält einige Überraschungen für uns bereit.

Tour 8: Im Thüringer Vogtland ca. 175 km

Gera – Weida – Greiz – Zeulenroda – Triptis

Stellplätze: Gera, Greiz, Zeulenroda-Triebes, Vorsperre Riedelmühle, Freibad Triptis

Campingplätze: Weida, Clodra

Besichtigen: Gera, Holzbrücke Wünschendorf, Weida mit Osterburg, Bauernmuseum Nitschareuth, Greiz.

Essen: *Lummersches Backhaus* Gera, *Panorama-Restaurant* Zeulenroda-Triebes, Gasthaus *Zur Goldenen Kutsche* in Waldhaus, *Patisserie Bergmann* in Stelzendorf

Wandern: Rundwanderung Aumatalsperre zur Osterburg, Waldhaus-Revier, Rundweg Vorsperre Riedelmühle.

Wir nähern uns der drittgrößten Stadt Thüringens. **Gera** (ca. 95.000 EW) ist ähnlich wie Jena eine Industriestadt, die aus einer Mischung jüngerer zweckdienlicher Bauten, einem historischen Altbestand und beeindruckenden Gründerzeitvillen besteht. Sie liegt eingebettet in einer reizvollen Hügellandschaft am Ufer der Weißen Elster und mit ihren vielen Parks, dem Stadtpark und den Villengärten ist sie eine wahrlich grüne Stadt.

Ein großer und zentral gelegener Parkplatz steht am **Hofwiesenpark** zur Verfügung (N 50°52'56.8" E 12°04'20.6"). Es handelt sich um die größte Parkanlage der Stadt, und sie befindet sich in unmittelbarer Nähe zum Zentrum. Auf einer Fläche von 30 Hektar finden sich Wiesen, Schatten spendende Bäume und eine jahreszeitlich wechselnde Blütenpracht, aber auch zahlreiche Freizeitangebote wie das **Hofwiesenbad** oder Spielareale. Nordöstlich schließt sich der **Küchengarten** an, der die **Orangerie** und das **Theater** verbindet. Er diente einst der Versorgung des Schlosses Osterstein, der damaligen Residenz des Fürstenhauses Reuß, und ist ein besonderes Schmuckstück. Weitere Gärten sind der **Botanische Garten** mit der Pflanzenwelt Ostthüringens und der **Dahliengarten**, der seit 1928 alle in der Region gezüchteten Dahlien im Herbst erstrahlen lässt.

Gera – Kaffeegenuss auf der Untermhäuser Brücke

Auf dem letzten Vorsprung des Hainberges, unweit der Orangerie, entdecken wir **Schloss Osterstein**. Nur ein kleiner Teil und der Bergfried sind bis heute erhalten geblieben. Um die Aussicht von dort zu genießen, schlendert man durch die Küchengartenallee und über die **Untermhäuser Brücke**, eine der ältesten Stahlnietenbrücken Mitteldeutschlands, hinauf zu den Überresten.

Hinter der Brücke steht rechts die **Marienkirche**. Eine spätgotische Kirche, deren quadratischer Turm von vier Blendgiebeln und einem nadelspitzen Helm gekrönt ist. Als besonderen Schatz birgt ihr Inneres mit dem Holztonnengewölbe einen kostbaren geschnitzten Flügelaltar. Angrenzend an das Kirchenhaus befindet sich das rekonstruierte Geburtshaus des berühmtesten Künstlersohnes der Stadt. Das **Otto-Dix-Haus** besitzt eine der bedeutendsten Dix-Sammlungen mit Werken aus allen Schaffensperioden – von den impressionistischen Anfängen bis zum letzten Selbstporträt mit Enkelin Marcella aus dem Todesjahr 1969.

Neben den Kunstfreuden kommen auch die Gaumenfreuden nicht zu kurz. In einem liebevoll sanierten Fachwerkbau neben der Marienkirche genießt man Leckerbissen aus Topf und Pfanne im *Lummerschen Backhaus* und bei sonnigem Wetter laden Tische und Stühle direkt auf der Brücke zu Kaffee und Kuchen ein (siehe Foto Seite 209, www.lummersches-backhaus.de).

Um das WOMO für die Nacht zu parken, fahren wir auf den schön gelegenen Wohnmobilhafen im westlichen Teil der Stadt im Ortsteil Pforten.

(129) Offizieller WOMO-Stellplatz: Gera

GPS: N 50°51'30.3" E 12°05'31.2", Gessentalstraße 21. **Max. WOMOs**: 19.
Tel: 0176/22613495; www.gessenpark.de.
Öffnungszeiten: Ganzjährig.
Ausstattung: VE, Strom, WC und Dusche, Grillplatz, Ruhewiese, Brötchenservice, große parzellierte Plätze mit einer Unterteilung in Standard- und Premiumplätze.
Beschreibung: Der Wohnmobilhafen zählt zu den beliebtesten Stellplätzen in Ostthüringen, ist umrahmt vom Naturschutzgebiet der Lasur und liegt am Gessenbach. Es führen Rad- und Wanderwege in die Umgebung des Thüringer Vogtlandes, wie z. B. zur Neuen Landschaft Ronneburg. Die Straßenbahn ins Stadtzentrum ist in etwa 300 m erreicht und der Spielplatz Gessental befindet sich unmittelbar am Eingang zum Stellplatz. Man steht auf geschottertem Untergrund und die jungen Bäume spenden wenig Schatten. Die Anreise wird von 12-22 Uhr erbeten und die Gebühren sind von 8-18 Uhr im Verwaltungsgebäude der Fa. Rossmann zu entrichten.
Preise: Ca. 15 € für 2 Personen und WOMO.
Zufahrt: Aus Richtung Ronneburg kommend über Zwötzen in die Straße der Völkerfreundschaft und anschließend in die Gessentalstraße abbiegen.

Mit der Bahnlinie 1 sind wir in etwa 15 Minuten in der Innenstadt angelangt und starten am Puschkinplatz mit unserem Stadtbummel. Dahinter beginnt die Fußgängerzone mit der Schlossstraße, die uns zum **Markt** führt. Der achteckige **Rathausturm** ziert den Marktplatz seit dem 16. Jahrhundert und der Türmer, der in diesen Zeiten auf dem Turm lebte, sollte die Stadt vor einem Brand warnen. Bis zum Anfang des 20. Jahrhunderts war die Türmerstube bewohnt. Heute ist der Rathausturm begehbar. Den herrlichen Ausblick auf der 34 Meter hohen Plattform erreichen wir nach etwa 160 Stufen. Dazu muss man sich allerdings in der Gera-Information anmelden, die unmittelbar neben dem Turm liegt (Gera-Information*, 07545 Gera, Markt 1, 0365/8381111; Öffnungszeiten: Mo-Fr 9-18 Uhr, Sa 9-13 Uhr).*

Marktplatz mit Rathaus

Der Markt ist eines von Geras Schmuckstücken. Die Mitte wird vom **Simsonbrunnen** aus dem Jahr 1685 beherrscht. Ein junger Athlet, Simson der Löwenbändiger, verkörpert die Stärke der Stadt Gera. Das 1592 entstandene Eckgebäude der **Stadtapotheke** ist ein Renaissancebau und macht dem Rathaus mit seinem Runderker wahrlich Konkurrenz. Der reichverzierte Erker wurde erst 1606 angefügt. Kolorierte Holzschnitzereien unterhalb der Fenster stellen die Apostelfiguren und die vier Jahreszeiten dar, dazwischen prangen Wappentafeln des Geraer Fürstentums.

Verlässt man den Markt über die Große Kirchstraße, so erreicht man den Nicolaiberg. Die **Salvatorkirche** und das **Schreibersche Haus** fallen sofort ins Auge. 1717 erfolgte die Grundsteinlegung für die barocke Kirche und 1903 wurde der Innenraum grundlegend im Geiste des floralen Jugendstils umgestaltet – eine echte Seltenheit im europäischen Kirchenbau.

Das eher unscheinbar wirkende Schreibersche Haus ist das älteste erhaltene Bürgerhaus Geras und dient seit 1947 als Museum. Zunächst als Ausweichquartier für das im Krieg zerstörte Stadtmuseum genutzt, wurde es ab 1951 zum **Museum für Naturkunde** umgestaltet. Das architektonische Schmuckstück ist der **Barocksaal**, der sich im 2. Obergeschoss über die gesamte Südfront erstreckt. Die Decke des Saales ist durch reiche Stuckarbeiten geschmückt. Vermutlich waren hier ebenfalls

Gelehrtenzimmer

die italienischen Stuckateure der Eisenberger Schlosskirche am Werk. In dieser Etage sind auch das eindrucksvolle **Gelehrtenzimmer** und die **Minerale Ostthüringens** zu sehen.

In der Dauerausstellung im 1. Obergeschoss unternimmt man eine Wanderung durch die **Naturräume Ostthüringens** von den geologischen Grundlagen bis zur artenreichen Tier- und Pflanzenwelt. Derzeit umfasst der Sammlungsbestand etwa 150.000 naturkundliche Objekte in den geologischen, paläontologischen und mineralogischen Sammlungen.

Ein besonderes Erlebnis ist der Keller des Gebäudes – ein unterirdisches Labyrinth! Das Geraer Bierbrauprivileg von 1487 gestattete jedem Hausbesitzer Bier zu brauen oder brauen zu lassen. Die Hauskeller boten für die Einlagerung jedoch nicht die idealen Bedingungen und man begann sich Höhler in einer Tiefe von fünf bis zwölf Metern zu bauen. In der Gegend wurden in dieser Zeit Bergwerke geschlossen und deshalb waren tatkräftige und gut ausgebildete Arbeiter für den Höhlenbau vor Ort. Sie wurden im 17. und 18. Jahrhundert zur Lagerung von Bier geschaffen, durchziehen in einem weitläufigen System die Geraer Altstadt und sind in diesem Ausmaß einzigartig. Sie wurden unter den eigentlichen Wirtschaftskellern angelegt und hatten keine Verbindung miteinander. Unter dem Museum liegt der Eingang zu **Höhler** Nummer 188, der zu 216 nachgewiesenen Geraer Höhlern gehört, die sich zu einer Länge von etwa neun Kilometern addieren.

Von 1986 bis 1989 wurden zehn der Höhler mit einer Gesamtlänge von 250 Metern zu einer touristischen Attraktion ausgebaut *(*Museum für Naturkunde, *07545 Gera, Nicolaiberg 3, 0365/52003; Öffnungszeiten: Di-So/Feiertag 11-17 Uhr, Eintritt. Führungen in die **Geraer Höhler** finden Di-So/Feiertag um 11/13/15 Uhr statt, Eintritt).*

Etwa zehn Kilometer südlich von Gera existiert eine besondere verkehrshistorische Attraktion – eine **hölzerne, überdachte Straßenbrücke** über die Weiße Elster, die seit 1250 die Verbindung mit dem östlichen Elsterufer herstellt. Mehrmals durch Eisgang zerstört, entstand 1786 die bis heute fast im Originalzustand erhalten gebliebene Holzkonstruktion. Allerdings darf das Fahrzeug nur 2,10 Meter hoch sein, um hindurchrollen zu dürfen. Es gibt kaum Parkraum direkt vor der Brücke und deshalb nutzen wir den Parkplatz gegenüber der Turnhalle in einer Entfernung von etwa 200 Metern (N 50°47'39.8" E 12°05'16.2").

Überdachte Straßenbrücke

Wieder zurück auf der B92 fahren wir weiter in Richtung **Weida** (ca. 8.000 EW) – der **Wiege des Vogtlandes**. Dort erwartet uns in der Nähe des Bahnhofs ein weiteres bautechnisches Denkmal. In schwindelerregender Höhe überquert eine Eisenbahnbrücke auf der alten Strecke Werdau-Mehlteuer das Oschütztal. Das Viadukt wurde 1884 erbaut und ist eine ingenieurtechnische Meisterleistung aus den Anfängen des Stahlbrückenbaus. Sie gilt als erste und größte **Pendelpfeilerbrücke** Deutschlands. Man wählte damals ein eisernes Gitterträgersystem, wobei die Besonderheit pendelnde Pfeiler sind. Die vier Stützen besitzen gelenkige Verbindungen und die außenliegenden Gelenke lagern auf Rollen. Auf diese Weise kann die Konstruktion Längenänderungen durch Temperaturschwankungen oder auch die Kräfte beim Befahren ausgleichen. Nach fast 100-jährigem Einsatz wurde sie 1982 außer Betrieb genommen und ist heute leider zunehmend dem Verfall ausgesetzt.

Die Osterburg

Für einen kleinen Stadtrundgang lohnt es sich am **Neumarkt** zu parken (N 50°46'25.7" E 12°03'39.5"). Wir betrachten das **Rathaus**, das im 16. Jahrhundert im Stil der Hochrenaissance erbaut wurde und ursprünglich viel prächtiger war als heute. Nach Zerstörung und Brand wurde es in veränderter Form wieder errichtet, nur der etwa 50 Meter hohe Turm behielt sein stadtbildprägendes Aussehen.

In südlicher Richtung erreichen wir nach etwa fünf Minuten Fußweg das **Technische Schaudenkmal Lohgerberei**. In Weida hat das Gerber- und Schuhmacherhandwerk eine lange Tradition und auf dieser Grundlage entwickelte sich die Stadt seit Mitte des 19. Jahrhunderts zu einem Zentrum der Lederherstellung und Lederverarbeitung. Ein Besuch der Lohgerberei Francke in der Unteren Straße lässt uns in das 19. Jahrhundert eintauchen. Während eines geführten Rundgangs erfahren wir, wie viele Arbeitsgänge nötig sind, bis aus einem Stück Rinderhaut ein haltbares Sohlenleder geworden ist. Sie werden sich wundern (Lohgerberei Friedrich Francke, *07570 Weida, Untere Straße 6, 036603/71350; Öffnungszeiten: April-Okt Do-So/Feiertag 10-18 Uhr, Nov-März Do-So/Feiertag 10-16 Uhr, Eintritt. Rundgang nur mit Führung möglich. Sie finden immer 15 Minuten nach der vollen Stunde statt).*

Eine der bedeutendsten Sehenswürdigkeiten des Thüringer Vogtlandes ist die Stammburg der Vögte – die **Osterburg**. Vogt Heinrich I. begann 1163 mit dem Bau einer romanischen Befestigungsanlage und im 13. und 14. Jahrhundert war die Burg Residenz und Verwaltungszentrum des gesamten Vogtlandes. Erst im 16. Jahrhundert erhielt sie den Namen Osterburg, abgeleitet von der Landschaftsbezeichnung Osterland, dem Land östlich der Saale. Besonders imposant ist der 54 Meter hohe **Bergfried**, der sich nach oben hin verjüngt. Er ist Zeitzeuge der ursprünglichen Bebauung und mit einer Mauerstärke von 5,70 Meter unterhalb des ersten Kranzes zählt der Turm zu den mächtigsten seiner Art. Im Inneren befindet sich heute das **360-Grad-Museum.** Hier wird auf einzigartige Weise die Geschichte des Vogtlandes und des Adelsgeschlechts der Reußen in einer Projektion direkt auf das Ziegelmauerwerk als Film präsentiert.

Die Osterburg beherbergt außerdem in ihren Mauern ein Museum, eine Galerie, ein Künstleratelier und gastronomische Einrichtungen. Vor dem Eingang zur Burg befindet sich die **Tourist-Information** (Osterburg, *07570 Weida, Schlossberg 14, 036603/62775, www.osterburg-vogtland.eu; Öffnungszeiten: Do-So/Feiertag 10-18 Uhr, Eintritt).*

In weiten Teilen Thüringens ist Weida heute noch als „Kuchenweide" bekannt. Zu diesem Beinamen trug vermutlich das jahrhundertelange Bestehen einer Brotbank bei, die Reisende mit Brot, Kuchen und Semmeln versorgte. Das war eine gemeinsame Verkaufsstätte der Bäckermeister der Stadt, die den schnelleren Absatz der Waren ermöglichte. Aus dieser Tradition entstand die Figur der Weidschen Kuchenfrau als unverwechselbares Symbol. 1994 wurde die Tradition zu neuem Leben erweckt: An jedem ersten Septemberwochenende findet der **Weidsche Kuchenmarkt** auf dem Marktplatz statt.

Auf dem Weg zum Campingplatz fahren wir am 2003 neu gebauten **Freibad** vorbei. Solarbeheizt ermöglicht es auch an kühleren Tagen den Badespaß. Es besitzt einen großen Wiesenparkplatz, an dem zu Fuß oder per Rad zu den Sehenswürdigkeiten nach Weida gestartet werden kann [**130**: N 50°46'23.5" E 12°02'11.8"].

Über den Grochwitzer Weg gelangen wir nach etwa 1,5 Kilometern an die **Talsperre Auma**, die vor etwa 75 Jahren gestaut wurde, um für die Industriebetriebe, allen voran die Lederwerke in Weida, immer ausreichend Wasser zur Verfügung zu haben. Heute ist sie zu einem beliebten Freizeit- und Ausflugsziel geworden und bereits in den frühen Jahren der DDR schlugen die ersten Camper in dem reizvollen Gebiet ihre Zelte auf.

(131) WOMO-Campingplatz: Weida, *Aumatalsperre*

GPS: N 50°46'2.6" E 12°01'28.1", Aumatalsperre 1. **Tel**: 036603/62561; www.campingplatz-weida.com.
Öffnungszeit: Ganzjährig.
Ausstattung: VE, Strom, ca. 30 Plätze für WOMOs, Sanitäreinrichtungen, Waschmaschine, Trockner, Müllentsorgung, Spielplatz, Tischtennisraum, Volleyballplatz, Kiosk, Gasflaschenservice.
Beschreibung: Der etwa 3 ha große und beliebte Naturcampingplatz ist eingebettet im Tal des Flüsschens Auma und liegt am Ufer der Talsperre. Es gibt teilweise Schattenplätze. Das Baden ist auf eigene Gefahr erlaubt und Ruderboote werden verliehen. Für die Sonnenanbeter gibt es eine Liegewiese. Eine gastronomische Versorgung ist vorhanden. Rad- und Wanderwege bieten Ausflugsmöglichkeiten ins Umland.
Preise: Ca. 20 € für 2 Personen und WOMO.
Zufahrt: Der Campingplatz ist ausgeschildert.

Um die Aumatalsperre und zur Osterburg

Natur und Kultur verbindet die etwa 12 km lange Runde, die sowohl an der Burg als auch an der Talsperre gestartet werden kann. Am Campingplatz beginnend in westlicher Richtung queren wir auf der Höhe der Heinoldsmühle über einen Steg die Auma. Auf der gegenüberliegenden Uferseite geht es entlang bis Weida zur Osterburg. Der Rückweg führt über die Aumaer Straße aufwärts zur Paulinenhöhe. Durch ein großes Waldgebiet, vorbei am Sängerstein und weiter durch das Finstertal, wandert man hinauf zu den Hohen Häusern. Weiter geht es in freier Flur hinein nach Schömberg und kurzzeitig auf der Straße hinunter zur Steinbogenbrücke am Eisenhammer. Von dort umlaufen wir die westliche Seite der Talsperre und gelangen zurück zum Campingplatz.

Wir machen uns wieder auf in das Tal der Weißen Elster und finden einen weiteren Campingplatz am Ortsende von **Clodra** (ca. 250 EW).

(132) WOMO-Campingplatz: Clodra *Autocamping Am Töpferberg*

GPS: N 50°45'34.4" E 12°07'28.1", An der Holzecke.
Tel: 036623/20438; www.toepferberg.de.
Öffnungszeit: Ostern bis Ende Oktober.
Ausstattung: Wasser, Strom, ca. 35 Plätze für WOMOs, Sanitäreinrichtungen, Müllentsorgung, Restaurant.
Beschreibung: Auf einer naturbelassenen Rasenfläche und umrahmt von Wald stehen die Plätze zur Verfügung. Teilweise finden sich schattenspendende Bäume.

Im dazugehörenden Restaurant meldet man sich für die Übernachtung an. Genießen kann man in der beliebten Gaststätte Thüringer Spezialitäten.
Preise: Ca. 20 € für 2 Personen und WOMO.
Zufahrt: Der Campingplatz ist ausgeschildert.

Ein besonderer Rundweg durch das Tal der Weißen Elster ist der **Elsterperlenweg**. Mit einer Länge von 72 Kilometern erkundet man im nordöstlichen Vogtland das mittlere Elstertal. Er führt beidseitig entlang des Flusses und ist in sechs Etappen von Greiz nach Wünschendorf aufteilbar.

Der 250 Kilometer lange **Elsterradweg**, beginnend im tschechischen Asch und endend in Halle, führt von Berga bis Wünschendorf ausschließlich am Ufer der Weißen Elster entlang.

Zum alten Speicher an der Clodramühle

Auch unser nächstes Ziel ist daher zu Fuß oder per Rad erreichbar. Wir starten jedoch das WOMO und fahren Richtung Zickra, biegen an der tiefsten Stelle des Tales in einer Linkskurve nach rechts in einen Waldweg mit Hinweisschild zur **Clodramühle** ab. Da der Parkraum dort sehr begrenzt ist, parken wir auf einem Wanderparkplatz, der sich etwa 200 Meter davor befindet [**133**: N 50°45'29.8" E 12°07'46.6"].

Auf diesem herrlichen Fleckchen Erde am Elsterufer und mitten in der Natur hat sich in der Clodramühle ein innovatives junges Team mit dem Restaurant *Zum alten Speicher* niedergelassen. Leider mussten Robert und Martin Heyne coronabedingt die Türen vorerst schließen, aber ich hoffe, dass dies nicht so bleibt!

Nebenan befindet sich der **Alternative Selbstversorgerhof** mit seiner Schafskäserei. Den Hof betreiben Anja und Peter Salden seit 1998 und verkaufen ihren mehrfach preisgekrönten Schafskäse von Mai bis Dezember direkt auf dem Hof.

Zurück in Zickra fahren wir auf der B92 in Richtung Greiz, machen allerdings zuvor einen Abstecher nach **Nitschareuth** (ca. 220 EW) und parken vor dem Schützenhaus (N 50°41'44.2" E 12°09'14.8"). In dem kleinen Ort finden Fotofreunde viele interessante Bildmotive von mehr als hundert Jahre alten Fachwerkhäusern, Dreiseiten- und Vierseitenhöfen bis hin zu Naturmotiven wie der alten Eiche im Dorfanger, die einst zu Ehren Martin Luthers gepflanzt wurde. In dem liebevoll hergerichteten Gehöft Nummer 13 wandeln wir sogar auf den Spuren der Vergangenheit, denn dort wurde 1986 ein **Bauernhofmuseum** eingerichtet. Im *Museumscafé* gibt es selbst gebackenen Kuchen *(**Bauernmuseum**, 07957 Nitschareuth, Nr. 13, 036625/20504, www.bauernmuseum-nitschareuth.de; Öffnungszeiten: Mi, Sa, So 13-19 Uhr, Eintritt).*

Bauernhofmuseum mit Café

Greiz (ca. 21.000 EW) wird zu Recht die **Perle des Vogtlandes** genannt und war bis 1918 die Residenzstadt des Fürstentums Reuß älterer Linie. Den Beinamen verdankt sie ihrer landschaftlich einmaligen Lage, eingerahmt von waldreichen Höhenzügen und Berghängen. Das Stadtbild wird von zwei Schlössern bestimmt. Da zwei Brüder des Fürstenhauses im Streit lagen, existieren heute zwei eindrucksvolle Residenzschlösser.

Am Elsterflussbett parken wir das WOMO (N 50°39'21.5" E 12°11'48.1") und schlendern über die Friedensbrücke in das Herz von Greiz. Zuerst erreicht man das Untere Schloss, welches auch die **Tourist-Information** beherbergt.

Der Ausblick auf Greiz vom Oberen Schloss

Beginnen sollte man den Stadtrundgang im **Oberen Schloss**, da die geschichtliche Betrachtung hiermit chronologisch erfolgt. Die Dauerausstellung „Vom Land der Vögte zum Fürstentum älterer Linie“ lädt zu einer erlebnisreichen Zeitreise ein. Zu den Besonderheiten gehört die **Romanische Doppelkapelle** aus dem 12. Jahrhundert, die bei Restaurierungsarbeiten wiederentdeckt wurde. In deren Gewölbe wird die Geschichte der zerstrittenen Dynastie mit Hilfe eines 3-D-Filmes erzählt. Und auch sonst ist der Besuch ein multimediales Geschichtserlebnis für Groß und Klein. Auf einem Skateboard durch 800 Jahre

Das Obere und das Untere Schloss in Greiz

computeranimierte Baugeschichte surfen oder selbst einen Ritterhelm tragen? Im Oberen Schloss ist das möglich.

Nachdem wir die Aussicht auf Greiz noch eine Weile genossen haben, begeben wir uns hinunter auf den Marktplatz mit dem **Rathaus** im neugotischen Stil aus den Baujahren 1840 bis 1842 und dem Marktbrunnen. Entlang der Villen und kleinen Geschäfte der Innenstadt kommen wir am **Unteren Schloss** an, und nun vollenden wir unseren geschichtlichen Erkundungsgang durch Greiz. Die Fortsetzung erwartet uns in Form der authentischen Räumlichkeiten des 19. Jahrhunderts und wir betreten die prächtigen Wohn- und Repräsentationsräume der Fürsten.

Greiz besitzt nicht nur die beiden Residenzschlösser. Als eines der frühesten Zeugnisse klassizistischer Baukunst in Thüringen gilt das dritte Schloss, das **Sommerpalais** im **Fürstlichen Greizer Park**, erbaut in den Jahren 1769 bis 1779. Es diente der fürstlichen Familie als Rückzugsort und enthält heute die Staatliche Bücher- und Kupferstichsammlung und das Satiricum mit einem umfangreichen Fundus an Karikaturen der vergangenen 300 Jahre.

Einen Platz zum Übernachten stellt die Stadt Greiz am Bäderkomplex im Aubachtal zur Verfügung.

(134) Offizieller WOMO-Stellplatz: Greiz

GPS: N 50°39'14.1" E 12°13'43.5", Aubachtal. **Max. WOMOs**: 16.
Öffnungszeiten: Ganzjährig.
Ausstattung: Strom und Wasser, Entsorgung nur von Grauwasser möglich.
Beschreibung: Die Stellplätze stehen auf einem Wiesengelände in unmittelbarer Nähe zum Frei- und Hallenbad zur Verfügung. Duschen und WC sind in den Sommermonaten zugänglich. Die Anmeldung erfolgt zu den Öffnungszeiten des Bades bzw. über eine aushängende Telefonnummer.
Preise: Ca. 15 € für 2 Personen und WOMO.
Zufahrt: In Richtung Reichenbach auf der B94 fahren und auf der Höhe des Freibades in die Werdauer Straße nach links abbiegen.

Ich erwähnte bereits die waldreichen Höhenzüge um Greiz. Zu guter Letzt machen wir nun einen Ausflug in den Greiz-Werdauer Wald. Mittendrin liegt die kleine Siedlung **Waldhaus**.

Mit dem weitläufig angelegten **Tiergehege** ist sie ein beliebtes Ziel für die ganze Familie (N 50°41'17.6" E 12°13'44.5"). Am Ortseingang fällt uns ein schöner Hof mit seinem Umgebindehaus ins Auge und auch das ehemalige Forstamt kann sich mit seinen grünen Fensterläden sehen lassen.

Seit 1969 ist die Gegend zum **Naherholungsgebiet** umstrukturiert worden, nachdem die Reste des ehemaligen Jagdschlosses abgerissen wurden. Die Gehege mit vorwiegend einheimischen Tierarten können kostenfrei besichtigt werden. 2004 wurde zusätzlich ein **Naturschutz-Informationszentrum** errichtet, dessen Ausstellung beständig erneuert wird. In der Nähe befinden sich der idyllische **Schlötengrund** und der **Schlötenteich**, der sich sehr gut für ein Picknick eignet.

Wanderung durch das Waldhaus-Revier

Ein kleiner Rundweg führt etwa 5 km durch den Werdauer Wald. An der Kreuzung am Forsthaus folgen wir der Markierung mit gelbem Punkt. Auf einer allerdings nur anfangs asphaltierten Forststraße geht es bergab zum Schlötenteich und anschließend durch den Schlötengrund, bis nach etwa 2 km links ein breiter Forstweg bergauf zum Bierweg und zur Rundbank führt. Hier kreuzen sich viele Wanderwege und man kann nun der Markierung mit blauem Punkt vorbei am Tiergehege und Mausoleum folgen und gelangt zurück nach Waldhaus.

In der *Goldenen Kutsche*, einem Ausflugslokal im Landhausstil, gibt es täglich außer Montag Mittagstisch und am Nachmittag leckeren Kaffee mit Kuchen.

Die zweitgrößte Stadt im Landkreis Greiz und zugleich frisch gekürter staatlich anerkannter Erholungsort ist **Zeulenroda-Triebes** (ca. 17.000 EW). Hier setzt man auf den Badetourismus. Unermüdlich füllt die Weida das Talsperrenwunder von Zeulenroda mit dem kostbaren Nass. Den Kern bilden zwei Talsperren, die 4,6 Kilometer lange Weidatalsperre und das 6,5 Kilometer lange **Zeulenrodaer Meer**, wie es liebevoll genannt wird. Drumherum schmiegt sich der **Talsperrenweg Zeulenroda** mit einer Gesamtlänge von 45 Kilometern.

Wir steuern den gebührenpflichtigen Parkplatz des Bio-Seehotels vor den Toren der Stadt an (N 50°40'05.1" E 11°58'49.6"). In der sechsten Etage des Hotels finden Sie bestimmt einen Platz im *Panorama-Restaurant* mit Ausblick auf den See. Gekocht wird mit frischen Bio-Produkten aus der Region. Nach einer Voranmeldung besteht Freitag und Samstag von 12 bis 18 Uhr die Möglichkeit, im **Panorama Hochseilgarten** seine Höhentauglichkeit auf die Probe zu stellen. Außerdem gibt es zahlreiche Wandermöglichkeiten *(Bio-Seehotel, 07937 Zeulenroda-Triebes, Bauerfeindallee 1, 036628/980, www.bio-seehotel-zeulenroda.de; Öffnungszeiten Restaurant: Mo-So 17:30-21:30 Uhr).*

Auf dem Weg zurück und in Richtung Ortszentrum erreichen wir die **Badewelt WAIKIKI** mit offiziellen Stellplätzen [**135**: N 50°39'57.6" E 11°59'35.9"]. Die Plätze befinden sich auf dem hauseigenen Parkplatz und sind mit (10 Euro) und ohne Strom (5 Euro) nutzbar. Ein etwa zwei Kilometer langer Weg vorbei am Waldstadion führt zu Fuß zum **Tiergehege Rabensleite**. Am nördlichen Stadtrand gibt es Tierarten aus fünf Kontinenten zu bestaunen. Ein Naturlehrpfad und Spielplätze laden auf dem weitläufigen Gelände zum Verweilen ein. Das Gehege ist kostenfrei zugänglich.

Der Wanderparkplatz Quingenberg steht auf der gegenüberliegenden Seeseite zur Verfügung. Dazu überquert man

im Ort die Brücke (N 50°39'57.1" E 11°58'14.8") und gelangt auf den 19 Kilometer langen **Rundweg Zeulenrodaer Meer** oder spaziert einfach ein wenig am Ufer entlang.

Ein idealer Übernachtungsplatz in Strandbadnähe findet sich auf dem 2016 neu eingerichteten Wohnmobilhafen.

(136) Offizieller WOMO-Badeplatz: Zeulenroda-Triebes
GPS: N 50°39'28.6" E 11°58'04.0", Bleichenweg 30. **Max. WOMOs**: 17.
Tel: Tino Wolf 0176/8487568; www.wohnmobil-zeulenroda.blogdns.com.
Öffnungszeiten: Ganzjährig.

Ausstattung: VE, Strom gegen Gebühr, WC und Dusche während der Saison im Strandbad mit Zahlencode nutzbar. Ein Kühlschrank mit Getränken auf Vertrauensbasis steht zur Verfügung, Brötchenservice.
Beschreibung: Der liebevoll gestaltete Wohnmobilhafen ist sehr beliebt und befindet sich in der Nähe des Strandbades und des 1,5 km entfernten Ortskerns. Das neue Strandbad bietet neben schönen Liegewiesen auch Spiel- und Sportmöglichkeiten. Anbindung an öffentliche Verkehrsmittel vor Ort. Der Untergrund ist eben, allerdings gibt es keine Schattenplätze, die Stellplätze sind sternenförmig angelegt. Bademöglichkeiten, Café mit Italienischem Restaurant, Wandermöglichkeiten und die Tourist-Information in unmittelbarer Nähe.
Preise: Ca. 15 € für 2 Personen und WOMO.
Zufahrt: Über die B94 durch Zeulenroda. Gut ausgeschildert.

Den Ortskern von Zeulenroda mit dem **Marktplatz** und dem imposanten **Rathaus** erreichen wir vom Stellplatz aus zu Fuß oder mit dem Rad über den Bleichweg. Das Rathaus wurde von 1825 bis 1827 im klassizistischen Stil errichtet und quadratische, turmartige Bauteile rahmen das Bauwerk ein. Säulen und Halbsäulen heben den Eingang hervor, lockern das Dachgeschoss auf und leiten den Blick zum hohen Achteckturm mit der Statue der Göttin Themis. Sie wird in der Gegend liebevoll „Gette“ genannt. Sie ist die Göttin der Gerechtigkeit und sorgt für Recht, Ordnung und Sitte.

Dann fesselt ein Brunnen mit einer Figur, die pfeift, unseren Blick – der **Karpfenpfeiferbrunnen**. Wie die Einwohner von Zeulenroda zu dieser Symbolfigur und ihrem Spitznamen „Karpfenpfeifer“ kamen, ist nicht eindeutig belegt, und es existieren verschiedenen Legenden. Eine davon lautet, dass die Zeulenrodaer Bürger bereits im Mittelalter für ihre guten Karp-

Karpfenpfeiferbrunnen am Rathaus

fen bekannt waren, die sie in zahlreichen Teichen um den Ort züchteten. Als die fürstlichen Herren in Greiz ihren Schlossteich abfischten, mussten die Zeulenrodaer ihnen dabei behilflich sein. Als Belohnung wurden sie zum Karpfenessen eingeladen. Allerdings schmeckten die Greizer Karpfen wegen der verschmutzten Teiche fürchterlich nach Schlamm und dies behagte den Zeulenrodaern gar nicht. Einer von ihnen brachte dies lauthals zum Ausdruck: „Wir pfeifen auf eure Karpfen!“ Seit diesem Tag tragen die Bewohner von Zeulenroda mit Stolz den Spitznamen „Karpfenpfeifer“.

Wir umrunden den See mit dem WOMO im Uhrzeigersinn und fahren über Kleinwolschendorf zu Vorsperre Riedelmühle, wo ein beliebter Rundwanderweg beginnt.

(000) WOMO-Wanderparkplatz: Vorsperre Riedelmühle
GPS: N 50°38’31.4” E 11°55’35.1”. **Max. WOMOs**: 1-2.
Ausstattung: Überdachte Tisch-Bank-Kombination.
Beschreibung: Ein kleiner Parkplatz mit geschottertem Untergrund und Schatten. Die Wegweiser informieren über die Möglichkeiten (Rundweg Zeulenrodaer Meer, Talsperrenweg Zeulenroda, Vorsperre Riedelmühle).
Preise: Kostenlos.
Zufahrt: Von Kleinwolschendorf in Richtung Pahren.

Rundwanderung um die Vorsperre Riedelmühle

Der beliebte Rundweg von etwa 3,5 km führt direkt am Ufer entlang der Vorsperre und man kann an einigen Raststellen Wasservögel und Fische beobachten. Der Weg führt vom Parkplatz in das Weidatal und zu Beginn gelangen wir an den Steinschüttdamm der Vorsperre. Vorbei an der Schutzhütte Riedelmühle erreichen wir auf dem schönen Uferweg den südlichsten Zipfel mit einer Infotafel zur ehemaligen Kesselmühle Läwitz, eine der wenigen Mühlen, die nicht durch den Bau der Talsperre geflutet wurde. Das Wahrzeichen des Ortes ist die 1925 erbaute Steinbogenbrücke über die Weida, die wir überqueren und auf der westlichen Uferseite zurück zum Damm und anschließend zum WOMO gehen.

Stelzendorf (ca. 100 EW) lockte uns durch eine besondere Attraktivität an – ein Schlaraffenland in einem Vierseitenhof. Die *Patisserie Bergmann* ist eine kleine Welt aus süßen Köstlichkeiten und in der ehemaligen Scheune, einer Mischung aus Landhausstil und Shabby Chic, vergessen wir die Zeit bei Tortenkreationen und Thüringer Kuchen. Wir parken das WOMO dafür auf dem etwa 400 Meter entfernten Wanderparkplatz in Richtung Zadelsdorf (N 50°39'31.1" E 11°55'42.4").
(Patisserie Bergmann, 07937 Zeulenroda-Triebes, Stelzendorf 15, 036628/97670; Öffnungszeiten: Mi-Fr 12-16 Uhr, auf dem Facebook-Account werden zusätzliche Öffnungszeiten zeitnah gepostet.)

Wir verlassen das Vogtland über Auma nach **Triptis** (ca. 3.500 EW) und finden am sanierten Freibad einen Platz für die Nacht [**138**: N 50°43'54.0" E 11°52'15.3"].

Tour 9: Die Saaletalsperren und das Thüringer Schiefergebirge 240 km

Neustadt a.d. Orla – Leuchtenburg – Plothen
Burgk – Saalburg – Bad Lobenstein
Ziegenrück – Ranis – Saalfeld – Rudolstadt

Stellplätze: Neustadt a.d. Orla, Leuchtenburg bei Kahla, Leubengrund, Linda, Burgk, Saalburg Beach, Ardesia-Therme Bad Lobenstein, Wysburg, Saalfeld, Rudolstadt

Campingplätze: Plothener Teiche, Saalburg Kloster, Saalburg Bad, Naturcamping Plothental in Ziegenrück, Linkenmühle

Besichtigen: Neustatdt a.d. Orla, Leuchtenburg, Jagdanlage Rieseneck, Jagdschloss Hummelshain, Holländer-Windmühle Linda, Stelzenhaus Plothener Teiche, Schleiz, Schloss Burgk, Saaleturm, Landschaftspark Ebersdorf, Bad Lobenstein, Saalfeld, Rudolstadt mit Schloss Heidecksurg

Essen:	Café *Refektorium* in Neustadt a.d. Orla, Gasthaus *Plothenteich* in Plothen, *Schlossterrasse Burgk*, *Destillerie und Marktbrauerei* Bad Lobenstein, Restaurant *Fernmühle* Ziegenrück, *Zum Kulmberghaus* in Saalfeld, Restaurant *Schiller!* Rudolstadt, *Café Zeitlos* Rudolstadt, Gaststätte *Marienturm*
Wandern:	Teufelskanzel an der Hohenwarte-Talsperre, Bachtälchenweg und Hangweg in Saalfeld

Neustadt an der Orla (ca. 9.000 EW) ist ein beschauliches Städtchen, das mit zahlreichen mittelalterlichen Schätzen aufwartet. Nur 500 Meter vom Marktplatz entfernt machen wir einen Parkplatz für das WOMO in der Hugo-Hartung-Straße (N 50°44'10.1" E 11°45'3.1") ausfindig.

In der gesamten Stadt wandeln wir auf den Spuren des Reformators **Martin Luther** und Belege zeigen, dass er zweimal Neustadt besuchte. 1524 predigte er in der Stadtkirche mit ihrem bedeutenden **Cranach-Altar**. Über 500 Jahre ist es her, als die kostbare Fracht aus Wittenberg in Neustadt gut verpackt auf drei Fuhrwerken eintraf. Das Meisterwerk Lucas Cranachs dem Älteren wurde am Vorabend des Johannistages 1513 in der Stadtkirche aufgestellt, wo es heute noch bestaunt werden kann. Seit 2019 erstrahlt der Altar nach der Restauration wieder in voller Farbenpracht und beim Betrachten der Darstellungen des Weltgerichts entdeckt man unter anderem Simon und Judas, die beiden Schutzpatrone der Orla-Region.

Rathaus Neustadt an der Orla

Der mittelalterliche und denkmalgeschützte Stadtkern hat einiges zu bieten und der große **Marktplatz** zeugt von der einstigen Bedeutung als Handelszentrum im Orla-Tal. Das schönste Bauwerk ist zweifelsohne das **Rathaus**. Der spätgotische Bau, der im 15. Jahrhundert entstand, schließt den Marktplatz nach Norden zur Durchgangsstraße ab, entfaltet jedoch weitestgehend seine Pracht nach Süden. Dabei wird deutlich, dass sich Neustadt während des Baugeschehens zu einer gutsituierten Stadt entwickelte. Gibt sich der ältere westliche Teil noch recht schlicht, prangt und prunkt der östliche mit einem zweigeschossigen Erker mit Spitztürmchen und gestaffelten, vierteiligen Fenstern. Die des Rathaussaales sind gar sechsteilig und darüber erhebt sich, in feiner Steinmetzarbeit, ein reichverzierter Schmuckgiebel.

Den **Marktbrunnen** ziert kein Adler sondern eine Dohle. Sie wurde scherzhaft in Anlehnung an den Duhlendorfer Karneval angebracht. Folglich ist der ausgiebige Stadtrundgang mit Dohlen markiert und nennt sich **Dohlenpfad**. Er beginnt auf dem Markt und führt an allen wichtigen Sehenswürdigkeiten, wie der Postdistanzsäule, dem Marktstock, dem Lutherhaus, den Fleischbänken oder der Stadtkirche mit dem Cranach-Altar vorbei. Den Flyer mit Plan und viele weitere Hinweise erhält man in der Tourist-Information *(Tourist-Information, 07806 Neustadt a.d. Orla, Rodaer Str. 12, 036481/85121, www.neustadtanderorla.de; Öffnungszeiten: Di, Do, Fr, Sa 10-17 Uhr, Sonntag 14-17 Uhr).*

Eine der Bohlenstuben im Lutherhaus

Die Tourist-Information ist in einem der schönsten Bürgerhäuser Neustadts untergebracht. Es ist das sogenannte **Lutherhaus**. Eine Zeit lang vermutete man, dass Luther während seiner Aufenthalte dort untergebracht war. Vermutlich ist dies jedoch nur eine Legende. Die Ausstellung im Haus vereint mehrere Komponenten. Die Stadtgeschichte, die Reformationsgeschichte und auch die Geschichte des Hauses. Es wurde vor 1450 errichtet und steht mit seinen unterschiedlichen Bauphasen als

Exponat selbst im Fokus der Ausstellung. Viel gibt es zu entdecken – Bohlenstuben, spätmittelalterliche Wandmalereien und zahlreiche kunsthistorische und architektonische Besonderheiten werden auf multimediale und moderne Weise dargestellt. Ein einzigartiger Augenschmaus!

Karussellfiguren im Museum

Der Dohlenpfad führt an einem weiteren alterwürdigen Bürgerhaus vorbei, in dem das **Museum für Stadtgeschichte** untergebracht ist. Dort erfahren wir, dass in Neustadt der Ursprung der deutschen Karussellindustrie liegt und in den Jahren von 1870 bis 1915 enorm florierte. Bereits nach 14 Jahren wurde die 1.000. Karussell-Figur ausgeliefert. Ein weiterer Bestandteil des Museums ist die Geschichte des hiesigen Druckereihandwerkes. 1800 wurde eine Buchdruckerei im Hause eingerichtet und wir können uns davon überzeugen, wie es in dieser Zeit um die Drucktechnik bestellt war. Im Museum erhält man ebenfalls den Schlüssel für die Stadtkirche, um den Altar aus der Cranach-Werkstatt zu besichtigen *(Museum/Stadtgeschichte, 07806 Neustadt a.d. Orla, Kirchplatz 7, 036481/85121; Öffnungszeiten: Mi-Fr 12-17 Uhr, Sa 10-17 Uhr, So 14-17 Uhr, Eintritt).*

Unterwegs auf dem Dohlenpfad

Falls Sie auf dem Rückweg zum Markt eine kleine Pause einlegen möchten, empfehle ich den Durchgang vom Kirchplatz zum Markt. Hier befinden sich Tische und Bänke für eine Rast und außerdem wartet dort eine Einmaligkeit auf Sie, die es in Mitteleuropa kein zweites Mal gibt. Die **mittelalterlichen Fleischbänke** aus dem Jahr 1475, von denen noch neun von ehemals siebzehn

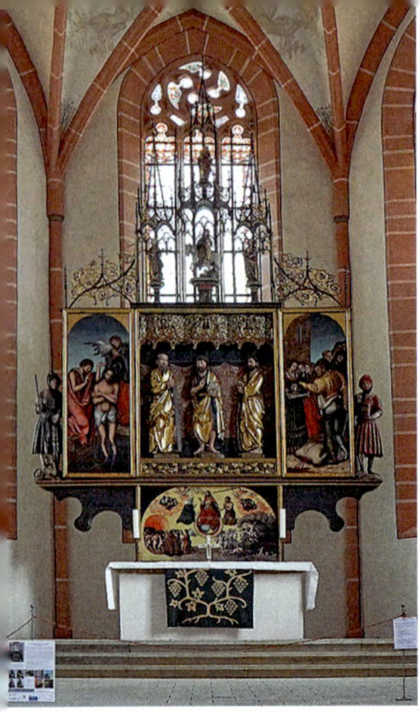

Cranach-Altar

Verkaufslauben erhalten und auch von Grund auf saniert sind, waren einst eine Ladenstraße der Neustädter Fleischer. Sie durften nur an diesem Ort und unter Aufsicht ihre Produkte verkaufen.

Bevor wir die Stadt in Richtung Kesselberg verlassen, möchte ich auf ein besonderes Café aufmerksam machen, indem es leckeren hausgemachten Kuchen, Torten oder ein stilvolles Frühstück gibt *(Café Refektorium, 07806 Neustadt a.d. Orla, Schlossgasse 21, 036481/836975, www.refektorium.net; Öffnungszeiten: Di-Fr 8-16 Uhr, So 14-18 Uhr).*

Neustadt gehört zu den wenigen Orten Ostthüringens, die einen massiv erbauten Aussichtsturm im Repertoire haben. Er ist über Wanderwege erreichbar oder mit dem WOMO anfahrbar. Da sich unterhalb des **Bismarckturmes** ein Stellplatz für die Nacht befindet, wählen wir den Weg per WOMO.

Der fast 33 Meter hohe Turm erinnert durch die massive Gestalt an einen Wehrturm früherer Zeiten und im Inneren findet sich mit der freitragenden Wendeltreppe ein architektonisches Meisterwerk, das, mit 144 Stufen ausgestattet, zu einer Rundumsicht ins ostthüringer Land führt. An den Sonn- und Feiertagen ist der Turm von 13 bis 16 Uhr geöffnet.

(139) Offizieller WOMO-Stellplatz: Neustadt a.d. Orla

GPS: N 50°45'20" E 11°45'24", Heinrichsruhe 1. **Max. WOMOs**: 40.
Tel: Herr Luddeneit, 0151/20780406; Voranmeldung im Sommer angeraten; www.heinrichsruhe.com.

Öffnungszeiten: Ganzjährig.
Ausstattung: VE, Strom, WC und Duschen. In den Wintermonaten ist die Versorgung mit Wasser/Benutzung von WC und Duschen nicht möglich.
Beschreibung: Nördlich von Neustadt a.d. Orla mit einem erhabenen Blick auf die Stadt liegt der Stellplatz direkt in Waldnähe und naturnaher, ruhiger Umgebung. Der Untergrund ist befestigt und relativ eben, kein Schatten. In dem großen Waldareal sind zahlreiche Wanderungen möglich, wie auch zu dem oberhalb gelegenen Bismarckturm.
Preise: 15 € für 2 Personen und WOMO in den Monaten, in denen die Wasserversorgung und WC-/Duschnutzung gegeben ist. In den Wintermonaten 10 €.
Zufahrt: Neustadt in nördlicher Richtung über die Rodaer Straße verlassen und nach rechts zur Heinrichs-Ruhe abbiegen.

Thüringen gilt als Land der Burgen und Schlösser und mehr als 400 mittelalterliche Burgen, Ruinen und Schlösser thronen auf Bergen, Hügeln und Felsen oder sind majestätisch in die schönen Täler des Freistaates eingebettet. Nicht alle, aber doch schon einige, habe ich Ihnen auf der Reise durch meine Heimat vorgestellt und heute nehme ich Sie mit auf meine Lieblingsburg. Lieblingsburg deshalb, weil sie zu einem Gesamtkunstwerk geworden ist und Natur, Kultur und Architektur auf eine einzigartige Weise verbindet.

Die etwa 800 Jahre alte **Leuchtenburg** erhebt sich auf einem bewaldeten Bergsporn über dem südlichen Saaletal und war einst der Sitz der Herren von Lobdeburg-Leuchtenburg. Der Bergfried aus Kalkstein ist fast das einzige Überbleibsel aus dieser Zeit, denn durch einen Blitzschlag brannte 1373 die Burg zu großen Teilen nieder. Die Wehranlage mit den vier mächtigen Wehrtürmen entstand erst im 15. Jahrhundert und die heutige Gestalt mit dem zinnengekrönten Umgang und dem Kugeldach erhielt die Burg 1886.

Über 150 Jahre lang war die Leuchtenburg als Zucht-, Irren- und Arbeitshaus gefürchtet und hatte noch nichts von ihrem jetzigen Charme. Nach der Nutzung als Hotel und später als Jugendherberge begannen 2007 die Sanierungsarbeiten und Umsetzungen zu dem einmaligen Konzept, dass Sie nun vorfinden.

Vorerst parken wir das WOMO auf dem großen, geschotterten Parkplatz unterhalb der Burg, auf dem das Übernachten gern gesehen ist [**140**: N 50°48'08.8" E 11°36'52.8"]. Nun geht es den Berg hinauf, entweder steil über mehrere Treppen oder eher gemütlich auf der asphaltierten Straße. Wir entdecken als erstes das vorgelagerte **Besucherzentrum**. Durch das Torhaus betreten wir eine andere Welt und hören im Burghof buchstäblich das Porzellan zerschellen. Das weiße Gold ist neben der **Burggeschichte** das zentrale Thema und mit den **Porzellanwelten** wurde eine faszinierende Ausstellung zum Anfassen,

Die herrliche Aussicht vom Turm

Staunen und Mitmachen geschaffen. Die Einblicke im Inneren der Burg und vor allem auch Ausblicke vom Burgberg in das Saaletal sind spektakulär.

Nach Burgschänke, Kernburg, Burgbrunnen, Bergfried, Porzellankirche und Porzellanwelten ist der letzte Gang der **Steg der Wünsche**. Wunsch auf den Teller schreiben und am Ende des Steges in die Tiefe fallen lassen. Scherben bringen bekanntlich Glück und ganz bestimmt geht Ihr Wunsch auch in Erfüllung *(Leuchtenburg, 07768 Seitenroda, 036424/713300, www.leuchtenburg.de; Öffnungszeiten: April-Okt täglich 9-19 Uhr, Nov-März täglich 10-17 Uhr, Eintritt).*

Vom mittelalterlichen **Kahla** (ca. 6.900 EW) haben sich außer Teilen der Stadtmauer und ihren Türmen einige enge Gassen im Anschluss an den Marktplatz erhalten. In der kleinen Porzellan-Stadt am Fuße der Leuchtenburg wird seit 1844 in der Manufaktur des Gründers Christian Eckardt feinstes Hartporzellan hergestellt, das weltweit exportiert und mit internationalen Design-Preisen überhäuft wurde. Im **Werksverkauf** in der Christian-Eckardt-Straße 38 können Sie sich von Montag bis Samstag von 10 bis 18 Uhr von der modernen Porzellankultur überzeugen (N 50°48'38.7" E 11°34'58.2").

Wir rollen wieder in Richtung Osten über die Saale und fahren vor Kleineutersdorf in den **Leubengrund**, in dem sich auch das *Waldhotel Linzmühle* anpreist.

Ende des 19. Jahrhunderts entdeckte man in der Region kaolonisierten und feldspathaltigen Sand, der für die Porzellanproduktion benötigt wird und so entstanden zwei eigenständige Bergwerksanlagen am **Walpersberg** westlich von Kahla. Sie wurden plötzlich gegen Ende des zweiten Weltkrieges wieder von Bedeutung. Durch die zunehmenden Bombardierungen deutscher Städte und militärischen Industrieanlagen wurde die Idee geboren, die Produktion derartiger Anlagen unterirdisch zu verlagern. Durch die verkehrsgünstige Lage, die gut ausgebaute Infrastruktur und die vorhandenen Bergwerks- und Stollenanlagen rückte

Thüringen, insbesondere die Region um den Walpersberg, in den Fokus des Reichsministeriums. Die Sandgruben um Kahla wurden enteignet und es kam zur Gründung der **REIMAHG** mit dem Ziel den Düsenjäger Me 262 unterirdisch zu produzieren. Im Februar 1945 begann somit das erste **deutsche Flugzeugwerk** die Herstellung des Me 262 mit kompletter Montage und Startbahn **unter Tage**. Für dieses kriegerische Unternehmen entstanden zahlreiche Lager, in denen bis Kriegsende etwa 12.000 Zwangsarbeiter und Kriegsgefangene aus ganz Europa untergebracht wurden. Von ihnen kamen Tausende zu Tode. Im Leubengrund befanden sich vier der Lager, an deren Stellen der schrecklichen Zeit gedacht wird. Die Aufarbeitung der Geschichte des Rüstungswerkes hat sich der Geschichts- und Forschungsverein Walpersberg auf die Fahnen geschrieben, der auch einmal im Monat Führungen am ehemaligen Militärgelände anbietet und ein Dokumentationszentrum in Großeutersdorf eingerichtet hat (www.walpersberg.com).

Heute ist der Leubengrund ein beliebtes Ausflugziel, das von Fichten- und Buchenwäldern gesäumt wird und genügend Platz für eine Reihe von Fischteichen bietet. Fünf Mühlen beherbergt das Tal. Eine von ihnen ist die Linzmühle, eine ehemalige Papiermühle, in der gutbürgerliche Thüringer Küche angeboten wird und nach der Einkehr auf dem hauseigenen Parkplatz übernachtet werden kann.

(141) WOMO-Gaststättenplatz: Linzmühle

GPS: N 50°46'56.4" E 11°36'50.7". **Max. WOMOs**: 2-3.
Beschreibung: Der hauseigene Parkplatz ist in unmittelbarer Waldnähe und fern von Lärm. Der Untergrund ist fest, etwas uneben und die Plätze teilweise schattig. Kinderspielplatz, Restaurant und Waldhotel Linzmühle (www.waldhotel-linzmuehle.de), Wander- und Radwege z.B. zum Jagdschloss Hummelshain, Jagdanlage Rieseneck oder zur Leuchtenburg.

Preise: Kostenlos.
Zufahrt: Von Kahla nach Süden Richtung Neustadt, nach 1,5 km links der Beschilderung folgen.

Der Adel ging seit jeher gerne zur Jagd. Ja, man kann behaupten, es bereitete den Herrschaften großes Vergnügen. Und zwar in einem Ausmaß, dass man nichts ausließ, um diese Freizeitbeschäftigung zu optimieren. Bereits im Thüringer Wald, genauer gesagt auf dem Kickelhahn bei Ilmenau, konnten wir die Reste einer ehemaligen Jagdanlage betrachten. Zwischen Kleineutersdorf und Hummelshain existiert jedoch eine Anlage, die es in dieser intakten Form kein zweites Mal in Europa gibt. Die Wälder der Gegend waren von alters her

Das Blasehaus der Jagdanlage Rieseneck

reich an Wildtieren und so entstand die barocke **Jagdanlage Rieseneck**. Ein ausgeklügeltes System von Laufgräben und unterirdischen Gängen sollte den adligen Jägern den Jagderfolg sichern, denn in den Anfängen besaßen die Jäger noch ungenaue Waffen und mussten dadurch möglichst nah an das Wild gelangen.

Die historische Anlage Rieseneck ist ein einmaliger Zeuge mittelalterlicher Jagdgeschichte und entstand in hölzerner Form bereits im frühen 16. Jahrhundert, wurde allerdings erst um 1712 in Stein gebaut und die nachfolgenden Sachsen-Gotha-Altenburger Herzöge vervollkommneten das Jagdgebiet. Sie legten Alleen, Reit- und Pirschwege an und das Areal erhielt das Aussehen, das wir nun vorfinden.

Jagdschlösschen Herzogstuhl

Durch das **Blasehaus** betreten wir Rieseneck und erreichen zügig das **Grüne Haus**, in dem sich für die Jagd vorbereitet wurde. Der Wald ist heute ein eindrucksvolles Wandergebiet und vom Parkplatz am Chausseehaus (N 50°46'07.8" E 11°36'24.1") ausgeschildert und gut erreichbar.

Eine Tafel informiert über die Wanderwege, wie zum Beispiel den Rundwanderweg Rieseneck, der mit einem gelben Dreieck auf weißem Untergrund gekennzeichnet etwa sechs Kilometer an den bedeutendsten Stellen vorbeiführt. Eine geheimnisvolle wie auch romantische Atmosphäre strahlt das Jagdschlösschen **Herzogstuhl** aus. Es wurde 1917 von Herzog Ernst II. nach dem Vorbild des Topplerschlösschens von Rothenburg ob der Tauber erbaut und war damals recht umstritten, da man dem Herzog nachsagte, dass Haus für lustvolle Abenteuer errichtet zu haben.

Die herzoglichen Pirschwege

Wo eine herzogliche Jagdanlage ist, kann das „richtige“ Jagdschloss nicht weit sein. Der ungewöhnliche Wald- und Wildreichtum der Region lockte zahlreiche Kurfürsten, Herzöge und sogar Kaiser Wilhelm II. in das Residenzdorf Hummelshain. Ein schlichter Barockbau – das **Alte Jagdschloss** – wurde 1668/70 an der Stelle eines mittelalterlichen Jagdhauses errichtet und war im 19. Jahrhundert der Mittelpunkt der Jagd- und Sommerresidenz und diente auch nach dem Bau des Neuen Schlosses der Herzogsfamilie und ihren Gästen als Quartier.

Jagdschloss Hummelshain

Das märchenhaft anmutende **Neue Schloss** wurde 1885 vollendet und wird seit jeher für seine Baukunst bewundert. Beim Schlendern durch den Park führen die Wege an beiden Schlössern entlang. Ein kleiner Parkplatz steht am Eingang neben dem Teehaus zur Verfügung (N 50°46'05.7" E 11°37'47.0").

Achtkant-Galerieholländer-Windmühle in Linda

Über Neustadt an der Orla, das wir bereits kennen, fahren wir in Richtung Schleiz, unterqueren die Bahnlinie und es geht weiter über flaches Land nach **Linda** (ca. 400 EW) mit seiner sehenswerten **Knapp-Mühle**. Die Achtkant-Galerieholländer-Windmühle mit ihren fünf Stockwerken und einer vollständig restaurierten Technik ist eine Besonderheit und Einzigartigkeit in Thüringen. Die gesamte technische Einrichtung aus der Zeit von 1867 gilt es zu bestaunen. Familie Knapp erwarb das Prachtstück 1981 und die Besichtigung der Mühle und ihres Museums kann nach Vereinbarung stattfinden. Am **Deutschen Mühlentag**, am Pfingstmontag, ist sie jedes Jahr für Besucher geöffnet.

(142) Offizieller WOMO-Stellplatz: Knapp-Mühle Linda

GPS: N 50°41'05.3" E 11°46'59.4", Ortstraße 20b.
Max. WOMOs: 3.
Tel: 036481/84153; www.knapp-muehle.de.
Öffnungszeiten: Ganzjährig.
Ausstattung: VE, Strom. Das Grauwasser kann nicht direkt abgelassen werden, sondern muss über ein Gefäß entsorgt werden.
Beschreibung: Die Stellplätze stehen am Ortsrand direkt vor der historischen Kulisse der Mühle zur Verfügung. Der Wiesenuntergrund ist leicht schräg, so dass Keile erforderlich sind, kein Schatten.

Gegenüber der Mühle befindet sich das Palomino-Gestüt mit Reiterhof.
Preise: Ca. 10 € für 2 Personen und WOMO.
Zufahrt: Auf der L1077 aus Richtung Neustadt a.d. Orla kommend ist die Mühle linker Hand am Ortsrand von Linda ausgeschildert.

Im nördlichsten Zipfel des **Thüringer Schiefergebirges** liegt auf einer Hochfläche eine beeindruckende Teichlandschaft mit einer Größe von etwa 75 Quadratkilometern.

Im 11. und 12. Jahrhundert legten Mönche etwa 2.000 Teiche zur Fischzucht an, die durch ein Grabensystem verbunden waren. Sie wurden nicht mit Quellwasser sondern durch Regenwasser gespeist und daher liebevoll Himmelsteiche genannt. In einer Höhenlage von 480-500 Metern ist diese historisch gewachsene Teichlandschaft einmalig. Heute werden noch etwa 600 Teiche bewirtschaftet und der Naturraum ist bekannt als **Das Land der Tausend Teiche**. Die Wasserlandschaft ist ein beliebtes Brutgebiet heimischer Vögel und gleichzeitig ein wichtiges Rastgebiet für Zugvögel. Ein besonderes Ereignis ist das alljährliche **Starenwunder**, bei dem im August und September zigtausende Stare allabendlich im Schilf ein Nachlager suchen. Wegen seiner vielfältigen Tier- und Pflanzenwelt steht der Landstrich großflächig unter Naturschutz.

Im größten Teich, dem ca. 32 ha großen Hausteich, steht auf 90 Pfählen ein 350 Jahre altes denkmalgeschütztes Holzhaus. Über seine Vergangenheit existieren allerdings lediglich Vermutungen. 1995 wurde es aufwändig restauriert und ein Museum eingerichtet, das über die Fischerei- und Teichwirtschaft informiert.

Von Dreba kommend erreicht man einen Wanderparkplatz mit kleiner Hütte und Sicht auf die ersten Teiche (N 50°39'34.3" E 11°45'23.2").Zahlreiche Rundwege für Wanderer und Radfahrer durchziehen das Naturschutzgebiet und am Hausteich steht für den Aufenthalt mit dem WOMO ein Campingplatz zur Verfügung. Die Einfahrt ist bis 3,5 Tonnen erlaubt und erfolgt nach links entlang des Fürstenteiches über eine einspurige schmale Fahrstraße.

(143) WOMO-Campingplatz: Dreba, *Plothener Teiche*

GPS: N 50°39'11.6" E 11°46'11.0".
Tel: 036484/62860; www.camping-plothener-teiche.de.
Öffnungszeit: Mai-Oktober.
Ausstattung: VE, Strom, ca. 40 Wiesenplätze für WOMOs, WC- und Duschcontainer, Spielplatz, Badeplatz, Müllentsorgung.
Beschreibung: Der Campingplatz befindet sich inmitten des Naturschutzgebietes in einem Waldgebiet direkt am Haus- und Fürstenteich mit Bade- und Angelmöglichkeiten. Zahlreiche Bäume sorgen für Schatten. Ca. 250 Plätze für Dauercamper prägen den Platz. Der Platz wird ehrenamtlich durch einen Verein geführt. Die ruhige und abgelegene Gegend bietet zahlreiche Wander- und Radwege im Teichgebiet.

Preise: Ca. 20 € für 2 Personen und WOMO.
Zufahrt: Der Campingplatz ist ausgeschildert und über Dreba anfahrbar.

Lässt man den Campingplatz links liegen und fährt in Richtung Plothen erblickt man, bei einem schön gelegenen Wanderparkplatz, (N 50°38'46.3" E 11°45'54.4") am **Semmlergruppenteich**. An ihm vorbei und über einen Damm zwischen **Hausteich** und **Neuem Teich** spazieren wir auf einer Buchen- und Eichenallee zu einer Fotoattraktion – dem **Stelzenhaus**, das ein wenig an die Bodensee-Pfahlbauten erinnert.

500 Meter weiter südlich erreichen wir **Plothen** (ca. 300 EW), wo wir in der Gaststätte *Zum Plothenteich* leckere regionale Thüringer Küche genießen und natürlich auch Plothener Fisch auf den Tisch kommt *(Gaststätte Zum Plothenteich, 07907 Plothen, Ortsstraße 50, 036648/22243, www.zum-plothenteich.de; Öffnungszeiten: Mo ab 17:30 Uhr, Di-Do ab 11 Uhr, Sa+So 10-16 Uhr).*

Per Rad durch das PlothenerTeichgebiet

Blick von der Bergkirche

Mit vielen positiven Eindrücken verlassen wir das romantische Plothener Teichgebiet und nähern uns **Schleiz** (ca. 8.800 EW), der Stadt, die vor allem Rennsportfreunden ein Begriff ist. Das **Schleizer Dreieck** gilt als älteste Naturrennstrecke Deutschlands und das erste Rennen wurde bereits 1923 durchgeführt. An einigen Tagen im Jahr wird das Dreieck, bestehend aus öffentlichen Straßen, zum Schauplatz des internationalen Motorsports.

Bergkirche St. Marien

An der imposanten **Bergkirche St. Marien** auf einem Hügel oberhalb der Stadt legen wir einen ersten Stopp ein (N 50°35'0.8" E 11°48'15.0"). Das Stilspektrum der Kirche reicht von romanischen Anfängen am Portal, über den gotischen Gesamtbau bis zur prachtvollen barocken Innenausstattung. Eine Besichtigung ist täglich, außer Dienstag und Donnerstag, von 14:30 bis 16:30 Uhr möglich.
Von hier oben fallen uns sofort die Wahrzeichen von Schleiz auf – die **Rundtürme** der ehemaligen

Stadtbiliothek am Park

Sommerresidenz des Fürstenhauses Reuß. Sie sind die einzigen Überreste des 1837 erbauten Schlosses, das im zweiten Weltkrieg fast vollständig zerstört wurde. Der schönste Parkplatz liegt zu Füßen der Türme neben einem kleinen Park (N 50°34'34.9" E 11°48'50.5") und von dort sind es nur ein paar Hundert Meter ins Zentrum auf den Neumarkt.

Das markanteste Gebäude auf dem Neumarkt ist die neu sanierte **Alte Münze**. Sie war einst eine Münzprägestätte, in der die Schleizer Familie Böttger wirkte und somit auch das Geburtshaus von Johann Friedrich Böttger, dem Erfinder des europäischen Porzellans.

Heute ist im Erdgeschoss die Stadtinformation untergebracht. Wir informieren uns insbesondere über den **Oberlandradweg**, der auf der Trasse einer ehemaligen Bahnstrecke entlang führt. Auf einer Entfernung von knapp 15 Kilometern genießt man herrliche Ausblicke auf die fjordähnliche Landschaft des im Tal gelegenen Thüringer Meeres. Nach wie vor gibt es die Spuren der vergangenen Bahngeschichte zu entdecken, wie die ehemaligen kleinen Bahnhöfe. Der Radweg beginnt

Wasserspiele im Park von Schleiz

an der Roten Brücke in Schleiz und endet mit einer herrlichen Aussicht über den Stausee *(Stadtinformation, 07907 Schleiz, Neumarkt 13, 03663/428735, www.schleiz.de; Öffnungszeiten: Mo+Sa 9-13:00 Uhr, Di+Do 9-13 Uhr und 13:30-18 Uhr, Mi+Fr 9-13 Uhr und 13:30-16 Uhr).*

Schleiz ist nicht nur Rennsport-Treffpunkt sondern auch das Tor zur **größten Stauseeregion Deutschlands**. Hätten Sie Thüringen mit Badeurlaub in Verbindung gebracht?

Die Saale entspringt im Fichtelgebirge am Großen Waldstein in Bayern und mündet nach 427 Kilometern in Sachsen-Anhalt in die Elbe. Auf dem Weg dorthin durchquert sie auf fast 200 Kilometern Ostthüringen. Seit dem Jahr 1932 wird die Saale dort zur Energiegewinnung und zum Hochwasserschutz künstlich angestaut und es entstand die Saalekaskade mit fünf unterschiedlich großen Stauseen. Die beiden größten sind die **Bleilochtalsperre** und die **Hohenwartetalsperre**. Die Saalekaskade erstreckt sich auf einer Länge von 70 Kilometern und ist eingebettet in das waldreiche Tal der Saale. Die Region besitzt einen hohen Freizeit- und Erholungswert und von Baden, über Wassersport, Schifffahrt, Wandern und Radfahren ist alles möglich.

Zwischen Hohenwarte und Bleiloch liegt die **Talsperre Burgkhammer**, die uns als erstes anlockt. Malerisch am Ufer der Saale gelegen, wird der kleine Ort **Burgk** (ca. 100 EW) von einer beeindruckenden Schlossanlage, einem Aussichtsturm und zahlreichen urigen Wanderwegen geprägt. Geparkt wird vor dem Ort, da es in Burgk keinerlei Wendemöglichkeiten gibt (N 50°33'24.2" E 11°43'15.2"). In unmittelbarer Nähe befindet sich ein neu angelegter offizieller Stellplatz zum Übernachten.

(144) Offizieller WOMO-Stellplatz: Saaleturm Burgk

GPS: N 50°33'28.4" E 11°43'13.9", Kiesweg. **Max. WOMOs**: 15.
Öffnungszeiten: Ganzjährig.
Ausstattung: Strom gegen Gebühr, WC gg. Gebühr am Saaleturm.
Beschreibung: In direkter Anbindung an den Parkplatz am Saaleturm befindet sich der Stellplatz am Ortsrand von Burgk. Der Untergrund ist eine Wiesenfläche und teilweise uneben, keine Schattenplätze vorhanden. Schloss Burgk ist schnell erreicht und Wanderungen sowie Radtouren entlang der Saale sind in zahlreicher Form möglich.

Preise: Ca. 8 € für 2 Personen und WOMO.
Zufahrt: Aus Richtung Möschlitz nach Burgk kommend nach rechts zum Saaleturm abbiegen.

Und schon stehen wir vor dem ersten Highlight – dem **Saaleturm**, der täglich bis zum Einbruch der Dunkelheit über eine Drehtür (1 €) bestiegen werden kann. Nach 192 Stufen erwartet uns ein fantastischer Rundumblick und bei guter Sicht erkennt man sogar die Bergkirche in Schleiz. Besonders beeindruckend ist die waldreiche Landschaft und die **Saaleschleife** mit Blick auf Schloss Burgk und sofort bekommen wir Lust, diese schöne Landschaft zu durchwandern. Eine Empfehlung ist der Wanderweg entlang der Saale zum **Koberfelsen mit Hängesteg**.

Schloss Burgk, erstmalig 1365 als Veste borg erwähnt, ist eine einstige Reußische Residenz und beherbergt nicht nur die historischen Wohn- und Schlafräume sondern auch kostbares Interieur, Sammlungen und Ausstellungen. Umschlossen wird es von beeindruckenden spätmittelalterlichen Wehranlagen. Die Inneneinrichtung des Schlosses gibt sich vielseitig, von der schlichten Eleganz des Rittersaales über die barocke Ausstattung der Schlosskapelle mit der 1742/43 von Gottfried Silbermann gefertigten Orgel bis hin zu den im Rokokostil eingerichteten Räumlichkeiten. In der *Schlossterrasse Burgk* genießt man den Ausblick auf die Saaleschleife bei Thüringer Köstlichkeiten *(Schloss Burgk, 07907 Burgk, 03663/400119, www.schloss-burgk.de; Öffnungszeiten: April-Okt Di-So 10-18 Uhr, Nov-März Di-So 10-16 Uhr, Eintritt).*

Der weite Ausblick vom Saaleturm auf Schloss Burgk

Wir kehren zur letzten Kreuzung zurück, fahren steil hinab zum Wasser, überqueren die **Eisbrücke** und machen es uns auf dem Wanderparkplatz (N 50°33'6.9" E 11°43'10.9") unterhalb des Burgfelsens gemütlich. Es gibt wohl kaum eine Stelle, von der aus man einen besseren Blick in Froschperspektive auf Burgk hat. Ein Spazierweg führt über das Stauwehr hinauf zur Parkanlage und zum Schloss.

Nach so viel Kultur und herrlichen Aussichten auf die Saaleschleife starten wir an den größten Stausee Deutschlands. Der **Bleichlochstausee** ist mit seinen 28 Kilometern ein Paradies für Wassersportler, Radfahrer, Wanderer und Badenixen. Den Bleibergen von Schleiz verdankt die Talsperre ihren Namen und die Ausdehnung reicht von ihnen bis zum Beginn des Rennsteigs in Blankenstein. Die fjordähnliche Landschaft des Stausees und seine Art durchs Tal zu schlängeln, macht den besonderen Reiz der Region aus. Am besten fährt man über die L1095, durchquert **Gräfenwarth** und zweigt nach rechts zur Staumauer ab. Das Bauwerk aus dem Jahr 1932, ein historisches Wahrzeichen deutscher Ingenieurskunst, hat mit einer Höhe von 65 Metern und einer Länge von 250 Metern gewaltige Ausmaße und lässt sich gemütlich zu Fuß überqueren. Dazu stellen wir das WOMO etwa 400 Meter vor der Mauer auf dem neu angelegten Parkplatz ab (N 50°31'20.7" E 11°43'10.5").

Zurück Richtung Gräfenwarth biegen wir kurz vor dem Ort in spitzem Winkel hinab zum Bleilochstausee. Eine Brücke überquert den östlichsten Zipfel der Talsperre und wir haben nun das breiteste Stück der gestauten Wasserfläche vor uns. Wen wunderts, dass sich dort Plätze für den ausgedehnten WOMO-Urlaub befinden.

Die größte Stadt mit elf Ortsteilen im nördlichen Teil der Talsperre ist **Saalburg-Ebersdorf** (ca. 3.500 EW). Wir erreichen als erstes den Ortsteil Kloster und gelangen unmittelbar auf den ersten Campingplatz, dessen WOMO-Stellplätze direkt am Seeufer liegen. Eltern mit Kleinkindern mögen diesen Platz besonders, da man vom Campingtisch aus das Treiben des Nachwuchses problemlos überblicken kann.

(145) WOMO-Campingplatz: Saalburg, *Kloster*

GPS: N 50°30'55.6" E 11°43'50.2".
Tel: 036647/22441; www.saalburg-ebersdorf.de.
Öffnungszeit: April-Okt.
Ausstattung: VE, Strom, ca. 130 Plätze für WOMOs, Sanitäreinrichtungen, Waschmaschine, Trockner, Spielplatz, Bademöglichkeiten, Biergarten, Gaststätte, 24-h-Automaten für Wurst/Getränke, Müllentsorgung.

Beschreibung: Die Stellplätze stehen überwiegend direkt am Ufer zur Verfügung. Der Wiesenuntergrund ist häufig schräg, so dass Keile dringend erforderlich sind. Baden, Surfen, Angeln erlaubt.
Preise: Ca. 25 € für 2 Personen und WOMO.
Zufahrt: Der Campingplatz ist in Kloster ausgeschildert.

Malerisch liegt der staatlich anerkannte Erholungsort **Saalburg** südlich von Kloster und eine Brücke spannt sich vom Westufer der gestauten Saale. Der Ort war einst ein Drittel größer als heute, denn ein Teil wurde durch den Stau der Saale überflutet. Aus alter Zeit haben sich Abschnitte der Stadtbefestigung, unter anderem das Stadttor und die gotische Stadtkirche aus dem 15. Jahrhundert erhalten. Auch das alte Rathaus und das ehemalige Zoll- und Amtshaus sind sehenswert. In Saalburg befinden sich die **Schiffsanlegestellen** für die Fahrgastschifffahrt und die Saaletal-Kabinenschifffahrt. Wie wäre es mit einer Mondscheinfahrt mit Musik und Tanz? Zudem gibt es eine Sommerrodelbahn, einen Märchenwald und einen Kletterwald in Saalburg.

Seit mehr als 20 Jahren findet am idyllischen Seeufer der Bleilochtalsperre eines der größten Open-Air-Festivals elektronischer Musik statt. Begann es 1997 mit 2.700 tanzenden

Boote auf der Bleiloch-Talsperre bei ungemütlichem Wetter

Gästen so wuchs in den Jahren eine große Fangemeinde heran und etwa 40.000 Festivalbesucher, nicht nur aus Deutschland, kamen seither für einige Tage an den Beach. Wegen der Coronapandemie durfte es vorerst nicht mehr stattfinden und die Betreiber machten aus der Not eine Tugend. Es entstand 2020 ein großes Areal für den Urlaub mit WOMO, Bulli und Co. In modernem Strandflair entwickelt sich seitdem ein gemütlicher Stellplatz. Wir hoffen für alle Freunde des **SonneMond-Sterne-Festivals**, dass es in den nächsten Jahren am zweiten Augustwochenende wieder stattfinden kann.

(146) Offizieller WOMO-Stellplatz: Saalburg Beach

GPS: N 50°30'28.7" E 11°43'23.4", Wetterar Weg 2. **Max. WOMOs**: 300.
Tel: 01523/8443984; www.saalburg-beach.de.
Öffnungszeiten: April-Okt.

Ausstattung: VE, Strom+Duschen/WC gegen Gebühr, Waschmaschine, Verleih von Wassersportgeräten wie SUP, Bistro, Strandbar, Badestrand, kleiner Spielplatz, Müllentsorgung.
Beschreibung: Die Stellplätze stehen auf einem Wiesengelände direkt am Sandstrand zur Verfügung. Die Plätze sind leicht uneben und ohne Schatten. Auf der Anlage gibt es ein umfangreiches Wassersportangebot mit Kayaks, Standup-Paddling sowie Wassertretern und am *Strand-Bistro 42* gibt es leckere Burger. Zahlreiche Wandermöglichkeiten und Anbindung an den **Saaleradweg**. Veranstaltungsbedingte Schließzeiten im August beachten.
Preise: 20 € für 2 Personen und WOMO.
Zufahrt: In Saalburg in Richtung Saalebrücke fahren und rechts in den Wetteraweg einbiegen.

Nur ein paar Hundert Meter nach der Saaleüberquerung liegt linkerhand ein weiterer Campingplatz.

(147) WOMO-Campingplatz: Saalburg *Bad*

GPS: N 50°29'40.0" E 11°43'49.4".
Tel: 036647/22457; www.saalburg-ebersdorf.de.
Öffnungszeit: Ganzjährig.
Ausstattung: VE, Strompauschale 3,50 €, ca. 10 Plätze für WOMO`s, moderne Sanitäreinrichtungen, Dusche kostenpflichtig, Küche, Waschmaschine, Trockner, Spielplatz, Bademöglichkeiten, 24-h-Automaten für Wurst/Getränke, Gaststätte in der Nähe, Müllentsorgung.
Beschreibung: Im Vergleich zu Kloster handelt es sich um einen kleinen und familiären Platz. Die Stellplätze stehen etwa 100 m vom Ufer zur Verfügung. Der Wiesenuntergrund ist leicht schräg, so dass Keile stellenweise erforderlich sind. Baden, Surfen und Angeln möglich. Man erhält einen Chip (20 € Kaution), der mit Geld aufgeladen werden kann. Der Chip ermöglicht den Einlass auf den Campingplatz und auch in die sanitären Anlagen sowie die Zahlung der Dusche. Eine vorherige Reservierung ist angeraten.
Preise: Ca. 21 € für 2 Personen und WOMO.
Zufahrt: Nach der Saaleüberquerung links abbiegen.

Etwa sieben Kilometer westlich von Saalburg war einst die Residenz eines Mini-Fürstentums und hier herrschte seit 1694 eine Seitenlinie des Hauses Reuß. Graf Heinrich X. ließ ein **Schloss** errichten, in dem erst 1848 der letzte Reuß abdankte und man war bis dahin bei Heinrich LXXII. angekommen, was in arabischen Ziffern der 72. heißt. Donnerwetter!

Nach dem Schlossbau entstand ein heute denkmalgeschützter **Landschaftspark**, der vor allem durch seine Vielfalt an Gehölzen und Baumgruppen besticht. Beim Spazieren durch den etwa 54 Hektar großen Park im englischen Stil entdeckt man auch interessante Baulichkeiten, wie die Orangerie, das Teichhäuschen, das Teehäuschen und das Grabmal der Fürstenfamilie Reuß. Das Grabmal mit seinen Skulpturen ist ein wahrlich besonderes Kunstwerk, das beim Betrachter einen tiefen Eindruck hinterlässt.

Im Zuge der BUGA 2021 wurde mit den Restaurationsarbeiten an der Orangerie begonnen und wir hoffen, dass in naher Zukunft die Idee eines Cafés umgesetzt werden kann.

Das Schloss befindet sich in Privatbesitz der Nachkommen der Fürstenfamilie und wird ebenfalls restauriert, sodass in den nächsten Jahren Teile des Schlosses für die Öffentlichkeit zugänglich gemacht werden können. Das WOMO steht auf dem Parkplatz direkt am Küchenteich und man gelangt zu Fuß unmittelbar in den Park (N 50°29'5.0" E 11°39'54.5").

Greiz, Schleiz und Lobenstein, diese drei Städte bedeuten so viel wie klein, ganz klein und klitzeklein und meinen die Zersplitterung Thüringens zur Zeit der Kleinstaaterei. **Bad Lobenstein** (ca. 6.000 EW), inzwischen zum Moorheilbad avanciert, ist die letzte im Reußischen Dreierbunde, die wir besuchen.

Unser Augenmerk liegt zuerst auf einem Platz für das WOMO, der sich für die Erkundung der Stadt und eine erholsame Nacht eignet. Dazu folgen wir dem Wegweiser zur **Adesia-Therme**.

(148) Offizieller WOMO-Badeplatz: Ardesia-Therme

GPS: N 50°27'1.1" E 11°38'35.3", Parkstraße 8. **Max. WOMOs**: 10.
Öffnungszeiten: Ganzjährig.
Ausstattung: Entsorgung zu festgesetzten Zeiten möglich (jeweils 1h am Vor- und Nachmittag), Wasser, Strom gg. Gebühr, WC und Dusche (3 €) in der Therme möglich, Brötchenservice, Schnupperangebote in der Therme, Café/Biergarten, Müllentsorgung.
Beschreibung: Direkt an der Therme (www.ardesia-therme.de) stehen 5 Stellplätze auf festem Untergrund zur Verfügung. Ein Wiesenareal bietet jedoch weitere Ausweichplätze an. Diese sind leicht uneben und es gibt keine Schattenplätze. Eine Anbindung an öffentliche Verkehrsmittel ist etwa 300 m Entfernung gegeben. Der Stadtkern mit seinen Sehenswürdigkeiten ist schnell erreicht. Gaststätten vor Ort.

Preise: Ca. 10 € für 2 Personen und WOMO.
Zufahrt: An der Ampelkreuzung links einbiegen.

Oberhalb der schönen Bürgerhäuser der Stadt erhebt sich auf einem Bergkegel der **Alte Turm**. Er ist ein Überbleibsel einer mittelalterlichen Burganlage, die der Anfang der Besiedlung Lobensteins war. Sie war Teil eines Burgengürtels am Westufer der Saale, zu denen auch Burgk gehörte, und bildete mit den anderen eine Grenzbefestigung gegen slawische Volksstämme. Durch veränderte Lebensbedingungen und Zerstörung verlor sie an Bedeutung und heute existieren nur noch Reste des Bergfrieds und der Verließturm.

Durch steile Gässchen wandern wir auf den 547 Meter hohen **Schlossberg** und nachdem wir auch die Stufen des

Bad Lobenstein – Markt, das Neue Schloss, Ardesia-Therme mit Stellplatz

Turmes überwunden haben, schauen wir weit in die südthüringische Landschaft. Der wunderbare Blick über Bad Lobenstein ermöglicht uns, alle Sehenswürdigkeiten von oben zu betrachten. Das **Neue Schloss** in seiner hellgelben Färbung fällt uns sofort ins Auge. Erst auf der Burg ansässig, bauten die Herrschaften ab 1601 ein neues Domizil unterhalb der Burg. Da es jedoch abbrannte, entschloss man sich das Neue Schloss mit Parkanlage an einem anderen Ort neu zu errichten. Die Besitzer wechselten häufig und vor allem in der Zeit nach 1945 wurden Umbauten vorgenommen, die die denkmalgeschützten Grundsätze nicht berücksichtigten und der Ursprung der

Der Alte Turm auf einem Bergkegel oberhalb von Bad Lobenstein

Zimmergestaltung kaum noch wiederzuerkennen war. Ab 1994 begannen aufwändige Sanierungen, die Bad Lobenstein ein historisches Schmuckstück zurückbrachte, das an das Flair einer der wahrscheinlich kleinsten Residenzstädte erinnert.

Fässlesecher im Rathausturm

Auf dem **Marktplatz** erkennen wir die herausgeputzten Bürgerhäuser und mittendrin den **Rathausturm**, der mit seinem *Fässleseecher* an die alte Tradition der Tuchmacherei erinnert. Die Weber benötigten zur Herstellung der Appretur der Tuche Ammoniak, der aus dringend notwendiger Sparsamkeit aus menschlichem Urin gewonnen wurde. Diese Tradition pflegend, pinkelt der *Fässleseecher* aus dem Rathausturm, zur Freude der Zuschauer, um 10/12/14 und 16 Uhr direkt auf den Marktplatz.

Was wir vom Alten Turm aus jedoch nicht sehen können, sind die Tiefen der Stadt. Ende des 18. Jahrhunderts schlugen Bergleute in mühseliger Arbeit einen fast 55 Meter langen Stollen in den Schlossberg, um die in der Stadt gekochte Bierwürze in Eichenfässern zu Bier vergären zu lassen. Als später das Bier maschinell gekühlt werden konnte, verlor der Stollen seine eigentliche Aufgabe. Heute finden Erlebnisführungen im **Markt-Höhler** statt und man erfährt viel über die historische Bierlagerung, den Bergbau und die Geologie.

Regionalmuseum

Bevor wir den Schlossberg mit dem Alten Turm verlassen, nehmen wir uns Zeit für das **Regionalmuseum**, das in der ehemaligen Fürstlichen Oberförsterei untergebracht ist und über die Geschichte der Stadt und die verschiedenen Handwerke, wie unter anderem die Eisenverhüttung, Tuchmacherei oder das Druckereiwesen informiert *(Regionalmuseum und Alter Turm, 07356 Bad Lobenstein, Schlossberg 20, 036651/2492; Öffnungszeiten: April-Sept Di+Do 10-16 Uhr, Sa/So 14-17:30 Uhr, Okt-Jan Di 10-13 Uhr, Do 13-16 Uhr, So 13-16 Uhr, Eintritt).*

Nach so viel Bewegung steht uns der Sinn nach leckerer Küche und dazu kehren wir in die *Marktbrauerei* ein. Serviert werden Brauhausspezialitäten wie Biergulasch mit Knödel, Burger und sonntags hausgemachte Thüringer Klöße *(Restaurant Marktbrauerei, 07356 Bad Lobenstein, Markt 24, 036651/2114, www.hotel-marktbrauerei.com; Öffnungszeiten: Mo 17-21 Uhr, Fr/Sa 17-22 Uhr, So 11:30-14 Uhr).*

Eine ruhige Übernachtungsgelegenheit findet sich am schönen **Waldschwimmbad** im Koseltal. Verlässt man Bad Lobenstein auf der B90 in Richtung Saalfeld, so entdeckt man die Zufahrt unmittelbar vor dem Waldbeginn links. Nach etwa 600 Metern erreicht man einen mittelgroßen, geschotterten Parkplatz [**149**: N 50°27'12.2" E 11°37'33.3"].

Weiter geht es in nördlicher Richtung zur **Hohenwarte-Talsperre**. Als man in den 1930-er Jahren den 27 Kilometer langen Stausee zur Energiegewinnung und zum Hochwasserschutz anlegte, ahnte niemand, dass eine einzigartige Landschaft entstehen würde. So schlängelt sich heute die Saale durch tiefe Täler des Thüringer Schiefergebirges und zieht jährlich viele Besucher an. Wir treffen ähnliche Bedingungen wie an der Bleiloch-Talsperre an. Radwege, Wanderwege, Fahrgastschifffahrt und zahlreiche Wassersportmöglichkeiten bilden ein Rundumpaket für einen erholsamen und aktiven Urlaub. Entlang des Stausees finden sich Campingplätze unterschiedlicher Art, mal direkt am Seeufer und mal abseits gelegen.

Unser erstes Ziel ist **Ziegenrück** (ca. 650 EW). Das kleine, malerische Städtchen ist zwischen die kurvige Saale und steile, bewaldete Berghänge eingeschmiegt. Drei Flüsschen plätschern durch kleine Täler herab – Drebe, Sarmitz und Plothe münden fast nebeneinander in die hier gerade mal nicht gestaute Saale.

In der Paskaer Straße überqueren wir die Saale und parken hinter der Brücke das WOMO (N 50°36'42.3" E 11°38'46.5"). Auf der gegenüberliegenden Flussseite an der Waldschenke beginnt ein Aufstieg zur Reißertsruh, einer Aussichtskanzel mit Schutzhütte, die man auch von hier unten sehen kann, und von der aus es weiter zur Teufelskanzel geht. Einem herrlichen Aussichtspunkt auf die Saaleschleife. Der etwa 78 Kilometer lange **Hohenwarte-Stausee-Weg** leistet uns hierbei gute Dienste und wir wandern auf ihm, der mit einem roten Punkt auf weißem Untergrund gekennzeichnet ist.

Wanderung zur Reißertsruh, Teufelskanzel und Linkenmühle

Zunächst werfen wir noch einen Blick auf einen geologischen Aufschluss, einen 250 Mio. Jahre alten, steinernen Sattel aus Kulmschichten, dann beginnen wir den Aufstieg durch Fichtentann. Auf halber Höhe kommen wir an der Marienquelle vorbei und nach etwa 15 min erreichen wir die Reißertsruh mit Ausblick auf die Waldbühne und das alte Viadukt der Eisenbahnstrecke Triptis-Lobenstein. Stets der Beschilderung des Hohenwarte-Stausee-Weges folgen und man erreicht die Felsformation Teufelskanzel mit herrlicher Aussicht auf die Saaleschleife. Die Wanderung verläuft häufig direkt am Hang und war während unseres Aufenthaltes auch in der Nähe der Kanzel durch das Wetter beschädigt.

Von Ziegenrück erreicht man nach etwa 6 km Linkenmühle mit Campingplatz und Gaststätte. Von dort besteht die Möglichkeit mit der Autofähre die Saale zu überqueren und den Rückweg über Altenroth und den Ottergrund nach Ziegenrück zu wählen. Die gesamte Runde misst etwa 15 km und entspricht einer ausgedehnten Tagestour mit herrlichen Ausblicken und Picknick- und Einkehrmöglichkeiten.

(150) WOMO-Campingplatz: Ziegenrück, *Plothental*

GPS: N 50°36'36.4" E 11°39'18.4", Plothental 9.
Tel: 0157/34363363; www.naturcamping-plothental.de.
Öffnungszeit: Ganzjährig.
Ausstattung: VE, Strom, ca. 20 Plätze für WOMOs, Sanitäreinrichtungen, Waschmaschine, Trockner, Müllentsorgung, Spielplatz, Sportplatz, Kanuverleih.
Beschreibung: Außerhalb von Ziegenrück inmitten im Wald gelegen und vom kleinen Plothenbach durchquert findet sich der familiäre Naturcampingplatz. Die Plätze stehen auf Wiesenuntergrund zur Verfügung und teilweise ist Schatten vorhanden. Die Saale und der Ort sind schnell erreicht. Zahlreiche Wander- und Radwege in unmittelbarer Nähe (Saaleradweg, Walderlebnispfad auf der Saalehalbinsel, Teufelskanzel usw.).
Preise: Ca. 20-25 € für 2 Personen und WOMO.
Zufahrt: In Ziegenrück nach rechts der Beschilderung folgen.

Auch Ziegenrück selbst ist sehenswert. Verwinkelte, enge Sträßchen führen steil empor und manchmal nur lanzenbreit. Enger durften die mittelalterlichen Häuser nicht zueinander rücken. Das kaiserliche Stangenrecht verlangte, dass das Heer unbehindert passieren konnte. An Autofahrer dachte damals noch niemand.

Ziegen haben wir hier keine entdeckt, das liegt daran, dass der Ort seinen Namen nicht den Tieren verdankt, sondern auf die sorbische Bezeichnung Czegenruk zurückzuführen ist, was so viel bedeutet wie Flussbogen.

Seit 1900 wird in Ziegenrück mit Wasserkraft Strom erzeugt und dort, wo die Straße von Schleiz auf den Fluss trifft, wurde das erste Wasserkraftwerk der oberen Saale erbaut. 65 Jahre lieferte es Strom, jetzt liefert das **Wasserkraftmuseum Fernmühle** sehr interessante Informationen. Das Technische Denkmal überrascht mit zahlreichen Attraktionen, wie dem Musik-Tesla – einem Transformator, der im Hochspannungsraum Millionen von Volt in Musik umwandelt.

Ein Anziehungspunkt der Region ist das Wasserkraftmuseum in Ziegenrück

Viel Wissenswertes und interaktive Stationen im Wasserkraftmuseum

Ständig wechselnde Sonderausstellungen zum Thema Wasser und Energie, Turbinen, Wasserräder im Freigelände und die Ausstellung zur Saale-Kaskade mit einem etwa 26 Quadratmeter großen Reliefmodell, aber auch die Bereiche Handwerk und Wasserkraft mit Einblicken in die Historie des oberen Saaletals machen das Museum zu einem Anziehungspunkt der Region. Vieles darf ausprobiert und angefasst werden.

Zum Abschluss kehrt man in das Restaurant der sanierten Ölmühle ein, das mit Liebe zum Detail eingerichtet ist und mit leckerer, regionaler Küche aufwartet (*Wasserkraftmuseum, 07924 Ziegenrück, Lobensteiner Str. 6, 036483/7606, www.ziegenrueck-online.de; Öffnungszeiten: Mai-Okt Di-So 10-16 Uhr, Nov-April Di-Fr 10-16 Uhr und Sa/So 13-16 Uhr, Hochspannungsvorführungen 11+15 Uhr, Eintritt. Restaurant Fernmühle: www.fernmuehle.de, Öffnungszeiten: Mo 17-22 Uhr, Di-So 11-22 Uhr).*

Über Paska erreicht man den idyllisch gelegenen Campingplatz Linkenmühle, den wir bereits auf unserer Wanderung bewundert haben. Eine Besonderheit auf dem Thüringer Meer ist die hier ansässige **KomBus-Mühlenfähre**, die sogar die einzige Autofähre Deutschlands ist, die einen Stausee überquert. Auf einer Überfahrt von nur 400 Metern erreicht man innerhalb von fünf Minuten die gegenüberliegende Saaleseite bei Altenroth. Ein Bike-und Wander-Shuttle kann während der Fährzeiten über ein Service-Telefon 03671/5251999 angefordert werden, denn die zu überwindenden Höhenmeter sind anspruchsvoll (www.kombus-online.de).

(151) WOMO-Campingplatz: Paska, *Linkenmühle*
GPS: N 50°36'27.5" E 11°36'43.2", Linkenmühle 1.
Tel: 036483/22548; www.campingplatz-linkenmuehle.de.
Öffnungszeit: April-Okt.
Ausstattung: VE, Strom, ca. 50 Plätze für WOMOs, Sanitäreinrichtungen, Waschmaschine, Trockner, Müllentsorgung, Aufenthaltsräume, Spielplatz, Kiosk, Gaststätte, Badestrand, Bootsverleih.
Beschreibung: Direkt am Ufer der Saale gelegen befindet sich der von Familie Fröhlich geführte Campingplatz. Es besteht die Möglichkeit Terrassenplätze unmittelbar am Wasser oder etwas oberhalb gelegene Wiesenplätze mit Blick auf die Saale zu nutzen. Zahlreiche Wander- und Radmöglichkeiten vor Ort. Zu beachten sind die steilen Anstiege aus dem Tal der Saale. Der Hohenwarte Stausee Weg, Saale-Radweg, Wanderungen zur Teufelskanzel, Karl-Rühl-Hütte und nach Ziegenrück sind direkt möglich. Durch die Möglichkeit der Mühlenfähre kann die Saale überquert werden.
Preise: Ca. 20-25 € für 2 Personen und WOMO.
Zufahrt: Von Paska der Beschilderung zum Platz folgen. Eine Ampel regelt den Verkehr auf der schmalen Zufahrtsstraße.

Wir fahren zurück nach Ziegenrück und weiter saaleaufwärts Richtung Lobenstein. Aber nur vier Kilometer rollen wir auf unseren Spuren retour, überqueren bald die Saale und gewinnen durch schwarzen Tann schnell an Höhe. Über Drognitz und Weisbach machen wir uns auf den Weg zu zwei sehenswerten Bauwerken. Am Ortsausgang von Weisbach erreichen wir die **Rekonstruktion einer Steinschleuder** (N 50°33'49.0" E 11°36'10.0"), die ein erster Hinweis auf die nahe gelegene Burgruine sein soll. Einer Sage nach steht die Steinschleuder im Zusammenhang mit der **Wysburg**, denn einst sollen dort Raubritter ihr Unwesen getrieben haben und nichts und niemand war vor ihnen sicher. Als Rudolf von Habsburg die **Raubritterburgen** in Deutschland zerstörte, blieb auch die Wysburg nicht verschont und mit Hilfe von großen Steinschleudern soll sie zu nichte gemacht worden sein.

Wir folgen weiter der Beschilderung zur Wysburg und parken an dem idyllischen Plätzchen mit Tisch-Bank-Kombination das WOMO im Schatten der Bäume [**152**: N 50°34'14.6" E 11°36'22.5"].

Die aus dem 13. Jahrhundert stammende Wysburg

Die Wysburg, oder auch Hohewaldsburg geannt, wurde vermutlich im ausgehenden 13. Jahrhundert im Auftrag der Vögte von Gera erbaut, aber genaues weiß man nicht, da kaum historische Quellen bekannt sind. In den Jahren um 1325 bis 1330 kam es zu einer Belagerung der Burg, währenddessen sie zerstört wurde. Die Sagen und Mythen führten dazu, dass ab 1985 das wissenschaftliche Interesse geweckt wurde und das Ergebnis der zahlreichen Grabungen und Wiederaufbauten ist heute an Ort und Stelle zu bestaunen. Auch die in der Sage genannte Zerstörung durch Steinschleudern konnte nachgewiesen werden, denn man fand 28 steinerne Kugeln mit einem Gewicht von bis zu 81 Kilogramm.

Sagenhafte Wysburg

Im Wasserkraftmuseum Fernmühle wurden wir auf die **Eisenbahnstrecke** von Triptis nach Marxgrün aufmerksam und stellten bereits erstaunt fest, welche Meisterwerke für die Strecke notwendig waren. Vom Mühlbergtunnel im Ottergrund bis hin zu dem siebenbogigen Saale-Viadukt bei Ziegenrück.

Und nun befinden wir uns in unmittelbarer Nähe zur Königin der Brücken dieser Bahnstrecke – der **Ziemestalbrücke**. Nachdem die Fundamente fertiggestellt waren, erfolgte im August 1894 der erste Transport der Stahlkonstruktion auf Pferdegespannen in den Ziemesgrund. Das Schwierige an diesem Bauwerk war, dass sie im Vergleich zu ähnlichen Brücken in einem Bogen (Radius 200 m) verläuft und noch dazu eine Steigung von 20 Promille überwinden muss. Machte die Ziemestalbrücke zu Beginn noch einen filigranen Eindruck, erhielt sie nach späteren Verstärkungsmaßnahmen ihren heute gewaltigen Eindruck.

Begibt man sich links der Wysburg auf den Waldweg ins Tal so erspäht man recht schnell die ersten Teile der Stahlkonstruktion. Unten angelangt, kommt man aus dem Staunen nicht mehr heraus und möchte augenblicklich den Pfad nach oben auf die Brücke nehmen. Auf geht`s! Sie werden es nicht bereuen.

Das **Volkskundemuseum** in **Reitzengeschwenda** informiert unter anderem über die ehemalige Oberlandbahn von Triptis nach Marxgrün und es gibt ein Modell der Ziemestalbrücke zu bewundern. Präsentiert werden vor allem die ländliche Wohnkultur, Maschinen und Geräte der damaligen Zeit. Die Ausstellungen befinden sich unter anderem in einem

alten Bauernhaus, einer alten Sägemühle und einer Dorfkirche aus vergangenen Jahrhunderten *(Volkskundemuseum, 07338 Reitzengeschwenda, Reitzengeschwenda 24, 036737/22294; Öffnungszeiten: April-Okt Do 13-17 Uhr, Fr-Sa 10-12 Uhr, 13-17 Uhr, So 13-17 Uhr, Eintritt).*

Anschließend tauchen wir wieder hinab zu den dicken Saaleschleifen der Hohenwarte-Talsperre. An der Gaststätte *Lothramühle* erreichen wir das Flussufer und finden bereits Platz für Picknickfreunde. Knapp fünf Kilometer rollen wir nun unmittelbar am Rande der Talsperre entlang und es finden sich viele Rastgelegenheiten rechts der Straße, mal so klein, dass nur ein WOMO Platz hat, mal deutlich größer. Zwar nicht in absoluter Ruhe, aber mit einem weiten Ausblick auf den See.

Wartet man bis zum riesigen, gebührenpflichtigen Parkplatz an der 66 Meter hohen **Staumauer** [**153**: N 50°36'42.5" E 11°29'27.7"], bekommt man einiges geboten. Ein Imbiss hält Thüringer Rostbratwürste, Kaffee und Kuchen bereit und am Bootsverleih warten Tret- und Ruderboote auf aktive Wasserwanderer. Verschiedene Wanderwege (H1 bis H5) führen zu herrlichen Aussichtspunkten und zum Pumpspeicherbecken II,

Staumauer Hohenwarte-Talsperre

das etwa 300 Meter höher liegt und einen erhabenen Blick auf die Landschaft ermöglicht. Eine Fahrt mit dem Motorschiff gehört zu einem der erholsamsten Erlebnisse auf der Talsperre. Die Rundfahrten reichen von einer bis zu drei Stunden und beginnen an der Anlegestelle nahe der Staumauer und werden vom Frühjahr bis in den Herbst angeboten (www.fahrgastschiffahrt-hohenwarte.de).

Über der Stadt **Ranis** (ca. 1.800 EW) erhebt sich weithin sichtbar auf einem Felsrücken aus der Zeit des Zechsteinmeeres eine interessante Burg gleichen Namens. Sie setzt sich aus einer kleinen Hauptburg mit Bergfried und zwei weiträumigen Vorburgen zusammen. Besonders spannend ist sie aus historischer Sicht, weil sie den Übergang von der Burg zum Schloss markiert. In ihren Ursprüngen stammt sie aus dem 13. und 14. Jahrhundert, besitzt jedoch ihre heutige Gestalt durch Umbauten, die in den Jahrhunderten danach stattfanden. **Burg Ranis** spielte ebenfalls eine wichtige Rolle als Grenzfeste gegen die Slawen, wie bereits Burgk oder die ehemalige Burganlage in Bad Lobenstein. Die Zeiten waren stürmisch, und so wechselte das wehrhafte Gemäuer häufig den Besitzer. 1571 musste an die Herren von Breitenbach verkauft werden, die nun mit dem repräsentativen Ausbau zum Schloss begannen. Ein Blitzschlag führte 1645 dazu, dass die Bereiche um die Kernburg niederbrannten. Der runde Bergfried ist das älteste, noch bestehende Gebäude auf der Burg.

Durch ein erstes Tor betreten wir die äußere Vorburg, werden anschließend vom Hungerturm in Empfang genommen und schauen erschrocken in das neun Meter tiefe Angstloch, durch das die Gefangenen in das Verlies hinabgelassen wurden. Durch die prächtigen Umbauten wirkt die innere Vorburg

Burg Ranis mit ihren beiden Vorburgen

Die Ausstellung zur Eiszeit im Museum auf Burg Ranis

heute wie ein Schlosshof umgeben vom Südflügel und einem Querflügel, in dem sich der Durchgang zur Kernburg befindet. Im **Museums** wird nicht nur die Geschichte der Burg und die Entwicklungen Thüringens im Mittelalter betrachtet, sondern in moderner Konzeption die Themenbereiche Geologie, Eiszeit und Seismologie erlebbar macht.

Im Westen schließt die Burganlage mit dem Würzgärtchen ab, von dem aus man eine weite Sicht in das Umland genießt. Besonders das rot leuchtende Barockschloss Brandenstein blitzt auf einem bewaldeten Hügel hervor. Sehen Sie die großen, kräftigen Tiere unterhalb des Schlosses? Ja, Sie vermuten richtig. Es handelt sich um **Wisente**. Bis zum Beginn des 20. Jahrhunderts hatte man es geschafft, den Wisent, oder auch europäischer Bison, in Europa auszurotten. In den 50er Jahren wurden erste Tiere aus Nachzuchten wieder ausge-

Ausblick von Burg Ranis auf Schloss Brandenstein und die Wisente

wildert und heute zählt man 6.200 freilebende sanfte Riesen, so dass sie nicht mehr als gefährdet angesehen werden. Die größten Bestände finden sich in Russland, Polen und Belarus. Ein ganz kleiner Teil, wenn auch nicht freilebend, hat seit etwa 2010 ein Zuhause im Gehege in Ranis im Freudental gefunden. Es ist ganzjährig geöffnet und kostenfrei zugänglich.

Der Bau auf dem Bergplateau mit den schroffen und abfallenden Felswänden ließ nur einen schmalen Fahrweg zur Burg zu, den wir zum Abschluss hinab zum Parkplatz schlendern (N 50°39'50.7" E 11°33'59.4", *Burg Ranis/Museum, 07389 Ranis, 03647/505491, www. museum-ranis.de; Öffnungszeiten: Di-So/Feiertag 10-17 Uhr, Eintritt).*

Wir verlassen Ranis nach Nordosten auf die B281 und orientieren uns an Saalfeld. Bereits 1872 wurde in **Unterwellenborn** (ca. 7.000 EW) ein Eisenwerk gegründet, aber erst seit 1931 machte ein gewisser Herr Flick dort Nägel mit Köpfen. Natürlich gab er sich nicht mit Kleineisenteilen ab, sondern produzierte in der Maxhütte Panzerplatten und Rüstungsgüter. Von der wechselvollen, 120-jährigen Geschichte sind nur wenige Zeugen geblieben und eines davon ist die **Gasmaschinenzentrale**. Bis Mitte der 90er Jahre stand das Industriedenkmal noch inmitten eines riesigen Maxhüttenareals. Das Kernstück der Ausstellung bilden der Gasdynamo und der Schwungradgenerator sowie vielfältige materielle Zeitzeugen aus der Geschichte der Maxhütte. Das Gebäude der Gasmaschinenzentrale ist für interessierte Besucher von Montag bis Freitag von 8 bis 11 Uhr geöffnet (N 50°39'18.3" E 11°25'28.3").

Gasmaschinenzentrale Unterwellenborn

Etwa einen Kilometer nördlich befindet sich das vor zehn Jahren vollständig sanierte Freibad Unterwellenborns. Bei Unterwasserbeleuchtung, Massagebänken und einer breiten Wasserrutsche lässt man es sich an heißen Sommertagen in dem reizvollen Bad mit seinen gepflegten Liegewiesen gutgehen (N 50°39'54.1" E 11°25'24.7").

Der **Kulmberg** ist der Hausberg der Städte Rudolstadt und Saalfeld und bevor wir letzterer einen Besuch abstatten, fahren wir auf den 482 Meter hohen Berg mit seiner hervorragenden Aussicht in das Saaletal, das Rinnetal, die Orla-Senke und das Thüringer Schiefergebirge. Bereits am Ortseingang von **Saalfeld** (ca. 25.000 EW) schwenken wir nach rechts und folgen fast sechs Kilometer den Wegweisern zum Kulmberghaus. Auf dem großen, geschotterten Parkplatz etwa 300 Meter vor dem Turm parken wir das WOMO [**154**: N 50°41'06.3" E 11°22'06.8"].

Aussichtsturm auf dem Kulmberg

1884 wurde der 20 Meter hohe **Aussichtsturm** errichtet, der einer der ältesten Stahlfachwerktürme Deutschlands ist und unter Denkmalschutz steht. Im Waldgebiet gibt es zahlreiche Wanderwege und in der Gaststätte *Zum Kulmberghaus* leckere Speisen von Suppen über Fisch und Fleisch bis hin zu Kuchen und Eis. Ein Highlight ist der neue romantische Biergarten, der bei allen Leckereien auch zu einer Panoramaaussicht einlädt (www.kulmberghaus.de).

Saalfeld ist eine der ältesten Städte Thüringens und ein Streifzug durch die einstige Residenzstadt lässt uns einige Zeitzeugen Thüringer Geschichte entdecken. Auf dem Parkplatz P6 (N 50°38'57.2" E 11°22'3.9") direkt an der Saale stellen wir das WOMO ab und betreten durch eines der vier verbliebenen Stadttore, das Saaltor, die liebevoll restaurierte Altstadt.

Wir wählen die lange Route des **Historischen Rundweges**. Vorbei am **Schlösschen Kitzerstein** mit seiner reich gegliederten Fassade im Stil der Frührenaissance erreichen wir schnell das Wahrzeichen der Stadt. Der **Hohe Schwarm** wurde um 1300 als Wohnturm der Grafen von Schwarzburg erbaut und ist seit Mitte des 16. Jahrhunderts eine Ruine. Einst war Saalfeld von einer acht Meter dicken Stadtmauer komplett umgeben. Übrig geblieben ist ein imposanter Halbkreis, dem wir uns nach der Ruine nähern. Am Münzplatz stoßen wir auf das ehemalige Franziskanerkloster, in dem das **Stadtmuseum** untergebracht ist. In den herrlichen Kreuzgängen, den Klosterräumen und dem Kapitelsaal erfahren wir viel über die Klostergeschichte. Wo früher Franziskanermönche lebten, finden wir heute eine Sammlung spätmittelalterlicher Holzplastiken aus Saalfelds Werkstätten, zahlreiche Thüringer Trachten und Informationen zur Regional- und Stadtgeschichte *(Stadtmuseum, 07318 Saalfeld, Münzplatz 5, www.museumimkloster.de; Öffnungszeiten: Di-So 10-17 Uhr, Eintritt).*

Weihnachtlicher Marktplatz Saalfeld

Der malerische **Marktplatz** ist seit der Entstehung der Saalestadt das Zentrum, und die enorme Größe und seine Anordnung gehen auf Kaiser Friedrich Barbarossa zurück, denn er ließ Saalfeld als Reichsstadt 1180 anlegen. Hier kreuzten sich wichtige Handelsstraßen. Wie andernorts fielen auch in Saalfeld viele mittelalterliche Gebäude Stadtbränden zum Opfer und nur wenige blieben bis heute erhalten.

Ein wenig märchenhaft wirkt das **Renaissance-Rathaus** mit Treppenturm, zweistöckigem und ornamentverziertem Runderker, Kleeblattschmuckgiebeln und nadelspitzen Türmchen. 1529 bis 1537 wurde es als Ausdruck bürgerlichen Selbstbewusstseins erbaut und somit zu einem der schönsten Rathäuser Thüringens. Links neben dem Eingang ist die Saalfelder Elle zu sehen. Ein Eisenstab mit einer Länge von 56,6 Zentimetern, der als Längenmaß für das Handwerk der Tuchmacher galt.

Aus der Zeit Barbarossas stammt ebenfalls die **Stadt-Apotheke**. Nach mehreren Besitzerwechseln und einem Brand wurde das Gebäude im 19. Jahrhundert stilgetreu wieder aufgebaut und ist als ältestes Gebäude ein wahres Prachtstück und gleichzeitig das älteste Apothekenhaus Deutschlands.

Durch die **Blankenburger Straße** verlief einst die ehemalige Reichsstraße und war Teil der stark befahrenen Handelsstraße von Leipzig nach Nürnberg. Mit dem Handel blühte die Stadt auf und die Gasthöfe rechts und links der Straße luden die Händler zum Übernachten ein. Die Freskenmalerei an der ehemaligen Gaststätte **Das Loch** zeugt noch heute von einem regen Treiben in den traditionellen Gasthäusern. Weiter geht es über die Schul- und Fleischgasse mit ihren historischen Gebäuden zum **Darrtor**. Im Gegensatz zu den anderen drei Toren nahm dieses eine Sonderstellung in der Befestigung der Stadt ein. Es bildete den Durchgang zur früheren Vorstadtsiedlung und war Tag und Nacht mit Wächtern besetzt, die den Zutritt regelten. Von Mai bis September ist der Turm des Darrtors von 10 bis 17 Uhr geöffnet und bietet von der oberen Plattform einen weiten Rundumblick über Saalfeld. Nun ist der Weg nicht mehr weit und nach einem herrlichen Stadtrundgang haben wir das WOMO wieder erreicht.

Freskenmalerei in Saalfeld

Saalfeld erlangte seine Bekanntheit allerdings durch eine Attraktion, die deutlich älter ist als die bezaubernden Bauwerke der Stadt. Der Thüringer Wald ist reich an Mineralquellen und 1910 entdeckte man auf der Suche nach heilkräftigem Wasser südwestlich von Saalfeld den eingestürzten Zugangsstollen zu einem seit Jahrhunderten vergessenen Alaunschieferbergwerk. Alaun ist seit ewigen Zeiten ein unverzichtbares Hilfsmittel der Weißgerberei. Die Natur bemächtigte sich des

Im Märchendom der Saalfelder Feengrotten

Die Feenpforte ist der Eingang in ein magisches Reich

Menschenwerkes und tropfendes Wasser, Kalk und verschiedene Mineralien ließen ein unterirdisches Reich aus Stalaktiten und Stalagmiten entstehen. Im Guinnessbuch der Rekorde finden wir die **Saalfelder Feengrotten** als die farbenreichsten Schaugrotten der Welt.

Der Grottenführer begrüßt uns mit dem traditionellen Bergmannsgruß „Glück auf" zu einer 60-minütigen Führung ins Reich der Feen, Elfen und Trolle. Eine der schönsten Grotten ist der Märchendom, in dem sich die Farben in einem künstlich aufgestauten See spiegeln. Mit Zwergenmütze und Grubenlampe ausgestattet, werden auch die Kleinsten auf einer Zwergentour auf fantasievolle Weise durch die Grotten geführt (hierfür ist eine Voranmeldung angeraten). Energiegeladen und neugierig machen wir uns anschließend auf ins **Feenweltchen**. Durch die Feenpforte treten wir ein in eine magische Welt voller verschlungener Pfade und Naturgeister mit abenteuerlichen Spielen und Geschichten.

Und für alle, die wissen möchten, wie die Feengrotten entstanden sind, gibt es das **Mitmach-Museum Grottoneum**. Hier heißt es Anfassen, Hören, Lesen und sogar Schmecken *(Erlebniswelt Feengrotten, 07318 Saalfeld, Feengrottenweg 2, 03671/55040, www.feengrotten.de; Öffnungszeiten: Mai, Juni, Sept, Okt Feengrotten und Grottoneum tägl. 11-17 Uhr, Führungen alle 20-30 Min./11+13 Uhr Kinderführung, Feenweltchen tägl. 10-18 Uhr. Juli+Aug Feengrotten und Grottoneum tägl. 10-17 Uhr, Führungen alle 15-20 Min./11+13 Uhr Kinderführung, Feenweltchen tägl. 9:30-21 Uhr. Nov-April Feengrotten und Grottoneum tägl. 11-15:30 Uhr, Führungen alle 15-20 Min./11 und 13 Uhr Kinderführung. Eintritt, Kombi- und Einzeltickets).*

(155) Offizieller WOMO-Stellplatz: Feengrotten

GPS: N 50°38'8.4" E 11°20'32.1", Feengrottenweg 2. **Max. WOMOs**: 10.
Öffnungszeiten: Ganzjährig.
Ausstattung: VE, Wasser, Strom, WC+Dusche gg. Gebühr. Für den Zugang zum Sanitärgebäude inkl. WC-Nutzung entsteht eine Gebühr von 0,50 Euro. Die Mitbenutzung der Dusche kostet zusätzlich 1 Euro.

Beschreibung: Am Ortsrand und im hinteren Teil des Feengrotten-Parkplatzes gelegen. Der Untergrund ist gepflastert, schräg (Keile notwendig) und teilweise ist Schatten vorhanden. Die Erlebniswelt Feengrotten ist unmittelbar erreichbar, daher allerdings auch zu gewissen Zeiten unruhig und gut besucht. Zahlreiche Rundwander- und Radwege starten hier.
Preise: Ca.15 € für 2 Personen und WOMO (Kasse der Feengrotten).
Zufahrt: Auf der B7 nach Hainspitz kommend auf der rechten Seite.

Saalfeld verfügt als Kurstadt über zahlreiche gut ausgeschilderte Wander- und Radwege. Es wurden **Terrainkurwege** (TKW) angelegt, die sich in ihrer Länge und ihrem Anspruch unterscheiden. Eine detaillierte Beschreibung mit Routenverlauf und Wegbeschreibung erleichtert Ihnen die Auswahl (www.saalfeld-tourismus.de). Direkt am Gelände der Feengrotten beginnen die TKW Bachtälchenweg und Hangweg.

Terrainkurweg Saalfeld 1 – Bachtälchenweg

Eine leichte Runde von etwa 3 km entlang des Baches im Arnsgereuther Tal lädt vor allem an heißen Tagen zu einer Abkühlung ein. Der Weg beginnt an den Wandertafeln unterhalb des Feenweltchens und ist mit einem grünen Quadrat auf weißem Untergrund gut ausgeschildert. Zuerst entgegen der Fließrichtung des Baches in leichter Steigung in Richtung des Barfußpfades. Auf Höhe des Grünen Klassenzimmers überqueren wir den Bach und wandern auf der entgegengesetzten Seite zum Startpunkt zurück. Der Weg führt teilweise über den Walderlebnispfad mit Stationen zum Mitmachen und Anschauen.

Terrainkurweg Saalfeld 4 – Hangweg

Eine leichte Runde von etwa 5 km, die genau das hält, was sie verspricht: schmale Pfade entlang des Hanges mit zahlreichen Ausblicken über Saalfeld und das Saaletal. Der Start ist an den Wandertafeln unterhalb des Feenweltchens und mit einem violetten Viereck gekennzeichnet. In der Hälfte der Strecke erreicht man die Mittelweghütte, in der man es sich mit einem Picknick gemütlich machen kann.

Auf einer Saalfelder Albrecht-Route

Die abwechslungsreiche Landschaft mit ihren Gebirgshöhen und Flusstälern, den Wäldern und der Stauseeregion liefert beste Voraussetzungen für Radfahrer aller Couleur. Vor allem für Mountainbiker finden sich ideale Bedingungen. Bisher ist es ein eher unbekanntes **MTB-Paradies** mit spektakulären Trails und tollen Panoramen. Das könnte sich allerdings in naher Zukunft ändern, denn Andreas Albrecht, eine feste Größe im regionalen und internationalen MTB-Geschehen, hat das Potenzial um Saalfeld erkannt und sechs Routen ausgearbeitet, die unterschiedlichen Ansprüchen gerecht werden. Wie auch die vielen Wandermöglichkeiten stehen die Touren mit ausführlichen Beschreibungen und GPX-Daten zur Verfügung (www.saalfeld-tourismus.de). Es gibt neben den **Albrecht-Routen** außerdem die **Heimatliebhaber-Routen**, so dass für jeden Anspruch das Passende zu finden ist.

Im südlichen Stadtteil steht ein weiterer offizieller Stellplatz am Freibad zur Verfügung [**156**: N 50°38'14.2" E 11°22'4.8"]. Der Untergrund ist geschottert und relativ eben. Es handelt sich um einen Parkplatz ohne Ausstattung, der kostenlos genutzt werden kann.

Im nördlichen Teil Saalfelds und direkt an der Saale liegt ein kleiner und einfacher Campingplatz mit acht WOMO-Stellplätzen.

(157) WOMO-Campingplatz: Saalfeld, *Strand 24*

GPS: N 50°39'26.0" E 11°21'39.6", Am Weidig 3.
Tel: 0171/4377305; www.strand-24.de.
Öffnungszeit: März-Oktober.
Ausstattung: Wasser, Strom gg. Gebühr, 8 Rasenplätze für WOMOs, WC- und sanitäre Anlagen mit Duschen (Schlüssel notwendig), überdachte Tisch-Bank-Kombination mit Grillstelle, Strandbar, Einstieg in die Saale.

Beschreibung: Der kleine Campingplatz besitzt ein großes Wiesenareal für Zelte und liegt unmittelbar an der Saale. Er ist besonders bei Radfahrern durch die Anbindung an den **Saaleradweg** beliebt. In einer Entfernung von 300 m finden sich Einkaufsmöglichkeiten. Im Vorfeld oder vor Ort (über die angegebene Telefonnummer) Verbindung mit dem Betreiber aufnehmen. Eine Reservierung ist möglich.
Preise: Ca. 20 € für 2 Personen und WOMO.
Zufahrt: Von der B281 der Beschilderung in den Weidig folgen.

Wir nähern uns **Rudolstadt** (ca. 22.000 EW), der alten Residenz der Fürsten Schwarzburg-Rudolstadt, von Süden und durchqueren die Vororte Schwarza und Volkstedt. Thüringens größter Wassertempel erwartet uns. Ein Maximum an Erlebnis, Spaß und Entspannung bietet das **Saalemaxx** mit Rutschentower, Saunawelt und Wellnessbereichen. Im Sommer entspannt man zusätzlich im Außenbereich mit Liegewiese und Spielplatz.

(158) Offizieller WOMO-Badeplatz: Rudolstadt, Saalemaxx

GPS: N 50°42'18.2" E 11°19'1.0", Hugo-Trinckler-Straße 6. **Max. WOMOs**: 9.
Öffnungszeiten: Ganzjährig.
Ausstattung: VE, Strom gegen Gebühr, Mülleimer.
Beschreibung: Im hinteren Bereich des Parkplatzes finden sich ebene Stellplätze auf festem Untergrund. Schatten ist kaum vorhanden. Öffentliche Verkehrsmittel in der Nähe. Die Innenstadt wird in etwa 2,5 km erreicht.
Preise: 7 € für 2 Personen und WOMO, zu zahlen an der Badekasse.
Zufahrt: Von der B88 kommend den Hinweisschildern folgend.

Einen großen Parkplatz in Innenstadtnähe finden wir auf dem Festplatz Bleichwiese (N 50°43'4.0" E 11°20'45.3"). Über die Saalebrücke ist es nicht mehr weit ins Zentrum, und auf dem Weg zum angrenzenden Heinrich-Heine-Park gelangen wir zum ältesten Freilichtmuseum Deutschlands. Die **Thüringer Bauernhäuser** wurden in den Jahren 1914/15 in den umliegenden Dörfern abgetragen und als Museum wieder aufgebaut, und somit blieben das bäuerliche Leben, originale Möbel und Gebrauchsgegenstände für die Nachwelt erhalten. Sehenswert ist die alte Dorfapotheke aus dem kleinen Ort Rohrbach.

Die Laborgeräte und Arzneiflaschen weisen auf eine Besonderheit der Region im oberen Schwarzatal hin – den **Olitätenhandel**. Die Zunft der Buckelapotheker verdiente sich im 17. bis zur Mitte des 19. Jahrhunderts ihren Lebensunterhalt mit dem Vertreiben der hergestellten Öle und Essenzen in ganz Europa. Buckel deswegen, weil sie die Heilmittel auf dem Rücken transportierten. Von April bis Oktober ist das Gelände täglich von 11 bis 18 Uhr geöffnet.

Dorfapotheke im Freilichtmuseum

Rudolstadt lohnt eine Besichtigung zu Fuß, deshalb überqueren wir die Saale und gehen auf Erkundungstour. Die Stadt und die Umgebung verfügen über ein ausgebautes Wanderwegnetz und die **Wanderwege im Stadtgebiet** sind gut beschildert. Egal ob man auf dem Schillerwanderweg oder dem Panoramaweg Schwarzatal spazieren möchte, in der Tourist-Information wird man sehr gut beraten und erhält die Tourenbeschreibungen in Flyerform *(Tourist-Information, 07407 Rudolstadt, Markt 8, 03672/486440, www.rudolstadt.de; Öffnungszeiten: Mo-Fr 9-18 Uhr, Sa 9-13 Uhr).*

Vom Zentrum führt ein Fußweg, die Lange Treppe, hinauf zur riesigen **Schlossanlage der Heidecksburg**. Sie flößt uns auf dem ansteigenden Weg bereits großen Respekt ein. Als schlichtes Renaissanceschloss wurde sie erbaut, aber ein Brand im Jahr 1735 ermöglichte Fürst Friedrich Anton die Umgestaltung zu einem barocken Prachtbau mit drei Flügeln und einem

Das Rudolstädter Rathaus auf dem Marktplatz

Das Schloss mit prunkvollen Sälen und beeindruckenden Ausstellungen

40 Meter hohen Turm. Die Fürsten häuften reiche Kunstschätze an und die **Gemäldegalerie**, in der namhafte Maler wie Caspar David Friedrich oder Ferdinand Kobell vertreten sind, umfasst etwa 1500 Bilder. Mit Pantoffeln ausgestattet bestaunen wir die prunkvollen **Festsäle und Wohnräume** in verspieltem Rokoko, mal in Rot, mal in Grün gehalten.

Das **Naturhistorische Museum** entstand aus dem 1757 gegründeten Fürstlichen Naturalienkabinett. Was als Anlage einer kleinen Sammlung begann, wuchs zu einem beachtlichen Bestand heran. Die Dauerausstellung und das Schaumagazin vermitteln Wissenswertes aus der Natur und zeigen über 300 Vogel- und Säugetierarten.

Nicht nur Olitäten waren wichtig für die Bewohner des Schwarzatals, sondern auch das Weiße Gold. Unmittelbar im Eingangsbereich des Schlosses empfängt uns die **Porzellangalerie** mit prunkvollem Tafelgeschirr des Rudolstädter Hofes. Detailliert gefertigte Figuren und aufwendig gestaltete Gefäße zeigen in der Ausstellung die Eigenart des Thüringer Porzellans. Wer mag, kann in Volkstedt eine Porzellanmanufaktur besuchen und bei der Herstellung der Kostbarkeiten zuschauen. Dazu später mehr *(Schloss Heidecksburg, 07407 Rudolstadt, Schlossbezirk 1, 03672/42900, www.heidecksburg.de; Öffnungszeiten: April-Okt Di-So 10-18 Uhr, Nov-März Di-So 10-17 Uhr, Eintritt).*

Herzogliche Flure im Schloss

Auf dem Rückweg zum Markt lassen wir uns das **Schillerhaus** nicht entgehen. Ein schicksalhafter Umweg führte Schiller auf dem Weg nach Weimar in das beschauliche Rudolstadt. Im Hause der Familie Lengenfeld, dem heutigen Schillerhaus, kam es für ihn zu wegweisenden Begegnungen. Zum einen lernte er seine künftige Ehefrau Charlotte von Lengenfeld kennen, und zum anderen kam es zu einem ersten Treffen mit Goethe. Schiller verbrachte den gesamten Sommer 1788 in Rudolstadt, der für ihn eine der glücklichsten Zeitspannen seines Lebens war. Im 2005 bis 2009 restaurierten Haus wird vor allem diese Zeit aufgegriffen und multimedial erzählt. Zum Beispiel verfolgt man auf Monitoren ein von Schauspielern inszeniertes Treffen der beiden Dichter. Lassen Sie sich überraschen und genießen Sie anschließend die vorzügliche Gastronomie in den Räumen des Erdgeschosses und des Innenhofes *(Schillerhaus, 07407 Rudolstadt, Schillerstraße 25, 03672/486470, www.schillerhaus-rudolstadt.de; Öffnungszeiten: April-Okt Mo-So 10-18 Uhr, Nov-März Di-So 10-17 Uhr, Eintritt).*

Wage du zu irren und zu träumen!

Vorbei am Amtsgericht, in die Mandelstraße abbiegend, erreicht man den **Handwerkerhof**. Ein Kleinod, das die Rudolstädter heute den schönsten Innenhof der Stadt nennen. Das 1513 erbaute Hauptgebäude beherbergte etwa 200 Jahre später als Bernhardinen-Stift alleinstehende adlige Damen und bestand bis 1945. Heute ist das Stift rekonstruiert und durch Anbauten zu einem Handwerkerhof erweitert. Kleine Läden mit handwerklichen Produkten finden sich dort und das **Café Zeitlos** lädt ins Wohnzimmer zu Kaffee und Kuchen ein.

Vom Langen Berg ist die Aussicht auf Rudolstadt ein Traum

Den besten Blick auf die Stadt und das Schloss hat man vom 354 Meter hohen Langen Berg. Der nordwestliche Gipfel der Uhlstädter Heide trägt nicht nur den **Marienturm,** sondern auch ein 4-Sterne-Hotel mit Restaurant, das WOMOs willkommen heißt. Der Aussichtsturm wird vom ortsansässigen Verein instandgehalten und kann nur mit Terminvereinbarung betreten werden. In Cumbach fährt man links ins Mariental und dann drei Kilometer steil bergauf.

(159) WOMO-Gaststättenplatz: Rudolstadt, Marienturm

GPS: N 50°42'25.8" E 11°21'44.5", Marienturm 1.
Max. WOMOs: 2-3.
Ausstattung: Keine, auf Anfrage stellt das Hotel Strom zur Verfügung.
Beschreibung: Ein kleiner geschotterter Parkplatz des Panoramahotels, teilweise schattig, Wanderwege nach Rudolstadt und herrliche Aussicht auf Rudolstadt und das Saaletal. Da die Parkplätze begrenzt sind, wird um telefonische Anfrage gebeten (www.hotel-marienturm.de, 03672/43270). Im Restaurant genießt man gehobene, gutbürgerliche Küche mit heimischen Produkten.
Preise: Kostenfrei bei Einkehr in das Restaurant.
Zufahrt: In Cumbach links in das Mariental abbiegen und der Beschilderung zum Hotel folgen.

Wir erhalten einen Einblick in die herausragende Handwerkskunst

Über 250 Jahre hinweg prägte das **Porzellan** Thüringen. Einige Jahre nach der Erfindung des europäischen Porzellans in Sachsen wurde das Weiße Gold in Thüringen nacherfunden. Es gab ein Wettstreit dreier Herren, die zeitgleich am Porzellan experimentierten. Georg Heinrich Macheleid machte das Rennen und gründete als erster 1762 eine Porzellanmanufaktur in Volkstedt. Die Kleinstaaterei führte dazu, dass es im Nachhinein zu einer Vielzahl von Gründungen kam, und wie wir aus den Porzellanwelten der Leuchtenburg bereits wissen, war die Verfügbarkeit von Ton, Sand und Holz zum Brennen ein weiterer Faktor für den Aufschwung (www.thueringer-porzellan.de).

In Volkstedt befindet sich somit die älteste noch produzierende Manufaktur Thüringens – die **Aelteste Volkstedter Porzellanmanufaktur**. 2006 wurde sie zu einer Gläsernen Porzellanmanufaktur umgebaut, beherbergt mittlerweile vier Manufakturen unter einem Dach und bietet einzigartige Einblicke in die jahrhundertealte Tradition. Das wollen wir uns näher anschauen und machen einen Termin zur Besichtigung aus *(Die Porzellanmanufakturen, 07407 Rudolstadt, Breitscheidstraße 7, 03672/48020, www.die-porzellanmanufakturen.de; Öffnungszeiten des Shops: Mo-Fr 11-17 Uhr, Sa 10-15 Uhr, Werksführungen finden Mo-Sa statt, Dauer 1 Std., telefonisch vereinbaren).*

Einen weiteren offiziellen WOMO-Stellplatz finden wir in den Katzenlöchern 4. Der von Familie Weedemann privat geführte Platz liegt im Grünen unweit der Saale und kann ab zwei Übernachtungen reserviert werden. Zur Verfügung stehen VE, Strom, eine Grillstelle und ein kleiner Biergarten mit thüringer Brotzeit [**160**: N 50°43'08" E 11°21'53"].

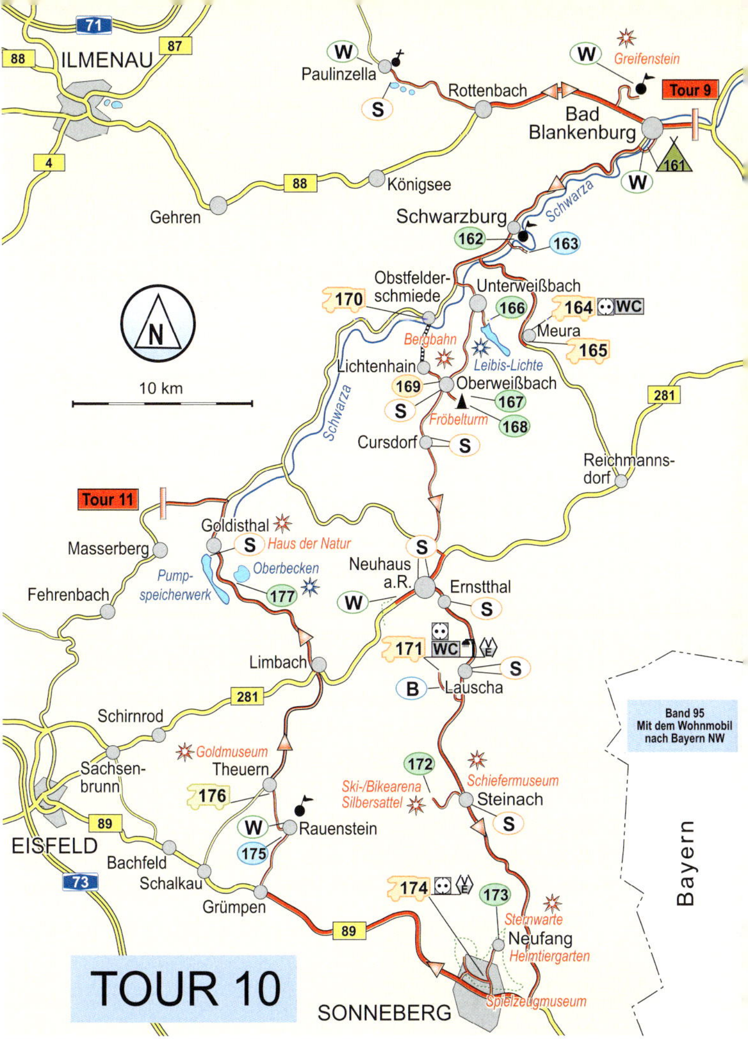

Tour 10: Goldrausch in Thüringen 200 km

Bad Blankenburg – Schwarzburg – Oberweißbach
Lauscha – Steinach – Goldisthal – Masserberg

Stellplätze: Klosterteiche Paulinzella, Meura, Talsperre Leibis/Lichte, Oberweißbach, Obstfelderschmiede, Neuhaus a. R., Steinachtal, Steinach, Sonneberg, Rauenstein, Farmdenkopfbecken

Campingplätze: Caravanpark Schwarzatal in Bad Blankenburg

Besichtigen: Burg Greifenstein, Klosterensemble Paulinzella, Schlossanlage Schwarzburg, Haflinger Gestüt Meura, Werkstatt Glaskunst Cursdorf, ELIAS Farbglashütte Lauscha, Schiefermuseum Steinach, Astronomiemuseum und Spielzeugmuseum Sonneberg, Haus der Natur Goldisthal

Essen:	*Burgschänke* Greifenstein, *Berggasthaus Fröbelturm* Oberweißbach, *Restaurant Schieferhof* Neuhaus a. Rwg., *Rennsteigbaude*, Gasthof *Gollo* Lauscha, *Triniushütte* Rauenstein
Wandern:	Strudeltöpfe der Schwarza in Bad Blankenburg, Rundweg Talsperre Leibis/Lichte, Talsperrenblick am Fröbelturm Oberweißbach, Glücksthal, Rundwanderweg Sonneberg, Aussichtspunkt Farmdenkopfbecken

Bevor wir in das wildromantische Schwarzatal reisen, machen wir einen Abstecher nach Westen zu zwei sehenswerten, aber recht unterschiedlichen Ruinen. Auf der B88 durchqueren wir Bad Blankenburg und folgen den Wegweisern zur **Burg Greifenstein**. Bald gabelt sich der Fahrweg, wir halten uns rechts, passieren einen ersten Parkplatz, fahren eine 18-prozentige Steigung empor und erreichen einen zweiten geschützten Wanderparkplatz mitten im Buchenwald (N 50°41'32.6" E 11°15'44.3"). Ein kurzer Fußweg leitet uns zur Ruine einer der größten deutschen Feudalburgen, die sich auf dem gesamten Berggipfel ausbreitet. Der nach allen Seiten stark abfallende Muschelkalkberg bot sich für eine mittelalterliche Befestigungsanlage regelrecht an. Im Palas befindet sich die **Burgschänke mit Biergarten** und leckerem Speisenangebot und vom angrenzenden Bergfried genießen wir eine schöne Aussicht auf Bad Blankenburg.

Nicht nur die große Anlage, die Fernsicht und die Einkehr in die Burgschänke lassen uns die Zeit nicht lang werden,

Burg Greifenstein mit Burgschänke und beneidenswerter Aussicht

sondern auch die ansässige **Falknerei**. Von April bis Oktober finden von Dienstag bis Sonntag um 14 Uhr Flugvorführungen statt *(Burg Greifenstein, 07422 Bad Blankenburg, Greifensteinstraße 3, www.burg-greifenstein.de; Öffnungszeiten: Di-So 10-17 Uhr, Eintritt).*

Im früheren Forsthaus entstanden eindrucksvolle Ausstellungsräume

Die zweite Ruine ist das **Kloster Paulinzella**, eine der bedeutendsten romanischen Sakralbauten Mitteldeutschlands. Die Klosterkirche stammt aus dem 12. Jahrhundert. Sie ist zwar nur noch teilweise erhalten, aber trotzdem imposant mit ihrer dreischiffigen Säulenbasilika und dem Querhaus. Auf dem Gelände findet sich ein Ensemble von Gebäuden. Dazu gehören das frühere **Amtshaus** – das Forsthaus und wahrer Fachwerkschatz mit interessanten Ausstellungsräumen zur Bausubstanz – sowie das **Jagdschloss** der Grafen von Schwarzburg, welches ein modernes Museum zur Kloster- und Forstgeschichte um Paulinzella beherbergt und eine **Tourist-Information**. Eine Parkmöglichkeit findet sich unweit des Klosters auf der gegenüberliegenden Straßenseite (N 50°42'07.8" E 11°06'04.5", *Paulinzella, 07422 Rottenbach, Paulinzella 3, 036739/31143, Öffnungszeiten: April-Okt Mi-So 10-17 Uhr, Eintritt).*

Bereits im 14. Jahrhundert legten Mönche des Klosters Teiche für die Fischzucht an. Auf dem Rückweg in Richtung Schwarzatal kommen wir an den Teichen vorbei, die zum Angeln, aber auch Schlemmen einladen. Im **Angelpark Klosterteiche Paulinzella** erhält man unter anderem frisch geräucherten Fisch. Auf der naturnahen Anlage darf auf Nachfrage mit dem WOMO übernachtet werden (N 50°41'48.8" E 11°06'51.8").

Die Kurstadt **Bad Blankenburg** (ca. 6.500 EW) wurde 1840 durch die Gründung des ersten Kindergartens der Welt durch den in Oberweisbach geborenen Friedrich Fröbel bekannt. Hier im Ort entwickelte er pädagogisches Spielzeug wie Kugel, Walze und Würfel. Seine Konzeption, die sowohl die Natur des Kindes als auch das Vermitteln von wichtigen Kompetenzen beachtete, führte zu weitreichenden Veränderungen der pädagogischen Praxis in aller Welt. In Fröbels Wohnhaus wurde das **Friedrich-Fröbel-Museum** eingerichtet, das einen großen Teil seines Nachlasses verwaltet *(Friedrich-Fröbel-Museum, 07422 Bad Blankenburg, Johannisgasse 4, 036741/2565, www.froebel-museum.de; Öffnungszeiten: Di-Sa 11-17 Uhr; Eintritt).*

Am südlichen Rand von Bad Blankenburg, auf einem campingplatzähnlichen Gelände und direkt an der Schwarza, besteht die Möglichkeit, mit dem WOMO zu verweilen.

(161) Offizieller WOMO-Stellplatz: Bad Blankenburg, Caravanpark Schwarzatal

GPS: N 50°40'27.0" E 11°16'08.7", Dittersdorfer Weg 236a.
Max. WOMOs: Ca. 20.
Öffnungszeiten: Ganzjährig, von Okt-März sonntags keine Anreise möglich.
Ausstattung: VE und Strom gegen Gebühr, Sanitäranlage, Müllentsorgung, Angelstelle, Spielmöglichkeiten für Kinder, Grillplatz. Die Anmeldung erfolgt ab 17 Uhr in der Gaststätte Flößerhütte und außerhalb der Öffnungszeiten telefonisch unter 036741/2695 (Sylvia Lattermann).
Beschreibung: Der Platz ist umzäunt und umgeben von Bäumen. Der Untergrund besteht aus Schotterrasen und ist überwiegend eben. Die Bäume spenden Schatten. Gegenüber befindet sich die Gaststätte Flößerhütte mit thüringer und mediterraner Küche. Eine Anreise ist von 9-20 Uhr möglich. Die Nähe zum Fluss bietet zahlreiche Wander- und Radmöglichkeiten ins Schwarzatal.
Preise: Ca. 20-25 € für 2 Personen und WOMO.
Zufahrt: Aus Richtung Paulinzella kommend biegt man in der Rudolstädter Straße nach rechts in die Wirbacher Straße, um nach ca. 500 m in den Dittersdorfer Weg abzubiegen. Nach weiteren 600 m befindet sich der Caravanpark auf der rechten Seite.

Anfang des 19. Jahrhunderts wurde das **Chrysopras-Wehr** angelegt. Durch dieses Wehr konnte an jener Stelle der Schwarza der Wasserstand reguliert und ein künstlicher Seitenbach, die Lache, gewonnen werden. In der Nähe wurde einst nach dem hellgrünen Halbedelstein Chrysopras gesucht, da-

her der Name. 2006 wurde das Wehr in die Liste der denkmalgeschützten Anlagen aufgenommen und 2020 umfangreiche Sanierungsarbeiten an den Wehrstufen abgeschlossen. Vor allem an warmen Sommertagen ist der flache, schattige Uferbereich ein willkommenes Plätzchen für erhitzte Wanderfüße, denn dort beginnen zahlreiche Wanderwege ins Schwarzatal, wie zum Beispiel der Rundweg zu den Strudeltöpfen der Schwarza (N 50°40'23.9" E 11°16'02.1").

Rundwanderweg zu den Strudeltöpfen der Schwarza

Im unteren Schwarzatal engen Felsen den Flusslauf ein, und so konnten Strudel in Tausenden von Jahren mit Hilfe von Steinen und Geröll runde Vertiefungen in das Schiefergestein mahlen. Das sind die sogenannten Strudeltöpfe. Sie kommen sehr selten vor und stehen als hydrogeologische Naturdenkmale unter Schutz. Die Wanderung ist mittelschwer und misst eine Strecke von etwa 9 km. Die Markierung ist eine grüne Fichte auf weißem Rechteck und entspricht dem Heinrich Cotta Naturlehrpfad. Die ersten 2 km geht es stets bergan durch das **Werretal**, einem Seitental der Schwarza, zum kleinen Jagdschloss **Eberstein** im maurischen Stil. Dort wurden einst durch das Fürstenhaus Wildschweine gehegt und bejagt, es liegt daher im ehemaligen Saugarten. Nach weiteren 2 km bergab in Richtung Schwarza erreicht man die **Strudeltöpfe** mit einer Schutzhütte zur Rast. Ein wunderbares Naturphänomen breitet sich vor uns aus und wir bekommen nicht genug von den eindrucksvollen Gesteinsformationen. Der Rückweg erfolgt unmittelbar in Schwarzanähe in Richtung Bad Blankenburg.

Die Aussicht vom Trippstein auf Schwarzburg, Zeughaus und Schloss

Natürlich gibt es auch einen Wanderweg nach Schwarzburg, aber wir starten das WOMO und fahren parallel zum felsigen Bett der Schwarza. Wie ein Baldachin verschlingen sich über uns die Äste der Bäume und versperren meist den Blick aufs Himmelsblau. Auf Höhe der ehemaligen Gaststätte Schweizerhaus verlässt die Straße das Flussufer und nach etwa zwölf Kilometern erreichen wir **Schwarzburg** (ca. 500 EW).

Kaisersaalgebäude der Fürstlichen Erlebniswelten in Schwarzburg

In diesem kleinen Ort wurde Geschichte geschrieben, als am 11. August 1919 der Reichspräsident Friedrich Ebert die Weimarer Verfassung unterzeichnete. Nicht nur das, auch ein prächtiger Stammsitz der Grafen von Schwarzburg ist dort zu finden. Auf einem Felssporn überragt **Schloss Schwarzburg** den Ort, und wäre es nicht im Nationalsozialismus durch Baumaßnahmen zerstört worden, zählte der Sitz der Grafen noch heute zu den schönsten Barockschlössern Deutschlands. Höfischer Glanz und Zerstörung beschreiben seine wechselvolle Geschichte. Adolf Hitler hatte die Idee, das Gebäude als Reichsgästehaus auszubauen. Hierbei kam es zu einem teilweisen Abriss und Veränderungen, die die historische Substanz stark schädigten. Zum Glück wurde aus verschiedenen

Das Fürstliche Zeughaus ist gefüllt mit historischen Waffen

Gründen die Umsetzung 1942 eingestellt, a[...] diglich notdürftig gesicherte Ruine hinterlassen.

Zu den Zeiten der DDR wurde die Gegend ein[...] magnet, was während eines Spaziergangs durch d[...] Ortsteile ersichtlich wird. Heute befindet sich Schwa[...]rg allerdings in einem Dornröschenschlaf, aber durch die jahrelange Restaurierung der Schlossensembles wird seitdem gegengesteuert. Die **Fürstlichen Erlebniswelten** Schloss Schwarzburg bestehen aus der historischen Schlossanlage, dem **Kaisersaalgebäude** mit einzigartigen Malereien und Darstellung deutscher Kaiser und Könige, dem Waffenmuseum und dem Zeughaus. Im letzteren erfährt man während einer 45-minütigen Führung alles über die mehrere Jahrhunderte umfassende Waffensammlung, die aus etwa 4000 Objekten besteht. Das **Fürstliche Zeughaus** ist das einzige erhaltene freistehende Zeughaus Deutschlands, dessen ursprüngliche Einrichtung mit historischen Waffen wiederhergestellt werden konnte. Es wurde 2018 wiedereröffnet *(Schloss Schwarzburg, 07427 Schwarzburg, Schlossstraße 1a, 036730/399630, www.schloss-schwarzburg.com; Öffnungszeiten: April-Okt Di-So 10-18 Uhr, Nov-März Di-So 10-17 Uhr; ab 10 Uhr stündlich Führungen durch das Zeughaus; Eintritt, Kombitickets mit Schloss Heidecksburg und Bergbahn möglich).*

Einen großen Parkplatz gibt es in Richtung Sitzendorf. Von dort führt ein Wanderweg in den oberen Teil von Schwarzburg zum Schloss [**162**: N 50°38'19.9" E 11°11'01.4"]. Der **Schwarzatal-Radweg** führt am Parkplatz vorbei und in etwa sieben Kilometern hat man die Oberweißbacher-Bergbahn erreicht.

Überquert man dort die Pocherbrücke und fährt den Forstweg bis zum **Schwimmbad**, findet man direkt davor einen ruhigen und kleinen Übernachtungsplatz [**163**: N 50°38'23.6" E 11°11'26.1"]. Ein reizvoll gelegenes Freibad mit großer Liegewiese und einem Kiosk mit leckerem Kaffee und Kuchen heißt auch WOMOs herzlich willkommen.

Haflinger-Gestüt mit Reiterhof in Meura

Auf den Höhen des Thüringer Waldes und dem Schiefergebirge gedeihen kaum Getreide und andere Feldfrüchte, daher hat man sich seit altersher der Tierzucht verschrieben. Biegt man in Sitzendorf links Richtung Reichmannsdorf ab, so gelangt man nach etwa acht Kilometern und reichlich Gekurve nach Meura. Seit mehr als 50 Jahren werden auf 760 Meter Höhe Pferde gezüchtet. Der Hof hat sich zum größten **Gestüt für Haflinger und Edelbluthaflinger** in ganz Europa entwickelt und auf großen und naturbelassenen Weiden sind im Sommer mehr als 300 Pferde zu beobachten. Außerdem werden Kutschfahrten und Gestütsführungen angeboten. Seit einem Jahr bieten die Betreiber auch WOMO-Stellplätze an *(Haflinger Gestüt/Reiterhof, 98744 Meura, Ortsstraße 16, 036701/31151, www.haflinger-in-meura.de; Öffnungszeiten: April-Okt tägl. 9-17 Uhr, Nov-März tägl. 9-16 Uhr; Führungen mit Gebühr; Hofladen, Kaffee und hausgebackener Kuchen).*

(164) Offizieller WOMO-Stellplatz: Meura, Haflinger Gestüt

GPS: N 50°35'07.0" E 11°12'16.0", Ortsstraße 16. **Max. WOMOs**: 2.
Öffnungszeiten: Ganzjährig.
Ausstattung: Trinkwasser und Strom, keine Entsorgung möglich, WC, Müllentsorgung. Die Gestütsführung ist für Übernachtungsgäste kostenfrei.
Beschreibung: Die Plätze befinden sich neben den Ferienwohnungen unmittelbar vor dem Gestüt. Der Untergrund ist befestigt, Bäume spenden Schatten. Es besteht die Möglichkeit, im Café zu frühstücken bzw. den Brötchenservice zu nutzen. Die Zahlung erfolgt ebenfalls im Café und eine Reservierung ist vorteilhaft. Nutzen Sie die dazu o.g. Homepage des Gestüts.
Preise: Ca. 15 € für 2 Personen und WOMO.
Zufahrt: Von der L2654 kommend ist das Gestüt ausgeschildert.

Falls Sie kurzfristig anreisen und die Plätze belegt sind, besteht die Möglichkeit, auf den offiziellen Stellplatz der Gemeinde Meura auszuweichen. Leider ist die Ausstattung des Platzes nicht mehr funktionsfähig, aber dafür steht man kostenfrei und hat auf dem großen Wiesengelände hinter dem Gestüt viel Platz zur Verfügung [**165**: N 50°35'00.1" E 11°12'10.1"].

Talsperre Leibis/Lichte

In etwa einem Kilometer Luftlinie entfernt, befindet sich die **Talsperre Leibis/Lichte**. Sie ist eine Trinkwassertalsperre in einer reizvollen Gegend und wir machen uns mit dem WOMO auf den Weg dorthin. Zurück in Sitzendorf und weiter nach Unterweißbach gelangen wir vorbei am **Terrassenbad** in der Lichtetalstraße zu einem Wanderparkplatz unterhalb der schwarzen, hohen Wand der Talsperre [**166**: N 50°36'11.8" E 11°10'30.2"]. Ein imposantes Bauwerk, das wir über einen der ausgeschilderten Rundwege überqueren werden. Drei an der Zahl stehen zur Auswahl. Haben Sie viel Zeit, dann umrunden Sie auf einer Strecke von etwa 20 Kilometern die gesamte Talsperre. Für eine Runde von etwa einer Stunde eignet sich der kürzeste der Wege. Er geht zu Beginn steil bergan in Richtung Staumauer, überquert diese und entlang eines urigen und bezaubernden Weges findet man zurück zum Parkplatz.

In Bad Blankenburg lernten wir bereits den Gründer des Kindergartens kennen und nun erkunden wir seinen Geburtsort. In **Oberweißbach** (ca. 1.800 EW) wurde Fröbels Geburtshaus, ein herrlicher Fachwerkbau, als **Memorialmuseum** eingerichtet. Es befindet sich am Markt, wo ein kleiner gebührenpflichtiger Parkplatz zur Verfügung steht (N 50°34'56.7" E 11°08'38.2", mittwochvormittags ist Markttag). Außerdem erfahren wir viel über den **Olitätenhandel**. Eine Ausstellung informiert im Traditionszimmer über dieses uralte Gewerbe und klärt über heimische Heilpflanzen und ihre Verwendung auf, die zu guter Letzt im Kräuterlädchen angeboten werden. Idealerweise wurde die **Tourist-Information** im schönen Fachwerkbau untergebracht und wir lassen uns anschließend über die Besonderheiten um Oberweißbach aufklären *(Memorialmuseum Friedrich Fröbel, 98744 Oberweißbach, Markt 10, 036705/62123, www.oberweissbach.de; Öffnungszeiten: Mai-Okt Mo-Fr 10-12 Uhr und 13-17 Uhr, Sa/So/Feiertage 13-17 Uhr, Nov-April Mo-Fr 10-12 Uhr und 13-17 Uhr, Sa/So/Feiertage 13-16 Uhr; Eintritt).*

Sehenswert ist die gegenüberliegende **Hoffnungskirche** mit ihren drei Emporen und 2000 Sitzplätzen. Und nicht nur das. Die Kanzel ist so groß, dass zwölf erwachsene Personen auf ihr stehen können. Sie ist die **größte Dorfkirche Thüringens**.

Emporen der Hoffnungskirche

Das Wahrzeichen von Oberweißbach ist jedoch der Fröbelturm, der 1890 zu Ehren des berühmten Bewohners errichtet wurde. Etwa 500 Meter vom Markt in Richtung Neuhaus am Rennweg folgen wir nach links der Beschilderung zum Turm. Fast angelangt, legen wir einen Zwischenstopp auf einem Wanderparkplatz mit Schutzhütte ein [**167**: N 50°34'42.9" E 11°09'16.9"]. Ich empfehle, sich auf den Weg zum **Talsperrenblick am Urianfelsen** aufzumachen und dort in Ruhe die Aussicht zu genießen. Die Wegstrecke beträgt circa zwei Kilometer.

Zum **Fröbelturm** sind es nur noch etwa 400 Meter, die man zu Fuß oder auch mit dem WOMO zurücklegt [**168**: N 50°34'34.8" E 11°08'58.5"]. Der Kirchberg ist 785 Meter hoch und die Rundumsicht vom Turm ist ausgezeichnet. Ausgezeichnet ist auch die gastronomische Versorgung. Der Turm wurde 1989/90 durch einen Gaststättenanbau erweitert und beherbergt heute das **Berggasthaus** mit sehr guter Küche. An den Ruhetagen des Gasthauses ist der Imbiss von Andreas Neupert geöffnet und bietet Wildspezialitäten aus der Region und selbstgebackenen Kuchen an. Man wird täglich kulinarisch verwöhnt und der Turm ist zu den Öffnungszeiten für einen Euro über ein Drehkreuz begehbar

Fröbelturm auf dem Kirchberg

(Berggasthof Fröbelturm, 98744 Oberweißbach, Fröbelturm 7, 036705/62074, www.gasthaus-froebelturm.de; Öffnungszeiten: Gasthof Mi-So 10:30-20 Uhr, Imbiss Mo/Di 11-18 Uhr).

Sicher sind Ihnen bereits die Hinweise zur Oberweißbacher Bergbahn aufgefallen. Es existieren zwei Streckenverläufe – die der **Schwarzatalbahn** und die der **Bergbahn**. Die Möglichkeiten bezüglich Ticketkauf, Streckennetz und allen Attraktionen sind auf www.thueringerbergbahn.com ausführlich dargestellt.

1900 wurde die Schwarzatalbahn eröffnet, die das gesamte Tal von Rottenbach bis Katzhütte durchquert. Die Bewohner der Bergdörfer konnten davon allerdings kaum profitieren, da keine Verbindung in die Hochebene bestand und durch die extreme Steigung von 25 Prozent der Transport von Materialien zur Glas- und Porzellanproduktion sehr kräftezehrend war. Daraus entwickelte sich eine große Notlage für die Bevölkerung auf der Hochebene. Eine bahnbrechende Idee hatte schließlich der Eisenbahningenieur Dr. Wolfgang Bäseler, der eine Standseilbahn mit zwei verschiedenartigen Wagen entwickelte, wobei sich ein keilförmiger Transportwagen für Güter und ein stufenförmiger Personenwagen in der Mitte der Strecke kreuzen. So entstand die **Oberweißbacher Bergbahn**, die die steilste Standseilbahn zum Transport normalspuriger Eisenbahnwagen der Welt ist und natürlich das Herzstück der Bahnstrecke. Zusätzlich zur Steilstrecke existiert eine **Flachstrecke** ausgehend von der Bergstation in Lichtenhain über Oberweißbach nach Cursdorf. Das Highlight ist der **Olitätenwagen**, ein umgebauter Triebwagen, der sich den kleinen Wundermitteln der Natur widmet. Allerdings verkehrt dieser zusätzliche Wagen nur bei schönem Wetter von Mai bis Oktober.

Im Maschinarium wird es bunt

Im Sommer fährt man oben ohne

Am Bahnhof in Oberweißbach steht das WOMO bestens auf dem Platz hinter dem Güterschuppen [**169**: N 50°34'42.9" E 11°08'08.6"] und wir warten gespannt auf die im Halbstundentakt ankommenden Wagen, steigen ein, erschnuppern am Duftkasten einige Kräuter und genießen gleichzeitig die herrliche Aussicht aus dem Panoramafenstern.

Nächster Halt Lichtenhain! In der **Bergstation** steigen wir aus. Die 1923 eröffnete Seilbahn wird noch heute mit rekonstruierten Bergbahnwagen aus dem Eröffnungsjahr betrieben. Vor der Fahrt informieren wir uns im **Maschinarium** über den Bau und die Hintergründe und werfen sogar staunende Blicke hinter die Technik der Seilbahn – in das Maschinenhaus, wo sich die Antriebsanlage mit den Triebscheiben, den Motoren und Bremsen befindet.

Die Bergbahn pendelt ebenfalls im Halbstundentakt auf der 1,4 Kilometer langen Strecke, auf der sie bemerkenswerte 324 Höhenmeter überwindet und im Sommer sogar „oben ohne" im offenen Waggon.

In der **Talstation Obstfelderschmiede** stehen auf dem Parkplatzgelände zwei offizielle WOMO-Stellplätze mit einem öffentlichen WC (kostenpflichtig von 8-18 Uhr) zur Verfügung [**170**: N 50°36'15.0" E 11°08'09"].

Die Glas- und Porzellanproduktion ist eng verbunden mit dem Olitätenhandel, denn die Heilmittel mussten schließlich in Gefäßen transportiert werden. In **Cursdorf** (ca. 650 EW) schauen wir einer Glaskünstlerin über die Schulter und besuchen eine Porzellanplastikerin, deren Kunstobjekte uns bereits in Volkstedt auffielen. In dem kleinen Ort sind alle Wege gut zu Fuß erreichbar und deshalb eignet sich der Parkplatz am Ortseingang (N 50°34'05.1" E 11°07'48.7").

Seit mehr als 40 Jahren erschafft Kati Zorn **Porzellanplastiken**, die eine ganz besondere Handschrift tragen und Themen wie Liebe, Lust, Freude und Trauer auf besondere Weise aufgreifen. Mal satirisch und skurril, mal erotisch und mystisch *(Kati Zorn Atelier, 98744 Cursdorf, Treibe 19, 036705/61150, www.katizornporzellan.de; Öffnungszeiten: täglich von 9-18 Uhr).*

Anja Stötzer stammt aus einer Familie mit Glastradition. Die Urgroßeltern waren Apparatebläser und stellten Laborgeräte in der eigenen Werkstatt her. Ihre Leidenschaft für das Glas entdeckte sie jedoch erst auf einer Reise auf die kleine Insel Murano bei Venedig, die für ihre Glaskunst weltbekannt ist. Die vielen kleinen Figuren, die die Glasbläser dort herstellen, faszinierten sie besonders, denn diese Vielfalt war ihr aus Thüringen unbekannt, und so absolvierte sie anschließend eine Ausbildung zur Glasbläserin und machte sich vor etwa 15 Jahren als **Glaskünstlerin** selbständig. Die Figuren entstehen aus farbigen Glasstangen, werden unter der Hitze des Brenners weich und können mit allerlei Werkzeug in Form gebracht werden. Wochentags ist Anja Stötzer fast täglich in ihrer kleinen Werkstatt und heißt Besucher, die ihr bei der Arbeit zuschauen oder eine Figur in Auftrag geben möchten, herzlich willkommen *(Anja Stötzer Schauwerkstatt, 98744 Cursdorf, Schulstraße 51, 036705/20050; Öffnungszeiten: Di-Fr von 10-18 Uhr; www.glaskuenstlerin.de).*

Glaskünstlerin Anja Stötzer aus Cursdorf bei ihrer eindrucksvollen Arbeit

Ein weiterer Parkplatz findet sich am Ortsausgang in Richtung Meuselbach, von wo aus eine Wanderung auf den 786 Meter hohen **Kuppenberg** mit herrlicher Aussicht möglich ist (N 50°34'28.5" E 11°07'16.8"). Die Gaststätte Meuselbacher Kuppe wird momentan nicht betrieben.

Holzkirche in Neuhaus a. R.

Weiter geht es nach **Neuhaus am Rennweg** (ca. 5.000 EW),den größten Ort direkt auf dem **Rennsteig**. Der beliebte Höhenwanderweg verläuft mitten durch das Stadtgebiet. Auch in der Winterzeit ist die Kleinstadt mit seiner Höhenlage von 835 m ein Paradies für Skisportler und in den wärmeren Monaten reizvoll für Wanderer und Radfahrer (**Rennsteig-, Werratal- und Schwarzatal-Radweg**).

Das Wahrzeichen von Neuhaus ist die **Holzkirche** in der Stadtmitte. Sie wurde 1892 im gotischen Stil errichtet und gehört zu den wenigen ausschließlich aus Holz bestehenden Kirchen Deutschlands. Ursprünglich trug die Kirche reich verzierte Dachgauben, die jedoch nach der Jahrhundertwende witterungsbedingt entfernt werden mussten. Im Haus des Gastes wird der Schlüssel zur Besichtigung zur Verfügung gestellt (N 50°30'28.7" E 11°08'17.9").

In einem über 100 Jahre alten Fachwerkhaus, komplett mit Schiefer eingedeckt, wird man mit ausschließlich gesunder Kost verführt. Hier trifft man auf handwerklich sehr gut gemachtes Essen gepaart mit jeder Menge Kunst. So entdecken wir die Porzellanfiguren von Kati Zorn wieder, Bach im amerikanischen Pop-Art-Style an den Wänden oder handgefertigtes Glas aus Lauscha. Sollten Sie einen der Saale-Unstrut-Weine probieren möchten, kann auf Nachfrage auf dem hauseigenen Parkplatz mit dem WOMO übernachtet werden (N 50°30'32.1" E 11°08'03.6", *Boutique Hotel Schieferhof, 98724 Neuhaus a.Rwg., Eisfelder Straße 26, 03679/7740; Öffnungszeiten: Di-Sa 17-22 Uhr; www.schieferhof.de*).

Restaurant Schieferhof

Auf der B281 in Richtung Eisfeld erreichen wir einen großen Wanderparkplatz (N 50°30'02.0" E 11°06'54.2") mit Nähe zum Rennsteig und weiteren Wandermöglichkeiten, wie zum Beispiel zu den Überresten einer **ehemaligen Glashüttensiedlung** namens **Glücksthal**.

Als das Glas das Glück ins Tal brachte

Mitten in der Wildnis Thüringens wurden sie wahrlich aus dem Boden gestampft – die Glashütten. Ihre Schlote rauchten, bis vom Wald ringsum nichts mehr übrig war. Der Holzbedarf einer einzigen Hütte wurde auf 2.000 bis 3.000 Festmeter pro Jahr beziffert, was etwa 20 bis 30 Fußballfeldern entspricht. War das Holz alle, wurde die Glasproduktion eingestellt und man zog weiter. Die **Wüstung Glücksthal** war eine wohlhabende Siedlung, in der etwa 150 Menschen lebten. Sie fiel allerdings nicht dem Kahlschlag zum Opfer, sondern der Industrialisierung im 19. Jahrhundert. Die Kohle löste das Holz ab, Glas wurde zur Massenware und dort hergestellt, wo die Kohle einfach zu haben war. Vor Ort finden sich zahlreiche Informationen zur ehemaligen Hütte und der Glasmacherfamilie Greiner. Links des Parkplatzes führt ein etwa 1 km kurzer Weg zu den Überresten der Siedlung. Folgen Sie der Beschilderung nach Glücksthal mit dem Zeichen einer rauchenden Glashütte.

Unweit des Parkplatzes befinden sich das idyllisch gelegene **Waldschwimmbad Bernhardsthal** und die **Rennsteigbaude**, die aus einem ehemaligen Forsthaus entstand und zu DDR-Zeiten bekannte Sänger wie Herbert Roth zu Gast hatte, der wohl vor allem das Rennsteiglied erklingen ließ. Heute ist sie in Besitz von Jörg Beyer. Sein Ziel ist es, „die alte Baude mit viel Mühe so umzugestalten, dass sie den Anforderungen einer modernen Baude entspricht". Lassen Sie sich nach einer der vielen Wandermöglichkeiten kulinarisch bei Kaffee und Kuchen oder einer warmen Mahlzeit verwöhnen.

Wie Neuhaus entstand auch **Ernstthal** (ca. 900 EW), ein Ortsteil von Lauscha, aus einer Glashüttensiedlung.

Weihnachtsmann im Sommer

Heute schon an Weihnachten gedacht? Ein Glasbläser aus Lauscha hatte einst die Idee für den besonderen Baumschmuck und so befinden wir uns im Geburtsort der Weihnachtskugel. Den originalen thüringer **Christbaumschmuck** gibt es im Werksverkauf der Firma Krebs Glas Lauscha zu kaufen und zwar mit über 5.000 verschiedenen Kugeln und Formen (N 50°29'39.9" E 11°09'56.2", *Krebs Glas Lauscha GmbH, 98724 Ernstthal, Am Park 1, 03679/7740; Öffnungszeiten: Jan-Aug Mo-Fr 11-16 Uhr, Sa/Feiertage 13-16 Uhr, Sept-Nov Mo-Fr 10-17 Uhr, Sa/So/Feiertage 11-17 Uhr, Dez Mo-So 10-18 Uhr; www.krebslauscha.de).*

Das grüne Waldglas

Exponate im Museum für Glaskunst

Die Stadt **Lauscha** (ca. 3.400 EW) ist bekannt als Wiege des lampengeblasenen Glases und verhalf ihr zu Ansehen in aller Welt. Die Farbglashütte mit ihrer über 165-jährigen Geschichte ist das Herz der Glasbläserstadt. Die Hüttenmeister und Glasspezialisten verfügen über ein einzigartiges Wissen und beherrschen noch heute alte traditionelle Arbeitstechniken. Die Hauptbestandteile der Glasschmelze sind: Sand, Soda, Liebe und Herzblut.

In wahrlich spektakulärer Handarbeit und hoher Qualität werden Röhren und Stäbe gezogen, so wie wir sie bei Anja Stötzer in Cursdorf in der Verarbeitung zu kleinen Figuren sehen konnten. Die **ELIAS Farbglashütte** öffnete sich bereits vor Jahren für den Besucherverkehr und hat nicht nur einen Werksverkauf, sondern auch eine gläserne Manufaktur. Man kann den Glasmachern und Kunstbläsern über die Schulter schauen und es besteht die Möglichkeit, selbst eine Glaskugel zu blasen.

Da wir gerade beim Thema Kunst sind: Ab dem frühen 20. Jahrhundert etablierte sich die Lampenglasarbeit (eine besondere Verarbeitungsmethode) auch als Kunstform und **Lauschaer Künstler** prägten eine Form- und Stilsprache, die in der internationalen Glasszene schon immer erfolgreich war.

In der 2. Etage der Elias Glashütte befindet sich das **Museum für Glaskunst**. In modernen Ausstellungsräumen wird die Geschichte des Thüringer Glases aufgezeigt: Vom späten Mittelalter bis in die Gegenwart, vom grünen typischen Waldglas über Fadengläser, Glasperlen und Glasaugen. Auch traditionelle Herstellungstechniken, Veredlungs- und Dekorationsmöglichkeiten und gläserne Kunstwerke werden gezeigt

(N 50°28'41.8" E 11°09'52.1", *ELIAS Farbglashütte, 98724 Lauscha, Straße des Friedens 46, 036702/179970; Öffnungszeiten: Mo-Sa 10-17 Uhr, So 11-17 Uhr. Museum für Glaskunst, Di-So 12-17 Uhr; www.farbglashuette.de).*

Um sich in Lauscha zu Fuß umzuschauen, bietet sich der Parkplatz P4 Obermühle an (N 50°28'52.0" E 11°10'05.0"). Sei es ein kurzer Spaziergang zur **Schanzenanlage** im Henriettental oder der Weg in den Ort zu einer besonderen Gaststätte. Im *Gollo* wird man ganz unaufdringlich in das Gasthausgeschehen einbezogen und gehört sofort mit dazu, wenn die Einheimischen an diesem beliebten Treffpunkt zusammensitzen. Es ist eine wahre Freude, dem typischen Lauschner Dialekt zu lauschen. Ich kann Ihnen verraten: Sie werden kein Wort verstehen. Der sehr eigene fränkische Ortsdialekt lässt mich als Thüringerin sogar sprachlos werden. Oder haben Sie schon einmal was von a ladarnar Seistool gehört? Zu Essen gibt es leckere Lauschner Hausmannskost *(Gasthof Gollo, 98724 Lauscha, Mittelstraße 2, 036702/21614; Öffnungszeiten: tägl. ab 16 Uhr www.gasthof-gollo.de).*

Am Ortsende von Lauscha geht es rechter Hand in den engen Steinachgrund. Nach etwa zwei Kilometern erreicht man das **Erlebnisbad Lauscha**, ein solarbeheiztes und komplett von Natur umgebenes Bad (N 50°28'28.4" E 11°08'49.1"). Der enge Weg führt weiter zu einer kleinen Anlage mit Ferienhäusern und Platz für WOMOs.

(171) Offizieller WOMO-Stellplatz: Steinachtal

GPS: N 50°28'38.3" E 11°08'05.3", Steinachtal 1,
Tel. Fam. Zinck 036702/20590; www.ferien-thueringer-wald.com.
Max. WOMOs: 4. **Öffnungszeiten**: April-Oktober.
Ausstattung: VE, Strom, sanitäre Einrichtung, Waschmaschine, Trockner, Spielplatz, Brötchenservice, Getränkeservice.
Beschreibung: Direkt im Wald gelegen und in der Abgeschiedenheit finden sich die Stellplätze auf dem Gelände einer kleinen Ferienhausanlage. Die Anreise ist zwischen 12 und 20 Uhr optimal und eine Reservierung wird empfohlen. Das sehr nette Betreiberpaar Zinck berät Sie gerne, z.B. zu Wander- und Radwegen.

Preise: Ca. 16 € für 2 Personen und WOMO.
Zufahrt: In Unterlauscha rechts in den Steinachgrund abbiegen und etwa 3 km bis zum Ende des Tales fahren.

Ski- und Bikearena Silbersattel

In einem idyllischen Tal umgeben von Bergen des Thüringer Schiefergebirges liegt **Steinach** (ca. 4.000 EW), der Ort mit dem größten alpinen Skigebiet Thüringens. Bereits am Ortsbeginn geht es steil hinauf in Richtung **Skiarena Silbersattel**. Ein großer Parkplatz lässt den Zuspruch im Winter erahnen [**172**: N 50°26'13.9" E 11°08'31.2"]. Nach etwa 400 Metern erreicht man zu Fuß die Mittelstation auf 690 m Höhe. Im Sommer verwandelt sich der Silbersattel in eine **Bike-Arena**. Ein Doppelsessellift bringt die Fahrer mit ihren Bikes nach oben in die Bergstation. Außerdem existiert eine Ausleihstation für Funsportgeräte, sodass man auch ohne Mountainbike die Abfahrt erleben kann. An den Wochenenden und in den Ferien ist der Lift in Betrieb und befördert auch Wanderer auf den 842 Meter hohen **Fellberg**. Genaue Informationen finden Sie unter www.thueringen-alpin.de.

„Steinacher Griffel sind die besten!" Der Griffel prägte die Geschichte des Ortes entscheidend mit und die Schieferstadt wurde als Griffellieferant weltweit bekannt. Etwa 30 Milliarden dieser Schreibwerkzeuge aus Großmutters Zeiten wurden in die ganze Welt verschickt. An die 400-jährige Geschichte der Produktion erinnert das **Deutsche Schiefermuseum** im Neuen Schloss. Es informiert ebenfalls über die Schiefertafelherstellung, Verarbeitung von Schiefer, das Dachdeckerhandwerk und vieles mehr.

Ein weiterer Erwerbszweig in Steinach war die Spielzeugherstellung und daher wurde im Westflügel des Schlosses zusätzlich die **Spielzeugschachtel** eröffnet. Dort findet sich eine Sammlung historischer und moderner Spielzeuge.

Die **Tourist-Information** hat ihren Platz ebenso in diesem Gebäude, in der Sie sich unter anderem über die traditionellen Handwerksbetriebe wie die Marolin© Manufaktur informieren können *(Deutsches Schiefermuseum und Spielzeugschachtel, 96523 Steinach, Dr.-Max-Volk-Straße 21, 036762/33212, www.steinach-thueringen.de; Öffnungszeiten: Di-Sa 13-17 Uhr, Eintritt).*
In der Stadtmitte steht ein großer gebührenpflichtiger Parkplatz zur Verfügung (N 50°26'02.3" E 11°09'20.0"), von wo aus der Stadtrundgang beginnen kann und das **Café** mit **Bäckerei Gheorghiu** und ihren leckeren Backwaren erreicht wird.

Weiter begleitet uns der Lauf der Steinach ins Tal und wir nähern uns der Spielzeugstadt **Sonneberg** (ca. 24.000 EW) von Osten her. Im Ortsteil Neufang haben wir zwei Ziele ausgesucht, den Tiergarten und die höchstgelegene Sternwarte Thüringens. In der Ortsmitte ist der **Heimattiergarten** gut ausgeschildert und ein kleiner Parkplatz mitten im Wald ist der ideale Startpunkt zum Besuch der heimischen Tierwelt und zum Wandern.

(173) WOMO-Wanderparkplatz: Heimattiergarten Neufang

GPS: N 50°21'52.3" E 11°11'22.5". **Max. WOMOs**: 2.
Ausstattung: Geschotterter Untergrund, Wanderwege.

Beschreibung: Auf dem geschotterten Parkplatz im Wald und geschützt unter Nadelbäumen steht man direkt vor dem Tiergarten und der Gaststätte Blockhütte. Der Rundwanderweg Sonneberg kann leicht erreicht werden.
Preise: Kostenlos.
Zufahrt: In der Ortsmitte von Neufang der Beschilderung zum Tierpark folgen.

Rundwanderweg Sonneberg

Start und Ziel der 15 km langen Runde ist die Tourist-Information am Hauptbahnhof. Sie führt am **Heimattiergarten** entlang. Teddy und Puppe mit gelbem Punkt auf weißem Hintergrund weisen den Weg um Sonneberg. Während der Wanderung passiert man beinahe alle wichtigen Stationen der Spielzeugstadt, wie das Deutsche Spielzeugmuseum, den Tiergarten oder das **Astronomiemuseum** der Sternwarte. In Neufang lässt man am **Königsee** die Seele baumeln oder setzt sich zu einem Picknick unter die Bäume. Die müden Füße finden im Wasser eine erfrischende Abkühlung an diesem beliebten Ausflugsziel. Die Wegbeschreibung finden Sie unter www.sonneberg-tourismus.de.

Der Tiergarten entstand aus einem kleinen Wildgehege, das der Wirt der Blockhütte in den 70er Jahren anlegte. 1985 übernahm die Stadt Sonneberg das Gehege und baute es aus. Zu finden sind einheimische aber auch exotische Tierarten und ein Streichelzoo. Geöffnet ist täglich von 9 bis 17 Uhr.

Astronomiemuseum Sonneberg

Auf dem Rundwanderweg in Richtung Neufang erreicht man nach etwa 1,5 Kilometern die **Sternwarte** Sonneberg. Während einer Führung (täglich um 15 Uhr) durch die Kuppeln der Sternwarte erfahren wir Interessantes zur Geschichte und lernen die Teleskope kennen. Der zusätzliche Besuch des **Museums** ist besonders spannend. Anfassen und Begreifen ist erlaubt: Vom Planetensystem über die erste Mondlandung bis hin zu E-ELT, dem größten Auge der Welt, einem gigantischen Teleskop, das sich noch in der Bauphase befindet, südlich des Äquators in Chile steht und 2024 in Betrieb genommen werden soll, kann man viel erfahren *(Astronomiemuseum/Sternwarte, 96515 Sonneberg, Sternwartestraße 32, 03675/81218, www.astronomiemuseum.de; Öffnungszeiten: Di-So 13-17 Uhr, Führungen finden täglich um 15 Uhr statt, Eintritt).*

Sonneberg entwickelte sich im 19. Jahrhundert zu einem Weltzentrum der Spielwarenproduktion und des Handels mit Spielwaren. Wissen Sie, wie Spielzeug vor 5.000 Jahren aussah oder kennen Sie Puppenköpfe aus Biskuitporzellan oder Miniaturen von Liliputanern aus Brotteig?

Auf die Reise in die Geschichte des Spielzeugs macht man sich im **Deutschen Spielzeugmuseum**. Sie Sammlung ist die älteste Spezialsammlung für Spielzeuge in Deutschland *(Deutsches Spielzeugmuseum, 96515 Sonneberg, Beethovenstraße 10, 03675/4226340, www.deutschesspielzeugmuseum.de; Öffnungszeiten: Di-So sowie an Feiertagen 10-17 Uhr, Eintritt).*

(174) Offizieller WOMO-Stellplatz: Sonneberg, SonneBad

GPS: N 50°21'31.9" E 11°09'46.6", Ernst-Moritz-Arndt-Straße 20.
Max. WOMOs: 6.
Öffnungszeiten: Ganzjährig.
Ausstattung: VE, Strom und Wasser gegen Gebühr, Müllentsorgung, Duschmöglichkeit im SonneBad.
Beschreibung: Ein überwiegend ebener und mit Schotter befestigter Platz neben dem SonneBad und der Feuerwehr. Die Innenstadt ist in etwa 500 m erreichbar, Bistro in der Nähe.
Preise: 10 € für 2 Personen und WOMO.
Zufahrt: In der Ernst-Moritz-Arndt-Straße beachten, dass man unmittelbar an der Feuerwehr in den Stellplatz einfährt.

Wir verlassen Sonneberg auf der B89 nach Westen in Richtung Suhl. Die Straße durchquert die südlichen Ausläufer des Thüringer Waldes und führt durch Waldgebiete, über Weideland, immer mit Blick auf den Rennsteigkamm im Norden. In Grümpen fahren wir direkt auf den Gebirgskamm zu, rollen durchs Grümpental bis **Rauenstein** (ca. 1.200 EW), einen Ortsteil der Gemeinde Frankenblick. Malerisch eingebettet und umrahmt von 800 Meter hohen bewaldeten Bergen machen wir uns auf die Suche nach dem Wahrzeichen des Ortes – der Burgruine Rauenstein.

Zu Beginn biegen wir jedoch am Ortseingang in einen schmalen Teerweg ein, der zum Sportplatz und dem dahinter gelegenen **Freibad** führt. Hier parken wir und stürzen uns bei strahlendem Sonnenschein in die Fluten.

(175) WOMO-Badeplatz: Freibad Rauenstein

GPS: N 50°25'01.6" E 11°02'13.2". **Max. WOMOs**: 2.

Ausstattung: Geschotterter Untergrund, teilweise uneben, kein Schatten, außerorts, Freibad.
Beschreibung: Auf einem geschotterten Parkplatz neben dem Freibad und einem Ferienlager steht man außerhalb von Rauenstein in der Natur.
Preise: Kostenlos.
Zufahrt: Am Ortseingang links in Richtung Freibad und Sportplatz abbiegen.

Fährt man in die Ortsmitte von Rauenstein, so gabelt sich der Weg. Links geht es im ersten Gang steil, 2300 Meter hinauf zur **Triniushütte**, einem Restaurant mit feiner südthüringer Küche und einer beeindruckenden Fernsicht dazu (N 50°25'21.9" E 11°02'49.3", *Triniushütte, 96528 Rauenstein, Am Straßenberg 99, 036766/823822, www.triniushuette.de; Öffnungszeiten: Do-So 11-22 Uhr).*

Der Frankenblick an der Triniushütte

Auf halbem Weg zur Triniushütte können Sie bei einem Picknickplatz mit Brunnen rasten (N 50°25'13.1" E 11°02'59.7").

Hält man sich in der Ortsmitte rechts, so findet man auf dem Markt sicher einen Platz für das WOMO (N 50°25'05.8" E 11°03'08.0"). Von dort führt, vorbei am **Neuen Schloss** mit dem **Porzellanmuseum**, ein schöner Wanderweg in den Poppengrund. 1783 wurde in Rauenstein eine der ältesten Thüringer Porzellanmanufakturen gegründet. Bis 1930 wurden Alltagsporzellan, aber auch erlesene Figuren hergestellt. Das Museum zeigt neben einer Ausstellung zur Bleßberghöhle (Tropfsteinhöhle) und den Schildkröt-Puppen die erlesene Sammlung Rauensteiner Porzellans *(Porzellanmuseum, 96528 Rauenstein, Schlossgasse 20, 036766/2930; Öffnungszeiten: Di/Do/So 13-16 Uhr, Eintritt).*

Über den urigen Wanderweg im **Poppengrund**, mit einem kleinen Abstecher zu den Herrenteichen, erreicht man über eine Strecke von etwa einem Kilometer die **Burgruine Rauenstein** und anschließend die **Marien-Georgs-Kirche**, von wo aus man eine herrliche Fernsicht hat. Die einstige Burg wurde im Dreißigjährigen Krieg bis auf ein paar Mauerreste zerstört. Sie geht auf das Rittergeschlecht der Schaumberger zurück.

Vorbei an der Abzweigung zur Triniushütte führt uns die Landstraße nach **Theuern**. Die Geschichte des Ortes ist eng verbunden mit der Goldwäscherei im Mittelalter. Nachdem bereits die Kelten an der Grümpen und in einigen Nebentälern Gold entdeckten und gewaschen hatten, verbreitete sich über tausend Jahre später das „Berggeschrei" – heute würde man vom **„Goldrausch"** sprechen. Zunächst begann das Goldwaschen um die bedeutendsten Flüsse Grümpen und Schwarza. Später wurden auch Stollen und Schächte bis zu 300 Meter Tiefe gegraben.

Der Goldexperte Dr. Schade

Ein Wanderweg verbindet interessante Orte von Almerswind bis Goldisthal mit einer einmaligen Goldgeschichte. Der **Goldpfad** hat eine Länge von etwa 30 Kilometern und besitzt als Markierung ein Goldsäckchen. Natürlich quert der Pfad auch Theuern, denn hier im Ort befindet sich das **Deutsche Goldmuseum**. Der Geologe Dr. Markus Schade verwirklichte seinen Kindheitstraum, in dem er das Museum gründete. Lassen Sie sich von seinen Auslandsaufenthalten in Alaska, Sibirien oder Australien erzählen. Man erfährt viel über die Geschichte des Goldbergbaus, die verschiedenen Methoden der Goldsuche und die neuesten Erkenntnisse der Geologie. Wie wäre es mit einem Goldwaschkurs? *(Deutsches Goldmuseum, 96528 Theuern, Im Grund 4, 036766/87814, www.goldmuseum.de; Öffnungszeiten: April-Okt tägl. 9-17 Uhr. Das Museum kann wg. Exkursionen kurzzeitig geschlossen sein. Eintritt)*

(176) Offizieller WOMO-Gaststättenplatz: *Sonneneck*

GPS: N 50°25'32.3" E 11°02'18.3", Im Grund 1 **Max. WOMOs**: 2.
Ausstattung: Strom.
Beschreibung: Ein relativ ebener Parkplatz mit festem Untergrund direkt an der Gaststätte und in der Nähe des Goldmuseums (www.hotel-gasthof-sonneneck.de, 036766/80157) .
Preise: 8 € für 2 Personen und WOMO.
Zufahrt: Von Rauenstein kommend auf der linken Seite.

Auf dem Weg nach Goldisthal und dem Haus der Natur, auf dessen Areal das Goldwaschen seit 2019 ausprobiert werden kann, kommen wir an den Anlagen eines der größten und modernsten **Pumpspeicherwerke** Europas vorbei. Da der Höhenunterschied zwischen dem Tal der Schwarza und den umliegenden Bergen mit 300 Metern sehr beachtlich ist, waren die Bedingungen für ein derartiges Bauwerk geradezu ideal. Die Speicherbecken können eigenständig erkundet werden und Wanderwege führen an die markantesten Stellen.

Die herrliche Aussicht auf dem Weg zum Farmdenkopfbecken

Der obere Wasserspeicher liegt unmittelbar an der L1112 etwa 3,5 Kilometer nach Scheibe-Asbach. Am **Farmdenkopfbecken** wurde eigens ein Wanderparkplatz **[177:** N 50°30'22.6" E 11°01'43.5"] angelegt. Die Aussichtsplattform auf der Dammkrone erreichen wir nach etwa 25 Minuten und blicken auf das gewaltige Becken. Dort stehen wir auf der höchsten Erhebung der Region und blicken aus 869 Metern Höhe auf den Thüringer Wald bis in die Rhön. Allein der Ausblick ist einen Ausflug wert.

Am Ortseingang von **Goldisthal** (ca. 400 EW) machen wir eine erste Rast am Wasserrad (N 50°31'36.9" E 11°10'49.3") und studieren die Infotafel. Seinen Namen verdankt der Ort dem Gold, das hier bergmännisch abgebaut wurde, aber im 18. Jahrhundert an Bedeutung verlor, und das Rad symbolisiert die traditionelle Nutzung der Wasserkraft in Goldisthal, die in vergangenen Jahrhunderten Poch- und Hammerwerke oder Schneidmühlen antrieb. Heute wird sie zur Stromerzeugung genutzt.

Der **Wurzelberg** mit seiner Höhe von 843 Metern ist der zweithöchste Berg im Thüringer Schiefergebirge und die Legende besagt, dass große Schätze am Wurzelberg verborgen sind, die ein weißer Hirsch bewacht. Es war einst das Jagdgebiet der Fürsten zu Schwarzburg-Rudolstadt mit einem alten Jagdhaus auf der Wurzelbergwiese. Im 2. Weltkrieg wurde es jedoch zerstört und an seiner Stelle befindet sich heute die Friedenssäule. Am Osthang des Berges stand eine mächtige **Königstanne**. Mit einem Alter von 500 Jahren und einem Fußumfang von neun Metern brach sie vor etwa 65 Jahren morsch zusammen. Sie galt einst als größte Tanne Deutschlands und einige Fragmente sind noch zu sehen.

Es gibt zwei Möglichkeiten, um den weißen Hirsch oder das umfangreiche Leben der Königstanne kennenzulernen. Die 14 Kilometer lange **Rundwanderung** über den Wurzelberg, die Wurzelberghütte und die Aussichtsplattform des Farmdenkopfbeckens zurück nach Goldisthal oder der Besuch im **Haus der Natur**, wo ebenfalls genaue Informationen zu verschiedenen Wanderungen zu bekommen sind.

Haus der Natur in Goldisthal

In dem dreigeschossigen Fachwerkbau des ehemaligen Gasthauses Zum fröhlichen Mann aus dem frühen 18. Jahrhundert wurde auf moderne Weise eine Entdeckungsreise zur Natur eingerichtet. Wir werden dazu animiert, den Wald als unseren Partner zu entdecken. Wer hat Angst vorm dunklen Wald? Im 2. Und 3. Obergeschoss taucht man in die Nacht des Wurzelberges ein oder lauscht mit den Ohren eines Jägers. Einladend und berührend empfand ich den Einführungsfilm im Erdgeschoss, der in einem kleinen Raum neben der nachgestellten historischen Gastwirtschaft gezeigt wird. Es gibt noch sehr viel mehr zu erkunden, wie das Pumpspeicherwerk en miniatur oder der Goldwaschplatz im Außenbereich *(Haus der Natur, 98746 Goldisthal, Goldberg 2, 036781/249531; Öffnungszeiten: Mi-So 10-17 Uhr, Eintritt, www.hausdernatur-goldisthal.de).*

Ob zum Wandern oder um einige Stunden im Haus der Natur zu verbringen, geparkt wird direkt vor der Staumauer (N 50°30'51.8" E 11°00'00.8").

Wir verlassen Goldisthal in Richtung Masserberg und erreichen die Grenze zum **Biosphärenreservat Thüringer Wald**.

Die historische Gastwirtschaft im Haus der Natur in Goldisthal

TOUR 11

Ohrdruf
ARNSTADT
Luisenthal
Crawinkel
Plaue
Frankenhain
Ohra-Talsperre
Rennsteig
Bikepark
Lütsche-Talsperre
Oberhof
ILMENAU
Rennsteiggarten
Manebach
Gehlberg
Schneekopf 978 m
Kickelhahn 861 m
ZELLA-MEHLIS
Gr. Beerberg 983 m
Stützerbach
SUHL
Domberg 675 m
Rennsteig
Bunkermuseum
Gr. Dreiherrenstein
Waffenmuseum
Schmiedefeld
Schwarzer Crux
Allzunah
Vesser
Frauenwald
Adlersberg 850 m
Rennsteigmuseum
Neustadt a.R.
VESSERTAL
Hirschbach
Kahlert
Tour 10
Breitenbach
Erlau
Masserberg
Schleusingen
Steinbach
Themar
Waldau
Lichtenau
Fehrenbach
Kloster Veßra
Ratscher
Einsiedel
Werra-Quelle
Trostadt
Ratscher-Talsperre
Waffenrod
Forellenzucht
Wiedersbach
Tour 12
Sachsenbrunn
HILDBURGHAUSEN
EISFELD
Bachfeld
N
10 km

Tour 11: Biosphärenreservat Thür. Wald 180 km

Masserberg – Neustadt a.R. – Ilmenau – Schmiedefeld Vesser – Oberhof – Zella-Mehlis – Suhl – Schleußingen

Stellplätze:	Rennsteighaus Masserberg, Neustadt a.R., Ilmenau, Rennsteighöhe Frauenwald, Schmiedefeld, Vesser, Schneekopf, Oberhof, Zella-Mehlis, Suhl, Breitenbach, Schleusingen, Themar
Campingplätze:	Manebach, Gehlberg, Lütsche Stausee, Erlau, Breitenbach, Schleusingen Ratscher
Besichtigen:	Rennsteig-Museum Neustadt a.R., GoetheStadtMuseum Ilmenau, Heimat- und Glasmuseum Stützerbach, Bunker Frauenwald, Biosphärenreservat-Informationszentrum Schmiedefeld, Bergwerk Schwarzer Crux, Rennsteiggarten und Sportstätten Oberhof, Gesenkschmiede und Meeresaquarium Zella-Mehlis, Tierpark/ Fahrzeug- und Waffenmuseum Suhl, Bertholdsburg Schleusingen, Hennebergisches Museum Kloster Veßra
Essen:	*Steakhaus Masserberg*, *Waldgasthaus Auerhahn*, *Berggasthaus Kickelhahn*, *Hofcafé Stützerbach*, *Rennsteigbahnhof*, Restaurant *Rennsteighöhe* Frauenwald, *Gehlberger Hütte* Schneekopf, *Waldmühle* Zella-Mehlis, *Dombergbaude*, *Forellenzucht* Trostadt
Wandern:	Rundwanderung Werraquelle Masserberg, Kickelhahn und Großer Hermannstein, Finsteres Loch und Knöpfelstaler Teich, Schwarzer Crux, Rennsteig, Schneekopfgebiet, Domberg

Das **UNESCO Biosphärenreservat Thüringer Wald** erstreckt sich zwischen Suhl, Ilmenau, Masserberg und Schleusingen und ist eine einzigartige Landschaft aus Wäldern, Bergwiesen und Hochmooren. Sie ist geprägt von den höchsten Bergen Thüringens, aber auch tief einschneidenden Tälern wie dem Ilm- und Vessertal.

Eine der jüngsten Siedlungen am Rennsteig ist der Heilklimatische Kurort **Masserberg** (ca. 2.500 EW). Er befindet sich am Übergang vom Thüringer Schiefergebirge zum Thüringer Wald. Klares Wasser, saubere Luft und eine tolle Lichtstimmung sorgen dafür, dass Masserberg den Beinamen *Rennsteigperle* erhielt und ist sommers wie winters durch die Höhenlage von 830 Metern äußerst attraktiv. Neben dem **Rennsteig** gibt es zahlreiche gut ausgeschilderte Wander- und Rundwanderwege und für Radfahrer den **Rennsteigradweg** sowie den **Werratalradweg**. Direkt am Rennsteighaus steht ein großer Parkplatz zur Verfügung, der ein idealer Ausgangspunkt für Masserberg und Umgebung ist.

(178) WOMO-Wanderparkplatz: Rennsteighaus

GPS: N 50°31'4.9" E 10°57'53.7". **Max. WOMOs**: 5.
Ausstattung: Keine, Rennsteighaus mit öffentlichem WC, Münzduschen und Aufenthaltsraum.
Beschreibung: Ein großer, relativ ebener und geschotterter Parkplatz am Ortsrand von Masserberg.
Preise: Die Tageskarte kostet 5 €. Eine Wochenkarte gibt es für 10 € im Hotel Haus *Oberland*. Laut Rücksprache am Tarif für PKWs orientieren.
Zufahrt: Von Masserberg in Richtung Fehrenbach auf der rechten Seite.

Als heilklimatischer Kurort bietet Masserberg Terrainkurwege (TKW), die sich sehr gut als Wanderwege eignen. Gegenüber dem Parkplatz zeigt eine Infotafel alle TKW und Streckenverläufe.

Rundwanderweg Aussichtsturm und Werraquelle

Der TKW 4 (ebenfalls Symbol des Weges) ist ein etwa 7 km langer mittelschwerer Rundweg beginnend an der Infotafel. Er führt am Hotel Oberland vorbei und biegt dahinter auf den Masserberger Höhenweg. Am 841 m hohen **Eselsberg** und später am Eselsgrund erreicht man den ersten Ausblick über Heubach und Schnett, ebenso auf das Unterland bis zu den Gleichbergen. Um den Sommerberg herum geht es weiter zur **Werraquelle** mit Baude. Nach einer Stärkung in der gemütlichen **Werraquell Hütte** schlendern wir zurück Richtung Masserberg über die **Faule Brücke** vorbei am **Dreiherrenstein**. Dort hält man sich links und begibt sich direkt auf den **Rennsteig**, am **Hochmoor** und dem **Aussichtsturm Rennsteigwarte** vorbei. Der Turm bietet einen 360°-Blick über den Thüringer Wald.

Glaskünstler Christian Sachs

Traditionelle Thüringer Schieferhäuser, der Kurbereich und ausgedehnte Grünflächen prägen das Ortsbild von Masserberg. Direkt in der Hauptstraße stoßen wir auf die **Galerie Kulturglas** von Christian Sachs, einem gelernten Glasbläser, der sich seit fast 20 Jahren auf das Kunsthandwerk spezialisiert und seine eigene Werkstatt mit einer Galerie betreibt. Inspiriert durch die Weimarer Klassik und die Bauhausideale ist seine Philosophie die Idee der Einfachheit. Man reduziert und das Glas wird wieder modern. Ein Beispiel ist das **Goethebarometer**, das er 1997 neu gestaltete. Das Wetterglas ist wohl das älteste Barometer der Welt, und den Namen Goethes trägt es vermutlich nur deshalb, weil in seinem Nachlass ein solches gefunden wurde *(Kulturglas/Glasbläserei Sachs, 98666 Masserberg, Hauptstr. 7a, 036870/50094, www.kulturglas.de; Öffnungszeiten: bitte Website beachten).*

Für ein leckeres Abendessen besucht man im Ort das *Restaurant & Steakhaus Waldblick* mit Biergarten. Die Spezialität sind dry aged Steaks und Thüringer Küche. Am Wochenende gibt es handgeschlagene Klöße wie zu Großmutters Zeiten. Einfach lecker! *(Steakhaus Waldblick, 98666 Masserberg, An der schönen Aussicht 3, 036870/59059; Öffnungszeiten: Mo-Fr 17-22 Uhr und Sa/So 11:30-22 Uhr, www.schoeneaussicht-masserberg.de).*

Die Fernsicht von Masserberg

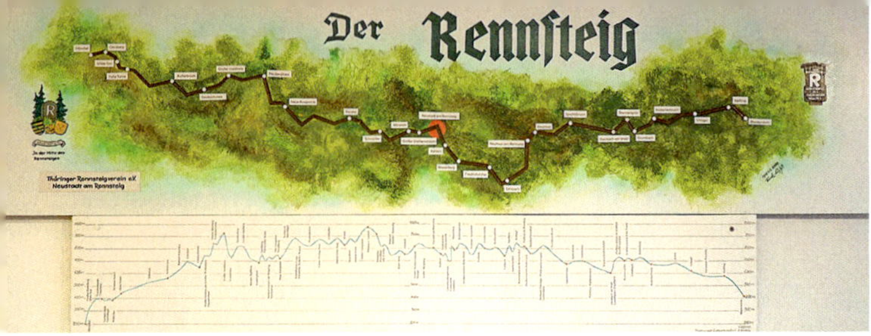

Im Rennsteigmuseum in Neustadt am Rennsteig

Vorbei am Parkplatz des Skilifts folgt die Straße dem Rennsteig in Richtung Neustadt a.R. Einige Picknickplätze säumen den Weg. In Kahlert wenden wir uns an der Vorfahrtsstraße rechts und stellen fest, dass wir uns ziemlich genau in der **Mitte des Rennsteigs** befinden.

In **Neustadt a.R.** (ca. 900 EW) verläuft er direkt durch den Ort und überall begegnet uns das weiße R. Das ist alles noch nicht genug, denn hier in der Mitte des Weges befindet sich das **Rennsteigmuseum** und gleichzeitig die Rennsteiginformation im Gemeindezentrum. Das Museum ist täglich von 10 bis 15 Uhr geöffnet und zeigt vor allem Literatur und Informationen über die ca. 1.300 Grenzsteine entlang des Kammweges, Sagen und Wandersprüche (N 50°34'59.2" E 10°56'04.1").

Bereits 1330 wurde der **Rennsteig** erstmals erwähnt. Damals hatte der Höhenweg eine andere Bedeutung als heute. Über die Jahrhunderte hinweg wurde er als Handels- und Verkehrsweg zwischen Hessen und Böhmen genutzt oder auch als Kurier- und Reitweg. Vor allem im 19. Jahrhundert, zu Zeiten der zersplitterten Thüringer Staatenwelt, konnte man während einer Wanderung viele Ländergrenzen überschreiten. Der Rennsteig war ein wahrliches Grenzpotpourri, besiedelt mit 1007 Ländergrenzsteinen, von denen Sie auch heute noch etwa 800 vorfinden.

Derzeit ist der Kammweg der längste und wohl bekannteste Höhenwanderweg Deutschlands. 2002/2003 wurde er neu vermessen und falls Sie ihn erwandern möchten, müssen Sie sich auf ca. 170 Kilometer gefasst machen. Bei einer stattlichen Wanderung von täglich 25 Kilometern benötigen Sie fast eine Woche, um ihn in seiner gesamten Länge kennenzulernen. Aber auch auf den vielen Teilstrecken zu einzelnen Gipfeln, Türmen oder bewirtschafteten Hütten kann man die unvergleichbare Natur und Ruhe genießen. Eine Rennsteigwanderung nennt man in der Region übrigens *Runst* und seit mehr als 100 Jahren begrüßt man sich auf dem Weg mit dem Zuruf „Gut Runst" und wünscht sich damit viel Vergnügen und Glück.

Ein offizieller Stellplatz ohne Ausstattung für drei WOMOs in Längsrichtung steht vor dem Kreisverkehr in der Nähe eines Supermarktes zur Verfügung [**179**: N 50°34'54.1" E 10°56'04.8"].

Gegenüber befindet sich eine ganz besondere Kirche. Da die Zahl der Gläubigen sinkt, machte man sich auf die Suche nach neuen Ideen für alte Kirchen, um durch eine zusätzliche Nutzung wenig frequentierte Gebäude zu erhalten. Ein solches Beispiel ist die **Herbergskirche** in Neustadt a.R. In einem Doppelbett können Gäste unter der Orgelempore übernachten. Geduscht und gekocht wird im benachbarten Pfarrhaus.

Schon seit Masserberg bietet uns der Thüringer Wald einen Komfort besonderer Art: Rennsteig per WOMO. Fast 40 Kilometer können wir nahezu parallel des bekanntesten Thüringer Wanderweges entlang rollen, an Parkplätzen die Aussicht genießen, zu kleinen Wanderungen aufbrechen, einen kulinarischen Stopp einlegen oder ein paar besondere Highlights entdecken. Also machen wir uns auf zu einer Rennsteigtour auf vier Rädern.

Es bietet sich ein Abstecher in nördliche Richtung an. Wir halten uns an der **Waldbaude Dreiherrenstein** (N 50°36'35.1" E 10°53'39.0") rechts, von wo man nach etwa zehn Kilometern Ilmenau erreicht. „In Ilmenau, da ist der Himmel blau, da tanzt der Ziegenbock mit seiner Frau.“ Wegen eines fönartigen Wetterphänomens lösen sich häufig die Wolken auf und der Kinderreim erweist sich an vielen Tagen als wahr.

Die Goethe- und Universitätsstadt **Ilmenau** (ca. 26.000 EW) wird im Süden von den Bergen des Thüringer Waldes gesäumt und im Norden und Osten geht die Landschaft in ein sanftes Hügelland über. Einen Rundumblick auf die herrliche Gegend hat man vom 861 Meter hohen Kickelhahn, den wir bereits vor Einfahrt in die Stadt erreichen. Vorbei am urigen *Waldgasthaus Auerhahn* mit schmackhafter Thüringer Küche und Start für zahlreiche Wandermöglichkeiten gelangen wir auf den **Wanderparkplatz Herzogröder Wiesen** (N 50°39'29.3" E 10°53'19.2").

Wanderung zum Kickelhahn und Gr. Hermannstein

Die Infotafel auf dem Parkplatz zeigt uns an, dass wir auf der gegenüberliegenden Straßenseite in bereits 300 m das **Jagdhaus Gabelbach** erreichen. Und schon befinden wir uns auf dem gut ausgeschilderten Wanderweg in Richtung Kickelhahn. Der schlichte zweigeschossige Holzbau des Jagdhauses beherbergt heute eine Ausstellung zu Goethes naturwissenschaftlichen Studien und man erfährt viel über die Jagdgewohnheiten und das gesellige Leben des Weimarer Hofes.

Goethe war nicht zum Spaß in Ilmenau. Der Hof brauchte Geld und die Bergwerke sollten das begehrte Metall dafür liefern. Der Naturwissenschaftler Goethe wurde beauftragt, den Bergbau in Ilmenau in Gang zu bringen, wozu er sich von erfahrenen Steigern technisch unterweisen ließ und manchmal bis zu acht Stunden unter Tage arbeitete, um den Bau der komplizierten Pumpanlagen zu überwachen, die bei den fortwährenden Wassereinbrüchen Abhilfe schaffen sollten. Er entwickelte ein neues Verfahren der Erzgewinnung durch Pochen und Schlämmen, überwachte selbst den Schmelzvorgang und plagte sich mit dem Durcheinander im Ilmenauer Steuerwesen herum. Wen wunderts, dass er einen Ausgleich brauchte? Er fand ihn auf der Jagd mit seinem Freund, dem Herzog Karl August, in seiner Liebe zu Frau von Stein und in der Natur des Thüringer Waldes, die ihn zu manchen seiner Meisterwerke inspirierte.

Bereits an den ersten Bäumen vor dem Jagdhaus ziert das kleine, geschwungene g den Weg – den **Goethewanderweg**, der uns bis zum Großen Hermannstein führt. Nach etwa 20 Minuten durch den Wald erreichen wir das **Goethehäuschen**. Eine kleine bretterne Schutzhütte für Waldhüter, in der Goethe einst Ruhe fand und 1780 an die Holzwand das bekannte Wandrers Nachtlied schrieb: „Über allen Gipfeln ist Ruh', in allen Wipfeln spürest du kaum einen Hauch; die Vögelein schweigen im Walde. Warte nur! Balde ruhest du auch."

In unmittelbarer Nähe befindet sich die **historische Jagdanlage** mit den Grundmauern des Pirschhauses. Seit 1854 überragt ein **Aussichtsturm** die Umgebung und erhöht den Kickelhahn von 861 m auf 882 m und bietet eine herrliche Sicht auf die Höhen des Thüringer Waldes und dessen Vorland. Während einer Einkehr im **Berggasthaus** wird man mit Röstbrätel oder Kaffee und Kuchen verwöhnt. Vom Kickelhahn führt der Goethewanderweg bergab zum **Großen Hermannstein** und nach dem Aufstieg auf den Felsen und seine Aussichtsplattform eröffnet sich vom Porphyrfelsen erneut eine erstaunliche Aussicht.Die dort befindliche **Höhle** wurde künstlich ausgeschlagen. Auch Goethe besuchte sie mehrfach und führte 1776 Frau von Stein an diesen Ort. Die Gesamtstrecke beträgt etwa 6 km, ist jedoch teilweise recht steil.

Zurück am WOMO starten wir nach Ilmenau. Ganz im Westen von Ilmenau auf einem großen Parkplatz neben der Festhalle in Richtung Manebach befindet sich ein offizieller Stellplatz, den wir schnell erreichen.

(180) Offizieller WOMO-Stellplatz: Ilmenau

GPS: N 50°40'53.9" E 10°54'18.1", Naumannstraße 22. **Max. WOMOs**: 4.
Öffnungszeiten: Ganzjährig.
Ausstattung: VE, Frischwasser gegen Gebühr.
Beschreibung: Die Stellplätze stehen auf einem asphaltierten Parkplatz zur Verfügung. Durch den Baumbestand ist teilweise Schatten gegeben und im Einfahrtsbereich befindet sich die Entsorgungsstation. Die Innenstadt ist nach 1 km erreicht und das Naturschutzgebiet Ilmenauer Teiche mit dem Haus am See befindet sich in 2 km Entfernung.

Preise: Kostenlos.
Zufahrt: Über die Waldstraße gelangt man nach Ilmenau, und noch bevor wir die Ilm überqueren, biegt man links in die Naumannstraße.

Ein guter Platz, um nach etwa einem Kilometer zu Fuß die Innenstadt zu erreichen. Direkt am Markt treffen wir Goethe persönlich. Er sitzt auf einer Bank – als Bronze-Skulptur. Er ist der Themenschwerpunkt des **GoetheStadtMuseums** im ehemaligen Amtshaus. Während seiner 28 Aufenthalte in Ilmenau wohnte er in der 1. Etage und originales Mobiliar aus der Goethezeit macht die Wohnatmosphäre lebendig. Die Tourist-Information befindet sich ebenso im Amtshausgebäude *(Tourist-Information, 98693 Ilmenau, Am Markt 1, 03677/600300, www.ilmenau.de; Öffnungszeiten: Mo-Fr 10-17 Uhr, Sa/Feiertag 9-13 Uhr. GoetheStadtMuseum, Öffnungszeiten: Di-So/Feiertag 10-17 Uhr).*

Goethe-Skulptur in Ilmenau

Am Bahnhof beginnt und endet der **Ilm-Rennsteig-Radweg**, der auf einer ehemaligen Bahntrasse über Langewiesen nach Neustadt a.R. verläuft und dort nach 21 Kilometern an den **Rennsteig-Radweg** anschließt.

Über die Nelson-Mandela-Brücke nahe des Bahnhofgeländes erreichen wir das **Naturschutzgebiet Ilmenauer Teiche**. Auf einer Fläche von etwa 60 Hektar befinden sich

Naturschutzgebiet Ilmenauer Teiche

sechsTeiche, der Tierpark und das Haus am See mit saisonaler und mediterraner Küche. Als Ausflugsziel lohnt es sich allemal, denn der angrenzende Spielplatz oder der Bootsverleih lassen uns die Zeit nicht lang werden.

Die Lage des Stellplatzes ermöglicht uns eine rasche Ausfahrt aus Ilmenau in Richtung Stützerbach. Auf dem Weg erreichen wir rechter Hand den Campingplatz Meyersgrund.

(181) WOMO-Campingplatz: Manebach, Meyersgrund

GPS: N 50°39'06.48" E 10°50'35.48", Schmücker Straße 91.
Tel: 036784/50636; www.meyersgrund.de.
Öffnungszeit: Ganzjährig.
Ausstattung: VE, Strom, ca. 100 Plätze für WOMOs, Sanitäreinrichtungen, Waschmaschine, Trockner, Brötchenservice, Kiosk, Mi-So 11-16 Uhr Imbisswagen, Müllentsorgung.
Beschreibung: Auf dem CP stehen verschiedene Möglichkeiten zur Verfügung. So gibt es eingegrenzte Plätze, aber auch die Gelegenheit, auf einem freien Wiesengelände zu stehen. Eingebettet in ein großes Waldgebiet ergeben sich zahlreiche Wandermöglichkeiten.
Preise: Ca. 25-30 € für 2 Personen und WOMO.
Zufahrt: Der Campingplatz ist ausgeschildert. Der Eingang befindet sich ca. 300 m von der Zufahrtsstraße entfernt.

Eingebettet in ausgedehnte Wälder und Wiesen erreichen wir **Stützerbach** (ca. 1.300 EW). Der Luftkurort ist geprägt durch das Leben und Wirken von Goethe, die Verbundenheit zu Pfarrer Sebastian Kneipp und die Glastradition.

Zahlreiche Erfindungen nahmen von Stützerbach aus ihren Weg in die Welt, wie zum Beispiel 1830 das erste Thermometer oder 1885 das erste wärmeisolierende Gefäß – die Thermosflasche. Im Heimatmuseum in der Ortsmitte erfährt man viel über das Glasmachen. Es befindet sich im **Haus des Gastes**, in dem zahlreiche Informationen und Kartenmaterial zur Verfügung stehen *(Heimat- und Glasmuseum, 98714 Stützerbach, Bahnhofstraße 1, 036784/50211; Öffnungszeiten: Mo-Do 10-12 Uhr und 14-17 Uhr, Eintritt).*

Bereits auf dem Kickelhahn wanderten wir auf Goethes Spuren, wenn auch nur kurz. In Stützerbach treffen wir erneut auf den Goethewanderweg und eine der drei Gedenkstätten auf dieser idyllischen Strecke. Das **Museum Goethehaus** stellt Goethes Aktivitäten rund um Stützerbach aus und zeigt sein original Wohn- und Arbeitszimmer. Goethe hielt sich insgesamt dreizehn Mal in Stützerbach auf und wohnte zu dieser Zeit im Gundelachschen Haus, dem heutigen Museum *(Museum Goethehaus, 98714 Stützerbach, Sebastian-Kneipp-Straße 18, 036784/50090, www.stuetzerbach.de; Öffnungszeiten: Mi-So/Feiertage 10:30-15:30 Uhr, Eintritt).*

In der Mitte Stützerbachs direkt an der Feuerwehr bietet sich eine ideale Parkmöglichkeit an (N 50°38'09.6" E 10°51'45.8"). Von dort erreicht man zügig alle Ziele, wie auch den **Goethewanderweg**, der direkt am Museum Goethehaus beginnt. Er verläuft entlang der Wirkungsstätten und Orte, an denen der Dichter verweilte, und endet nach etwa 20 Kilometern in Ilmenau. Es ist einer der schönsten Wanderwege Deutschlands.

Zum Finsteren Loch und Knöpfelstaler Teich

Die etwa 5 km lange Runde führt uns durch urige Wälder und Bereiche der Kernzone und zu großen Teilen auf dem **Goethewanderweg**. Wir folgen ihm jedoch zunächst nicht, sondern nehmen eine Abkürzung über die steil ansteigende Sebastian-Kneipp-Straße, halten uns nach etwa 150 m rechts und gelangen nach weiteren 150 m durch den Wald auf den Goethewanderweg unterhalb der *Gaststätte Auerhahn*. Nach Überquerung der Straße treten wir rechter Hand ein in die Tiefen des Biosphärenreservates. Das **Finstere Loch** erreicht man bergab nach etwa 1,3 km.

Es ist eine dicht bewaldete, felsige Schlucht mit einem kleinen Wasserfall. Dieser Talkessel war 1776 Rastort für die herzogliche Jagdgesellschaft. Deren nächtliche Erlebnisse schildert Goethe im Gedicht *Ilmenau*.

Einige hundert Meter weiter entdecken wir den **Knöpfelstaler Teich**, der einst als Flößteich zum Transportieren von Scheitholz ins Ilmtal und bis nach Weimar genutzt wurde. Zum Verweilen findet sich eine überdachte Schutzhütte.

Entlang eines schmalen Bächleins wandern wir auf des Dichters Spuren zur **Ochsenwiese**. An deren Ende verlassen wir vorerst den Goethewanderweg in Richtung der Gaststätte Auerhahn, um ihm dort wieder zu folgen und nun am **Schloßberg** eine herrliche Aussicht über Stützerbach zu genießen. Wir beenden unsere Runde am Goethehaus.

Steht Ihnen der Sinn nach Kaffee und Kuchen? Dann empfehle ich den Besuch des *Hofcafés*. In der Schleußinger Straße im Garten der Familie Keiner werden wir mit selbstgebackenem Kuchen nach der Wanderung richtig verwöhnt.

Lecker: Thüringer Stollen

Nun aber schnell zurück zum Rennsteig. Über die Schleußinger Straße gelangen wir an die Rennsteigkreuzung und fahren links zum Bahnhof ohne Namen, wie er gern genannt wird. Der mehr als 100 Jahre alte **Rennsteigbahnhof** wurde aufwändig restauriert und erweitert. Umgeben von Eisenbahnromantik ist seit einigen Jahren eine Erlebnisgastronomie entstanden, die mit lokalen Speisen und Getränken lockt (N 50°36'55.9" E 10°50'07.9"). Das Außengelände ist zur Besichtigung frei zugänglich. Donnerstag ist Ruhetag, ansonsten ist von 11 bis 17 Uhr geöffnet.

An diesem schönen Höhenwanderweg machen wir eine besondere Bekanntschaft mit der DDR-Geschichte. Zum ersten Mal betrete ich einen ehemaligen Bunker. Häufig hört man von Gefechts- und Schutzbunkern, dieser war jedoch ein **Führungsbunker**. Gut versteckt sollte er der Bezirkseinsatzleitung des Bezirkes Suhl zur Gewährleistung von Führungsaufgaben dienen. Er wurde in der Zeit des Kalten Krieges mit der modernsten Nachrichtentechnik und sämtlichen Lebenserhaltungseinrichtungen ausgestattet. Während der Führung läuft es mir eiskalt den Rücken hinunter. Weitaus gemütlicher ist es im angrenzenden *Restaurant Rennsteighöhe*, in dem die Anmeldung für die Bunkerführung stattfindet. Von Mitte April bis Ende Oktober werden von 10 bis 17 Uhr stündlich Führungen angeboten. Bei gutbürgerlicher Küche lassen wir es uns anschließend auf der Sonnenterrasse gut gehen.

Bunkermuseum Frauenwald

(182) WOMO-Gaststättenplatz: Frauenwald, *Waldhotel Rennsteighöhe*

GPS: N 50°36'26.7" E 10°50'47.7", Am Rothenberg 1. **Max. WOMOs**: 10.
Ausstattung: Strom, Wasser gegen Gebühr, vollbiologische Kläranlage (keine Entsorgung von Chemie-Toiletten), Duschmöglichkeiten/WC/Sauna und Frühstücksbuffet im Waldhotel gegen Gebühr. Es gibt Preisreduzierungen bei Verzehr im Restaurant.
Beschreibung: Inmitten des Thüringer Waldes und in unmittelbarer Nähe zum Rennsteig stellt das Hotel in ruhiger Lage Stellplätze zur Verfügung. Der Untergrund ist geschottert, teilweise uneben und schattig (www.waldhotel-rennsteighoehe.de, 036782/62200). Im Restaurant genießt man gutbürgerliche Küche.
Preise: Ca. 15 € für 2 Personen und WOMO.
Zufahrt: Etwa 800 m nach dem Rennsteigbahnhof links in die Straße am Rothenberg einbiegen und der Beschilderung folgen.

Ein modernes und abwechslungsreiches **Informationszentrum** zum Biosphärenreservat Vessertal/Thüringer Wald gibt es in **Schmiedefeld** (ca. 1.800 EW) zu erkunden. Die **Tourist-Information** ist ebenso im Gebäude untergebracht. Die Ausstellung gliedert sich in vier Themenbereiche: Wälder und Moore, Wiesen und Bäche, Leben und Erleben, das Netz

Informationszentrum zum Biosphärenreservat Vessertal/Thüringer Wald

der UNESCO-Biosphärenreservate. Unterschiedliche Inszenierungen laden ein, einen Streifzug durch diese Themenwelten zu unternehmen *(Informationszentrum/Tourist-Information, 98711 Schmiedefeld, Brunnenstraße 1, 0361/573924622, www.schmiedefeld.de; Öffnungszeiten: Täglich 10-18 Uhr).*

(183) Offizieller WOMO-Stellplatz: Schmiedefeld a.R.

GPS: N 50°36'06.9" E 10°48'58.5", Sportplatzstraße. **Max. WOMOs**: 20.

Öffnungszeiten: Ganzjährig.
Ausstattung: Keine.
Beschreibung: Die Plätze sind am Ortsrand in der Nähe des Sportplatzgeländes. Der Untergrund ist geschottert und relativ eben, kein Schatten. Die Gebühr muss im Informationszentrum entrichtet werden. In einer Entfernung von 500 m befinden sich die Richard-Möller-Schanze (HS 50 Kinderschanze) und zahlreiche Wandermöglichkeiten.
Preise: 5 € für 2 Personen und WOMO.
Zufahrt: Unmittelbar vor der Tourist-Info nach links in die Ruppbachstraße abbiegen und der Beschilderung folgen.

In Richtung Vessertal erreichen wir nach etwa drei Kilometern die kleine Waldgemeinde **Vesser** (ca. 250 EW). Die Landschaft ist durchzogen von gut markierten Wanderwegen, Naturlehrpfaden und einem Bergbaulehrpfad. Beliebte Wanderungen führen zum **Stutenhaus**, einem ehemaligen Pferdegestüt der Grafen von Henneberg oder dem Aussichtsturm **Adlersberg**.

Wir entscheiden uns für eineb Stopp am Stellplatz. Zu Fuß geht es weiter zum **Besucherbergwerk Schwarzer Crux** mit Gaststätte und **Bergbaumuseum**, das nach etwa zwei Kilometern erreicht wird. Das Gebiet um das Bergwerk ist mit einem Durchmesser von vier Kilometern der älteste geologische Punkt Deutschlands, hier begann Deutschlands Erdgeschichte. Vor etwa 500 Millionen Jahren ist diese Formation durch sogenannte Black Smoker (Schwarze Raucher) aus der Tiefsee entstanden. In dieser Größenordnung gibt es weltweit drei erdgeschichtliche Zeitzeugen. Der einzige zu besichtigende Crux-Magnetit-Stollen ist der Schwarze Crux. Er besteht aus einem Stück und man muss ihn sich als eine riesige Eisenerzkugel vorstellen, die bergbautechnisch auf eine einzigartige Weise erschlossen wurde. Es gibt nichts Vergleichbares. Die Kelten begannen vor mehr als 2000 Jahren an dieser Stelle mit dem Bergbau und die Generationen danach schufen ein Labyrinth, das unter Suhl, Vesser und Schmiedefeld entlangführt. Lediglich zwei Prozent des gesamten Bergbaugebiets sind als Besucherbergwerk erschlossen. Karl Rieger hatte 1996 den Mut, das Bergwerk wieder aufzubauen, nachdem es 1924 geschlossen wurde. In zwölf Jahren haben er und Vereinsmitglieder Tonnen von Schutt, Geröll und sonstigem Abraum nach oben befördert, Wege befestigt, Treppen gebaut und Licht ins Dunkel gebracht.

Crux-Magnetit-Stollen in Vesser

Überzeugen Sie sich während des geführten Rundgangs nicht nur von dieser Einmaligkeit, sondern atmen Sie auch die besonders reine Luft ein. Von Schmiedefeld in Richtung Suhl erreicht man das Besucherbergwerk auch per WOMO (N 50°36'12.9" E 10°47'34.0"; *Besucherbergwerk, 98711 Suhl-Vesser, Crux-Str. 1, 036782/60606, www.schwarzer-crux.com; Öffnungszeiten: Täglich ab 10 Uhr, Eintritt).*

(184) Offizieller WOMO-Stellplatz: Vesser, Offenstall

GPS: N 50°35'55.5" E 10°47'29.6", Roter Crux. **Max. WOMOs**: 3.
Öffnungszeiten: Ganzjährig.
Ausstattung: Wasser und Strom.
Beschreibung: Auf einer Anhöhe oberhalb von Vesser befinden sich die Stellplätze auf einem Parkplatz neben dem Skilift in relativer Abgeschiedenheit und Waldnähe. Zahlreiche Wandermöglichkeiten sind gegeben, wie z.B. das Stutenhaus und der Adlersberg.
Preise: Kostenfrei – lediglich Kurtaxe.
Zufahrt: Von Schmiedefeld kommend auf der rechten Seite ausgeschildert.

Zurück in Schmiedefeld begeben wir uns auf die letzten 15 Kilometer entlang des Rennsteigs bis zum bekannten Wintersportort Oberhof. Viel zeigt sich vom Thüringer Wald zunächst nicht, denn wir passieren dichten hohen Fichtenwald. Der Wanderweg ist mal rechts, mal links der Straße. Er kürzt ab, wir ziehen mit dem WOMO in Schleifen auf der Höhe entlang.

Hütte am Wanderparkplatz Mordfleck

Auf der Strecke bis Oberhof bieten sich zahlreiche Wandermöglichkeiten und Parkplätze an, von denen wir nun einige anfahren werden. Als erstes erreicht man die **Eisenbergwiese**. Ein großer Parkplatz mit überdachter Tisch-Bank-Kombination (N 50°37'33.4" E 10°47'21.7"). Von dort sind es nur 1,5 Kilometer zum 907 Meter hohen Großen Eisenberg, der seinen Namen durch den Eisenerzabbau am Fuße des Berges erhielt.

Vorbei am **Mordfleck**, einem kleinen Parkplatz mit Schutzhütte, nähern wir uns dem **Borstenplatz** (N 50°38'46.3" E 10°46'23.0") mit Herbert-Roth-Gedenkstein. Er ist der berühmteste Thüringer Volksmusiker, dem wir das Rennsteiglied und mehr als weitere 300 Kompositionen verdanken. Wie an jedem dieser Plätze gibt es zahlreiche Wandermöglichkeiten, hier z.B. zum Großen Fichtenkopf mit einer Höhe von 944 Metern.

Kurz darauf erreichen wir die Straßengabelung an der Gaststätte **Schmücke** (N 50°39'12.1" E 10°46'27.3"). Halten wir uns rechts in Richtung Gehlberg, bietet sich die Möglichkeit den **Ferienpark Gehlberg** zu nutzen. Ein junges niederländisches Ehepaar führt den kleinen Platz, der mitten in der Natur am Ende des kleinen Dorfes liegt.

(185) WOMO-Campingplatz: Gehlberg, *Ferienpark*

GPS: N 50°41'00.1" E 10°47'34.7", Am Sportplatz 1.
Tel: 0170/8759183; www.ferienparkgehlberg.de.
Öffnungszeit: Ganzjährig.

Ausstattung: VE, Strom, 8 Plätze für WOMOs mit dazugehörenden Privatbädern, Waschmaschine, Trockner, Spielplatz, Brötchenservice, Bistro, Minimarkt, Müllentsorgung.
Beschreibung: Kurz und knapp: Idylle pur. Ein liebevoll angelegter und eingerichteter Campingplatz mit verschiedenen Unterkünften und den Stellplätzen für WOMOs, die sich auf einem Wiesenareal befinden. Der Eingang zum Platz bietet eine herrliche Aussicht auf den Thüringer Wald und zahlreiche Wander- und Radmöglichkeiten bieten sich an.
Preise: Ca. 25 € für 2 Personen und WOMO.
Zufahrt: Der Campingplatz ist im Ort gut ausgeschildert.

Der Geratal-Blick am Schneekopf

Halten wir uns links, folgen wir weiter dem Thüringer-Wald-Kamm in Richtung Oberhof. Eine meteorologische Station liegt am Weg und zeigt ihre Höhenlage mit 942 Metern an, das heißt die höchsten Berge Thüringens können nicht mehr weit sein. Einen knappen Kilometer nach der Schmücke weist ein Wegweiser nach rechts zum Wanderparkplatz am **Schneekopf**. Dort steht ein großer, gebührenpflichtiger Parkplatz zur Verfügung [**186**: N 50°39'23.4" E 10°45'52.2"]. Laut Betreiber sind WOMOs für eine Nacht gerne gesehen. Zu Fuß geht es auf einer Strecke von etwa 1,2 Kilometern entlang eines **Walderlebnispfades** auf planiertem Weg ins Schneekopfgebiet. Mal kann man sich im Zapfenzielwurf üben oder sich vom kleinen Waldschrat informieren lassen. Mit seinen 978 Metern ist der Schneekopf der **zweithöchste Berg des Thüringer Waldes**. Der vulkanische Ursprung prägt seinen besonderen geologischen Charakter. Kristalline Einschlüsse in den Porphyr (Achate, Bergkristalle, Amethyst, Rauchquarz) – die sogenannten Schneekopfkugeln – sind heute noch in der Umgebung zu finden. Der höchstgelegene **Turm** Thüringens (täglich von 10 bis 18 Uhr geöffnet, Eintritt) wurde 2008 auf dem Berg eingeweiht und ermöglicht vom Plateau einen sehenswerten Rundumblick zu zahlreichen Gipfeln. So wurde endlich die 1.000er-Marke geknackt, denn der höchste Punkt Thüringens liegt nun auf einer Höhe von 1.004 Metern. Man kann nicht nur über die 126 Treppenstufen auf das Plateau gelangen,

In der Gehlberger Hütte stärkt man sich bei Thüringer Leckereien

Schneekopf-Turm

sondern es existieren ebenfalls drei Kletterflächen außen am Turm, die ein beliebter Anlaufpunkt für Kletterer sind. Ein breites Wanderwegnetz erschließt das Schneekopfgebiet. Kurz und schnell erreicht man den **Geratal-Blick** und die **Teufelskanzel** mit ihren herrlichen Fernsichten.

Einkehren kann man in die **Neue Gehlberger Hütte**, die das ganze Jahr über von Donnerstag bis Montag von 11 bis 16 Uhr leckere Hausmannskost und selbstgebackenen Thüringer Blechkuchen anbietet.

Nach etwa zwei Kilometern erreichen wir den vorletzten Wanderparkplatz unserer Tour direkt am Rennsteig (N 50°39'58.5" E 10°44'14.6"). Von hier ist es nicht mehr weit zum absoluten Spitzenreiter Thüringens. Der **Große Beerberg** ist mit seinen 983 Metern der höchste Berg im Lande. Eine kurze Wanderung führt zur **Plänckners Aussicht**, hinter der der Große Beerberg aufragt – oder besser gesagt sich versteckt. Im sanften Kammverlauf fällt die Erhebung kaum auf und der eigentliche Gipfel darf wegen des Hochmoores, eines geschützten Biosphärenreservates, nicht betreten werden.

Ein letzter Parkplatz, diesmal rechts unterhalb der Straße, wartet am Waldgasthof **Forsthaus Sattelbach**, das außer Mittwoch und Donnerstag täglich von 10 bis 17 Uhr geöffnet hat (N 50°41'13.6" E 10°44'19.1").

Nur noch etwa drei Kilometer sind es bis Oberhof, und damit ist unsere WOMO-Rennsteig-Strecke zu Ende. Die Kammstraße stößt am gebührenpflichtigen Parkplatz **Rondell** (N 50°41'40.5" E 10°43'18.5") auf die B247. Hier sollte man keinesfalls ohne einen Stopp weiterfahren. Der Botanische Garten für Gebirgsflora kultiviert in einer schier unglaublichen Fül-

Der artenreiche Rennsteiggarten

le so ziemlich alles, was zwischen Kaukasus und Kordilleren sprießt und blüht. Man könnte glatt neidisch werden, aber an der Kasse bekommt man nicht nur Eintrittskarten, sondern kann auch eine Vielzahl von Gebirgspflanzen für den eigenen Garten erwerben. Der **Rennsteiggarten** ist der größte und artenreichste Alpingarten Deutschlands und rund 4000 Blütenpflanzen, die sonst nur in alpinen Lagen beheimatet sind, können täglich von 10 bis 17 Uhr bewundert werden. Auf dem etwa ein Kilometer langen Rundweg entdecken wir auch die Rhöndistel. Noch voll der Eindrücke kehren wir zum Rondell mit seinem Obelisken zurück, der zur Erinnerung an den Bau der Straße 1830/32 errichtet wurde.

Wir biegen nach rechts in die B247 ein und fahren nach **Oberhof** (ca. 1.600 EW), dem Mekka des Thüringer Wintersports. Zum mondänen Wintersportort wurde das schneesichere Örtchen unter dem Sachsen-Coburg-Gothaischen Herzog Carl Eduard. 1884 entstand ein Bahnhof und beflügelte den Tourismus. In der DDR wurde ab den 50er-Jahren der Leistungssport systematisch gefördert und der Bau von Sportstätten prägt seitdem die Infrastruktur. Große Hotels entstanden und das weithin sichtbare **Hotel Panorama** spiegelt das Bild zweier gegenüberliegender Sprungschanzen wieder. Wahre Publikumsmagnete sind die Weltcup-Wettbewerbe im Biathlon und Rodeln. In der Oberhofer **Skisporthalle** ist 365 Tage

Winter und der Langlaufdress wird auch im Sommer angeschnallt. Für einen Euro bekommt man eine herrliche Abkühlung auf der Besucherterrasse. Ein Paradies für Leistungs- und Freizeitsportler auf 10.000 Quadratmetern bei einer konstanten Temperatur von vier Grad Celsius.

Oberhof verfügt über zwei WOMO-Stellplätze. Zuerst erreichen wir den Stellplatz Winkler, der sich vor allem für den Besuch des Ortskerns eignet *(Tourist-Information, 98559 Oberhof, Crawinkler Str. 2, 03684/2680, www.oberhof.de; Öffnungszeiten: Täglich 9-17 Uhr, Eintritt).*

(187) Offizieller WOMO-Stellplatz: Oberhof, Winkler

GPS: N 50°42'10.5" E 10°43'40.3", Zellaer Str. 4. **Max. WOMOs**: 60.
Öffnungszeiten: Ganzjährig.
Ausstattung: VE, Strom gegen Gebühr, Mülleimer, Brötchenservice, Gasflaschenservice.
Beschreibung: Der asphaltierte Platz liegt in Zentrumsnähe am südlichen Ortsrand. Der Untergrund ist überwiegend eben und die Plätze teilweise schattig, jedoch durch den abfallenden Untergrund sind Keile notwendig. Haus des Gastes, Exotarium und das H2O-Wellnesbad sind schnell erreicht. Es gibt zahlreiche Rad- und Wanderwege.

Preise: Ca. 16 € für 2 Personen und WOMO.
Zufahrt: Im Kreisverkehr über die Poststraße anfahrbar und gut ausgeschildert.

Am **Biathlonstadion** befindet sich ein weiterer großer Stellplatz direkt am Rennsteig und dem **Rennsteighaus Am Grenzadler**. Entlang des Kammweges wurden sechs dieser Multifunktionsgebäude errichtet. Sie bieten die Möglichkeit, sich auszuruhen, WC und Duschen kostenpflichtig zu nutzen oder Sportgeräte unterzustellen. In Masserberg konnten wir bereits diesen Service nutzen.

(188) Offizieller WOMO-Stellplatz: Oberhof, Lotto Arena

GPS: N 50°42'22.8" E 10°41'38.7", Tambacher Str. 4. **Max. WOMOs**: 43.
Öffnungszeiten: Ganzjährig.
Ausstattung: VE, Strom gegen Gebühr, Mülleimer, WC und Dusche kostenpflichtig im Rennsteighaus.
Beschreibung: Der asphaltierte Platz liegt außerhalb von Oberhof. Der Untergrund ist überwiegend eben und ohne Schatten. Die Zufahrt wird durch eine Schranke und einen Automaten geregelt. In der Nähe befinden sich einige Sportstätten, wie das Biathlonstadion, die Skisporthalle, der Bikepark Oberhof und die Schanzenanlage Kanzlersgrund (ca. 2 km)
Preise: Ca. 15 € für 2 Personen und WOMO.
Zufahrt: Oberhof über die Tambacher Straße verlassen und den Beschilderungen zur Lotto Arena folgen.

Badeplatz an der Lütsche-Talsperre

Wir haben genug vom Winter im Sommer und fahren in Richtung Norden, wo mehrere Talsperren auf uns warten. Für einen längeren Aufenthalt am Wasser bietet sich ein Campingplatz an. Die **Lütsche-Talsperre** ist malerisch in ein dicht bewaldetes Tal eingeklemmt. Fährt man in Richtung Campingplatz, finden sich bereits Badeparkplätze, die allerdings nachts für WOMOs verboten sind.

(189) WOMO-Campingplatz: Oberhof, *Lütsche Stausee*
GPS: N 50°44'01.1" E 10°45'24.7", Am Stausee 9, 99330 Frankenhain.
Tel: 036205/76518; www.oberhofcamping.de.
Öffnungszeit: Ganzjährig.
Ausstattung: VE, Strom, ca. 150 Plätze für WOMOs, Sanitäreinrichtungen, Waschmaschine, Trockner, Kiosk, Restaurant, Müllentsorgung.
Beschreibung: Außerorts und inmitten des Thüringer Waldes liegt der Platz an der Talsperre mit kleinem Badeplatz. Eingebettet in ein großes Waldgebiet ergeben sich zahlreiche Wandermöglichkeiten, wie der 12 km lange Rundwanderweg Lütsche-Floßgraben, der am Ausgebrannten Stein vorbeiführt.
Preise: Ca. 25-30 € für 2 Personen und WOMO.
Zufahrt: Der Campingplatz ist nur über Crawinkel und Frankenhain zu erreichen.

Zurück über Oberhof visieren wir die nächsten Ziele an – Zella-Mehlis und Suhl. Zuerst erreichen wir **Zella-Mehlis** (ca. 11.000 EW), genauer gesagt das wohnmobilfreundliche Lubenbachtal. Bereits am Eingang des Tales gibt es einen kleinen Wanderparkplatz mit Picknickhütte [**190**: N 50°40'08.1" E 10°41'05.8"], an dem der 80 Kilometer lange **Rhön-Rennsteig-Radweg** direkt vorbeiführt. Wir fahren noch etwa 300 Meter weiter zum *Hotel Waldmühle*, auf dessen Parkplatz Familie Renner das Übernachten mit dem WOMO auf Nachfrage gestattet. Die Einkehr in das Restaurant ist daher obligatorisch – abgesehen davon würden Sie sich die leckere Thüringer Küche entgehen lassen.

(191) WOMO-Gaststättenplatz: Zella-Mehlis, Waldmühle

GPS: N 50°40'19.3" E 10°41'10.9", Lubenbachstraße 2. **Max. WOMOs**: 2-3.
Ausstattung: Strom gegen Gebühr, Dusche/Sauna, Frühstücksbuffet oder Brötchenservice gegen Gebühr, (www.hotel-waldmuehle.de, 03682/89890, eine Anmeldung ist angeraten). Im Restaurant genießt man gutbürgerliche Küche.
Beschreibung: Das Hotel liegt außerhalb von Zella-Mehlis im Lubenbachtal. Wander- und Radwege vorhanden. In etwa 4 km erreicht man den Rennsteiggarten in Oberhof und den Rennsteig.
Preise: Kostenlos für eine Nacht.
Zufahrt: Aus Richtung Oberhof kommend biegt man im Kreisverkehr an der dritten Ausfahrt rechts in die Lubenbachstraße ein.

Museum Gesenkschmiede

Die Stadt war einst geteilt in die Orte Zella St. Blasii und Mehlis und lebte ursprünglich vom Bergbau und vom eisenverarbeitenden Gewerbe. Daran erinnert das **Technische Denkmal Gesenkschmiede**, das sich unweit des Hotels befindet. Ursprünglich als Sägewerk um 1840 erbaut und mit zwei Wasserrädern ausgestattet, wurde das Gebäude von einer ortsansässigen Schmiedefirma 1842 übernommen und später zu einer Gesenkschmiede umgebaut. Die ältesten und funktionsfähigen Brettfallhämmer Deutschlands sind dort zu sehen. Das Gesenkschmieden ist eine spannende Technologie, die im Museum eindrucksvoll dargestellt wird. Nach 1945 zählten in der DDR bekannte Betriebe wie Sachsenring Zwickau (PKW Trabant) oder Simson Suhl (Zweiradfahrzeuge und Waffen) zu den Kunden *(Gesenkschmiede, 98544 Zella-Mehlis, Lubenbachstraße 4, 03682/43345, www.museum.zella-mehlis.de; Öffnungszeiten: Mo-Fr 10-17 Uhr, Sa/So/Feiertag 10-16 Uhr, Eintritt).*

Im Mehliser Teil der Stadt bietet sich eine unerwartete Attraktion. Im **Erlebnispark Meeresaquarium** kann man den Duft des Salzwassers fast riechen. Von den respekteinflößenden Krokodilen bis hin zu den niedlichen Seepferdchen gibt es jede Menge Meeresgetier zu entdecken und sogar zu berühren, denn ein Anziehungspunkt für Kinder ist mit Sicherheit das Streichelbecken. Das Highlight schlechthin ist das für Thüringen einzigartige Haifischbecken mit einem Fassungsvermögen von einer Million Liter Wasser (N 50°39'29.8" E 10°39'18.5",

Meeresaquarium, 98544 Zella-Mehlis, Beethovenstraße 16, 03682/41078, www.meeresauarium-zella-mehlis.de; Öffnungszeiten: Täglich 10-18 Uhr, Eintritt).

An einem urigen Wirtshaus im Zellaer Teil der Stadt stehen WOMO-Stellplätze zur Verfügung.

(192) WOMO-Gaststättenplatz: Zella-Mehlis,
Toschi's Station

GPS: N 50°38'38.3" E 10°41'05.4", An der Quelle 5. **Max. WOMOs**: 9.
Ausstattung: VE, Strom gegen Gebühr, WC.
Beschreibung: Im Gewerbegebiet und in direkter Anbindung an die Autobahn gehören die Stellplätze zur Gaststätte. Der Untergrund besteht teilweise aus Rasen oder ist geschottert (www.toschis-station.de, 03682/88880). Im Restaurant kann man gut und günstig essen. Es ist zu beachten, dass an den WE Feierlichkeiten stattfinden können. Eine Busanbindung nach Suhl befindet sich in unmittelbarer Nähe.
Preise: Ca. 10 € für 2 Personen und WOMO.
Zufahrt: Aus Richtung Suhler Straße kommend nach links in die Industriestraße und erneut links in die Straße An der Quelle abbiegen

Nach dem Besuch der exotischen Meerestiere zieht es uns nach **Suhl** (ca. 35.000 EW) in den **Tierpark** mit überwiegend typischen Wild- und Haustieren wie dem Luchs, der Wildkatze oder dem Uhu. Er liegt in der Suhler Schweiz, einem malerisch bewaldeten Tal zwischen Ringberg und Döllberg und hat dort ein ideales Refugium gefunden (N 50°36'40.6" E 10°42'43.7", *Tierpark, 98527 Suhl, Carl-Fiedler-Straße 58, 03681/760441, www.tierpark-suhl.eu; Öffnungszeiten: April-Sept tägl. 09-18 Uhr, Okt-März tägl. 10-16:30 Uhr, Eintritt).*

Tierpark in Suhl

Suhl ist jedoch eher bekannt als die Waffenstadt im Thüringer Wald und besitzt europaweit das einzige **Spezialmuseum für Handfeuerwaffen**. Wir erfahren, wie die Suhler Eisenerzgewinnung die Grundlage für das Waffenschmieden schuf und in welcher Kunstfertigkeit die Büchsenmacher vorgingen. Vor allem die Suhler Prunkwaffen wurden für viele Herrschaftshäuser produziert. Mit Gold- und Silbereinlagen oder Edelsteinen versehen sind sie Zeugnisse des hohen handwerklichen Könnens. Auch die Jagdwaffensammlung bestätigt uns die Fertigkeiten der Suhler. Weitere Schwerpunkte des Museums liegen im Bereich der **Geologie** und des **Porzellans**. Sie bieten Einblicke in die Bergbaugeschichte und die im Zuge der

Industrialisierung an Bedeutung gewinnende Porzellanherstellung *(Waffenmuseum, 98527 Suhl, Friedrich-König-Straße 19, 03681/742218, www.waffenmuseum.eu; Öffnungszeiten: Di-So 10-18 Uhr, Eintritt).*

Das Suhler Stadtzentrum mit Blick auf das Waffenmuseum

Neben dem schönen ehemaligen Malzhaus, in dem sich das Waffenmuseum befindet, erhebt sich ein imposanter Rundbau – das **Congress Centrum Suhl**. 1972 wurde es erbaut und beeinflusst seitdem das Stadtbild nachhaltig. In den 90er Jahren entschied man sich zu einer umfangreichen Sanierung. Heute beherbergt es unter anderem die **Tourist-Information** und das **Fahrzeugmuseum**. In der Gesenkschmiede in Zella-Mehlis machten wir bereits die Bekanntschaft mit dem Namen Simson. Die Geschichte des Fahrzeugbaus in Suhl ist eng mit diesem Namen verbunden. Simson ist der Zweiradfahrzeughersteller schlechthin. Mehr als 180 Ausstellungsstücke gilt es zu bewundern – von Fahrrädern über Mopeds bis zu Automobilen wie dem BMW des Rennfahrers Paul Greifzu *(Fahrzeugmuseum, 98527 Suhl, Friedrich-König-Straße 7, 03681/705004, www.fahrzeug-museum-suhl.de; Öffnungszeiten: Tägl. 10-18 Uhr, Eintritt).*

(193) Offizieller WOMO-Stellplatz: Suhl, CCS

GPS: N 50°36'39.2" E 10°41'12.6", W.-Seelenbinder-Str. 1A.
Max. WOMOs: 5.
Öffnungszeiten: Ganzjährig. **Ausstattung**:Keine.
Beschreibung: Auf einem Parkplatz nahe der Innenstadt stehen auf asphaltiertem Untergrund überwiegend ebene Stellplätze zur Verfügung.
Preise: Ca. 5 € für 2 Personen und WOMO.
Zufahrt: Vom Tierpark kommend biegt man in die Friedrich-König-Straße ein und auf der Höhe des Congress-Centrums nach rechts ab.

Suhl liegt mitten im Thüringer Wald, was auf unserer Tour natürlich nicht außergewöhnlich ist. Die große Anzahl der Wanderhütten um die Stadt herum allerdings schon. Auf der Webseite www.suhl-tourismus.de stehen Flyer zum Download zur Verfügung, wie auch Informationen zu den zahlreichen Wandermöglichkeiten und Hütten. Direkt aus dem Stadtzentrum ragt der 675 Meter hohe **Domberg**, der ein Vorbote des eigentlichen Gebirges ist. Außerdem befinden sich neun der zehn höchsten Berge im Umkreis von Suhl.

Wanderung zum Domberg

Am Stellplatz führt uns bereits ein Wegweiser in Richtung Domberg, der nach etwa 1,5 km erreicht wird. Nach der Durchquerung des rechten Eisenbahntunnels verläuft der Weg recht ansteigend hinauf zur **Ottilienkapelle**. Der Ottilienstein wird wegen seines Panoramas auch der Balkon Suhls genannt. Dort legt man ein Päuschen ein und genießt die Aussicht auf Suhl.

Durch das Waldgebiet geht es weiter stetig bergan, vorbei am **Schönemann-Felsen** bis wir den Domberggipfel erreichen. Dort erwartet uns eine der bereits erwähnten Hütten. In der **Dombergbaude** gibt es Fr-So von 11-16 Uhr hausgemachte Thüringer Küche. Eine Besonderheit ist der eigens kreierte Kloß als Gefüllter Domberg.

Auf dem Gipfel befindet sich ebenfalls ein Bismarckturm, dessen Aufstieg sich lohnt, weil ein Rundumblick bis in die Rhön jede Mühe wettmacht.

Wir verlassen Suhl in Richtung Schleusingen und nähern uns dem Vessertal von südlicher Seite. Möchten Sie sich in dieser schönen Ecke des Thüringer Waldes zu etwas umfangreicheren Taten verleiten lassen? Dann folgen Sie uns von Hirschbach auf der B247 zum benachbarten **Erlau** (ca. 1.000 EW).

(194) WOMO-Campingplatz: Erlau Bungalowdorf

GPS: N 50°32'48.8" E 10°45'18.6", Schmücker Straße 91. **Tel**: 036841/48228; www.camping-erlau.de.
Öffnungszeit: Ganzjährig.
Ausstattung: VE, Strom, ca. 35 Plätze für WOMOs, Sanitäreinrichtungen, Gaststätte, Müllentsorgung.
Beschreibung: Der Campingplatz mit Bungalowdorf befindet sich am Ortsrand in unmittelbarer Waldnähe und Nähe zu einem Waldbad.
Preise: Ca. 15-20 € für 2 Personen und WOMO.
Zufahrt: Der Campingplatz ist ausgeschildert.

Einen günstigen Ausgangspunkt für eine Wanderung im und um das Vessertal haben wir am nördlichen Ortsende von **Breitenbach** (ca. 900 EW) entdeckt. In dem langgezogenen Straßendorf befindet sich der Parkplatz Wendeschleife in der Nähe des Waldbades (N 50°32'53.5" E 10°46'48.8"). Eine Wandertafel informiert über Rundwege zum **Berghotel Stutenhaus** und dem **Adlersbergturm**.

Für einen Aufenthalt eignet sich der hinter dem Schwimmbad befindliche Campingplatz.

(195) WOMO-Campingplatz: Breitenbach Am Waldbad

GPS: N 50°32'49.8" E 10°46'44.2", Zum Campingplatz 7.
Tel: 036841/41153; www.campingbreitenbach.de.
Öffnungszeit: Ganzjährig.
Ausstattung: VE, Strom, ca. 60 Plätze für WOMOs, Sanitäreinrichtungen, Waschmaschine, Streichelzoo, Spielplatz, Müllentsorgung.
Beschreibung: Der Campingplatz befindet sich am Ortsrand in unmittelbarer Waldnähe und neben dem Waldbad. Ein idealer Startpunkt für Wanderungen in das Vessertal. Die Stellflächen sind teils auf Wiesengelände, teils besitzen sie festen Untergrund und sind schattig.
Preise: Ca. 25 € für 2 Personen und WOMO.
Zufahrt: Der Campingplatz ist ausgeschildert.

Im 5.000-Einwohner-Städtchen **Schleusingen** regierten einst die Henneberger Grafen und schufen das älteste Residenzschloss, das es in Thüringen zu bewundern gibt. Um die Burganlage herum entwickelte sich die Stadt. Ihren Namen erhielt sie nach Berthold VII., einem der bedeutendsten der Grafen von Henneberg im Mittelalter. Als Berater einiger deutscher Kaiser gestaltete er wesentlich die deutsche Reichspolitik mit. Die nachfolgenden Henneberger Herrscher bauten die **Bertholdsburg** über die Jahrhunderte weiter aus und um. Heute fasziniert die mittelalterliche Burganlage mit frühneuzeitlichem Schloss im Stil der Renaissance und das Ensemble wird besonders von seinen Türmen geprägt. Von einst neun Türmen sind heute noch sechs vollständig erhalten.

Die Bertholdsburg beherbergt das **Naturhistorische Museum**. Es zeigt sehenswerte Sammlungen zur Naturkunde, Mineralogie, Paläontologie, aber auch zur Burg- und Regionalgeschichte *(Naturhistor. Museum, 98553 Scheusingen, Burgstraße 6, 036841/5310, www.museum-schleusingen.de; Öffnungszeiten: Di-Fr 9-17 Uhr, Sa/So 10-18 Uhr, Eintritt).*

(196) Offizieller WOMO-Stellplatz: Schleusingen, Schlossblick

GPS: N 50°30'39" E 10°44'56", An der Insel 1. **Max. WOMOs**: 6.
Öffnungszeiten: Ganzjährig.
Ausstattung: Wasser und Strom gegen Gebühr, Benutzung der Sanitäranlage/WC/Sauna im angrenzenden Fitness-Studio gegen Gebühr möglich.
Beschreibung: Die ausgewiesenen Stellplätze befinden sich auf einem Parkplatz des Sport- und Gesundheitszentrums. Sie sind überwiegend eben und teilweise schattig. In etwa 300 m Entfernung befindet sich die Bertholdsburg und der Ortskern ist ebenfalls schnell erreicht.
Preise: Ca. 10 € für 2 Personen und WOMO.
Zufahrt: Aus Breitenbach auf der Suhler Straße kommend, biegt man im Kreisverkehr in die Straße An der Insel nach rechts ab.

Bevor wir Schleusingen in südwestlicher Richtung verlassen, möchte ich auf den nahegelegenen und sehr beliebten Badesee aufmerksam machen – die Talsperre Ratscher. Das **Erholungsgebiet Bergsee Ratscher** wartet mit einem wunderschönen, sandigen Badestrand, der mit einer Länge von 500 Metern der längste in der Region ist, auf die Sonnenanbeter und Wasserratten. Weitläufige Liegewiesen mit Textil- oder FKK-Bereich, Bootsverleih und eine Segel- und Surfschule, aber auch gastronomische Angebote stehen bereit. Zudem finden im Sommer Großveranstaltungen wie das Schleusinger Countryfestival oder die Rocktage statt.

(197) WOMO-Campingplatz: Schleusingen Bergsee Ratscher

GPS: N 50°29'33.3" E 10°47'29.0", Am Bergsee 40.
Tel: 036841/32210 oder 40015; www.bergseeratscher.de.
Öffnungszeit: April-Oktober.
Ausstattung: VE, Strom, ca. 200 Plätze für WOMOs, Sanitäreinrichtungen, Imbiss, Boutique, Gasverkauf, Grillecke, Badestrand, Beachvolleyballfeld und weitere diverse Freizeitmöglichkeiten.
Beschreibung: Ein herrlich am See gelegener Platz mit direktem Zugang zum Strand. Auf einem leicht abfallenden Wiesengelände stehen zahlreiche Plätze zur Verfügung.
Preise: Ca. 20-25 € für 2 Personen und WOMO.
Zufahrt: Der Campingplatz ist gut ausgeschildert.

In Richtung Themar fahrend, erkennt man schon von weitem eine Klosteranlage mit ihren beiden Türmen. Die kleine Gemeinde **Veßra** (ca. 400 EW) siedelte sich rund um das Klostergut aus dem 12. Jahrhundert an und die beiden auffallenden Türme der Kirchenruine St. Marien lassen ahnen, welche

Kloster Veßra mit Klostergarten

Bedeutung das geistige Zentrum einst hatte. Das 1131 gegründete Hauskloster der Henneberger Grafen entwickelte sich bis zur Reformation zur bedeutendsten monastischen Einrichtung im Henneberger Land. Die in ihrer Struktur einmalig erhalten gebliebene mittelalterliche Anlage des ehemaligen Prämonstratenser-Chorherrenstiftes wurde nach 1991 durch umfangreiche Sanierungen gesichert und ist aus drei Gründen einen Besuch wert – wegen der romanischen Klosteranlage, der Fachwerkarchitektur der Region und der Technik der Landwirtschaft vergangener Zeiten. Im **Hennebergischen Museum Kloster Veßra** ist eine beeindruckende und vor allem umfassende Ausstellung entstanden, die zu jeder Jahreszeit einen Besuch lohnt. Auf dem sechs Hektar großen Areal finden zusätzlich zahlreiche Veranstaltungen statt, wie das Gartenfest, oder aber thematische Tage zu den verschiedenen Fachwerkgebäuden, wie ein Brau- oder Mühlentag. An diesen Tagen kann man die historischen Gebäude in ihren Funktionen erleben.

Die **Fachwerkgebäude** wurden an ihren originalen Standorten aus verschiedenen Regionen abgetragen und auf dem Klostergelände erneut aufgebaut. So entstand ein umfangreiches Zeugnis der Wohn- und Arbeitsweisen vergangener Zeiten. Man fühlt sich beim Durchstreifen des gesamten Ensembles in eine andere Welt versetzt, sei es in der Wassermühle aus dem Rhöndorf Wohlmuthausen oder der

Friedhofskapelle aus Herrenbreitungen. Abgerundet werden die umfangreichen Erlebnisse mit Sonderausstellungen, den **Ausstellungen zur Landtechnik**, einer Spielscheune und dem Café am Klostergarten (N 50°29'33.5" E 10°38'39.7", *Museum Kloster Veßra, 98660 Kloster Veßra, Anger 35, 036873/69030, www.museumklostervessra.de; Öffnungszeiten: Mai-Sept tägl. 9-18 Uhr, Okt-April Di-So 10-17 Uhr, Eintritt).*

Nur einen Katzensprung entfernt liegt eine der ältesten Siedlungen im oberen Werratal. Die mittelalterliche Struktur der Altstadt, der Marktplatz mit dem schönen Rathaus und die zu großen Teilen erhaltene Stadtmauer machen einen Stadtbummel in **Themar** (ca. 3.100 EW) zu einem lohnenden Ziel. Die Stadt der sieben Türme, wie sie auch genannt wird, ist ein Etappenort des **Werratal-Radwegs** und lässt uns auch per pedes nach Kloster Veßra gelangen. An einem der sieben Türme findet sich ein Platz zum Übernachten.

(198) Offizieller WOMO-Stellplatz: Themar, Hexenturm

GPS: N 50°30'17.1" E 10°36'39.8", Mauerstraße. **Max. WOMOs**: 5. Öffnungszeiten: April-Oktober.
Ausstattung: VE, Wasser und Strom gegen Gebühr.
Beschreibung: Die Stellplätze befinden sich am Ortsrand in unmittelbarer Nähe zur Werra und dem Werratal-Radweg. Sie sind überwiegend eben und teilweise schattig. In etwa 300 m Entfernung erreicht man den Ortskern mit der Tourist-Information und dem Stadtmuseum im ehemaligen Amtshaus, einem beeindruckenden Gebäude im hennebergisch-fränkischen Fachwerkstil.
Preise: Ca. 10 € für 2 Personen und WOMO.
Zufahrt: Auf der B89 in Richtung Meiningen biegt man am Ortsende nach links in die Turner- und anschließend in die Mauerstraße ein.

Wir rollen auf der B89 nach Süden, um die Tour in Hildburghausen ausklingen zu lassen, machen jedoch noch einen kleinen kulinarischen Abstecher nach Trostadt. Über Siegritz erreichen wir am Ende des kleinen Ortes die **Forellenzucht**. Von geräucherter Forelle, Lachsforelle und Aal bis zu täglich warmem Speisenangebot zur Mittagszeit wird einiges für einen verwöhnten Gaumen geboten (N 50°27'56.4" E 10°38'25.6", *Forellenzucht, 98646 Reurieth, Trostädter Dorfstr. 7, 036873/60321, Öffnungszeiten: Mo-Fr 9-18 Uhr, Sa 9-12 Uhr).*

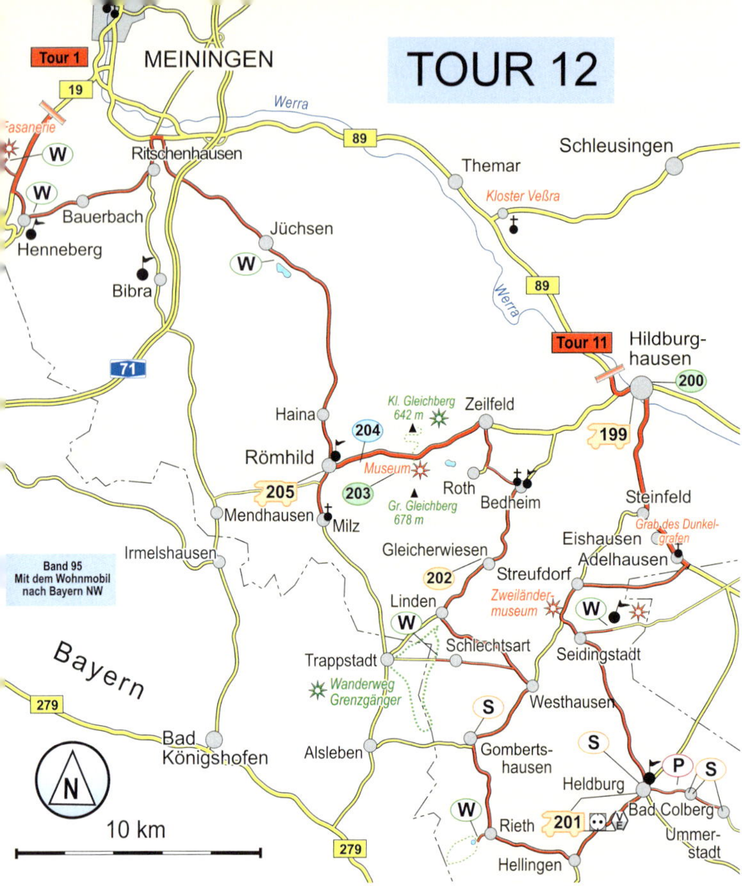

Tour 12: Zu Besuch bei der Dunkelgräfin 100 km

Hildburghausen – Eishausen – Heldburg – Ummerstadt Gleicherwiesen – Bedheim – Römhild – Bauerbach

Stellplätze: Hildburghausen, Heldburg, Gleicherwiesen, Steinsburgmuseum und Waldbad Römhild, Meiningen

Besichtigen: Hildburghausen, Grab des Dunkelgrafen in Eishausen, Steinkirche in Adelshausen, Zweiländermuseum Rodachtal, Burgruine Strauf, Fachwerkhäuser in Heldburg, Veste Heldburg, Fachwerkhäuser in Ummerstadt, Naturerlebnispfad in Rieth, Schloss und Kirche Bedheim, Steinsburgmuseum in Römhild, Schloss Glücksburg mit Museum in Römhild, Schillermuseum in Bauerbach, Burgruine Henneburg

Essen: *Wacholderschänke* in Hildburghausen, *Café im Hof* in Streufdorf, *Sabines Bar Café* in Bad Colberg, *Gaststätte Beyersdorfer* in Rieth, Wurst-/Wildspezialitäten in Rieth, *Na Sdorowije* in Gleicherwiesen, *Gartencafé* Schloss Bedheim, Gasthaus *Zum braunen Roß* in Bauerbach, *Fasanerie Hermannsfeld*.

Wandern: Rundweg Gemauerte Teiche Hildburghausen, Burgruine Strauf, Walderlebnispfad Nonnenholz in Rieth, Rundwanderweg Grenzgänger, Wanderung auf den Kleinen Gleichberg, Naturlehrpfad Fasanerie Hermannsfeld, Burgruine Henneberg

Rathaus von Hildburghausen

Das Fürstentum Sachsen-Hildburghausen war ein Musterbeispiel für die deutsche Kleinstaaterei. Denn durch den Erbteilungsvertrag von Herzog Ernst dem Frommen von Sachsen-Gotha, der sieben Söhne hinterließ, entstand unter anderem das kleine Fürstentum und bescherte **Hildburghausen** (ca. 12.000 EW) ein Residenzschloss, dessen Bau 1685 begann, allerdings durch einen Luftangriff am Ende des 2. Weltkrieges zerstört wurde. Aber im angrenzenden **Schlosspark**, der im englischen Stil gepflegt wird, kann man sich noch gut ein Bild machen, was der eigentliche Plan war. Nämlich ein zweites, wenn auch deutlich kleineres Versailles. Die Anlage wurde kostenintensiv gestaltet – ein künstlich angelegter Kanal umrundet den Park. Wie so häufig in dieser Zeit wurde die Finanzkraft des kleinen Landes mächtig überfordert.

Der letzte Hildburghäuser Herzog Friedrich und seine Gemahlin Charlotte brachten im ausgehenden 18. Jahrhundert Kultur in die Stadt, was dazu führte, dass sich zahlreiche Dichter und Künstler dort aufhielten, was dem Ort den Beinamen **Klein-Weimar** einbrachte.

Hätten Sie gewusst, dass das Oktoberfest in München seinen Ursprung in dieser thüringischen Stadt hatte? Wohl nicht. Eine Tochter des Herzogspaares, Therese, heiratete 1810 den bayerischen Kronprinzen Ludwig, den späteren König Ludwig I. Auf die Feierlichkeiten anlässlich der Hochzeit in München geht das heutige Oktoberfest zurück. Die Eheschließung wurde von einem großen Volksfest begleitet und die Festwiese vor dem Sendlinger Tor darf seither den Namen der königlichen Braut tragen, nämlich „Theresienwiese“. O‘zapft is!

Dunkelgräfin im Stadtmusem

1990 erneuerte der damalige Bürgermeister die einstige Verbindung zu München und ließ die Tradition in Hildburghausen wieder aufleben. Seitdem feiert man zu Ehren der Herzogstochter in Hildburghausen das **Theresienfest**, eines der beliebtesten Volksfeste in Südthüringen (www.theresienfest.de). Ein spannendes Geheimnis gilt es hier zu lüften, wozu Sie sich in das **Stadtmuseum** begeben sollten. Im Gebäude der Alten Post werden die Geschichten der Stadt erzählt, unter anderem die des **Dunkelgrafenpaares**. Ich werde mich hüten, Ihnen zu viel zu verraten, außer, dass das Paar äußerst zurückgezogen in Hildburghausen und später im Schloss von Eishausen lebten, wo ich Ihnen das Grab des Dunkelgrafen vorstellen werde. Nachdem die Gräfin gestorben war, ließ der Graf sie im Garten des gemeinesamen Hauses am Stadtberg beisetzen. Später schenkte er Haus und Garten einem seiner Diener, der sich anschließend um die Grabpflege kümmerte. Während einer Wanderung zum **Bismarckturm** führt der Weg an ihrer letzten Ruhestätte vorbei. Auf dem 496 Meter hohen Stadtberg wurde 1882 ein Turm errichtet und 1905 zu Ehren Otto von Bismarcks umbenannt. Ein weiterer wichtiger Vertreter der Stadt war Joseph Meyer, der 1828 sein Bibliografisches Institut von Gotha hierher verlegte. Dort erschien neben vielen anderen Werken die erste Ausgabe des **Meyers Konversationslexikon** und das Institut entwickelte sich zu einem der erfolgreichsten Verlage des 19. Jahrhunderts. Bekannt wurden neben dem Lexikon vor allem die Groschenbibliothek und natürlich Brehms Tierleben *(Stadtmuseum, 98646*

Bismarckturm auf dem Stadtberg

Hildburghausen, Apothekergasse 11, 03685/403689, www.museum-hildburghausen.de; Öffnungszeiten: Mi-Fr 10-17 Uhr, Sa/So 13-17 Uhr; Eintritt).

Während eines Stadtbummels gelangt man zum Rathaus, das durch einen Orkan schwer beschädigt und in seiner heutigen Renaissancegestalt 1594/95 wieder aufgebaut wurde. Bis 1919 übte ein Türmer sein Amt hier aus und dessen Türmerwohnung kann man auch heute noch besichtigen. Diese befindet sich ebenfalls im Gebäude des Rathauses. Die Stadt hat noch viel mehr zu bieten, worüber Sie sich an dieser Stelle informieren können *(Tourist-Information, 98646 Hildburghausen, Markt 25, 03685/774184, www.hildburghausen.de; Öffnungszeiten: Mo 10-14 Uhr, Di 13-18 Uhr, Do 10-18, Fr 10-14 Uhr).*

Eine kulinarische Empfehlung ist die *Wacholderschänke* mit Biergarten und Gaststätte, wobei auch jede Woche zum *Kult am Freitag* Musiker und Bands live zu erleben sind *(Wacholderschänke, 98646 Hildburghausen, Geschwister-Scholl-Str. 21, 03685/6797231; Öffnungszeiten: Di-So 17:30-23 Uhr, Kloßküche So und Feiertag 11-14 Uhr).*

Möchten Sie sich mit einem alten Handwerk vertraut machen? Dann empfehle ich den **Familienbetrieb Seilerei Werner**. Auf Anfrage kann die Werkstatt mit ihren traditionellen Maschinen und Fertigungstechniken besichtigt und sogar Seile hergestellt werden. Alles, was die Seilerei produziert, wird im eignen Laden verkauft *(Seilerei Werner, 98646 Hildburghausen, Knappengasse 4, 03685/706752; Öffnungszeiten: Mo-Do 9-17 Uhr, Fr 9-12 Uhr).*

Natürlich benötigt man einen Parkplatz oder gar einen Platz für die Nacht. Ein offizieller Stellplatz findet sich auf dem P3 an der Werra.

(199) Offizieller WOMO-Stellplatz: Hildburghausen, P3
GPS: N 50°25'32" E 10°43'23", Friedrich-Rückert-Straße. **Max. WOMOs**: 3.
Öffnungszeiten: Ganzjährig.
Ausstattung: Keine.
Beschreibung: Es ist ein großer und relativ ebener Parkplatz. Die Stellplätze sind am Ende des Platzes. 400 m entfernt befindet sich der Schlosspark und nach weiteren 300 m erreicht man den Marktplatz. Eine Wanderung auf den Stadtberg mit Bismackturm und Grab der Dunkelgräfin ist möglich.
Preise: Tagesticket 2 €.
Zufahrt: Von der B89 kommend in die Friedrich-Rückert-Straße einbiegen.

Das angesprochene Theresienfest findet auf einem Gelände nahe des **Sport- und Freizeitbades** (www.sprung-frei.de) mit seiner 50-Meter-Rutsche statt. Dort finden Sie eine weitere Parkmöglichkeit, von der aus sich ein Besuch des Naherholungsgebietes Gemauerte Teiche anbietet [**200**: N 50°25'54.4" E 10°44'06.8"].

Naherholungsgebiet Gemauerte Teiche

Ein kurzer Weg von ca. 500 Metern in nordwestliche Richtung führt zum **Naherholungsgebiet Gemauerte Teiche**, an das ein Tiergehege anschließt. Ein Rundgang über 2 Kilometer führt vorbei an großzügigen Gehegen mit Dam-, Rotwild sowie Mufflons. Unterwegs schaut man von mehreren Aussichtskanzeln in das Gelände. In der Nähe befindet sich ein Spielplatz und die Gaststätte Zur Erdbeere mit gutbürgerlicher Küche, Kaffee und Kuchen.

In südlicher Richtung verlassen wir Hildburghausen auf der L1134 und plötzlich ändert sich der Landschaftscharakter deutlich. Vor uns entfaltet sich das **Grabfeld** mit seinem fruchtbaren Boden und günstigen klimatischen Bedingungen, die sich aus dem Schutz von Thüringer Wald und Rhön ergeben. Eine solch attraktive Landschaft und dann ein solcher Name? Aber mit einem Grab hat der Name nichts zu tun. Ist die Rotbuche typisch für die Rhön, so ist es die Weißbuche für das Grabfeld, und auf deren lateinische Bezeichnung führt man den Namen des Grabfeldes zurück.

Recht schnell erreichen wir **Eishausen** (ca. 500 EW.), wo wir in Richtung Friedhof fahren (N 50°22'35.9" E 10°44'25.6"), um das **Grab des Dunkelgrafen** zu besuchen. Im Stadtmuseum in Hildburghausen setzten wir uns ausführlich mit der mysteriösen Geschichte des Dunkelpaares auseinander und erfuhren, dass die Dame nie ohne Schleier vor dem Gesicht erblickt wurde und auch sonst sorgsam vor der Öffentlichkeit verborgen wurde. Im ehemaligen Schloss von Eishausen lebte das Paar nach dem Umzug von Hildburghausen bis zum Tod. Wegen Baufälligkeit wurde es 1874 abgerissen. Ein Modell des Schlosses befindet sich vor der Kirche, wo auch ein interessantes Naturdenkmal zu sehen ist: die ca. **200 Jahre alte Tanzlinde**.

So sehr uns auch das Geheimnis des Paares fesselt, ziehen wir doch weiter und stoßen in Eishausen auf einen weiteren Aspekt des Grabfeldes, nämlich die gut erhaltenen und vielfältigen Fachwerkbauten, die uns in der gesamten Region begegnen werden.

Wir befinden uns in der Einheitsgemeinde Straufhain, die ihren Namen der Burgruine Strauf verdankt. Zu ihr gehören neun Ortschaften, wie auch **Adelshausen** (ca. 200 EW), in der die älteste Steinkirche Südthüringens steht (N 50°21'56.7" E 10°45'1.5"). Ihr Bau begann bereits 1484. Familie Gatzer im Haus gegenüber übergibt gerne den Schlüssel, damit auch das

Innere der Kirche betrachtet werden kann. Die aus der Erstbemalung stammenden Fresken wurden freigelegt und lohnen eine Besichtigung.

Ein weiterer Ort der Einheitsgemeinde ist **Streufdorf**, in den wir uns als nächstes begeben. Auf dem Weg dorthin machen wir an einer **1.000-jährigen Steineiche** eine kurze Rast (N 50°21'3.6" E 10°43'2.7"). Die Tafeln informieren über eines der folgenden Ziele – die Burgruine Strauf, die wir auf dem gegenüberliegenden Hügel bereits sehen können.

In Thüringen ist das Thema der innerdeutschen Grenze häufig allgegenwärtig, so auch hier. Das **Zweiländermuseum Rodachtal** setzt sich damit in einer aufwändig gestalteten Ausstellung auseinander und bezieht beide Regionen ein – Thüringen und Franken. Der Rundgang beginnt in der Zeit um 1900 und endet im 21. Jahrhundert und hat immer das Erleben der Menschen in den Dörfern und Städten im Mittelpunkt. Das Museum befindet sich seit 2009 in den Kemenaten, die als Teil einer mittelalterlichen Kirchwehranlage restauriert wurden *(Zweiländermuseum Rodachtal, 98646 Straufhain OT Streufdorf, Pfarrberg 5, 036875/50651, www.zweilaender-museum.de; Öffnungszeiten: April-Okt Do-Sa 13-18 Uhr, So/Feiertag 10-18 Uhr, Nov-März Do-Sa 13-17 Uhr, So/Feiertag 10-17 Uhr; Eintritt).*

Zweiländermuseum Rodachtal

Von April bis Oktober hat an den Wochenenden das *Café im Hof* geöffnet und außer selbstgebackenem Kuchen kann man auch fränkische Biersorten probieren (www.cafe-im-hof.com).

Der weite Blick von der Burgruine Strauf

Mit vollem Magen und einen Spaziergang vertragend geht es weiter in Richtung **Seidingstadt** (ca. 250 EW). Linkerhand entdecken wir die Burgruine Strauf, die uns auf ihrem 449 Meter hohen Bergbuckel bereits erwartet. Auch sie stand Jahrzehnte im Sperrgebiet und der darunterliegende Bergwald konnte sich unbekümmert entwickeln. Die Infotafel an der Steineiche mahnte uns zur Rücksichtnahme auf das Naturbiotop und zeigte einen möglichen Startpunkt zum Aufstieg. Mitten im Wald an der Steinbank parken wir. Die Möglichkeiten sind nicht allzu üppig, aber doch vorhanden (N 50°20'13.8" E 10°42'40.3"). Der Wegweiser zeigt an, dass nach einem kurzen Aufstieg von einem Kilometer die **Burgruine Strauf** erreicht wird. Oben angekommen haben wir einen beeindruckenden Panoramablick auf die umliegende Gegend. Bei schönem Wetter sieht man die Gleichberge bei Römhild, das Heldburger Unterland mit der Veste Heldburg und über Oberfranken bis nach Coburg. Die Burg Strauf wurde vermutlich um 800 erbaut und hatte seine Blütezeit von 1245 bis 1290. In den Bauernkriegen um 1525 wurde sie zerstört, aber als Ruine und Wahrzeichen ist sie bis heute erhalten.

Zur Stadt **Heldburg** (ca. 1.000 EW) gehören wiederum 14 Gemeinden, von denen wir einige aufsuchen werden. Ab jetzt wird es in Sachen Fachwerksbaukunst spannend. Zuerst parken wir das WOMO auf dem offiziellen Stellplatz neben dem Sportplatz und gehen zu einem Stadtbummel in Richtung Ortskern.

(201) Offizieller WOMO-Stellplatz: Heldburg

GPS: N 50°16'44.0" E 10°43'48.9", Am Rainbrünnlein. **Max. WOMOs**: 5.
Öffnungszeiten: April bis Oktober.
Ausstattung: VE, Strom gegen Gebühr, Mülleimer.
Beschreibung: Am Ortsrand von Heldburg gelegen, in unmittelbarar Nähe zu Sportplatz und L1134. Zu Fuß erreicht man nach ca. 500 m den Marktplatz.
Preise: Kostenfrei.
Zufahrt: Direkter Zugang von der L1134.

Seit dem 15. Jahrhundert wurden **Fachwerkhäuser** häufig mit gemauertem Erdgeschoss errichtet – als Fundament für die hölzernen Obergeschosse. Der entscheidende Vorteil war, dass das Holz vor aufsteigender Feuchtigkeit geschützt wurde und somit war den Häusern ein langes Leben beschieden. Bis ins 19. Jahrhundert zählte diese Methode zur vorherrschenden Bauweise. Fast jede Region bildete ihr eigenes Fachwerk aus, aber das Grundkonzept war überall gleich. Man verbaute die Hölzer nach dem System der Gerüstbauweise. Zunächst wurde ein dreidimensionales Gitterwerk errichtet, die entstandenen Zwischenräume mit geflochtenen Ästen stabilisiert und mit

einem Gemisch aus Stroh und Lehm ausgefüllt. Diese Räume nennt man in der Fachsprache Gefach und daher leitet sich der Begriff des Fachwerks ab. Je nach Erbauungszeit sind die künstlerischen Gestaltungen der Häuser unterschiedlich ausgeprägt. Schmuckelemente sind vor allem eine bestimmte Anordnung der Balken, die Verwendung von Schiefer oder Schnitzereien und eine farbliche Gestaltung der Gefache. Zum Glück können wir dieses Zeugnis der Baukunst im Grabfeld in besonderer Weise bewundern, wie hier in Heldburg. Zu den schönen geschlossenen Fachwerkensembles gesellt sich die alte Stadtmauer mit ihren fünf erhaltenen Türmen und lässt den Rundgang zu einem Genuss werden. Der niedliche Apothekerturm, einer der Ecktürme, ist das erste Bauwerk, an das man gelangt, wenn man vom Stellplatz in Richtung Ortskern geht. Falls Sie lieber dort parken möchten, ist das auf dem Marktplatz vor der spätgotischen Stadtkirche ebenfalls möglich (N 50°16'47.7" E 10°43'30.8").

Und immer wieder, mal zwischen den Häusern, mal über ihren Dächern, ragt sie ins Bild, die **Fränkische Leuchte – die Veste Heldburg**. In Gefahrensituationen sollte die Burg den Nachbarburgen Feuerzeichen geben, was ihr diesen Namen einbrachte. Sie ist ein Märchenensemble aus Türmen, Erkern und Palastmauern hoch oben auf dem Burgberg, der aus dem vulkanischen Gestein Phonolith besteht. Ihn nennt man auch

Ausblick von der Veste Heldburg

Die Veste Heldburg mit dem Deutschen Burgenmuseum

Klingstein. Warum er so heißt, können Sie auf dem Weg vom Parkplatz zur Burg selbst feststellen (N 50°17'23" E 10°43'51.8"). Die Burg ist eine vom Mittelalter bis in das 20. Jahrhundert fast durchgehend genutzte Anlage und wurde durch Um- und Ausbauten immer wieder an die jeweiligen Anforderungen angepasst. Ab 1826 gehörte sie zum Herzogtum Sachsen-Meiningen, wobei bereits die Erhaltung und Pflege im Vordergrund standen. Doch erst der Theaterherzog von Meiningen, Herzog Georg II., erweckte ab 1875 die Heldburg zu neuem Leben. Beeinflusst von der Burgenromantik des 19. Jahrhunderts verwirklichte er auf der Veste seine romantischen Vorstellungen eines Märchenschlosses, das er mit seiner dritten, nicht standesgemäßen Frau auch zeitweise bewohnte. Die Geschichte der beiden erfahren Sie im Turm. Auch eine grandiose Rundumsicht ins Umland und zur Veste Coburg ist aus der erhabenen Position möglich.

Schlosslinde

Bei einem Großbrand 1982 wurde die kostbare Innenausstattung des Herzogs zu großen Teilen zerstört. Trotzdem oder gerade deswegen wurde 2016 eine Dauerausstellung zur Burgengeschichte eröffnet. Das **Deutsche Burgenmuseum** auf der Veste ist weltweit einzigartig und zeigt die Geschichte und Kultur der Burgen in Europa bis in die heutige Zeit. Die Besichtigung der gesamten Anlage und ihrer Ausstellungen ist überwältigend und ich kann sie wärmstens empfehlen *(Veste Heldburg, 98663 Bad Colberg-Heldburg, Burgstraße 1, 036871/21210, www.deutschesburgenmuseum.de;* Öffnungszeiten: *Jan/Feb Sa/So 10-16 Uhr, Apr-Okt Di-So 10-17 Uhr, Nov/Dez/März Di-So 10-16 Uhr; Eintritt).*

Das nächste Ziel ist der Ortsteil **Bad Colberg** (ca. 150 EW), in dem sich zum einen die Terrassentherme und zum anderen eine Touristinformation mit großem Parkplatz [N 50°16'32.3" E 10°48'00"] befinden. In **Sabines Bar Café** unweit der Info kann leckerer selbstgebackener Kuchen geschlemmt werden *(Tourist-Information, 98663 Heldburg OT Bad Colberg, Hauptstr. 4, 036871/20159, www.stadt-heldburg.de; Öffnungszeiten: Mo-Do 9-15 Uhr und Fr 9-12 Uhr).*

Gut ausgeschildert sind MEDIAN Klinik und **Terrassentherme** mit dem Kurpark. Vor dessen Gelände stehen vier Längsparkplätze (N 50°16'37.8" E 10°47'59.2") und ein weiterer Parkplatz (N 50°16'40.9" E 10°47'58.2") zur Verfügung *(Terrassentherme, 98663 Heldburg OT Bad Colberg, Parkallee 1, 036871/230, www.thueringens-terrassentherme.de; Öffnungszeiten: Mo-Fr 13-21 Uhr und Sa/So 9-21 Uhr.)*

Wir widmen uns vorerst wieder der Fachwerkskunst und dazu begeben wir uns in die kleinste Stadt Thüringens, nach **Ummerstadt** (ca. 500 EW). Wegen ihrer vielen Fachwerkfassaden wird sie auch Thüringisches Rothenburg genannt. Ein Parkplatz findet sich am Ortseingang (N 50°15'43.7" E 10°48'33.1") und ebenso am Marktplatz (N 50°15'33.7" E 10°48'43.3"). Es ist wahrlich ein **Fachwerkkleinod** eingebettet in die wunderschöne fränkische Hügellandschaft. Das Rathaus ist das größte und repräsentativste Gebäude, umrahmt von einem Ensemble rund um den Marktplatz. Übrigens ist das Rodachtal eine Region, in der die Zonengrenze mehr als anderswo die Menschen in Ost und West trennte und auf beiden Seiten die Entwicklung hemmte. Die Rodach ist der Namensgeber und fließt außer durch Südthüringen ebenso durch Nordbayern.

Mögen Sie das Rodachtal per Rad erkunden? Auf dem **Werra-Obermain-Radweg** (www.werratal.de/werratal_touren/werra-obermain-radweg/) ist das möglich, denn unüberwindbare Grenzen gibt es schon lange nicht mehr.

Zurück über Heldburg geht es auf der L1134 in Richtung Hellingen, wo wir an einem kleinen **Waldsee**, dem Colberger Teich, eine Rast an Tischen und Bänken einlegen (N 50°16'27.2" E 10°46'57.1").

In **Rieth** (ca. 300 EW) wurde der **Walderlebnispfad Nonnenholz** eingerichtet, der auf seiner etwa zwei Kilometer langen Runde nicht nur aktive Stationen rund um die Natur zu bieten hat, sondern auch ein Gehege mit Wildschweinen, Rot- und Muffelwild. Kinder und natürlich auch Erwachsene können zum Beispiel durch einen begehbaren Dachsbau kriechen oder in einer Weitsprunganlage testen, welches Tier ebenso weit hüpft. Unter altehrwürdigen Bäumen steht auf halber Strecke die Latthütte, an der wir es uns beim Picknick gutgehen lassen. Direkt hinter dem Revier der Schwarzkittel zieht sich die ehemalige Staatsgrenze durch den Wald und irgendwann gelangt man wieder an den Ausgangpunkt am Seegrund, einem kleinen Teich mit Hütte und Wanderparkplatz (N 50°15'35.1" E 10°37'12.7").

Walderlebnispfad Nonnenholz mit Stationen zu Themen aus der Natur

In die *Gaststätte Beyersdorfer* (www.gasthaus-beyersdorfer.de), die auf eine fast 100-jährige Tradition zurückblickt, können Sie am Abend zu thüringischer Küche einkehren.

Zwischen Rieth und **Gompertshausen** (ca. 500 EW) rollen wir auf einer Höhe dahin. Von rechts grüßen die Veste Heldburg und Straufhain. Im Ort gibt es **Fleisch-**, **Wurst- und Wildspezialitäten der Region** sowie Dinge für den täglichen Bedarf (N 50°17'52.2" E 10°37'39.9").

Wie bereits erwähnt, war diese Region besonders von der Teilung zwischen Ost und West betroffen, und deshalb begeben wir uns auf einen knapp elf Kilometer langen **Rundwanderweg**, den **Grenzgänger**, der entlang der innerdeutschen Grenze am Grünen Band über die Grenzüberwachung, die deutsche Geschichte und die dortige Tier- und Pflanzenwelt informiert. Es gibt ebenso spielerische Lernelemente auf der Strecke und immer wieder weite Aussichten auf das Grabfeld, die angrenzenden Höhenzüge der Haßberge und Gleichberge.

Grenzturm Gompertshausen

Startpunkte mit Übersichtskarten finden sich in Gompertshausen, Schlechtsart und Linden. Ein Tipp, wie man direkt auf den Kolonnenweg einsteigen kann und zudem eine der angesprochenen Aussichten genießen kann, ist unweit von **Schlechtsart** in Richtung Trappstadt (N 50°19’40.1” E 10°35’56.8”). Dort ist es möglich, am Weg (allerdings begrenzt) zu parken. An einer Tisch-Bank-Kombination zeigt ein Wegweiser den Pfad zum **Spanshügel**. Der Weg kann auf zwei Weisen gegangen werden, einen steilen recht kurzen und einen entspannten etwas längeren Weg. Entscheiden Sie selbst und genießen anschließend die geniale Fernsicht.

Die herrliche Fernsicht vom Spanshügel

Haben Sie den Grenzgänger komplett erwandert, haben Sie sich sicher einen ordentlichen Hunger anmarschiert. Dann ist **Gleicherwiesen** (ca. 350 EW) mit seinem **russischen Spezialitätenrestaurant** mit original russischem Flair genau das Richtige [**202**: N 50°21'47.7" E 10°38'6.4" *Parken neben der Kirche; Na Sdorowije, 98646 Römhild OT Gleicherwiesen, Ortsstr. 1, 036875/69311; Öffnungszeiten: Di-Sa 17-24 Uhr und So 11:30-24 Uhr*].

Idyllisch eingebettet in die Ausläufer der Gleichberge, die wir demnächst in Augenschein und unter die Füße nehmen werden, liegt **Bedheim** (ca. 580 EW). Ein Ort mit Kirche, Schloss und bekannten Persönlichkeiten. Das von außen bescheiden wirkende Gotteshaus besitzt ein bemerkenswertes Inneres. Die Altarhalle ist der älteste Teil und wurde bereits 1260 erbaut. Das Bemerkenswerte sind ihre zwei Orgeln. Die große wurde 1711 vom privilegierten Orgelbauer Caspar Schippel eingebaut und die kleine zehn Jahre später wie ein **Schwalbennest** (www.schwalbennestorgel.de) gegenüber aufgehängt. Wo aber ist der Orgeltisch, wer sollte da oben spielen? Die Lösung des Rätsels ist technisch so kompliziert, wie das Klangerlebnis einmalig ist. Über das Dachgeschoss führen von der Hauptorgel am anderen Ende der Kirche 20 Meter lange Holzstäbe, sogenannte Abstrakten, zur Tochterorgel.

Unmittelbar neben der Kirche liegt das **Bedheimer Schloss** (www.schloss.bedheim.de) Es erinnert an die Zeit der Renaissance und des Barock. Noch heute ist es im Besitz der Familie Rühe von Lilienstern, die bis 1969 dort wohnte. 1788 heiratete Charlotte von Wolzogen, Schillers Jugendliebe, den Schlossherren August Franz Friedrich Rühle von Lilienstern.

Innenhof von Schloss Bedheim

Gemütliches Plätzchen

Aber bekannt machte Bedheim einer seiner Nachfahren, der Landarzt Dr. med. Hugo Rühle von Lilienstern. Er grub 1932 auf dem Großen Gleichberg riesige Saurierskelette aus der Keuperzeit aus und gründete mit seinen Funden das Paläontologische Museum in Bedheim. Nach dem Umzug der Familie wurde 1969 das Museum aufgelöst und seine Funde befinden sich heute im Naturkundemuseum in Berlin.

Begrenzt parken kann man neben dem neu errichteten Sch(l)afstall, der die Blicke auf sich zieht, und zwar an der Stelle des ehemaligen historischen Schafstalles (N 50°23'28.9" E 10°39'6.1").

Das Schloss ist zwar bewohnt, kann aber besichtigt werden. Im Sommer ist zudem an den Wochenenden das **Gartencafé** geöffnet, wo man sich mit selbstgebackenem Kuchen stärken kann. Das Schloss wird wohl noch weitere Jahre denkmalgerecht wiederhergestellt werden müssen, deshalb ist eine Spende nach dem Schlossbesuch eine gern gesehene Unterstützung. Ein Spaziergang in die Streuobstwiesen bietet sich an und am Waldrand erwartet Sie eine tolle Fernsicht.

Nun hatten wir die **Gleichberge** schon oft genug im Blick, da sollten wir sie auch erkunden. Unterhalb des **Steinsburgmuseums** parken wir das WOMO und laut Bürgermeister der Stadt darf hier auch übernachtet werden [**203**: N 50°24'1.6" E 10°35'29.3"].Das Museum ist eine Zweigstelle des Museums

Steinsburgmuseum Römhild

für Ur- und Frühgeschichte Thüringens in Weimar. Es zeigt die Ur- und Frühgeschichte Südthüringens und insbesondere des Gleichberggebietes und damit deren einstige keltische Besiedlung. Nun stellt sich die Frage: Erst Museum oder doch erst auf den Kleinen Gleichberg? Das entscheiden wie immer Sie. *(Steinsburgmuseum, 98630 Römhild, Waldhaussiedlung 8, 0361/573222000, www.steinsburgmuseum.de; Öffnungszeiten: Di-So 9-17 Uhr; Eintritt).*

Wanderung zum Kleinen Gleichberg (Südaufstieg)

Der Aufstieg von etwa 2,5 km beginnt an der Infotafel zum Naturraum Gleichberggebiet und ist der am häufigsten benutzte Weg und zugleich der modernste. Er entstand mit dem Abbau von Basalt zu dessen Abtransport und soll einen natürlichen Zugang zum Berg imitieren. Der direkte Aufstieg führt steil bis zur Seeberhütte. Dort werden die Wege schmaler und uriger. Nach kurzer Strecke biegt der Weg scharf rechts ein und passiert einen ersten Steinwall, der das Ende des Hauptwalles darstellt. Der letzte große Anstieg führt zur Jacobsmauer, einem Stück des oberen Befestigungsringes, das als ältere Hauptmauer bezeichnet wird. Die Aussicht an der Jacobsmauer ist bereits herrlich und lässt erahnen, was der Gipfel für uns bereithält. Oben angekommen, bestaunen wir den noch gut erhaltenen Wall, den Gipfelring. Das Plateau in 641,5 m Höhe, auch Akropolis genannt, entschädigt die Mühen des Aufstiegs, wobei der abwechslungsreiche Weg bereits ein Genuss war. Die Fernsicht ist für mich eine der schönsten Thüringens.

Die Steinsburg auf dem Kleinen Gleichberg ist die **bedeutendste Höhensiedlung der Kelten in Thüringen** und nimmt eine Gesamtfläche von etwa 68 Hektar ein. In der vorrömischen Eisenzeit gab es um den Berg bis zu drei Mauerringe aus Basaltmauern. Im gesamten Gelände sind bis heute alte Wege, der nördliche Zugang, Grabhügel, Wohnplateaus und Quellen zu sehen. Zwischen den Ringen lagen die Siedlungsflächen, wobei der Gipfel vermutlich ein heiliger Ort für die Kelten war. Allerdings fiel ein Teil der Wallanlagen dem Basaltabbau Anfang des letzten Jahrhunderts zum Opfer. Das Museum informiert ausführlich und anschaulich über die Entwicklungen und die Geschichte der Keltensiedlung. Direkt neben dem Parkplatz ist das *Hotel Waldhaus* mit Gaststätte.

Weiter in Richtung Römhild erreicht man das Waldbad (www.stadt-roemhild.de/kultur-freizeit/waldbad) mit Übernachtungsmöglichkeit. Die mit Quellwasser gefüllten Becken und großen Liegewiesen laden herzlich ein. Ein ständiger Zu- und Ablauf aus der Quelle sichert die Wasserqualität.

(204) WOMO-Badeplatz: Waldbad, Römhild

GPS: N 50°24'3.8" E 10°34'14.4", Hildburghäuser Str.
Max. WOMOs: 2-3. **Ausstattung**:Keine.
Beschreibung: Direkt am Waldbad, außerorts. Der Untergrund ist teilweise uneben und nicht befestigt. In der Nacht wird die Schranke des Zufahrtsweges geschlossen. Ein nächtliches Ausfahren ist nicht möglich. Das Übernachten ist erlaubt.
Preise: Kostenfrei.
Zufahrt: In Richtung Römhild fahrend direkt an der Hildburghäuser Straße.

Getöpferte Kunstwerke

Das Stadtbild der Kleinstadt **Römhild** (ca. 1.800 EW) wurde durch gesellschaftliche Veränderungen beeinflusst. Das Handwerk, Gewerbe und die Landwirtschaft prägten das Geschehen, allen voran das **Töpferhandwerk**. Die Herkunft des Namens ist gut überliefert, er stammt vom althochdeutschen *rot* und *molta* – rote Erde. Das ist auch der Grund, weshalb sich gerade hier die Töpferei entwickelte. Im 500-jährigen **Schloss Glücksburg**, einer ehemaligen Residenz der Henneberger Grafen, befindet sich das Museum der Stadt. Dort kann man die historische Entwicklung der letzten 300 Jahre nachvollziehen, wie die Handwerke der Maßschneiderei, der Bäckerei, Schumacher oder Seilerei. Die sogenannte Hönn`sche Sammlung zeigt deren Werkzeuge und Produkte. Einen großen Schwerpunkt bildet die Keramik. In einer eindrucksvollen Schau präsentieren Künstler aus aller Welt im Schlossgarten und den Ausstellungsräumen ihre Unikate. Etwa 1000 Exponate belegen die Vielfalt der Formen, Glasuren und Brenntechniken und unterschiedlichen Handschriften der Künstler. Die Objekte entstanden im Rahmen internationaler Symposien. Außerdem findet jedes Jahr am 3. Augustwochenende der Thüringer Keramikmarkt in den Höfen der Glücksburg statt *(Museum Schloss Glücksburg, 98630 Römhild, Griebelstr. 28, 036948/88140; Öffnungszeiten Di-So 9-17 Uhr; Eintritt; www.stadt-roemhild.de)*.

(205) Offizieller WOMO-Stellplatz: Römhild

GPS: N 50°23'46.2" E 10°32'23.6", Gustav-Friedrich-Höfling-Straße.
Max. WOMOs: 3.
Ausstattung: Öffentliches WC.
Beschreibung: Asphaltierter Platz in unmittelbarer Nähe zum Ortskern und Schloss Glücksburg.
Preise: Kostenfrei.
Zufahrt: Von der Marktstraße ausgehend links abbiegen.

Möchten Sie getöpferte Erinnerungen mit nach Hause nehmen? Etwa 400 Meter vom Stellplatz befindet sich die *Töpferei Weingarten*, die vor allem Gebrauchskeramik in Steinzeugqualität anfertigt.

Die älteste *Töpferei* in Römhild ist *Gramann*, wo seit 1720 per Hand mit der Drehscheibe getöpfert wird, worüber auch das Museum viel Wissenswertes vermittelt. Im Laden und Online-Shop können die neuesten Kreationen bewundert und gekauft werden.

Auf dem Weg nach Bauerbach auf der L1131 erreichen wir unmittelbar vor Jüchsen auf der linken Straßenseite den Speicher Jüchsen. An dem kleinen **Stausee** spazieren wir am Ufer entlang und halten nach Wasservögeln Ausschau (N 50°28'39.3" E 10°30'43.9").

Nun kommen die Schiller-Fans auf ihre Kosten und statten **Bauerbach** (ca. 250 EW) einen Besuch ab. Nur 23-jährig fand der bereits wohlbekannte Dichter im Gut von Frau Wolzogen politisches Asyl. Im Januar 1782 hatte das Mannheimer Theater seine *Räuber* aufgeführt, kurz darauf verbot ihm der Herzog Karl Eugen von Württemberg, „Komödien und dergleichen Zeug" zu schreiben. Schiller floh und vollendete in Bauerbach *Kabale und Liebe*, begann *Don Carlos* und verliebte sich in die 17-jährige Charlotte von Wolzogen, die Tochter der Gastgeberin. Der Mutter gefiel das gar nicht – ein mittelloser Dichter! Nach acht Monaten verließ Schiller Bauerbach und Charlotte heiratete später, wie wir bereits wissen, den reichen Regierungsrat Rühle von Lilienstein aus Bedheim. Im ehemaligen Gutshaus der Familie von Wolzogen ist heute das **Schiller-Museum** untergebracht, das nach einer umfangreichen Sanierung wieder geöffnet hat *(Schiller-Museum, 98631 Grabfeld OT Bauerbach, Friedrich-Schiller-Str. 1, www.klassik-stiftung.de/schiller-museum-bauerbach; Öffnungszeiten: Di-So 13-17 Uhr, Eintritt).*

Wie soll es auch anders sein – in Bauerbach existiert pure Theaterleidenschaft und im **Naturtheater Bauerbach**, etwa ein Kilometer außerhalb des Ortes gelegen, werden im Sommer schillernde Geschichten erzählt. Seit 1959 spielt ein ganzes Dorf Theater und das kann sich wahrlich sehen lassen (www.naturtheater-bauerbach.de).

Nicht zu vergessen ist das schöne *Dorfgasthaus Zum braunen Roß*. Dort wird auf die traditionelle thüringer Küche geschworen und vor allem nach altbewährten Rezepten gekocht, aber auch mit neuen Ideen verfeinert, und fürs gute Wetter gibt es einen Biergarten (N 50°29'57.1" E 10°23'29.4", *Gasthaus Zum braunen Roß, 98631 Grabfeld OT Bauerbach, Fr.-Schiller-Str. 17, 036945/519400; Öffnungszeiten: Mi/Do 12-18 Uhr, Fr 12-14 Uhr und 17:30-21 Uhr, Sa 12-21 Uhr und So 11-15 Uhr).*

Dorfgasthaus Zum braunen Ross in Bauerbach

Burgruine Henneburg

Nun ist es nicht mehr weit nach Henneberg und zu Füßen des Schlossberges finden wir links der Straße einen kleinen Wanderparkplatz (N 50°29'35.5" E 10°21'53.8"), von dem aus die **Burgruine Henneburg** auf dem frei stehenden Bergkegel gut zu erreichen ist. Es geht bergauf und nach etwa einem Kilometer ist das Ziel erreicht. Es handelt sich um den ehemaligen Stammsitz der Grafen von Henneberg, wobei die erste herrschaftliche Burganlage wahrscheinlich Ende des 11. Jahrhunderts errichtet, aber in den folgenden Jahrhunderten mehrfach umgebaut wurde. Die Burgruine gehört zu den weitläufigsten Wehranlagen Thüringens und fällt besonders durch ihren Burggraben, die Ringmauer, den Bergfried und die Überreste vom Wohnhaus eines Burgmannes auf.

Unser letztes Ziel, bevor wir an den Startpunkt in Meiningen zurückkehren, ist nochmals ein sehr kulinarisches, und zwar die *Jägerstube der Fasanerie* in **Hermannsfeld** (ca. 280 EW). (N 50°30'18.2" E 10°19'50.5").

Um etwa 1790 ließ Herzog Georg I. von Sachsen-Meiningen den schlichten klassizistischen Bau errichten und einige Jahre später wurde die Gegend um den prächtigen Laubwald zu einem Naturpark und diente als Jagd- und Ausflugsgebiet. Der Theaterherzog Georg II. wiederum war es, der einen beachtlichen Anteil an der Entwicklung des Geländes hatte und zahlreiche seltene Arten anpflanzen ließ. Ein **Naturlehrpfad** führt auf etwa zwei Kilometern durch den Wald und führt an Tiergehegen mit Schwarz- und Damwild entlang.

Sicher sind Ihnen das große Kreuz und der weiße Grenzturm auf dem Dachsberg aufgefallen. Am 3.10.1991 wurde das **Weltfriedenskreuz** eingeweiht und befindet sich auf einem 40 Kilometer langen Wanderweg – dem **Friedensweg**, der entlang der einstigen Grenze von Birx in der Hohen Rhön bis nach Henneberg zu einer ehemaligen Grenzübergangsstelle führt. 40 Tafeln informieren und arbeiten die deutsch-deutsche Geschichte von 1945 bis 1990 entlang der Strecke auf *(Jägerstube im Jagdschloss Fasanerie, 98617 Rhönblick OT Hermannsfeld, 0171/6352007; Öffnungszeiten: Mi/Do 12-18 Uhr, Fr 12-14 Uhr und 17:30-21 Uhr, Sa 12-21 Uhr und So 11-15 Uhr).*

Tipps und Infos

In einem Reiseführer, der eine deutsche Region beschreibt, sind Tipps und allgemeine Informationen weniger notwendig als für das fremdsprachige Ausland. Entsprechend kurz sind die alphabetisch geordneten Hinweise:

Bademöglichkeiten

Die Mittelgebirgslage eines großen Teils von Thüringen mit ihren Bergen und Tälern, Hügelrücken und Senken – und die dem Gebirgscharakter entsprechende Niederschlagsmenge – schufen günstige Voraussetzungen für die Anlage einer großen Zahl von Speicherbecken, Talsperren und Stauseen. Viele von ihnen sind für touristische Zwecke freigegeben, bieten mit Campingplätzen, Liegewiesen, Freibädern, Spiel- und Parkplätzen ein umfangreiches Erholungsangebot. Ich habe in den meisten Fällen die Touren so legen können, dass diese schönen, künstlich angelegten Seen berührt werden. Ins frische Nass lockt Thüringen auf verschiedene Weise:

Da sind zunächst die **Hohenwarte- und die Bleilochtalsperre** zu nennen, gestaute Abschnitte der Saale in idyllischster Landschaft, die mit mannigfaltigen Freizeitangeboten aufwarten, wie zum Beispiel Schifffahrten, SUP- und Bootsverleih und Wanderungen entlang der aussichtsreichen Ufer.

Die **renaturierten** sächsischen **Braunkohlereviere** südlich von Leipzig ziehen sich noch ein Stück nach Thüringen hinein. Rings um Meuselwitz und Altenburg hatten die Riesenbagger die Landschaft verschandelt, ganze Ortschaften mussten dem Energiebedarf weichen. Inzwischen sind Jahrzehnte vergangen, die Kohlegruben haben sich mit Grundwasser gefüllt, sind zu reichen Naturbiotopen geworden und bieten vielerorts auch herrliche Bademöglichkeiten. Ich zeige Ihnen die schönsten!

Zwischen Schleiz und Pößneck liegen die **Plothener Teiche**, hunderte von ehemaligen Fischteichen, die bereits im Mittelalter angelegt wurden – heute sind sie romantische Wander- und Badereviere.

Zuletzt seien die vielen **Schwimmbäder** genannt. Sie liegen meist in bezaubernder Waldrandlage. Oft führte mich das Hinweisschild „Waldschwimmbad“ nicht nur zu einem erfrischenden Badeplatz, sondern gleichzeitig zu einem reizvollen und ruhigen Übernachtungsplatz. Gerade auch außerhalb der Badesaison sind deshalb diese Parkplätze besonders empfehlenswert.

Übrigens: FKK-Bereiche sind an vielen Badeplätzen die Regel.

Freies Übernachten/Stellplätze/Campingplätze

Ich habe mir große Mühe gegeben, **freie Übernachtungsplätze** zu entdecken. Thüringens abwechslungsreiche Landschaft war mir dabei eine große Hilfe.

Wenn sie meine Heimat bereisen, jeden Tag aufs Neue auf Entdeckungsfahrt gehen, können Sie am Ende eines erlebnisreichen Tages stets einen Hinweis auf ein ruhiges Plätzchen erwarten. Manchmal bedarf es nur einer höflichen Frage, ob man über Nacht stehen bleiben darf. Wir wurden überall freundlich empfangen und haben uns stets aufgehoben und wohl gefühlt.

Das Angebot an **offiziellen Stellplätzen** ist in Thüringen noch ausbaufähig, aber es entstehen regelmäßig neue Möglichkeiten und die Gemeinden bieten zunehmend Übernachtungsplätze an. Es gibt echte Prachtexemplare unter ihnen, wie zum Beispiel der Reisemobilhafen in Bad Salzungen, aber auch Plätze ohne jegliche Ausstattung. In meinen Beschreibungen können Sie die Beschaffenheit und die Ausstattungsmerkmale eines jeden Platzes entnehmen.

Möchten Sie jedoch länger in einer Gegend verweilen, dann bietet sich der Aufenthalt auf einem **Campingplatz** an. Darauf habe ich besonderen Wert gelegt und Ihnen deshalb jeden Campingplatz beschrieben, der sich auf einer Tour anbietet. Eine Preisspanne gebe ich für jeweils zwei Personen plus das Wohnmobil an.

Flora/Pflanzenwelt

Die blumenreichen Gefilde Thüringens bergen eine Fülle von sonst in Europa weit voneinander getrennt wachsenden Pflanzenarten. Wen wundert`s, dass bereits 1588 mit der *Sylva Herzynia* des Erfurter Johannes Thal die erste wissenschaftliche *Flora* des Raumes zwischen Harz, Thüringer Wald und Vogtland erschienen ist. Warum aber bietet die Thüringer Pflanzenwelt geradezu ein Modell der mitteleuropäischen Flora?

Vergleicht man die geologischen und klimatischen Extreme des oben skizzierten Raumes, so könnten sie kaum unterschiedlicher sein:

Die innersten Teile des Thüringer Beckens (122 m ü. NN) bekommen nur 400 mm Regen ab. Auf dem Brocken (1.141 m ü. NN) im Harz, und ähnliches gilt für die Höhenlagen des Thüringer Waldes, regnet es im Jahr bis zu 2.000 mm – das sind zwei Kubikmeter Regenwasser auf den Quadratmeter – ein Unterschied von 500 Prozent.

Kein Wunder also, wenn wir auf dem Rücken des Thüringer Waldes vernässte, saure und nährstoffarme Torfböden vorfinden, im Thüringer Becken jedoch kalkreiche Lößböden und nährstoffreiche Schwarzerdeböden. Schon aus der Betrachtung der Kontraste und ihrer wohlabgestuften Übergänge erklärt sich die Fülle der unterschiedlichen Pflanzenlandschaften auf engstem Raum. Hinzu kommt die geringe Besiedlung des Thüringer Waldes und die daraus resultierende Unberührtheit der Lebensräume. Auch das ehemalige Grenzgebiet, das Grüne Band, hat sich zu einem Rückzugsbiotop gefährdeter und seltener Pflanzen entwickelt.

Gas

Graue Gasflaschen (5 Kg und 11 Kg) werden in fast allen Baumärkten zu den üblichen Ladenöffnungszeiten zum Tausch angeboten.

Gaststätten

Die traditionelle Thüringer Küche ist deftig und bodenständig und sie bietet weitaus mehr, als die bekannte Thüringer Rostbratwurst, das Rostbrätel oder den Thüringer Kloß. Fleisch und Kartoffeln spielen eine tragende Rolle und es finden sich ebenso einfache Gerichte, die aus Großmutters Zeiten stammen, in denen die Kartoffel noch das Hauptnahrungsmittel war. Die Thüringer essen gerne Kuchen und es gibt eine Vielzahl von Blechkuchen, die eine lange Tradition haben. In der Rhön (Tour 1) ist es zum Beispiel der Schmandkuchen, den sie dort bei jedem Bäcker kaufen können. Viele liebevoll geführte Cafés und Restaurants habe ich für Sie gesucht und jedes gastronomische Angebot, das ich auf den Touren beschreibe, habe ich selbst getestet und es mir dort vorallem wohl schmecken lassen.

Geschichte

Ein Blick auf die Karte belehrt uns – Thüringen ist wieder die Mitte, das grüne Herz Deutschlands. Auf seinem Boden begegneten sich uralte Handelswege, die die Ostsee und das Mittelmeer verbanden. In Erfurt kreuzten sie sich mit der Königsstraße, die in Ost-West-Richtung von Frankfurt nach Leipzig führte. Die modernen Verkehrswege, Schiene und Autobahn, folgten diesen alten Handelswegen.

Bereits in alter Zeit war Thüringen besiedelt. Der Kleine Gleichberg bei Römhild gibt heute noch umfrangreich Zeugnis von seiner Besiedlung durch die Kelten um 800 v. Chr. (Tour 12). Ihnen folgten von Skandinavien die Westgermanen, verdrängten sie nach Westen. Tausend Jahre später waren es die Hermunduren, ein germanischer Stamm, der sich in weiten Teilen des heutigen Thüringens niederließ. Seine nördlichen und südlichen Nachbarn, die Sachsen und die Franken, zerschlugen das Hermundurenreich, die letzte Schlacht tobte 531 n. Chr. an der Unstrut. Der Hauptteil Thüringens wurde von den Franken einverleibt, den östlichen Teil zwischen Saale und Elbe eroberten die Slawen.

Als die Karolinger ausgestorben waren, fiel Thüringen an Sachsen, das Gebiet wurde zur Abwehr der Ungarn mit Fliehburgen und Befestigungen ausgestattet. Es kam zur Gründung der ersten Klöster. Als um die Jahrtausendwende die sächsischen Ottonen ausstarben, kam der thüringische Adel wieder an die Macht, der westliche Teil Thüringens fiel an die fränkischen Ludowinger: Graf Ludwig der Springer ist allen als Erbauer der Wartburg (Tour 4) bekannt. In dieser Zeit entsanden die ersten thüringischen Städte, die romanische Kunst erlebte in Thüringen ihre Blütezeit. Dieser erste kulturelle Höhepunkt lebt in der Sage vom Sängerkrieg fort. Die Nächstenliebe der Heiligen Elisabeth, der Gemahlin Ludwig IV., führte zu ihrer Verehrung in ganz Europa.

Erbfolgekriege brachten schließlich die Wettiner in Thüringen an die Macht, die Zisterzienser bauten die ersten gotischen Gotteshäuser, drei- oder gar fünfschiffige Kirchen in Erfurt, Heiligenstadt, Arnstadt geben davon Zeugnis. Dann folgten Reformation, Bauernkrieg, Dreißigjähriger Krieg, und was eine Generation aufbaute, zerstörte die nächste wieder.

Nach dem Dreißigjährigen Krieg herrschten die sächsischen Ernestiner. Sie waren so töricht, durch Erbteilungen ihre Gebiete immer kleiner und politisch bedeutungsloser werden zu lassen. Bis 1918 bildete das thüringische Gebiet einen bunten Teppich kleiner und kleinster Staaten, die jedoch oftmals Zentren kultureller Entwicklung waren und Thüringen zur geistigen Mitte Deutschlands machten. Dem Ende des Ersten Weltkrieges schloss sich der Zusammenbruch der deutschen Monarchen an, es entstand erstmals das Land Thüringen.

1919 wurde das junge Land sogar zur Wiege der parlamentarischen Demokratie des Deutschen Reiches. In der Landeshauptstadt Weimar tagte die verfassungsgebende Nationalversammlung, daher spricht man von der Weimarer Republik.Im Dritten Reich kamen 1944 die preußischen Gebiete Thüringens, also Erfurt, Mühlhausen, Nordhausen und das Eichsfeld, hinzu. Erfurt wurde Landeshauptstadt. Schon acht Jahre später, am 23.07.1952, wurde Thüringen durch das Volkskammergesetz wieder zerschlagen, und in die Bezirke Erfurt, Gera und Suhl aufgeteilt. Seit der Wiedervereinigung Deutschlands gibt es wieder unser Thüringen.

GPS/Navigation

In diesem Reiseführer sind die GPS-Koordinaten aller Park-, Stell- und Campingplätze genannt – in der Schreibweise Grad° Minuten' und Sekunden", (N 50°31'4.9" E 10°57'53.7"). Sie können die Koordinaten manuell in jedwede Art von Navigationsgerät und –möglichkeit eingeben. Gegebenenfalls muss das Eingabeformat in den Grundeinstellungen Ihres Gerätes verändert werden.

Sie können die GPS-Koordinaten in Form einer Datei beim WOMO-Verlag erhalten und auf Ihr Navi übertragen. Falls Sie ein anderes Format benötigen, können Sie dieses mit dem kostenlosen Programm RouteConverter umwandeln.

Höhlen und Bergwerke

Das Thüringer Schiefergebirge ist nicht gerade ein „Idealfall" für die Höhlenentstehung. Aber in Thüringen treten auch Keuper und Muschelkalk sowie Riffe des Zechsteinmeeres aus dem Perm zutage. Und da in diesen Sedimentgesteinen in der Regel Steinsalz, Gips und Anhydrit eingelagert sind, die sich leicht in Wasser lösen, muss man nur an der richtigen Stelle suchen. Die Historie des Thüringer Bergbaues ist etwa eintausend Jahre alt. Zunächst entdeckte man bei Altenstein, Bad Liebenstein und Schmalkalden Eisen (Tour 4). Im 12. Jahrhundert bei Ilmenau Kupfer, bei Freiberg Silber und schließlich sogar bei Reichmannsdorf Gold, was, wen wundert`s, wesentlichen Einfluss auf die Besiedlung des Thüringer Waldes hatte (Tour 10/11). Schmelzhütten wurden erbaut, für die man Holzkohle brauchte, wodurch die Köhlerei einen Aufschwung erlebte.

Anfang des letzten Jahrhunderts kam der Kalibergbau bei Merkers/Vacha (Tour 1) dazu. Zuletzt entstanden die Uranerzgruben bei Ronneburg (Tour 7). Interessant sind die für den Tourismus erschlossenen Schaubergwerke. Die historische Weiterverarbeitung der Erze kann in technischen Denkmälern nachempfunden werden.

Kartenmaterial/Literatur

Die jeder Tour vorangestellte Karte ersetzt keine Straßen- oder Wanderkarte und soll lediglich der Orientierung dienen. Für eine detaillierte Planung Ihrer Reise empfehlen wir Ihnen folgende Karten und Lektüren:

Freytag&Berndt **Auto- und Freizeitkarte** Thüringen 1:200.000

Freytag&Berndt **Auto- und Freizeitkarte** Thüringer Wald 1:150.000

Bergverlag Rother **Wanderführer** (1) Rhön, (2) Thüringen Mitte/Nord, (3) Thüringer Wald, (4) Vogtland

Die Verlagsgruppe Grünes Herz bietet zahlreiche **Wanderkarten** (z.B. Thüringer Wald mit Rennsteig; Hohenwarte-Stausee usw.) an.

Michael Müller Verlag **Individualreiseführer** Thüringen

Ich habe viele Tourist-Informationen aufgesucht und wurde überall freundlich und sehr engagiert beraten. Nutzen Sie diese Möglichkeiten ebenso.

Umfassend und informativ: https://www.thueringen-entdecken.de/

Jede Region bietet detaillierte Informationen im Netz, wie zum Beispiel www.thueringer-wald.com oder www.rhoen.de

Reisezeit

Zu allen Jahreszeiten üben die beschriebenen Regionen ihren Reiz aus. Trockene, heiße Sommer sind möglich, ebenso niederschlagsreiche Monate im Frühjahr oder Herbst und vor allem schneereiche Winter. Natürlich bekommen Sie das beste Urlaubswetter mit den geringsten Niederschlägen im Sommer geboten. Sie können baden und sonnenbaden.

Aber das Frühjahr und der Herbst haben ideales Wanderwetter und die Hauptsehenswürdigkeiten sind nicht so überlaufen. Sie sollten sich jedoch mit dickem Pullover, Regenjacke, festem Schuhwerk (welches zum Wandern auf den meisten Touren dringend empfohlen ist) und genügend Gasvorrat für die WOMO-Heizung wappnen.

Wer einmal die romantischen Wälder im Winter erlebt hat, kommt immer wieder. Hunderte Kilometer bester präparierter Loipen, Skiliftbetrieb an den Skihängen aller Schwierigkeitsgrade warten auf Sie. Es kann jederzeit passieren, dass man von starkem Schneefall überrascht wird, und dann ist in einigen Regionen ohne Schneeketten kein Weiterkommen möglich.

Die Beschreibungen meiner Tourenvorschläge beziehen sich allerdings ausschließlich auf die schneefreie Zeit.

Schlösser, Burgen, Ruinen

Eine Karte des heute thüringischen Gebietes aus dem Jahre 1680 zeigt einen bunten Flickenteppich. Manche Hoheitsgebiete eines Herzogs oder Grafen waren winzig klein.

Nicht weniger als 26 Herzöge, Grafen und Kurfürsten herrschten gleichzeitig über das Land. Daneben gab es noch eine Reihe von „geistlichen Gebieten" der Abtei Fulda, der Bistümer Würzburg und Bamberg, des Erzbistums Mainz und zuletzt die Reichsstadt Mühlhausen.

Es versteht sich von selbst, dass jeder Herrscher eine Residenz brauchte. Dafür wurde gebaut, was das Zeug hielt. Koste es, was es wolle. Oft mussten sich die Landesherren dabei hoch verschulden. Heute stehen wir auch im kleinsten ehemaligen Residenzstädtchen bewundernd vor prächtigen Schlössern, die zuweilen in einem ausgezeichneten Erhaltungszustand sind.

Ver- und Entsorgung

Das Ver- und Entsorgen gestaltet sich überwiegend problemlos, ist allerdings nicht flächendeckend gegeben. Wie bereits bei den offiziellen Stellplätzen erwähnt, finden Sie noch häufig Plätze ohne Entsorgungsmöglichkeiten. Aus den Tourenkarten entnehmen Sie alle Gelegenheiten zur Entleerung der Campingtoilette, und die Symbole zeigen Ihnen deutlich auf, wenn es auf einer Tour schwierig werden kann.

Die meisten Campingplätze verfügen über derartige Einrichtungen. Ist dies nicht der Fall, weise ich in der Beschreibung darauf hin.

Wenn ich öffentliche Toiletten nenne, geschieht das nicht, um einen Tipp zur Entleerung der Bordkassette zu geben, sondern das dient Ihnen als Hinweis, Ihren eigenen Bedürfnissen an dieser Stelle nicht im WOMO nachgehen zu müssen. Ich möchte eindringlich bitten, den Inhalt der WOMO-Toilette, das Abwasser oder den anfallenden Müll nur an den vorgegebenen Orten zu entsorgen!

Wandern und Radfahren

Thüringen ist ein Wandermekka! Thüringen und Wandern gehören einfach zusammen, und man kann sich der Vielfalt der Landschaften, den thematischen Wanderwegen und den atemberaubenden Ausblicken in die Ferne kaum entziehen. Ob wandern im Thüringer Wald auf dem Rennsteig, der Rhön oder im Südharz – überall ist es wunderschön. Wandern pustet den Kopf frei und tut der Seele gut.

Mit großer Sorgfalt mache ich Sie in den Touren auf verschiedene Wanderwege und ebenso Radwege aufmerksam. Es wäre ein Unding dieser Vielzahl Rechnung zu tragen. Sie finden auf Wanderparkplätzen zahlreiche Hinweisschilder und Empfehlungen für kurze und mittellange Wanderungen und Rundwege.

Es gibt mittlerweile zahlreiche Wander-Apps, die Ihnen den Weg und diverse Routenvorschläge aufzeigen. Ich nutze überwiegend Komoot oder Outdooracitve. Die Internetauftritte der einzelnen Regionen, wie zum Beispiel www.thueringer-wald.com, stellen auf vielfältige Weise Wanderungen mit den dazugehörenden gpx-Dateien zum Import in eine der oben genannten Apps zur Verfügung. Dasselbe gilt für Touren mit dem Rad. Ob MTB, E-Bike oder familienfreundliches Radwandern – für jeden Bedarf sind Vorschläge vorhanden und machen große Lust auf das schöne Thüringen.

Stichwortverzeichnis

Bildnachweise

Autorinnenfoto: ©Sandra Heine; S. 5 zweites Fotos von oben ©360 Grad Drohnenfotografie Jena Saale Holzland; S. 88 oben ©Archiv HSB/ Volker Schadach; S. 100 oben ©AdobeStock/Henry Czauderna; S. 142 unten ©AdobeStock/drsg98; S. 179 oben ©AdobeStock/Lapping Pictures; S. 182 oben ©AdobeStock/Markus; S. 182/183 doppelseitiges Foto ©AdobeStock/ Oliver Hlavaty; S. 245 Mitte ©Saalburg Beach.
Bei allen vorstehenden Fotos wurde der Bildinhalt nicht verändert.
Sämtliche anderen Fotos von: ©Katja Eisenschmidt.

Alle WOMO-Reiseführer auf einen Blick

Wohnmobilhandbuch	Reinhard Schulz
Wohnmobilkochbuch	Waltraud Roth-Schulz
Albanien	Ulrike und Frank Staub
Allgäu	Heiner Newe und Heiderose Thomsen-Newe
Andalusien	Christian und Christina Winkler
Auvergne	Esther Vergenz
Baden-Württemberg	Heiner Newe und Heiderose Thomsen-Newe
Baltikum	Stefanie Holtkamp und Andrea Bergmann
Bayern Nordosten	Heiner Newe und Heiderose Thomsen-Newe
Bayern Nordwesten	Heiner Newe und Heiderose Thomsen-Newe
Bayern Südosten	Christian und Christina Winkler
Belgien/Luxemburg	Ulrike und Frank Staub
Bretagne	Anette Scharla-Dey und Franz Peter Tschauner
Burgund	Ralf Gréus
Dänemark	Anke Globi
Elsass	Ralf Gréus
England Norden	Christian und Christina Winkler
England Süden	Christian und Christina Winkler
Finnland	Uwe und Annegret Rohland
Französische Alpen	Heiner Newe und Heiderose Thomsen-Newe
Französische Atlantikküste Nord	Esther Vergenz
Französischer Jura	Heiner Newe und Heiderose Thomsen-Newe
Griechenland	Reinhard Schulz und Waltraud Roth-Schulz
Harz	Heiner Newe und Heiderose Thomsen-Newe
Heitere Wohnmobil Geschichten	Peter Simm und Silvia Sussmann
Hessen Teil 1	Anette Scharla-Dey und Franz Peter Tschauner
Hessen Teil 2	Anette Scharla-Dey und Franz Peter Tschauner
Hunsrück/Mosel/Eifel	Anette Scharla-Dey und Franz Peter Tschauner
Irland	Uwe und Annegret Rohland
Island	Alexander und Jutta Ramin
Korsika	Reinhard Schulz und Waltraud Roth-Schulz
Kroatien/Montenegro	Peter Simm und Silvia Sussmann
Languedoc/Roussillon	Ralf Gréus
Lothringen	Friedrich Riehl und Toshiko Riehl-Takada
Ligurien	Ralf Gréus
Lüneburger Heide	Heiner Newe und Heiderose Thomsen-Newe
Marokko	Ulrike und Frank Staub
Mecklenburg-Vorpommern Teil 1	Stefanie Holtkamp und Andrea Bergmann
Mecklenburg-Vorpommern Teil 2	Stefanie Holtkamp und Andrea Bergmann
Mittelitalien	F. Riehl und T. Riehl-Takada, Klaus Huber
Münsterland	Regina Stockmann
Namibia	Frank Linke und Ute Nast-Linke
Neuseeland Nordinsel	Dieter Giesen und Andrea Lossen
Neuseeland Südinsel	Dieter Giesen und Andrea Lossen
Niederlande	Friedrich Riehl

Weitere Informationen in unserem Buchshop unter www.womo.de

Nord-Frankreich	Esther Vergenz
Nord-Spanien	Reinhard Schulz und Waltraud Roth-Schulz
Normandie	Anette Scharla-Dey und Franz Peter Tschauner
Norwegen Norden	Reinhard Schulz und Waltraud Roth-Schulz
Norwegen Süden	Reinhard Schulz und Waltraud Roth-Schulz
Ostfriesland	Heiner Newe und Heiderose Thomsen-Newe
Ost-Spanien	Reinhard Schulz und Waltraud Roth-Schulz
Österreich Osten	Christian und Christina Winkler
Österreich Westen	Christian und Christina Winkler
Peloponnes	Reinhard Schulz und Waltraud Roth-Schulz
Pfalz	Ralf Gréus
Piemont/Aostatal	Ralf Gréus
Polen Norden	Nicola Kluftinger
Polen Süden	Helmut und Angelika Breidenbach
Portugal Norden	Stephanie Seufert
Portugal Süden	Stephanie Seufert
Provence Osten/ Côte d'Azur	Ralf Gréus
Provence Westen/ Côte d'Azur	Ralf Gréus
Pyrenäen	Andrea Bergmann und Stefanie Holtkamp
Rumänien	Christian und Christina Winkler,
Sachsen	Anette Scharla-Dey und Franz Peter Tschauner
Sardinien	Reinhard Schulz und Waltraud Roth-Schulz
Schleswig-Holstein	Heiner Newe und Heiderose Thomsen-Newe
Schottland	Uwe und Annegret Rohland
Schwarzwald/Bodensee	Ralf Gréus
Schweden Norden	Uwe und Annegret Rohland
Schweden Süden	Reinhard Schulz und Waltraud Roth-Schulz
Schweiz Osten	Andrea Bergmann und Stefanie Holtkamp
Schweiz Westen	Andrea Bergmann und Stefanie Holtkamp
Sizilien	Christian und Christina Winkler
Slowakei	Ulrike und Frank Staub
Slowenien	Peter Simm und Silvia Sussmann
Südafrika	Frank Linke und Ute Nast-Linke
Süditalien Osten	Reinhard Schulz und Waltraud Roth-Schulz
Süditalien Westen	Reinhard Schulz und Waltraud Roth-Schulz
Südtirol	Reinhard Schulz und Waltraud Roth-Schulz
Südwest-Frankreich	Stefanie Holtkamp und Andrea Bergmann
Thüringen	Katja Eisenschmidt
Toskana/Elba	Ralf Gréus
Trentino/Gardasee	Peter Simm und Silvia Sussmann
Tschechien	Steffen und Eva Peuker
Umbrien/Marken	Ralf Gréus
Ungarn	Peter Simm und Silvia Sussmann
Venetien/Friaul	Christian und Christina Winkler
Wales	Christian und Christina Winkler

Info-Blatt aus dem WOMO-Buch: Thüringen '22

Lokalität Seite Datum
(Stellplatz, Campingplatz, Wandertour, Gaststätte, usw.)
unverändert gesperrt/geschlossen folgende Änderungen:

Lokalität Seite Datum
(Stellplatz, Campingplatz, Wandertour, Gaststätte, usw.)
unverändert gesperrt/geschlossen folgende Änderungen:

Lokalität Seite Datum
(Stellplatz, Campingplatz, Wandertour, Gaststätte, usw.)
unverändert gesperrt/geschlossen folgende Änderungen:

Lokalität Seite Datum
(Stellplatz, Campingplatz, Wandertour, Gaststätte, usw.)
unverändert gesperrt/geschlossen folgende Änderungen:

Lokalität Seite Datum
(Stellplatz, Campingplatz, Wandertour, Gaststätte, usw.)
unverändert gesperrt/geschlossen folgende Änderungen:

Lokalität Seite Datum
(Stellplatz, Campingplatz, Wandertour, Gaststätte, usw.)
unverändert gesperrt/geschlossen folgende Änderungen:

Meine E-Mail:

Rückmeldung bitte per Post oder an die Autoren-E-Mail:
Autoren-E-Mail: **eisenschmidt@womo.de**